大明亡國史

崇禎皇帝傳

前言

在歷史上，有過許多次盛衰興亡，於是也有了許多開國立業的君主和喪亂亡國的君主。有趣的是，開國之君的偉大大體上都是一個模式，而亡國之君的遭際卻往往極具特色，各有各的不同。在形形色色的亡國之君中，明末的崇禎帝顯然是最有特色，也最引人注目的一個。因為至少從表層現象來看，這個崇禎帝根本就不具備人們通常以為的一個亡國之君應該具備的那些特徵。

難怪明末的遺民們會為此發出許多感慨。

錢䁮(音同「聲」)在《甲申傳信錄》卷一中說：「上英謀天挺，承神廟、熹廟之後，勵精圖治，駸駸然有中興之象。然疆埸外警，中原內虛，加以饑饉薦至，盜寇橫出，拮据天下，十有七年，神器遽移，遂死社稷。嗚呼！英謀睿慮，曾不一施，其留恨又何極也！」他對於崇禎帝的死和明朝的亡國表現出極大的遺憾之情，而且顯然認為，「英謀天挺」而又「勵精圖治」的崇禎帝對於明王朝的覆滅並不負有什麼主要責任。

鄒漪的《明季遺聞》序中則把崇禎皇帝與歷史上一些失德喪邦或是導致國家衰敗的君主們做了比較，更覺得明朝亡在崇禎帝之手實在是很難理解的事情。這篇序中說：「先帝以聖明在御，旰食宵衣。比之太康之屍位，厲王之內嬖，哀、平之外戚，惠帝之昏弱，明皇之淫蕩，道君之放逸，百無一似，謂宜治平立至。而逆寇犯闕，身殉社稷，言天言人，都不可信。」既然崇禎帝要比夏朝的太康，周朝的厲王，東漢的哀帝、平帝，西晉的惠帝，甚至風流倜儻的唐玄宗和宋徽宗都要強得多，完全沒有他們身上的那些毛病，為什麼亡國的災難還要落在他的頭上呢？

的確，不論是與歷朝歷代的君主們相比較還是與明朝的列祖列宗們相比較，崇禎帝都不能算是一個很差勁的皇帝。他好學勤政，嚴於律己，人也相當聰明幹練，具有這樣全面素質的帝王在中國數千年的歷史上實在是並不多見的。但他生不逢時，正好趕在一個最不利於實施統治的時代登上了君臨天下的寶座。

在中國歷史的治亂迴圈中，一直有兩大主題發揮舉足輕重的作用。一個是多年相對安定的社會生活必然會造成人口的膨脹，而當人口總量超過當時的經濟發展和社會結構所能承受的限度的時候，就必然會產生以人口危機為前導的巨大的經濟危機和社會危機；危機的總爆發釀成災難性的大亂，其結果是通過饑荒和戰爭等惡性手段大量消滅現存人口，首先解決了人口危機，而後在這個基礎上重新築造治世。另一個主題表現在文化方面，承平日悠久的歷史文化傳統往往使得以中原統治階級為承載主體的中原文化在多年治世之後表現出嚴重退化的跡象，於是政治腐敗、道德淪喪、世風綺靡、武備孱弱；這種古代的「過度文明」症狀同樣會給整個社會造成巨大危機，而這種危機往往要通過一個或數個邊疆地區的少數民族軍事集團對中原的進犯和蹂躪才能得到解決——清新的「野蠻精神」給中原文明注入了新的活力，接踵而來的也許會是一個文治隆隆武功赫赫的盛世。

而在十七世紀上半葉，也就是崇禎帝策御宇內的時候，中華帝國卻正好處在一個最敏感的危急時刻。此時，明帝國的人口密度按當時情況已經達到超飽和的程度，而長年的乾旱和平均氣溫下降造成的農業生產衰退更加重了人口危機的烈度，開始出現連年不斷的全國性大饑饉。這是一種明王朝自身機制根本無法解決的災難性危機，因而儘管崇禎帝和他的大臣們絞盡腦汁，卻無論如何也緩解不了越來越嚴重的大饑荒，也無法撲滅由饑荒引發的農民大暴動。在崇禎帝十七年的統治中，他一直對以李自成和張獻忠為代表的所謂「流賊」充滿了刻毒的仇恨和絕望的恐懼，卻很少清楚地意識到，在農民起義者背後決定著明王朝最後命運的正是誰也無法擺脫的饑餓之神。

同樣在這個時候，明王朝的「過度文明」症狀也已經發展到了無以復加的程度。在崇禎帝上臺之前帝國剛剛經歷了魏忠賢專權的災難性事變，那段為時不長的「黑暗時期」其實恰恰反映出明帝國在整體上已經極度腐敗。崇禎帝在剷除掉魏忠賢集團之後卻不得不繼承那個集團給他留下的全部政治遺產，其中包括一整套僵化、繁瑣、效率低的政治結構，朝臣間激烈而又毫無原則的黨爭，制度化了的普遍貪污腐敗，荒謬的軍事體制和由它造成的武備的極其衰弱無能，國家各級財政的極度拮据……也包括明末士大夫只知一味高唱理學的道德至上高調（奇怪的是與此同時士大夫們，甚至許多大理學家們的道德水準相當低下），對於經邦治國卻毫無能力可言。中原文明的敗落給了邊疆少數民族部落極好的機會，這個機會被滿洲軍事貴族抓住了，在一次次對明王朝這棵大樹進行過無情砍斫之後，皇太極的繼承人終於進入了北京，成為「天下」的統治者。

在崇禎帝上臺的時候，他的帝國即將滅亡的命運已經無可挽回，這也許是其悲劇的基本原因。對此，許多人就歸結為「天命」或是「國運」，而崇禎帝本人則強調「朕非亡國之君，臣盡亡國之臣」。但他本人真的就沒有一點責任嗎？對於這一點，清代的歷史學家們已經在進行認真的討論。胡智修在《居業堂集》卷二十中說是「烈皇所以被誣者四：曰自用，曰愎戾，曰吝，曰用宦官」。所謂的「誣」其實就是時人為崇禎帝總結的主要弱點。距離明亡時間較遠因而也能持比較客觀態度的全祖望更明確地指出：「莊烈自言：朕非亡國之君。夫其憂勤明察，固不可謂為亡國之君，然性愎自用，怙前直往，自亦不能辭於亡國之咎。大抵莊烈召禍，內則退宦官而不終，外則吝於和議。……」（《鮚埼亭集》卷二十九）從政策的角度來講，全氏認為崇禎帝主要有任用宦官和不能與清朝和談兩大失誤，這方面值得進一步探討；而在個性或者說政治作風方面，「性愎自用，怙前直往」和清初人們普遍評價的「自用」、「愎戾」則完全是一致的。

在深入接觸文獻材料之後，每個人都會對崇禎帝的自作聰明、自以為是、固執多疑和刻毒殘酷留下深刻印象。但是，如果將崇禎帝的性格特點追溯到他的幼年時代，我們就會發現那些個性其實本來並不算怎麼惡劣，在一般人身上頂多是無傷大雅的小毛病罷了。可怕的是，這些本來並不算十分惡劣的性格特徵，一旦與專制皇帝的絕對權威結合起來，卻變成了一種令人震驚的破壞性力量。崇禎帝作為一個歷史上少有的積極有為的皇帝，又把他自己的人格力量發揮到了極致。從某種意義上說，正是崇禎帝的這種積極精神加速了明王朝的滅亡。有些古代學者已經隱隱約約地感覺到，如果在明末天子寶座上的是一個比較昏聵無能的皇帝，例如萬曆或是天啟那樣的皇帝，明朝的國祚也許還能再苟延一段時間。

因積極振作而誤國而亡國，這本身就是個足以令人震驚的話題，順著這個話題說下去難免就會牽扯到對於君主專制制度的批判。十七世紀中國最偉大的思想家黃宗羲就是在含著血淚總結了亡國痛史之後，才寫出那部著名的《明夷待訪錄》，在中國歷史上第一次對君主專制制度進行了理性的批判，勇敢地提出：「為天下之大害者，君而已矣。」因為「今也以君為主，天下為客，凡天下之無地而得安寧者，為君也」，故而「天下之人怨惡其君，視之如寇仇，名之為獨夫。」（原君）

在《明夷待訪錄》中，黃宗羲一點也沒有提到崇禎帝和他的歷史教訓，這或許是出於一種難以克服的遺民情結。但從其內容來看，卻不難找到崇禎朝事的影子。黃宗羲在《置相》一章中提出用相權限制君權，提出人臣要做君主的「師友」，要「為天下，非為君也；為萬民，非為一姓也」。這就很容易使我們聯想到崇禎朝五十宰相昏昏碌碌、奴顏婢膝的實況。而在《學校》一章中所言的「天子之所是未必是，天子之所非未必非」，和關於「天子亦遂不敢自為是非，而公其是非於學校」的大膽政治設想，顯然也是深深有憾於崇禎時期天子剛愎自用，以致殺身亡國的慘痛記憶。

一個早在三百多年前把絞索套在自己脖子上的專制帝王的故事，大概正是從以上的角度講，對於我們的現代生活，還是不無借鑑意義的。

苗棣

於美國史丹佛

目錄

卷壹

平步青雲上九重

一 深宮少年

明萬曆三十八年十二月二十四日（1611年2月6日），京城裡鞭炮聲此起彼伏。這天是立春的日子，又接近歲末，人們剛剛在嚴寒中祭過能夠上天言好事的灶神，正忙著準備過年。紫禁城裡的嬪妃和宮女、太監們也都隨著新年的臨近而忙碌興奮起來，蒸點心辦年貨，裁綢緞製新衣，貼春聯剪窗花，宮裡還要設鼇山，紮彩燈，備辦煙火，真是熱鬧非常。就在這一片喜慶熱鬧當中，一個男孩在紫禁城東華門內的慈慶宮裡呱呱墜地了。

男孩的父親是慈慶宮這組龐大建築的主人，當時的東宮太子朱常洛。朱氏家族統治明朝帝國已經二百多年，到萬曆年間更換過十三個皇帝，新誕生的嬰兒是太祖朱元璋第十一世孫。在二百多年間，太祖朱元璋家族的子孫十分興旺發達，此時各枝各脈的男性皇族宗室已多達六十萬有餘，但每一位宗室成員由於和代代相傳的皇朝天子血緣關係遠近不同，地位懸殊，有著天壤之別。遠枝別脈的小宗子弟衣食都沒有著落，有些人年過半百還娶不上妻室；而大宗的親王、郡王們卻擁有數萬頃良田的資產，在王朝中有著至尊至貴的崇高地位。作為太子的朱常洛在整個宗族以及天下萬姓之中又是地位僅次於當今天子的第二號人物，一旦萬曆帝去世，他就將繼承皇位成為帝國最高的統治者。

但這位當今皇帝的法定繼承人此時的心情卻並不很愉快。因為儘管在生活上有洞房清冷、錦衣玉食，身邊又是妻妾成群、僕婢盈堂，但他總是能夠清楚地感覺到，自己的皇儲地位並不穩當。他的父親明神宗萬曆皇帝朱翊鈞明顯地不喜歡這位長子，而且宮中朝中乃至京城的市井之間，近年來一直都在流傳著一些聽起來不像是全無根據的流言，大體上都是說皇帝和他寵愛的鄭貴妃想要找機會廢掉現任太子，改立鄭貴妃親生的皇三子福王朱常洵。有些流言甚至有鼻子有眼地勾勒出鄭貴妃一黨陰謀活動的各個環節，讓太子宮中的上下人等聽了難免有些不寒而慄的感覺。

雖說是處在有點朝不保夕的焦慮之中，但年還得過，而且得到一個兒子畢竟還是令人高興的事情。太子這年已經二十九歲（按本書中所提到的年齡，除特別指出者外，均係當時習慣使用的虛歲），正妻太子妃郭氏沒有生育過子女，另外幾個侍妾卻為他生了不少兒女。這最近一個出生的兒子排行第五，生母是在太子宮中地位相當低微的一個小妾劉氏。生母地位的微賤和在兄弟排行中的劣勢似乎決定了這位新出生的小王子不會有什麼了不起的遠大前程。根據明代的宗室封爵成例，如果朱常洛最後終於坐上了皇帝的寶座，他的全體兒子除了由最年長的繼承帝位之外，都要封為親王，但也僅只是親王而已，照例要遠徙他鄉，嚴禁干政。由於這樣的原因，慈慶宮裡趁著過年的機會，為這次弄璋之喜小小地慶祝了一下，但比起當年朱長洛的長子朱由校出生時張燈結綵的一番熱鬧相差得很遠，紫禁城中其他宮廷院落裡忙碌著的人們對於這件事也沒有引起什麼注意。

小王子正好在立春這一天出生，如果是在民間，或許會因此得到一個「春生」之類的乳名。但皇家體制森嚴，沒有民間那些世俗的習氣，在這個男孩出世後不久，宗人府就根據太祖皇帝欽定的子孫排行字序為他擇定了一個鄭重其事的嘉名，叫作朱由檢。

在幼年，小王子朱由檢一直生活在一種沉悶而又冷峻的氣氛中。太子地位不穩定造成的人心惶惶使東宮中的姬妾、宮女和太監們寧可明哲保身，盡量少出頭少說話；前途的莫測又加劇了宮廷中本來就層出不窮的鉤心鬥角、相互仇視和中傷。這位小王子也算是命途多舛，他的生母劉氏並沒有因為給太子生了兒子而母以子貴起來，反而在哺育兒子的期間遭到太子的冷落與厭惡。劉氏為此鬱鬱寡歡，竟然積鬱成疾，在她的兒子才只虛歲五歲（實際只有三周歲）的時候，就拋下了親生骨肉，死了，當時只有二十三歲。

小王子自有乳母餵養著，而且太子還指定了一位寵妾李選侍（康妃）作為這第五個兒子的直接監護人。但缺乏生母之愛還是給這小王子心靈上烙下了深深的印痕。十幾歲上，他受封為信王，曾經留意向宮中的老太監打聽：「聽說生母劉老娘娘葬在西山申懿王墳附近，你知道嗎？」[1]老太監說知道，他就拿出銀兩，祕密派人前去祭奠。後來登上帝位，他隆重地追封生母為孝純皇太后。此後，又急切地想要找人畫出生母的遺容——因為無論他對於親生母親怎樣思戀懷念，卻沒有辦法靠著幼時的記憶為自己提供一個具體的形象。後來仍然是由幾位老太監在宮中選擇了一個相貌較為相似的宮女做模特，再憑著回憶指點，總算繪出了一幅劉太后的遺像。他的外祖母劉老夫人那時候還健在，見到畫像認為也還說得過去。崇禎帝對著遺像大哭了一場，才算了結了自幼留下的遺憾。

太子朱常洛總共有過七個兒子和十個女兒，分別出自他的一大批侍妾，但這十幾個兒女中的大多數都在嬰兒時期就夭折了——宮中雖然奢華富有，醫療衛生條件卻並不比民間好多少，嬰幼兒的死亡率極高，哪一位龍子龍孫或是金枝玉葉能夠堅持到長大成人，全憑運氣。在朱由檢童年的生活中，可以算得上兄弟夥伴的只有大哥朱由校（後來的天啟帝）、三哥朱由楫，以及後來封為樂安公主、遂平公主和甯德公主的三位小妹妹。但幾個兄弟都被各自的生母或是養母把持著，作為日後興旺發達的政治資本，每個人身邊又都簇擁著一大群宮女太監，相互間基本上沒有什麼交往，也沒有機會像百姓家的小孩子那樣集合在一起玩耍打鬧。對於一個孩子來講，沒有童年的夥伴，本來就十分寂寞難耐的深宮生活更顯得沉悶無聊。

在生母劉氏死後的第二年，也就是萬曆四十三年（1615年），慈慶宮裡卻突然發生了一件引起極大轟動的事件，打破了深宮的沉寂。

那年五月初，宮裡正在忙著準備過端午節的時候，一個手持棗木梃的中年男子不知怎麼混進了東華門，突然竄到慈慶宮的門前。此時太子正好沒有住在宮裡，因而宮門的防衛不嚴，在慈慶宮守門的只有兩個六、七十歲的老太監。那漢子不顧門衛的阻攔，用木棍打傷了值班的兩個老太監，徑直闖進宮裡，到了正殿前才被蜂擁而上的太監們制服。闖宮的漢子立即被押送到刑部進行審問，得知，此人名叫張差，三十五歲，是薊州（今天津市薊縣）一個無家無業的遊民，平日靠砍柴賣草為生，至於這次闖宮的目的和背景，他交代得語無倫次，前後齟齬。在歷史上，各朝各代這類莫名其妙的擅闖宮禁事件層出不窮，大體上以精神或是智力方面有缺陷的瘋傻人員居多。初審的刑部司官們也就依照瘋子闖宮的途徑，在所錄供詞中強調主犯的「按其跡，若涉瘋魔」[2]，希望就此了結此案。但這一次的事件（後來被稱作「梃擊案」）因為涉及了太子地位不穩這個極其敏感的背景，立刻就引起了朝廷上下猜疑四起，終於糾集成了一個解不開的政治死結。

朱由檢的祖父萬曆帝有八個兒子，但沒有一個是正宮皇后所生，按照傳統的宗法制繼承原則，「有嫡立嫡，無嫡立長」，皇長子朱常洛才被立為太子，成為法定繼承人。朱常洛的母親本來是萬曆帝生母李太后宮中的一個宮女，生出這位皇長子完全是事出偶然，並非真的得到了皇帝的寵愛。萬曆帝喜歡的是鄭貴妃，兩個人情意綿綿，而且那愛情持久、執著，至死不渝。鄭貴妃也為萬曆帝生過兩個兒子，皇三子常洵和皇四子常治（另有一個皇二子少年即夭折）。萬曆帝很想立鄭貴妃所生的常洵為太子。這樣，皇帝的意圖就與傳統的禮法發生了激烈的衝突。

不論儒家的經典理論還是列祖列宗的實踐，都明確規定了「無嫡立長」的繼承原則。對於儒學的信徒和皇朝的忠臣來說，這一原則具有絕對真理的性質。但是皇帝竟然想違背這一原則，在朝臣看來，就是溺於私情，很不光彩，很不道德，而且對於政治局勢有著極大的破壞性。為了伸張天理，也為政治的穩定，朝臣們與皇帝的荒謬意

萬曆皇帝

圖進行了長期的鬥爭。因為事關太子的確定，而太子是嗣君，被認為是國家之根本，所以這場鬥爭被稱作「國本之爭」。這「國本之爭」大約從萬曆十四年（1586年）起直到萬曆四十八年（1620年）光宗繼位，前後斷斷續續地鬧了三十多年，給明代後期的政治生活帶來了極深遠的影響。

在「國本之爭」中，堅決站在立長原則一邊，和皇帝進行無情鬥爭的，是一群在朝廷中雖然地位不太高，但是勢力浩大，自命為「正人」、「清流」的文官官僚。由於這個集團中的首腦人物顧憲成等人曾在家鄉無錫的東林書院中聚眾講學，當時又稱他們為東林黨人。

早在萬曆二十二年（1594年），去職的吏部郎中顧憲成與其好友高攀龍、錢一本等人就在無錫宋代的東林書院舊址聚眾講學，一時名聲大噪。許多在野的士紳聞風向附，以至於書院的學舍常常擁擠不堪。東林書院名義上是探討經義，講求學問，真正關心的卻是時事政治，在書院的楹聯上也分明寫著：

風聲、雨聲、讀書聲，聲聲入耳；
家事、國事、天下事，事事關心。

東林書院在學術上高談性理，以維護和發揚光大程朱理學為己任，提倡「存天理，滅人欲」。他們認為，明代自中葉陽明學興起，程朱理學就開始衰微，於是人心世道都變得越來越壞，因而需要在士大夫中大力宣導光復理學，恪守儒家正統道德，用天理來糾正人心的偏差。在政治思想方面，他們對於自張居正以來出現的內閣集權的傾向非常不滿，以為內閣的「擅權」造成小人爭權競進，嚴重損害了士大夫階層的整體利益，也給國家和天子的權益帶來損失。有次顧憲成去拜訪內閣大學士王錫爵，王錫爵對他說，近來朝中有件怪事，「內閣以為對的，外論必以為非；內閣以為不對的，外論必以為是。」顧憲成卻回答說：「外間也有一件怪事，外論以為對的，內閣必以為非；外論以為不對的，內閣必以為是。」[3]兩個人相對一笑而罷，政治理念和政治利益上的對立卻表露無遺。

東林書院的主持者和參與者以及在全國各地與他們志趣相投、聲氣相通的人，再加上他們在朝野上下的支持者和同情者，逐漸形成了一個宗派。大體而言，這個宗派中人多是些注重道德修養的正人君子，在政治生涯中一般卻並不太得志。既然有了宗派，他們在有意無意間就會利用各種手段為自己的宗派爭取利益，特別是政治權力，於是展開了一系列的政治鬥爭。那些對東林宗派很不以為然的人就送給他們一個名目，叫作「東林黨」。

「黨」這個字在古代是有明顯貶義的，是指朋黨之黨，結黨營私之黨。東林黨人自己只稱東林，從來不說自己是黨。這個東林黨也不同於現代政黨，並沒有一個真正的組織，成員也沒有嚴格界限。只要是觀念上與東林一致，在政治鬥爭中站在東林一邊，或是與東林人士有些門生故舊、親朋好友一類密切關係，都可能會被劃入東林一黨，許多人也就因此以東林黨人自居。但東林黨人中占比例最大的還是號稱文明繁華之區的江南一帶的士紳，特別是蘇州、淞江（大體相當於今上海市的範圍）、常州三府的士紳，因此東林黨人在政治方面的要求常常體現著江南士大夫的實際利益。這樣一個鬆散的集團中包含了不少社會名流，也有些是達官貴人，社會影響和政治實力都在日益增強。

那些在觀念上與利益上和東林黨相衝突的人，反過來也被東林人士看成「奸佞」，叫作「邪黨」，在不同的時期又有「齊黨」、「楚黨」、「浙黨」等不同名目。為了各自的政治利益，東林黨人與「邪黨」之間在各種各樣的問題上爭鬥不休，朝中的官僚也形成了相互對立的兩大派別。兩個政治派別的隔閡越來越深，到後來，所謂「正」、「邪」兩派已經到了水火不相容的地步，不論大事小事，原則問題還是非原則問題，雙方都要賭氣相爭，朝廷自然也就被鬧得烏煙瘴氣。到萬曆後期，朝中黨爭已經成為一個對國務活動破壞性極大的問題。

在「國本」之爭這個所謂大是大非的問題上，堅持正統宗法原則的東林黨人自然是堅定不移地擁護太子派，並且與萬曆帝進行了長期的頑強鬥爭。而那些所謂「邪黨」中的一部分人，卻或是希望討好皇帝撈取政治資本，或是願意以一種息事寧人的態度來求得君臣之間的和諧關係，往往採取抹稀泥的調和姿態。於是有關「國本」的各種問題都成了萬曆年間黨爭的重要話題，東林黨的態度執著而偏激，常常還會神經過敏，弄得萬曆帝本人也十分難堪。

萬曆帝的個性原本是很軟弱的，在朝臣的激烈抗爭下，他雖然一再拖延、搪塞，還是在萬曆二十九年（1601年）冊立了長子朱常洛為太子。但這個決定畢竟是在朝臣的逼迫下做出的，所以他始終心懷憤懣、意氣難平。為此，他在自己統治的後二十年裡對朝臣採取了消極怠工的策略，基本上不理朝政，既不上朝接見大臣，也不批閱事關政務的各種本章。由於皇帝在當時的政治結構中處於核心地位，皇帝的怠工自然會給朝臣們的日常政務活動帶來極大的不便。朝臣為此屢次抗議，皇帝卻依然我行我素，君臣之間的對立由此也就愈演愈烈。

萬曆帝的反常舉動還使得朝野上下產生了極大的猜疑。既然皇帝對於立太子的事情如此耿耿於懷，他就完全有可能在某一個時刻改變原來的決定，重新確立太子。由於有這樣的猜疑，朝臣們特別是東林黨人們對於各種風吹草動就表現出了近於病態的敏感。他們曾經為了太子的讀書問題、福王朱常洵的治國問題、京城出現的祕密傳單（所謂「妖書」）問題等等，掀起過巨大的政治波瀾。這一次，竟然有人提著棗木棍子直接去威脅太子的安全了，當然更加引起了他們的警惕和憂慮。

大多數東林黨人根本就不相信「梃擊」事件僅僅是一個瘋子的無聊之舉。根據他們的邏輯，鄭貴妃和她的家人以及黨羽時刻都在覬覦著太子的位子，每天都在陰謀策劃著危及太子的聲譽和生命，而皇帝也在暗中默許甚至支持著這些陰謀。既然如此，那個張差能夠大搖大擺地手持兇器混進宮中，而且不闖別處，偏偏要闖太子居住的慈慶宮，顯然是有人指使有人接應的一次有預謀的行動。

東林中的核心人物刑部提牢主事王之寀是專門負責管理刑部監獄事務的，他利用職務之便，在刑部對張差進行初審後的第二天晚上於獄中再度進行私審。這次審訊的結果令人十分震驚，張差招供說：他是由同鄉的馬三舅和李外父介紹給一個不知名老公（宦官），由那個老公帶到北京，住在一個不知名街道的大宅子裡。另一個老公讓他「先沖一遭，撞著一個打殺一個。」[4]並給他一根棗木棍子，領他由後宰門（地安門）進入皇城，混到宮裡，後來打人被捉云云。這一次的供詞裡說的仍然帶著幾分瘋傻氣，但不論如何，他的闖宮卻是有人陰謀主使的！東林黨人的猜疑得到了證實。

王之寀立即把審得的情況向皇帝作了書面彙報，同時請求萬曆帝親自出面再審兇犯，或者至少是由全體大臣共同參加會審。其他人敦促皇帝立即降旨深究的奏章也隨後接連不斷地飛進宮裡，有些東林黨人已經在奏疏中使用「奸畹」（指鄭貴妃的哥哥鄭國泰）這樣的詞語，把矛頭直接指向了鄭貴妃。不論這件事與鄭貴妃有關還是無關，反正火是燒到她身上了。萬曆帝也明白，其實連他自己也已經受到了極大的牽連。朝臣們為了他自己的兒子的利益與他鬥爭了幾十年，現在出了如此重大的針對太子的陰謀，群臣和百姓要對他產生懷疑恐怕也是在所難免。為了應付這場危機，萬曆帝一開始使用了慣常的手法，對議論「梃擊」事件的奏章一律留中不發，想用沉默來淡化此事。但如此關係重大的事件豈能輕易被淡化？在朝臣的強烈要求下，萬曆帝最後只得同意由刑部再對張差復審。

復審是在十天以後進行的，參加的人員大大多於第一次。這一次張差招供得極其痛快，原來的馬三舅、李外父都有了實指，還招出那兩個不知名的老公是龐保和劉成。這龐保和劉成據說正是鄭貴妃宮中的執事太監！如果情況確實如此，這「梃擊」事件可以斷定是一起鄭貴妃陰謀殺害太子的未遂事件。但事情卻有許多可疑的地方。最大的疑點就是這樣的陰謀太不合邏輯，太不合情理。暗害元嗣這樣的重大陰謀可以有許多種方法，歷史上有的是先例，但由一個半瘋不傻又不會半點武功的人，單槍匹馬地用一根棍子衝破重重警戒去打死太子（就算闖進慈慶宮，他肯定也分不清哪一個是太子），實在是想像力所難及的最愚蠢的辦法。反過來看，如果張差的闖宮確有人指使，那指使者顯然並不希望達到（根本不可能達到的）打死太子之目的，而只想獲得某種轟動性效應。鄭貴妃恰恰是最希望置太子於死地（按照東林黨人的說法）和最不希望引起人們注意的，所以幾乎可以肯定，指使者並非鄭貴妃。何況，張差的供詞本身也還是很可疑。有人說張差在復審招供完時曾經大呼道：「昨日教我的話，今都說了。」[5]如果是真的，那問題就更加複雜了。

鑑於有這樣的疑點，萬曆帝如果振作起來深入調查，其結果不見得會不利於鄭貴妃和他自己。但生性軟弱無能的萬曆帝寧可把事情敷衍過去。到了月末，他帶著太子和幾個皇孫一起，先在慈甯宮向著不久前故去的母親李太后的亡靈進行了一番祝告，然後又在那裡接見了內閣大學士以下的文武諸臣，演出了一場父慈子孝的鬧劇。小王子朱由檢也頭一次親眼見到了天子召見朝臣的政務活動。

當時才只有四歲半的朱由檢還沒有寶座前的御案高，對所見所聞的一切也還無法完全理解，但召見時那種森嚴冷峻的氣氛還是給他留下了深刻的印象。被召見的朝臣們絕大多數根本就從來沒見過皇帝的面，這時被天子身上散發出來的那股強大威嚴所懾服，個個目光呆滯，臉色沉重。萬曆帝卻是強壓著內心的不滿，做出一副和顏悅色的樣子。朱由檢見到，體態肥碩的祖父裝模作樣地拉著一臉病容的父親，對跪在面前的群臣們訴說：「這個兒子極孝順，朕也極憐愛。如果朕有別的什麼意思，怎麼還會立他為太子呢？朝臣們到底是什麼意思，要用流言蜚語離間我們父子嗎？」而後祖父又特地把他和兩個哥哥叫到面前，讓群臣們看看仔細，並且說道：「我的幾個孫子都長這麼大了，還有什麼可說的？」父親也打起精神責備朝臣：「我們父子親情何等深厚，而外臣卻無緣無故議論紛紛。你們這些作臣子的目無君上，害得我也成了不孝之子。」[6]

朝臣們在皇帝父子這一番表演面前不知應該作出怎樣的反應，全都噤若寒蟬。突然，跪在後排的一個官員大聲怪叫了一句，把朱由檢嚇了一跳，朝臣們和萬曆帝父子也都十分吃驚，氣氛更加緊張起來。據一些在場的人後來回憶，那位名叫劉光復的御史當時說的是：「皇上，東宮（指太子）慈孝！」[7]顯然是想阿附討好皇帝和太子。但這個馬屁沒有拍對時機，正處在極度緊張狀態中的萬曆帝根本沒有聽清楚他說的是什麼，只見他疾言厲色，以為又是當面揭露頂撞自己。經過了一段死一樣的沉寂，萬曆帝才有了反應，咆哮起來，當場命侍奉在左右的護衛太監把劉光復揪出佇列，用棍棒打了個半死，又讓人拉出去，到刑部從重治罪。

不湊巧的是，劉光復恰好是被東林認作「邪黨」，竭力主張把「梃擊」事件大事化小的，萬曆帝的一番淫威完全沒有發對地方。但這龍顏一怒還是收到了震懾效果，沒有一個人再敢當面與皇帝分辯。加上事件的苦主太子本人也出面彌合，朝臣們很難再爭執不休，這個始終沒有弄清楚的「梃擊案」只得糊裡糊塗地了結了。張差被立即處斬，馬三舅、李外父等人僅處以流刑，而被指為龐保和劉成的兩個太監（其實叫鄭進、劉登雲）抵死不招，後來由司禮監刑斃。案子雖然結了，卻為日後的政治鬥爭留下了粗重的伏筆。

朱由檢生平第一次參加的政務活動在一片混亂嘈雜的撕打中宣告結束。這也是他所接受的第一堂政治教育課，面對著群臣的跪伏和震恐，他感覺到了祖父那身為天子的巨大權威，而這種君臣關係的基本模式也深深印在他幼小的心靈中。在後來崇禎帝本人的天子生涯中，他一向以剛毅果斷，對臣子心狠手辣著稱，根大概就是從那時候種下的。

「梃擊」事件鬧騰過一陣之後，宮中又恢復了表面的平靜，慈慶宮裡的日子又變得漫長乏味。但在這種沒有親情、缺少歡樂的生活中，小王子朱由檢還是一天天長大了。

深宮寂寞，缺乏母愛，又不被周圍的人們重視，造成了朱由檢敏感而又內向的性格。在這方面他與長兄，後來的天啟皇帝，形成鮮明的對比。天啟帝是從小被驕縱壞了的那一類男孩子，好玩好動，外露輕狂而內心卻極為虛弱，凡事缺乏主見。朱由檢卻是個看起來十分安靜的孩子，喜歡讀書，十來歲就愛靜悄悄地坐著念書寫字。因為父親和祖父之間有一種特別的彆扭關係，慈慶宮中幾位小王子的教育問題一直被拖延著沒有正式提到議事日程上來。他們本該在一個由高級學者組成的教授班子的嚴格指導下接受最正規的儒家經典教育，而實際上卻是從身邊幾個有文化的太監那裡學會的識字讀書。好在朱由檢是一個愛學習的孩子，沒有教師就自己用功。明朝宮廷中的書籍，基本上都是「四書五經」、「二十一史」一類正規經史，讀起來相當艱澀，他遇到書裡面有不認識的字或是不懂的典故，就查閱宮中常用的工具書，像《洪武正韻》、《海篇直音》、《韻小補》之類。這樣的自學過程反倒養成了他凡事喜歡獨立思考的習慣。

他喜歡讀書，也一直把讀書當成一件嚴肅有益的正經事。有一次宮裡一個陪他一起讀書的小太監在朗讀經典的時候因為不好意思，聲音忸怩微弱，他就嚴厲地斥責說：「讀書是好事，倒害羞；如果是唱曲子反而不害羞了嗎？」[8] 通過讀書，他懂得了不少聖賢的道理，也瞭解了許多歷史知識。這方面的修養使得這個安靜的孩子在性格上逐漸養成了剛強而且十分有主見的一面，這一點，後來崇禎時期的朝臣們是充分體會到了。

宮廷生活刻板得極有規律，每一天都像是另一天的精密複製品。天明即起，小王子要向父親和養母等長輩請安；然後是白天，念書，寫字，偶爾玩一玩打彈子或是掉城（類似跳格子）的遊戲；天一黑，就該安寢，睡在寬大的木床上，能夠聽到紫禁城裡尋更守夜的宮女搖著串鈴，丁令令，丁令令，由遠至近，近了，又遠了。伴著鈴聲的是那好似含著無限哀怨的報更聲：「天下太平——天下太平——」[9]。

天下卻並不太平。明王朝經過了二百多年的滄桑，到這個時候已經是精華已竭，沉屙難治，早已是一片千瘡百孔的狀態。朝廷裡朋黨交哄，國無寧日；皇帝實行無限期罷工，政務混亂。各部門的任職報告大都被皇帝扣壓留中，於是出現了各衙門有職無官的奇特現象，南北兩京的六部尚書和左右侍郎職位多半都空缺著，有的部門只好由司官來臨時掌管印信，地方官員的情況也好不了多少。管理混亂鬆弛正好為貪官汙吏們大開方便之門，這一時期貪污成風，賄賂公行，貪污和賄賂的大量錢財自然都是從平頭百姓那裡搜括來的。

百姓們有被搜括敲剝之苦，又要歷經數不清的天災人禍。在萬曆皇帝統治的最後一段時期，南北各地接連出現大災荒，大災荒引起大饑饉，有些地方甚至出現了宰殺活人賣肉的恐怖事件。在死亡的威脅下，民間開始有人揭竿而起，白蓮教、無為教等祕密宗教團體組織過許多次暴動，規模都不大，卻引起社會的極大恐慌。有些官僚認為，一場黃巾、赤眉式的大暴亂就近在眼前。

內地危機四伏，邊疆地區更不平靜。北方的蒙古族察哈爾等部接連不斷地對大同、宣府（今河北宣化）、延綏（今陝西榆林）等邊防軍區進行騷擾，西南苗彝土司又多次造反獨立。最為嚴重的是山海關外的遼東地區，那裡建州（今遼寧新賓縣附近）地方的一個叫作努爾哈赤的女真族酋長從萬曆十一年（1583年）以十三副遺甲起兵，隊伍不斷壯大，到萬曆四十四年（1616年）竟然建立起一個朝氣勃勃的大金汗國（史稱後金）。從萬曆四十六年（1618年）起，後金開始對明帝國進行軍事征討，先是占領了戰略重鎮撫順，而後於第二年在薩爾滸（今撫順市東）與明朝的十萬大軍進行了一場決戰。決戰以明軍的慘敗而告結束，十萬大軍被殲滅了一大半。兩年以後，遼東的主要城市瀋陽、遼陽相繼失守。明朝的遼東地區大體上相當於現在的遼寧省，當時屬於山東行省管轄，但設有一個省軍區級的遼東都司，基本上是個獨立的行政單位，在明代邊防中發揮舉足輕重的作用。明軍接連大敗之後，原來的遼東都司轄區只剩下遼河以西的一個狹長地帶，東北邊防極其薄弱。而後金政權卻在不斷發展壯大，已經不是一般的所謂邊患，而是要直接威脅到明王朝的生存了。

天下禍亂紛紛，宮中也並不太平。鄭貴妃和皇太子兩個派系的權力之爭影響深遠，背景不同的宮眷、太監明槍暗箭，鉤心鬥角。這場隱蔽的鬥爭直到萬曆帝死去之後才平息下來，但接下去的卻是一場更加劍拔弩張的惡鬥，只是主角換上了新的面孔。

萬曆四十八年（1620年），朱由檢十一歲，又親身經歷了一連串的宮廷混亂。

那年的七月末，萬曆帝突然重病不起，很快就一命嗚呼。這樣，太子朱常洛總算是戰戰兢兢地熬出了頭，在八月初一日即位當了皇帝，就是明光宗泰昌皇帝。太子東宮裡的上下人等終於一掃幾十年來壓在心頭的陰雲，歡騰雀躍起來。國喪期間，宮裡宮外到處都在披麻戴孝，但慈慶宮裡，肅穆的孝服喪儀還是掩飾不住一派欣欣然的愉悅氣氛。這裡的主人成了「唯辟作威，唯辟作福」的皇皇天子，這就意味著，宮中的全體人員，不論是姬妾子女還是宮女太監，都將隨著天子一步登天，得到大大的提升。在外朝中，一直忠心耿耿維護太子利益的東林黨人同樣歡欣鼓舞，他們幾十年的艱苦奮鬥終於要得到報償，他們一直期待的以天理道德重振朝綱的計畫終於可以實施了。果然，在不到一個月的時間裡，大批的東林黨人被起用或是提升，在朝廷的一切重要部門，從內閣中樞、部院寺司直到六科十三道，到處都塞滿了東林同仁。

光宗是憋悶了幾十年才出頭做了天子的，一時心情暢快，不免酒色無度，難於自拔。誰知樂極生悲，皇帝才只當了十來天，就生起病來。最初他還勉強支撐著參加御門議事的辦公會議，後來吃了內御藥房給他開的瀉藥，當晚就腹瀉不止，從此委頓不堪。到了八月末，他已經感到痊癒無望，在召見大臣時問起了自己的棺材和陵墓的準備情況。此前，有個鴻臚寺丞叫李可灼的自稱有仙丹能為皇帝除病，光宗病篤亂投醫，此時倒很想試一試，於是讓李可灼先後進上了兩顆紅色的藥丸。光宗於當晚服下一丸後感覺頗佳，第二天又服了一丸，待到半夜之後就「龍馭上賓」，駕崩了。那時正是九月初一日的凌晨，光宗的天子生涯剛好維持了整整一個月。

明光宗朱常洛

對一個十來歲的孩子來說，一月之間連遭祖父、父親兩次大喪，不論是心理上的壓力還是儀禮方面的勞累，都過於沉重了。皇帝的喪禮是天下最隆重的喪禮，有一整套哭臨、祭奠的繁縟儀式。朱由檢作為孝子賢孫，那些繁文縟禮照例都是要參加的，僅跪在靈前靈側放聲痛哭（以示對於死者的追思懷念）一項就不知要重複多少遍，哭得很累，也很苦。在這段日子裡，他沉浸在那些痛苦的儀式中，大概沒有注意到宮廷裡、朝廷裡又再發生著劇烈的事變。

國不可以一日無君，在光宗死後的第五天，他的長子朱由校就即位登上了皇帝的寶座，就是明熹宗天啟皇帝。但這次即位卻弄出了許多曲折。

剛剛君臨天下的這位少年天子跟他的五弟一樣，也是從小就死去了生母，也是由光宗的李選侍監護著長大的。李選侍能把握住光宗的兩個幼年喪母的兒子的監護權，說明她當初在太子宮中的得寵程度確實非同一般。由於太子妃郭氏死得早，光宗即位之後，並沒有人能夠自然而然地成為皇后，李選侍就把這國母之尊看成了自己的囊中之物。她因為得寵，晉升皇后並非沒有可能性，光宗在生前也確實數次提出要封她為皇貴妃（在宮中地位僅次於皇后，由於沒有皇后，皇貴妃自然要主掌宮壺）。但禮部認為，新天子剛剛登位，連兩位太后和元妃的謚號還無暇議及，晉封皇貴妃的事也只宜緩辦。誰知光宗只一個月就故去了，李選侍不但晉身皇后的夢想成了泡影，就連皇貴妃的名號也沒有撈到，實在是又悲痛又懊惱，於是生出一些「婦人之見」，想用手中把持著的小皇帝來作為與朝臣們討價還價的資本。

天啟帝是一個幼稚晚熟，又從小被嬌縱壞了的孩子，直到當上皇帝的那一年，他已經十六歲，在許多方面卻仍然像個十來歲的兒童，毫無主見和獨立意識。小皇帝特別晚熟，這給了李選侍一個機會。她以為只要能繼續監護著這位皇帝，就能從中得到好處。因此，在光宗駕崩的當日，群臣到宮中向遺體告別，她就把小皇帝藏起來不讓群臣見面。後來朝臣和內臣聯合起來，連嚇帶騙，總算把天啟帝弄了出來，於是山呼萬歲地朝拜了一番，既而不由分說，把那嚇呆了的孩子簇擁到慈慶宮，斷絕了李選侍和小皇帝的聯繫。

皇帝被劫持，李選侍亂了章法，只好賴在乾清宮不走。這乾清宮是皇帝的寢宮，按當時的說法，「惟天子御天得居之，惟皇后配天得共居之」[10]，並非什麼人都住得的。李選侍先前因服侍光宗而住進乾清宮，現在光宗已死，實在沒有再賴下去的理由。揆其心理，她不過是希望朝臣們能有所妥協，大小給她個封號，也不枉辛辛苦苦監護小皇帝幾年。只是在朝中得勢的東林黨人卻不好惹，他們毫不妥協，今日一本，明日一本，還幾次到宮中吵嚷爭執，痛斥李選侍。李選侍手中沒有了皇帝，已自洩氣，熬了幾日，只得悲悲切切離開了乾清宮，搬進臨時閑著的噦鸞宮，連行李也顧不上收拾。這一番混亂後來就被稱作「移宮」。

在「移宮」的那些日子裡，一向寧靜的深宮裡接連出現了少有的喧鬧，也驚動了宮中上下一切當事的和不當事的人們。一月之間已由皇孫升格為御弟的朱由檢也難免要耳聞目睹其中的許多細節。光宗即位之後，他跟隨著李選侍與父皇、長兄一道搬進紫禁城中路的乾清宮，在九月初朝臣們進宮的那次「哭臨」（遺體告別儀式）中，也就親眼看見了東林幹將們那副捋袖揎拳氣勢洶洶的樣子，還見到已經成為皇帝的長兄像個傀儡一樣聽憑朝臣的擺佈，淒淒惶惶，不知所措，多少次流著鼻涕掩面而泣。

他自己的生活也因為這次「移宮」而受到了極大的影響。李選侍被迫搬出乾清宮標誌著她的澈底失勢，皇帝從此獨立，不再由她監護，皇五弟朱由檢的監護權同時也被宮中掌握著實權的大太監、東林黨人的好朋友王安給剝奪了。朱由檢被轉交給了光宗的另一個侍妾，也姓李。當年在太子宮中，地位最高的侍妾正是這兩位李選侍，因為居住位置不同，宮裡的人們分別把她們叫作「西李」和「東李」，在「移宮」中倒楣的是「西李」，後來被封為康妃，而這一次接手監護朱由檢的則是「東李」，後來封為莊妃。朱由檢畢竟已經在西李選侍身邊生活了好幾年，感情還是很深的。他在後來回憶說：「當年皇考（光宗）因為朕和先帝（天啟帝）都是幼年喪母，命李選侍撫養。她愛我們如同自己親生，朕和先帝也像對待親生母親一樣尊重她。」[11] 此時為了他根本弄不明白的原因，一下子就把養母從他身邊生生拉開，這位小御弟不免又驚恐又難過，卻又無可奈何。他只得跟著新任養母東李選侍又重新回到原先居住的慈慶宮，住進後院東側的勖勤宮裡。不久他又聽宮女、太監們傳說，西李選侍被逼得倉皇搬離乾清宮時，有人乘亂哄搶財寶，乾清宮裡亂成一團，西李選侍憂憤交加，已經上吊自殺，西李選侍的親生女兒，一直被他當作可愛的小妹妹的所謂皇八妹，也被驚嚇得投了井。後來證明這些傳說不盡屬實，但當時宮中那種紛亂慌悚的氣氛卻從中可見一斑。

那時候，朱由檢還弄不清宮中的那些非常事件與政治大局的關係，他只是感到，大臣們一旦鬧起事來實在是可怕而難纏。這一段生活經歷也使他對於東林黨人有了一種不容易改變的成見，覺得東林諸臣真是見識偏激而又肆無忌憚。在以後的日子裡，儘管社會輿論普遍給予東林黨人崇高的評價，成為皇帝的朱由檢卻持強烈的保留態度。

身為天子的天啟帝在一群強悍的朝臣手中奪來搶去，除了哭天抹淚之外毫無辦法，年幼而又沒有一點權勢的御弟朱由檢自然更不能對宮中朝中的局勢發展產生絲毫影響，只好聽憑東林黨人與他們在宮中的內應——大太監王安的安排。他跟著東李選侍老老實實地住進勖勤宮裡，對外間的事情從不過問。而朝中的東林黨人在「移宮」一役中得手之後，正在以洶湧澎湃之勢迅速擴大戰果。

還在「移宮」事件紛亂不休的時候，一些東林黨人已經在追究光宗的死因了。在他們看來，光宗死得蹊蹺。李可灼職非醫官，隨便為皇帝進藥已屬大不合規矩，何況服紅丸在前，光宗崩逝在後，從時間順序看，似乎紅丸就是光宗的死因。如果真是這樣，紅丸豈不就是毒藥，李可灼進藥豈不就是弒君？依照這個思路想下去，問題越來越嚴重。李可灼能入宮診視進藥，是首輔方從哲帶入的（其實是光宗自己堅持，方從哲遵命而已）。而這個方從哲在當年的「梃擊案」中就態度曖昧，據說與鄭貴妃頗有勾連。再深一步想，光宗病體加重都是因為吃了內醫官崔文升的瀉藥，而崔文升原先竟是鄭貴妃的屬下！顯然，光宗之死，死於一連串的陰謀，陰謀的主使，宮中是萬惡的鄭貴妃，朝中是鄭貴妃的同黨首輔方從哲。這個關於光宗死因的爭辯，被時人稱作「紅丸案」。

其實，東林黨人的推理有許多不合邏輯的地方。他們強調「連進紅丸兩丸，須臾帝崩」的時間順序[12]，卻有意忽視光宗此前已經病入膏肓的事實。至於當事人與鄭貴妃的種種牽連，更是出於主觀的臆想。東林黨人抓住這個問題不放，已經跟當年爭「國本」、爭「梃擊」有所不同，如果說當年的出發點主要還是為了維護太子的權力和安全，那麼這一次卻主要是為了保住和發展自己的政治權力。糾纏「紅丸案」對東林黨人有兩大好處：一是首輔方從哲和他的一群親信牽扯在裡面，可以借機把他們排擠出政治舞臺，由東林取而代之；二是暗示鄭貴妃是主使者，可以向人們強調數十年來的「國本之爭」，突出東林黨人的歷史功績。

東林黨人果然如願以償。方從哲頂不住朝中的人言藉藉，終於避嫌辭職；在「移宮」和「紅丸」之爭中顯示出來的政治實力使得東林黨人的威望如日中天，幾位在「移宮」中表現特別突出的東林鬥士，如給事中楊漣、御史左光鬥等人，都迅速得到提升；他們還把已經沉寂了好幾年的「梃擊案」也再度提出來議論爭執了一番，最終大獲全勝。經過對「三案」（「梃擊」、「紅丸」和「移宮」的合稱）的爭議和其他一系列公開或隱蔽的政治活動，東林黨人在朝廷中的勢力空前膨脹起來。

但是，就在東林黨人最志得意滿的時候，他們也開始注意到，在宮廷深處正悄悄地發生著一些不那麼令人高興的變化。這種變化對於東林黨人的命運，對於天啟帝和御弟朱由檢的人生命運所產生的深遠影響，在最初是誰也沒有料想到的。

1 劉若愚，《酌中志》，商務印書館《叢書集成初編》本，卷四，上冊，第25頁。
2 文秉，《先撥志始》，卷上，上海中國書店1982年12月版，第121頁。
3 黃宗羲，《明儒學案》，卷五八，下冊，中華書局1985年10月版，第1377頁。
4 顧秉謙等撰，《三朝要典》，卷一，上冊，臺灣偉文圖書出版社1972年版，第113頁。
5 《三朝要典》，卷八，上冊，第403-404頁。
6 見夏燮，《明通鑑》，卷七五，第七冊，中華書局1959年4月版，第2909-2910頁。
7 李遜之，《三朝野紀》，卷一，上海書店1982年5月版，第7頁。
8 見《酌中志》，卷四，上冊，第26頁。
9 王譽昌，《崇禎宮詞》注，北京古籍出版社1987年5月《明宮詞》本，第83頁。
10 張廷玉等撰，《明史》，卷二四四，第二一冊，中華書局1974年4月版，第6330頁。
11 李清，《三垣筆記》，中華書局1982年5月版，第196頁。
12 沈國元，《兩朝從信錄》，卷十三。

二 信王殿下

紫禁城是一組巨大無比的建築群，占地一千多畝，大大小小的殿堂屋宇總共有九千多間，全部被封閉在一道三丈多高的堅固城垣裡面。這組建築對外是全封閉式的，在內部也被分割成幾百個大小院落，相互隔離。慈慶宮是一個靠近東華門而又遠離三大殿和皇帝後宮的孤零零的大院子，勖勤宮又是慈慶宮裡一個相對獨立的小院子。朱由檢和他的新任監護人東李選侍住在這個被層層封閉起來的院落裡，對於外面的消息十分閉塞，但他們還是從身邊太監和宮女的口中聽到了一些風聲，隱約感覺到宮中的形勢正在出現某種不祥的轉變。

經過了「移宮」，本來就不成其為勢力的李選侍的勢力被澈底摧垮了，但身為外朝官員的東林黨人卻無法朝朝暮暮守在天子身邊，時時刻刻把持著年幼的小皇帝。這項工作他們只能通過在宮中的內線——大太監王安來完成。王安早在光宗幼年時期就是他的伴讀太監，以後常年不離作為太子的朱常洛左右，是他的第一號親信隨從。這個王安性格嚴肅，不苟言笑；自幼在內書房讀書，也有相當的文化水準。為了政治上的利益，他和東林黨人一向交往密切，是太監中極少有的東林密友。光宗即位之後，他就自動地接管了宮中大權，只是還沒來得及名正言順地拿到宦官中第一把交椅司禮監掌印太監的頭銜，但光宗的突然去世卻使得宮廷的格局又產生了微妙的變化。

王安是一個很嚴厲的人，就連光宗皇帝對他也有幾分畏忌。還只是個孩子的天啟帝對王安更是只有敬畏之心，卻無親愛之意，他本能地不願意由一個總是讓自己戰戰兢兢的人來充當宮廷裡面的最高首領。按照一朝天子一朝臣的規律，老皇帝朱常洛的親信在他登極一個月即告死亡之後，也就迅速地成為過時的明日黃花，又將被新天子自己的親信取代，這個過程在天啟帝繼位後不到一年的時間裡就完成了。

在宮裡，天啟帝最熱愛最感到親切的，是他的乳母客氏。明朝皇室子女照例從小都由奶媽哺乳，客氏就是在天啟帝出生的萬曆三十三年（1605年）被選入宮中的。她是京城一個姓侯的普通百姓的妻子，入宮的時候已經二十六歲，有記載說，她不識字，但是很精明，記憶力極強」。因為缺乏生母的慈愛，天啟帝自小就把對母親的依戀全部寄託給了這位容貌端正、態度親切的奶娘，而且這種依戀之情直到他當上皇帝之後仍然有增無減。他不但封客氏為奉聖夫人，給客氏的兄弟、兒子全部加官晉爵，而且不顧朝臣的強烈反對，一直讓乳母滯留在宮裡，極盡孝敬之情，幾乎是言聽計從。

依照明朝宮廷裡的傳統，幾乎每一個宮女都擁有一個相好的太監，宮中俗稱叫作「菜戶」。這些「菜戶」雖然有致命的殘疾，但到底曾經是男兒之身，在深宮這個缺少鬚眉男子的天地裡就成了宮女們寄託感情的對象。他們還幫助相好的宮女料理各種外勤事務，而宮女們則為自己的「菜戶」操持內務，其中感情深厚的真像世間的伉儷那樣，纏纏綿綿，因此這種關係又被稱作「對兒」。客氏在宮中待久了，自然也有了「菜戶」，最初是皇長孫一房中主事的太監，叫作魏朝。但魏朝通常都很忙，難得照顧客氏，另有一個專門負責管理朱由校伙食的辦膳宦官叫魏忠賢的卻與客氏接觸較多，照拂殷勤。時間長了，客氏與魏忠賢的感情反而更深。

「對兒」這種事畢竟不是真正的夫妻關係，魏朝和魏忠賢原本是好朋友，也沒有為了客氏的事情爭風吃醋，大家長期和平共處。但隨著天啟帝的繼位，客氏跟著一步登天，哪一位是奉聖夫人的相好成了關係權力利益的生死大事，兩個姓魏的朋友就不那麼禮讓為先了。兩個人先是在暗中鬥勁，後來終於發展成公開衝突。在泰昌元年（即萬曆四十八年，1620年）冬天的一個晚上，兩個從前的好友一起在乾清宮的暖閣裡喝酒，微醺之後就為了客氏的歸屬問題發生爭執，而且越吵越凶，最後把連同皇帝在內的乾清宮裡上上下下全都驚動起來。天啟帝瞭解了爭吵原因之後，請出客氏問她：「客奶奶，你只說你真心要著誰替你管事，我替你斷決。」[2] 客氏就毫不猶豫地選擇了魏忠賢。從此奉聖夫人先後兩位相好有了截然不同的命運。魏朝當場被王安打了一個耳光，被罷免了乾清宮管事的顯要職務，後來又被流放到鳳陽去看守皇朝祖陵，最後被魏忠賢的爪牙勒死了；而魏忠賢則從此飛黃騰達，成為宮中最有權勢的大太監。

魏忠賢是北直隸肅甯（今河北肅寧）人，家境貧苦，迫於債務的壓力於萬曆十七年（1589年）自行閹割入宮。當時他已經二十二歲，娶了妻子，還有一個女兒。這樣的年齡入宮通常意味著絕沒有發展前途，他沒有文化，不識字，又不可能再進內學堂從頭學起，只好幹些看門守夜之類的雜務，地位十分低下。他在宮中混了多年，一直沒有起色，由於表面憨直老實，還得到了一個「傻子」的綽號。直到萬曆三十幾年，他在魏朝的幫助下謀得了一個在皇長孫房中辦膳的差事，才算大小有了一份執掌，進入了龐大太監群體的中間層。以後的十幾年中他都在兢兢業業地管理著皇長孫一房中的伙食，在朝夕相處中不但和客氏，也與後來的天啟帝建立了很不錯的感情。這多年積累下來的感情資源待到天啟帝登基之後就顯現出了它的無窮價值。天啟帝為了自己的親切感，更為了讓心愛的乳母風光體面，毫不遲疑地把魏忠賢飛快提拔起來。他先是出任了內廷二十四衙門之一的惜薪司掌印太監，而後又升任司禮監，成為歷史上為數不多的不識字的秉筆太監。這司禮監秉筆負責代皇帝批閱奏章，在明代權力極重，人稱「內相」（宮內的宰相），其影響已經不止在宮廷內部，而是直接關涉到國家大政。

皇帝的個人感情對於宮中的人事變化終於起了決定性作用。就在天啟元年（1621年）夏季，王安突然被莫名其妙地革除了全部職銜，不久就被祕密殺害了。而魏忠賢則在不久後又兼任了總督東廠太監，主管組織嚴密的皇家特務機構——在龐大的宦官系統中，這是名列第二位的職務。但宮中的全體宮女、太監，乃至后妃全都很清楚，魏忠賢之所以沒有充任宦官第一職務的司禮監掌印太監，實在是因為他一字不識，根本無法掌管那些繁複的文移庶務，若論在宮中的實權，他與他的相好客氏相結合，其實早已超過了歷代的司禮掌印太監。事實上，靠著魏忠賢的抬舉才獲得司禮監掌印太監職位的王體乾從來都把魏忠賢當作主子一樣，甘願充當他的一條走狗。

人們對於宮中風向的這種變化反應不一。大多數的趨炎附勢者都在想方設法地鑽營巴結，拼命地討好魏忠賢和客氏，想要在這突如其來的權力再分配中得到一點好處。另一些人對客、魏的氣焰熏天雖然心存不滿，卻也只好噤聲屏息，不敢有絲毫冒犯。只有少數的嬪妃，因為年輕不識利害，很看不慣客、魏的專橫跋扈，不免公然發作起來，這些人沒過多久一律死於非命。有了這樣嚴峻的教訓，宮中更沒有人再敢與客、魏抗衡。

住在勖勤宮裡的御弟朱由檢本來是遠離宮廷權力鬥爭漩渦的，他的年齡也不足以對深宮裡的風雲變幻作出什麼判斷。但他還是感受到了一種被奴才欺辱的壓抑。很多年來他都是與客氏和魏忠賢一起生活在慈慶宮裡的，又同在養母西李選侍的管轄之下，本來是很熟識的。他怎麼也想不明白，那個和藹可親的客奶奶和憨直勤謹的魏辦膳為什麼會一下子變得氣焰熏天、不可一世，居然成為宮中的領袖。而且，他身邊的親隨、雜役，都不得不對這一對男女俯首貼耳，甚至奴顏婢膝，就連他本人也不能不注意客、魏二人的臉色。儘管他還只是個十來歲的孩子，這種不愉快的感受還是頗為刻骨銘心的，所以到後來由他來處理這對男女的時候，他做得心狠手辣。但在當時，他只是感到了自己的無力和軟弱。

天啟二年（1622年）九月，十三歲的朱由檢作為當今皇帝唯一的胞弟（他的那位三哥在八歲上也夭折了，另有兩個弟弟全都殤於幼年），被冊封為信親王。親王在明代的爵位系統中地位是最尊貴、最崇高的，而且以當今皇帝的血緣遠近而論，他在四、五十個親王當中又是支脈最近切的，這一次封王典禮本應該莊嚴隆重。但當時宮廷內外正在醞釀著一場權力大廝殺，沒有人真正關心一個少年小王爺，典禮也就極其草率。由於年齡還小，這位信王殿下在受封後仍然住在紫禁城中的勖勤宮裡，但已經是寄居的性質。依照規定，在成年之後他必須移居到遠離京城的封地。沒爹沒娘又不受人重視的信王只能孤零零地蝸居在自己的勖勤宮裡，唯一的親人長兄天啟皇帝自幼與他沒有什麼感情，即使在禮儀性的朝拜活動中能見到一面，也只是機械地下跪磕頭，從來沒有什麼話可說。皇帝對這個小弟弟不關心，其他人更很少過問他的生活和教育，更不會有人理睬他對於時局有什麼看法。一天天成長起來的信王就以一個局外人的身分，眼睜睜地觀望著朝中宮中的潮起潮落。

朝中的政局真是風高浪急。有著豐富政治經驗的東林黨人在王安被罷黜被殺害的事件中已經感覺到宮中的情況有些不妙，從天啟元年（1621年）冬季起，他們就對宮中的客氏和魏忠賢發起了一次又一次的彈劾高潮。他們反對客氏長期居住宮中，反對魏忠賢在宮中主掌大權，更反對皇帝不理朝政，把處理國務的權力甩手交給一個人格卑俗、品質惡劣的太監。但憑藉著皇帝的信任和倚重，魏忠賢的勢力卻還是在穩步地膨脹。天啟帝玩心極重，又特別醉心於木工的技藝，每天在宮裡製造各種桌椅板凳和精妙的自動玩具，做好了又拆，拆完了再做，樂此不疲。而對於繁複乏味的政務，他是既弄不明白，又毫無興趣。皇帝無心處理朝政，魏忠賢就甘願代勞，在他的指揮下，幾個親信爪牙牢牢控制住了代替皇帝在一切公文奏章上用朱筆批示的大權。據說，遇到特別關鍵性的政務，魏忠賢總是故意等到皇帝做木工做得最全神貫注的時候才去彙報，天啟帝無心顧及，總是說：「朕已經全知道了，你們好好幹吧。」[3]於是，朝廷用人行政一切大權，實際上都逐漸落入了魏忠賢和他的黨羽手中。

天啟四年（1624年）夏秋之際，東林黨人再也無法容忍朝政中這種上下顛倒、黑白混淆的狀況繼續下去了，以東林中的核心人物，在「移宮」事件裡曾大出風頭的左副都御史楊漣為首，對魏忠賢發起了一場總攻。楊漣在彈劾魏忠賢的奏本中列舉了他的二十四條罪狀，並且要求把他「綁縛到列祖列宗的神廟前面，召集在京的全體文臣武將，由司法機構逐條罪狀嚴刑審訊，……判處死刑以消解神靈和臣民的公憤。」[4]在楊漣之後，彈劾魏忠賢的奏疏沸沸揚揚，聯名的、單署的竟有七十餘章。在各種劾疏上署名的不僅有御史、給事中一類專司監察的言官，還包括大學士、尚書、侍郎等朝廷重臣以及地位較低的京堂、部屬，連陪都南京的官員們也加入了攻擊魏忠賢的行列。有些部門是首長帶頭集體署名，共同譴責魏忠賢的大逆不道。八月，國子監（即國立中央大學）以署祭酒（代理校長）、禮部右侍郎蔡毅中為首，包括監丞、博士、助教、學正、學錄、典籍等教職人員聯名上疏，對於魏忠賢作孽而由皇帝代為受過表示「合監師生無不捫心愁歎不已」，請求皇帝「憬然悟，赫然怒，雷震之威，加以三尺」，對魏忠賢依法制裁[5]。東林黨人甚至幾次打算在宮門外組織群臣進行靜跪請願活動，由於種種原因才沒有實行。

但魏忠賢在宮中有他的女友客氏的有力支持，有天啟帝的全面信任，並沒有在東林黨人的攻擊中損失半根毫毛。待到東林的攻擊高潮一過，他反而大肆反撲，利用皇帝的無上權力把一大批東林核心力量罷官削籍（開除幹籍），而且以皇帝的名義公然宣布：東林黨人多年以來「內外連結，呼吸應答，盤踞要地，把持通津，念在營私，是非顛倒，誅除眾正，朋比為奸，欺朕幼沖，無所忌憚。」[6]完全是一個結黨營私、誤國殃民的罪惡團夥。在這種形勢下，朝官中一些在天啟初年備受東林排擠的「邪黨」分子和品質低劣的政治投機分子見到政治局面大變，也紛紛投入到魏忠賢的麾下，為他出謀劃策，效力賣命，一些少廉無恥的政客甚至甘心充當魏忠賢的乾兒義孫。這批人都迅速得到提升，成為朝中的主導力量。由於是甘心情願地為太監閹奴做心腹爪牙，這批人在歷史上被稱作「閹黨」。

有了閹黨的全面配合，魏忠賢的統治發展到了巔峰狀態。天啟五年（1625年）以後的兩年多時間裡，明帝國進入歷史上最黑暗的一個時期。閹黨們一朝權在手，就對多年的夙敵東林黨人大加迫害。他們把多年來東林黨人引為自豪的「三案」之爭重新搬出來進行討論，並且得出結論：東林黨人爭論「三案」是「捕風吠影，污蔑宮闈，致使天子聖德受損；以此無端風波，牽枝引蔓，驅除忠良之臣殆盡」[7]。閹黨還把有關「三案」的爭論和這一結論編纂成一部具有標準意識形態性質的著作《三朝要典》，由天啟帝親自撰寫序言（當然是閹黨的詞臣代筆），頒行天下，意思是要把東林黨人永遠釘在歷史的恥辱柱上。

閹黨們還以黑名單的方式把所有被認為是東林分子的大小官員編製成冊，送給宮中的魏忠賢，司禮監就按名冊進行了一次大清查，把全部東林黨人趕出了政治舞臺。對於那些反對魏忠賢統治最激烈的東林人士，他們不惜從肉體上消滅，先後製造了「六君子案」、「七君子案」等幾十個著名的冤獄，以楊漣為代表的一大批東林黨人被無端地判處死刑或是不加審判就被殘酷地迫害致死。以魏忠賢為首的特務機構肆虐橫行，在京城和各地建立起嚴密的監視網路，對一切稍稍表示出對魏忠賢統治不滿的官員和民眾施行無情的鎮壓。有人在自己家中與朋友喝酒，酒酣後對時政發了幾句牢騷，東廠的密探突然破門而入，把不滿的人抓起來凌遲處死，而另外幾個一起喝酒的人因為害怕沒敢隨聲附和，就得到寬恕。特務們還發明瞭剝皮、割舌頭等種種酷刑，殺人如麻，造成了全國上下人人憂憤而不敢言的局面。

與此同時，閹黨們又利用一切手段肆無忌憚地謳歌讚頌帝國實際的主宰者魏忠賢，把他比擬成夏禹、商湯那樣的明君，比擬成周公、孔子那樣的聖人。說他「以至誠忠心得到天子的信任，由於先知先覺而擔負天下重托，聲名充溢華夏和四夷，朝野上下都在歡騰稱頌」[8]，簡直是駭人聽聞。從天啟六年（1626年）起，全國各地又開始為魏忠賢建立莊嚴宏偉的紀念堂——生祠。到第二年魏忠賢的統治突然終止時，短短的一年多時間裡建起和正在動工興建的生祠多達九十多座。生祠建立起之後，各地的大小官員就按時焚香祭獻，叩首禮拜，有些人乾脆對著魏忠賢的塑像大呼九千歲爺爺甚至九千九百歲爺爺，以表示他離皇帝的萬歲至尊地位只差著一百歲的距離。

黑天昏地的政局造成的陰鬱氣氛對於生活在紫禁城角落裡的年輕信王當然不會沒有影響，在魏忠賢專權最猖獗的那段日子裡，全體皇親國戚們都產生了一種不祥之感。魏忠賢的所作所為太出格了，就連龍子龍孫和華冑貴戚們也感受到了他的統治給自己帶來的威脅。早在天啟五年（1625年）二月，戚臣李承恩因為不滿魏忠賢的專橫跋扈而被東廠特務逮捕。李承恩是世宗甯安公主的嫡子，也就是嘉靖皇帝的親外孫、萬曆帝的表弟，是皇家一個不算疏遠的表親，正好被魏忠賢選中作為洩憤立威的打擊目標。東廠對他的控告主要是在家中擅用龍袍及龍紋漆盒瓷器。李承恩自己辯解，那些衣物都是母親留下來的，在家中使用不能算僭越。但東廠特務機構卻根本不理會這些，很快就定了案。法司根據東廠的成案，濫引了「盜乘輿服御物例」[9]擬判斬刑，但同時也提出，因為李承恩畢竟是嘉靖帝的外孫，應該援「八議」之條予以減刑。「八議」是古代司法中對上層統治集團中的八種人犯罪予以減、免刑事處分的一種原則，根據明代法律，像李承恩這樣的貴戚除了犯有「謀大逆」等不赦之罪外，一般是不應判處死刑的。但魏忠賢卻否決了使用「八議」條款，堅持對其判處死刑。這當然是對皇族特權一種明目張膽的侵犯，如果在平常時期，皇親國戚們肯定會對這類事情發表自己的看法，對犯事者進行救援，但在魏忠賢的高壓政策下，人們卻只好緘口不言，把憤懣都留在心中。

魏忠賢甚至把他的威風耍到了天啟帝皇后張氏的頭上。張皇后出身於平民之家，並不懂得什麼政治，但她性格莊重嚴正，對魏忠賢和客氏在宮中的飛揚跋扈，侵犯她在宮中應有的權力，一向非常不滿。據說一次天啟帝到皇后宮中，見她正在讀書，便問所讀何書，回答是《趙高傳》，天啟帝為之默然。趙高是歷史上最著名的弄權誤國的宦官，張皇后作此回答，是一種很明顯的暗示。魏忠賢和客氏對這位不馴服的皇后很不滿意，決心澈底剷除。天啟六年（1626年）九、十月間，魏忠賢部署親信，對張皇后的父親張國紀接連發動猛攻，說他強占民產，毆斃無辜，並且書寫匿名文榜惡毒攻擊當局時政。更為駭人聽聞的是，閹黨們還造謠說，張皇后根本就不是張國紀的親生女兒，而是一個死囚的野種！幸虧一向缺乏主見的天啟帝在夫妻情分上卻不馬虎，對於張國紀所受到的種種攻訐，他不准再深究議論，只是將張國紀革職，讓他回老家反省，張皇后的地位仍然沒有被動搖。

這次攻擊張皇后的行動鬧得滿城風雨，年輕的信王也為此擔驚受怕了好一陣子。因為在魏忠賢的黨羽們對張國紀發動總攻的時候，有傳聞說，魏忠賢要誣陷張國紀「陰謀殺害天啟帝，擁立信王」[10]。信王朱由檢此時已經十七歲，算是成年人了，他很清楚，儘管自己對這個所謂「傳聞」一點也不瞭解，但如果魏忠賢的這個陰謀真正實行起來，等待著自己的很可能就是無法逃脫的大禍。可是面對著巨大的危險，他卻既不能主動出擊做一番拼搏，又不能設法逃離隱匿避禍。此時，他再次深深感到了自己的無力與無奈，雖說名義上貴為親王，實際上只不過是政治棋盤上任人擺弄的一顆小棋子。

表面看來，魏忠賢對於皇帝唯一的兄弟還算尊重。魏忠賢喜歡花木，因而也喜歡用花木做禮物送人。他也不時地差人給信王送些花草瓜果之類的東西，做些表面上的應酬。但信王卻不敢為了一點表面的禮貌就放下心來。他生性節儉，本來不大喜歡花花草草一類的東西，但每次魏忠賢派人送禮，還是要表示極喜歡、極感謝，要重重地酬勞來人一番。就是在自己的家裡，他說話行動也不敢透露出半點對於魏忠賢的不滿情緒。因為他知道，在自己的身邊就有魏忠賢安插進來的親信，無時無刻不在對他進行著監視。這是一種深刻難捺的壓抑感，無奈之餘他只能更多地埋頭讀書，讀得最多的是史書，每當讀到東漢末年權閹當道、欺君誤國的時候，忍不住就要勾起無限的悲憤和感慨。但在現實生活中，他唯一能做的，卻只是推說有病，不再參加任何朝廷中的禮儀性活動，盡量不引起別人的注意。他只希望快一點成長，早日到自己的封地去，離開京師這個是非之地。

擔驚受怕的日子過了一天又一天，不知不覺之中，小小的信親王已經長成了一個很像樣子的青年人了。像朱氏家族中的大多數成員一樣，他的身材不算高大，但也許是母系的遺傳基因在起主導作用，他不像祖父和父親那樣肥碩臃腫，而是清臒瘦削。常年生活在深宮的畸形環境裡，養成了這個青年人雙重的性格。一方面，長期作為呼奴喝婢的一宮之主和位尊爵重的親王，使得他性情嚴急，有時甚至很苛刻，自以為是而很少能聽得進去他人的意見；另一方面，從小的孤獨寂寞和難於主宰自己命運的無奈處境又讓他敏感、多疑，有點過分自尊，在內心深處卻又十分軟弱，在重大關頭他往往拿不定主意，怨天尤人，懷疑自我，最後是毫無主見地把一切聽憑命運的安排。但至少從表面看來，這位年輕的親王還是沉穩持重，神態莊嚴的，給人一種過分早熟的感覺。

他還從祖父那裡繼承下來另一種品格，就是生性吝嗇，從好的方面說也可以叫作儉省。自小用仿影的方式練字，如果紙張較大而模本較小，他就會先對齊一邊的邊角，寫完後再把剩下的地方填滿，免得浪費紙張。對於經濟帳目他也有一種特殊的敏感。以他的身分是不能隨便出宮的，但為了節約起見他常派人到宮外去買些食品和用品（如果在宮中支取價格通常要高出幾十倍甚至幾百倍），而且要仔細地訊問價格情況。直到他做了多年皇帝以後，說起宮外魚肉小吃的價錢來，他仍然記得一清二楚。對於一個皇室親王來講，這樣精打細算也許是必要的，因為儘管國庫中每年要為他撥出大筆款項作為生活費用，但在宮中各級太監的層層貪污盤剝之下，所剩並不算很寬裕。

雖然在性情上不是沒有可疵之處，但總起來講，在為數眾多的皇族子弟中信王朱由檢還是一個難得的俊秀人才。他主要通過自學閱讀了大量經史著作，學問方面已經不亞於一般士人。儒家的正統觀念對他浸潤極深，對於孔孟之道以及程朱理學，他都有一定的造詣，而且有些自己的見解。高級皇族是絕不會去參加科舉考試的，因而本來用不著學著做那些章法森嚴缺乏生氣的八股文（當時一般叫作「制藝」）。但時代風氣所致，能不能寫好八股文似乎是當時衡量一個人才學的唯一標準。大概是為了證明自己的才學不俗，朱由檢在制藝方面也下過不小的功夫，所以他後來親筆撰寫的詔令、上諭也常常帶有很濃重的八股氣。但八股文講究代聖賢立言，要起承轉合，有強烈的說理性，又特別注意文字的鏗鏘韻律，經過這樣的嚴格訓練，他的文章一般說來還是朗朗可讀的。相比之下，他對於詩律詞章的功夫下得就不夠，為了體現風雅，他也作過詩，但從現在能見到的幾首「御詩」來看，水準實在是不怎麼樣。

宮廷生活有俗不可耐的一面，但也有當時只有極少數人才能享受到的藝術生活，朱由檢受著這種藝術氣氛的薰陶，也很有一些藝術感覺。他喜歡清雅，討厭俗豔，在貴族子弟中也算難能。他的字寫得不錯，學的是唐太宗李世民，大體是魏晉比較古樸的風格。他也熱愛音樂，喜歡古琴的高遠、琵琶的哀婉，自己還能作曲。這樣的學問和修養在朱家的龍子龍孫中的確是不可多得的。

可惜的是，他幾乎命中註定了是天生我才必無用。因為明代制度是嚴禁宗室王公干政的，親王一旦成年要遷移到自己遙遠的封地去，叫作「之國」，從此就被禁錮在封地上，不得隨意離開一步，也不許對朝廷和地方政務進行任何干涉。這些王爺們雖然位尊祿厚，實際上卻如同一幫高級囚徒，唯一的任務就是花天酒地，生兒育女，為已經龐大不堪的龍子龍孫隊伍進一步擴充實力。由於之國意味著遠離出生成長的故土和所有的親朋故舊，而且通常是一去就不能復返，所以親王們對於之國大都很不情願，只要有辦法，總是一拖再拖。只有信王，面對這混亂的朝局，是真心而急迫地想要盡快之國的，好遠離京城這塊是非之地，確保自己的平安。

然而事情總是不能遂人所願，按道理他也算到了娶妻之國的年齡，但因為政務一團混亂，有關他的封地、王府的安排建造並沒有預先籌劃好，之國的事情也就無人提起。可是年齡不等人，到天啟六年

（1626年）初，依照當時習慣的說法信王已經十七歲了，即使是平民百姓家的子弟也該娶親了，天啟帝只好張羅著先給這個弟弟娶一房妻室。但皇宮大內之中除了皇帝和太子可以迎接自己的新娘進來之外，是不能容納其他女眷的，於是只好為暫時無國可之的信王在宮外安排一處臨時住宅，就是所謂的「信邸」。這個信邸是臨時搶修出來的，再加上監工的太監剋扣工款中飽私囊，建造得很粗陋。但對於信王來說，只要遠離皇宮一步，也就少了一分政治風險，所以他對搬家的事情仍然感到很是欣然。

信王妃是這年六月選定的。明朝制度，天子和諸王的后妃一律從清白平民家的女兒中選出，為的是防止世家大族通過與皇家的姻親關係干政擅權。信王的王妃也是從平民家庭中選出來的，姓周，父親叫周奎，祖籍蘇州，是京城裡的普通居民，家境相當清貧。選擇王妃的事最初由外朝和內府中的有關衙門聯合主持，照例定出候選者，再由太后最後確定。天啟時宮中沒有太后，掌管太后印信的是萬曆帝的一個妃子，昭妃劉氏，但宮中的一切有關事務都由張皇后定奪。為信王選妃的時候，張皇后覺得周家女子過於瘦弱，劉太妃在旁說：「現在雖然弱一點，將來一定能長得高大。」[11]張皇后也就同意。

此後又有一系列的儀式典禮。第二個月閏月，負責天文曆法和觀察星象的欽天監為信王的婚禮各個進程擇定了吉日。十一月，信王先從紫禁城搬進了屬於自己的信王府。十二月初十日，首先舉行了標誌著長大成人的冠禮，這意味著他已經進入了獨立的成年期。以後是納采、安床等許許多多的麻煩事；周家則備辦嫁妝，給新娘開臉，更是忙得四腳朝天。這樣經過了一番大忙大亂之後，新娘子總算在天啟七年（1627年）二月初三這一天清晨被娶進了新建成不久的信王府。朱由檢從此總算有了一個自己的家。

這位被選中的信王妃周氏生於萬曆三十九年（1611年）三月[12]，名義上比信王小一歲，實際上只小三個月。一對小夫妻年紀相仿，出身經歷卻極為懸殊。周王妃是小家碧玉，受的是規範的淑女教育，但一時很難習慣帝王之家嚴格的禮數和奢華的氣派。好在她對自己這位高貴的新郎相當滿意，作為一個平民少女，一下子位晉王妃之尊已屬極為不易，何況夫君又是一個品貌才學都十分優秀的青年。出嫁之後，周氏對丈夫的感情一直相當深厚，直到最後同日而死。而新婚的信王卻從新娘身上感受到了一些民間的清新氣息，好像一下子打破了多少年的鬱悶。妻子又是他身邊的第一個親人，給了他愛，給了他熱情，撫慰了他過於寂寞的心靈。所以他對這位妻子也始終熱愛、尊重，這和明朝的絕大多數皇帝與結髮之妻極為冷漠的關係形成了很鮮明的對照。

當時普遍實行著一夫多妻制，貴族家庭更是如此。因此新婚的信王夫婦儘管相敬相愛、魚水和諧，卻還是在蜜月剛剛結束的時候就又為自己的家庭增加了新的人口。信王同時娶進府來的兩位次妃一個是田氏，另一個是袁氏，都是年齡略小一點的少女。其中田氏從小生長在揚州，音樂、繪畫、書法樣樣精熟，又體態清麗，風格秀雅，特別得到信王的喜愛。由原來形影相弔的一個人突然變作妻妾滿堂，由死氣沉沉的深宮一下進入歡樂熱鬧的信王府，朱由檢第一次體驗到人生的歡樂。有了一個家，真好。唯有時局不容他樂觀。此時他沒有別的企盼，只希望早一點帶上自己的妻妾，離開危機四伏的京城，趕快到封地去做一個與世無爭的太平王爺，去享受平安富貴、花團錦簇的人生。他和他的家人們絕沒有想到，用不了多少時間，他們這一家人又將重新搬回到紫禁城裡，但那時候他們是以整個皇宮的主人的身分進駐的。

明熹宗朱由校

有記載說，當初崇禎帝還住在勖勤宮裡時，一天睡午覺時做了一個夢，夢見兩條烏龍纏繞在宮中的柱子上。其時正好風雨大作，崇禎帝被暴雨驚醒。雨停之後，人們發現院裡的水井中有幾條一尺多長的金色鯉魚，鮮活跳躍，崇禎帝命人用水桶把鯉魚汲上來，放到了西苑的太液池中。

這顯然是一個由崇禎帝的貼身侍從們製造出來的神話，目的無非是要證明崇禎帝登基正位完全是天命所歸，而非一時僥倖。因為烏龍、金鯉都是真龍天子的化象，而風雨大作則是潛龍出動的徵兆。按這則神話的說法，崇禎帝早在身為信王住在勖勤宮裡的時候，就已經命中註定要統御天下了。還有些神話把崇禎帝上膺天命的時間追溯到更早的時候。據說天啟帝最初即位的時候，還不太明白事理的小御弟朱由檢忽然好奇地問哥哥：「這個官兒我可做得否？」天啟帝隨口回答：「我做幾年時，當與汝做。」[13]許多人就把這些話當成了預示後來事態發展的讖語。

神話畢竟只是神話。其實當年身在勖勤宮裡的少年信王常常憂慮的是如何保住身家性命，對於日後成為國家的主宰，那是連想也不敢想一下的。出居信邸之後的情況也差不多，他只盼著早日脫離政治中心的漩渦，而絕無其他的非分之念。按照當時的實際情況，信王能夠繼承帝位的可能性也確實是微乎其微。明代實行嚴格的父子相承的繼承制度，除了初年成祖通過「靖難」用武力奪取了侄子的政權外，二百多年來實際上只有嘉靖帝是以堂弟的身分正常繼承皇位的，那是因為正德帝根本就沒有生育能力，又死得過早，沒來得及安排過繼嗣子。信王作為天啟帝唯一的弟弟，在天啟帝突然死亡而且沒有親生或過繼的兒子的情況下是可以繼承皇位的。但是，嬪妃們實際上已經為天啟帝生育過三男二女，只是都沒有養大就夭折了，天啟帝又正值盛年，才不過二十歲出頭，只要不出意外，再生養幾個兒子應當是沒有什麼問題的，所以直到天啟七年（1627年）的夏季之前，從來沒有人想到過會由信王來入承大統。

但情況卻突然發生了變化。這年五月，天啟帝開始腰疼、發燒，以後又遍身浮腫，從症狀上看，可能是得了急性腎炎。當時的醫療條件對於這一類急症可以說是毫無辦法，所以儘管太醫們盡了最大努力，皇帝的病卻越來越沉重，到七、八月份，已經呈現出大限將至的跡象。專制君主的健康狀況在當時屬於核心政治機密，但信王邸中的太監們與宮中的太監有著千絲萬縷的聯繫，消息還是很快傳到了信王的耳朵裡。審時度勢，信王掂量得出這消息的分量，不由得又緊張又興奮起來。

興奮的是如果天子真的一旦發生不測，那麼接替皇位的很可能就是自己。他自幼讀過許多聖賢的典籍和歷史著述，自信極有治理國家的統治才能，對於當前的時政，他也多有自己的見解，一旦登上皇帝的寶座，他將大展鴻圖，做出一番豐功偉業，為列祖列宗創下的基業再增添一份榮耀。但情況也許不會那麼順利。把持著朝政並在宮中盤根錯節的魏忠賢和他的黨羽們未必會輕易地交出權力，如果他們利用手中的權勢施展什麼陰謀，那麼等待著信王朱由檢的也許不是君臨天下的尊榮，而是無可挽救的滅頂之災。因此，他只能急切地派親信人等密切地監視著宮中的每一點風吹草動，只能無可奈何地等待著命運的安排。

這時候，宮中已經亂成了一鍋粥。最不希望天子很快就死去的正是魏忠賢和他的爪牙們。他們是靠著天啟帝的信任與託付才專權主政、橫行無忌的，一旦天啟帝駕崩，繼承人當是信王，在一位新皇帝的統治之下會出現什麼樣的政治局面，那是很難預測的，如果一定要預測，恐怕是凶多吉少。所以魏忠賢和閹黨的幾個核心人物都在想盡辦法來延續皇帝的生命。魏忠賢搬到靠近皇帝寢宮的懋勤殿居住，不住地探視觀察皇帝的病情。他還在禳祝上下功夫，給御前的近侍太監全部發放金壽字大紅貼裏（一種內官制服），想用一片金紅的喜慶氣氛驅除病魔，又不時地在宮中宣傳：「聖駕萬安矣！」[14]用的也是典型的巫師除病的手段。閹黨大僚兵部尚書霍維華則尋找到一個偏方，據說叫作「仙方靈露」，其實不過是蒸餾的米湯，當然也治不了病。天啟帝吃了近半個月，無效，才不再繼續服用。其他人也在焦急，也在想辦法，但一切辦法都無補於皇帝日益衰竭的腎臟。看來大局已定，只能籌備後事了。

八月中旬，已經自知無望的天啟帝開始操辦自己的後事，首先是把乳母客氏的兒子侯國興封為伯爵，然後著手確定繼承人。他其實別無選擇，根據皇位繼承系列的排位順序只能是由御弟朱由檢來出任下一位皇帝。天啟帝把這個辦法先對客氏和魏忠賢說了，雖非正式的政治遺囑，卻也為日後的繼承問題定下了一個基調。魏忠賢和他的黨羽們也曾祕密商議過其他一些繼承的方案，想要讓某妃子假稱有孕，用一個嬰兒冒充天啟帝的兒子來繼承皇位。但這樣的事情是大逆不道，要天誅地滅的，魏忠賢的心腹爪牙們竟然沒有一個人敢承擔起來為他謀劃操辦。那些閹黨們平日為非作歹、搗鬼有術，到了關鍵時刻卻全都亂了陣腳，沒了主張，一些頭腦特別靈活的此時甚至在打主意找機會，想方設法地要擺脫與魏忠賢的聯繫。

謀士爪牙全都無能為力，生性顢頇的魏忠賢更是不知所措，在天啟帝最後的日子裡，他只能終日悲痛哀歎，至於未來會怎麼樣，他沒有心思去想，也沒有能力去安排。

正是魏忠賢和閹黨們這種消極的自暴自棄給信王帶來了好運氣。八月二十二日，天啟帝到了自己最後的日子，直到這時候才召見了唯一的弟弟、合法繼承人信王朱由檢。他此時倒也還明白，拉著弟弟的手說：「弟弟將來要做堯、舜那樣的明君呀。」信王暗藏在心中的想法被長兄一語道破，不由得又恐懼起來，只得支吾著：「陛下怎麼能這樣說……臣真是罪該萬死。」[15] 天啟帝已沒有精神再多講，只是託付將來一定要善待張皇后，最後又想起來，告訴信王魏忠賢堪委重任。

當天下午，這位糊裡糊塗做了七年天子的天啟帝終於一命歸西，終年二十三歲。魏忠賢哭腫了眼睛，卻不知應該做點什麼，還是司禮監掌印太監王體乾吩咐禮部的官員趕快準備喪禮。各部門立即行動起來，首先以張皇后懿旨的形式向全國發布皇帝的訃訊，同時公布了大行皇帝的遺詔。這份由內閣代筆而作的遺詔中說了一大堆官樣文章的空話，其實實質性的內容只有一句：「皇五弟信王由檢聰明夙著，仁孝性成，敬奉祖訓兄終弟及之命，紹倫序即皇帝位。」[16] 繼承問題的安排一旦宣布，再要更改就十分困難了。據說在最後決定之前，魏忠賢又與他最倚重的親信兵部尚書兼左都御史崔呈秀進行了一次祕密商議，因為拿不出什麼好辦法，只得按照正常的程式辦理。

按照慣例，皇位的繼承人是不應當立即進宮的，應該稍微緩一下，等著朝中的主要大臣們前來勸進，就是請求繼承人為了天下蒼生而承嗣大位。繼承人還應該數次表示自己無才無德，難當此重任，幾番推辭，來向天下萬民表現偉大的謙虛。幾勸幾辭之後，再從容入宮。這當然都是一些虛套，卻是禮儀和道德兩方面都要求實行的。但也許是當時形勢太亂，也許是未來的皇帝心情太急，那天晚上，當以英國公張惟賢和內閣大學士黃立極、施鳳來為首的一班朝臣帶著勸進的表箋來到信王府，做好了思想準備要打一場勸進持久戰的時候，王府裡的人卻告訴他們，即將登基的新天子已經被魏忠賢派人接到宮裡去了！

1 客氏年齡，據朱長祚，《玉鏡新譚》，卷九，中華書局 1989 年 9 月版，第 131 頁載刑部判決文書推算。
2 見《酌中志》，卷十四，第 73 頁。
3 見《明史》，卷三〇五，第二六冊，第 7824 頁。
4 見陳子龍等輯，《皇明經世文編》，卷四九六，《楊忠烈公集》，第六冊，中華書局 1962 年 6 月版，第 5497 頁。
5《兩朝從信錄》，卷二三。
6《三朝要典》，卷二三，下冊，第 1309 頁。
7《三朝要典》顧序，下冊，第 1427 頁。
8 見《明熹宗實錄》，臺灣「中央研究院歷史語言研究所」1962 年 5 月影印《明實錄》本，卷八四，第七〇冊，第 4066 頁。
9《明熹宗實錄》，卷五七，第六九冊，第 2569 頁。
10 見《三朝野記》，卷三，第 110 頁。
11 見《明史》，卷一一四，第十二冊，第 3544 頁。
12 周后生辰，見孫承澤，《思陵典禮紀》，商務印書館「叢書集成初編」本，卷二，第 21 頁。
13《三垣筆記》，第 153 頁。
14《酌中志》，卷三，上冊，第 23 頁。
15 見《三朝野記》，卷四，第 125 頁。
16 汪楫編輯，《崇禎長編》，臺灣「中央研究院歷史語言研究所」《明實錄》本，卷一，第九一冊，第 3 頁。

三 初登大位

明帝國實行極權的君主專制制度。在這種制度中，被稱作天子的皇帝以「天」（中國傳統宗教中的最高神）的代表的身分對帝國實行絕對統治，叫作「唯天子受命於天」[1]。因而從理論上講，皇帝集立法、行政、司法和軍事大權於一身，幾乎可以為所欲為地決定國家和全體臣民的命運，也可以任意地「敲剝天下之骨髓，離散天下之子女，以奉我一人之淫樂」[2]。無邊的權力構成了無邊的誘惑，對於即將接手這巨大權力的嗣皇帝朱由檢來說，儘管前途還很迷茫，隻身入宮進到魏忠賢一黨的包圍圈裡也有著極大的危險，但稱孤道寡君臨天下的前景已經足以讓他欣喜若狂，顧不得那麼許多了。

正是這種突如其來的狂喜和興奮使得嗣皇帝有點喪失理智，所以他才相當冒失地接受了魏忠賢的邀請，只帶著幾個貼身隨從就進了宮。妻子周王妃更擔心的卻是新婚丈夫的安危，在她看來，丈夫在這個危險的時刻入宮，不啻是獨闖虎狼之穴。她不懂得朝中本有一套迎接新皇帝的規矩，只能千叮嚀萬囑咐，要丈夫千萬不要吃宮裡的東西，不要喝宮裡的水，還準備了一包糕餅乾糧讓他帶上，然後才灑淚相別。

皇帝的寢宮乾清宮暫時還被天啟帝的死屍占領著，還沒有取得正式皇帝身分的朱由檢這天夜裡只好先住進了紫禁城東南一側的文華殿。文華殿是一座四周相當空曠的院落，孤零零的更顯得淒清寂寥。朱由檢生怕變生不測，不敢睡下，只好枯坐在書案旁，伴著燭火熬過永夜。深秋天氣，一陣陣肅殺之氣不斷傳入深宮中的殿堂裡，在暗夜中雖然不時有巡邏守夜的內官從殿門外匆匆而過，卻沒有人向這位未來的皇帝看一眼，對他說一句話，這情景使他更感到一種詭譎的恐怖。

大概是實在難以消受這可怕的寂靜，他在半夜時候讓人叫住了一個帶劍巡夜的太監，把那柄劍要過來放在自己的幾案上，算是為自己壯膽。見到自己的這個行動沒有引起什麼不良反應，他的膽子也真的又壯了一些，問身邊的人：要用酒飯犒賞那些巡夜的，應該找哪個部門？隨從對他說，應該找光祿寺。於是他以皇帝的名義發布了自己的第一道聖旨，命令光祿寺給在大內裡巡邏的人預備酒飯，以示慰勞[3]。他發現，自己的聖旨還是相當靈驗的，沒過多久就有人準備好了酒食，並且向巡夜者們宣布這是新皇帝的恩賜。立刻，受到恩賞的巡夜者們歡呼著萬歲的謝恩聲響徹了紫禁城。

這以後的下半夜，他的心裡平靜了許多。從那第一道聖旨的頒布和執行的過程中，他第一次親身體驗到了身為皇帝的無上威嚴和無邊權力。他也開始有了一點信心：靠著上天和祖宗的福佑，靠著天子的地位、手中的權力，他一定要清除朝中的奸黨，重振朝綱。

戰戰兢兢地煞過了第一夜之後，天氣晴和明朗，朱由檢在心理上也逐漸進入君臨天下的狀態。內閣大學士等文武重臣在第二天到宮裡補上了勸進的一課，已經定下心來的嗣皇帝接連推辭了三次，最後勉強接受。禮部立即為新皇帝擬定了四個年號，是「乾聖」、「興福」、「咸嘉」和「崇貞」，朱由檢自稱不敢當蒼天之聖，也不敢以中興自任，而「咸」字中又帶著一個「戈」，主刀兵，不吉，因而圈定了最後一個，並且把「貞」字改為「禎」。這或許體現了他對未來的某種憧憬——他統治的年代將是一個吉祥如意、充滿幸福的年代[4]。

八月二十四日（1627年10月2日）清晨，為新天子舉行了盛大的登基典禮。典禮是在紫禁城中心最宏偉莊嚴的建築群體三大殿舉行的。三殿在明代原來叫「奉天殿」、「華蓋殿」、「謹身殿」，嘉靖中改為「皇極殿」、「中極殿」和「建極殿」，但在萬曆年間失火被徹底焚毀，常年廢圮，泰昌帝和天啟帝的登基典禮都是在文華殿舉行的。直到天啟五年（1625 年），在魏忠賢的主持下，才又重新展開了再建三殿的工程，由於工程浩大，這項工作進行了兩年多，到天啟帝臨死前，八月二十日才初步竣工，卻正趕上為新皇帝的登基大典提供一個氣派的場所。從某種意義上說，這新完工的三大殿也可以算是魏忠賢送給新皇帝的一份厚重的見面禮。

剛剛修復的宮殿金碧輝煌，高高坐落在三層漢白玉的丹墀上，顯示著天朝君主的威風和氣派。新皇帝戴上天子的冕旒，先在建極殿接受群臣的朝拜。但主持儀禮的鴻臚寺因為多年沒有舉行過三殿的正式典禮，調度失措，弄出了許多差子，皇帝已經在御座上就坐了，朝臣的隊伍卻還沒有排列好，亂哄哄地擠作一團。新皇帝對這種混亂局面當然很不高興，但在剛剛登上皇帝寶座的時候又不便於追究，只能帶著一臉的嚴肅等著朝臣們調整陣容。漫長的典禮讓皇帝和朝臣都非常疲憊，但無論如何，儀式總算進行完了，朱由檢從此正式成為明帝國的第十六位皇帝。

這一天還向全國頒布了新皇帝的即位詔書，頒詔的儀式同樣隆重而富於戲劇性。用黃綾裱成卷軸的詔書由威風凜凜的儀仗隊護送出宮，登上承天門（天安門）城樓，繫在一隻特製的金鳳嘴上，再由城樓順著一條繩索飛翔而下，這叫作金鳳銜詔。跪迎在承天門外的百官萬民見到一匹巨大的金色鳳凰自天冉冉而下，立刻同聲山呼萬歲，表現出無限的歡騰崇拜之情。詔書的複製品送到各省各地的時候，各處也都要擺設龍亭，組織拜接，儀式同樣繁複熱烈。所有這些戲劇性的儀式無非都是要在全體臣民中強化當今天子的權威形象，激發臣民們無限忠於無限崇拜君主的熱情。

即位詔書的詞句古奧聱牙：「我國家列聖，纘承休烈，化隆俗美，累洽重熙，遠垂萬祀……」大意是說，列祖列宗開創了偉大美好的帝國；先帝（天啟）英明精勤，正在大展鴻圖，卻不幸辭世；我慚愧地被指定為繼承人，經群臣和百姓再三勸進，多次推辭不成，只得接受遺詔，祭告天地祖宗，於八月二十四日即皇帝位[5]。詔書中還宣布：大赦天下；改明年為崇禎元年。

在建極殿正式登基之後，新皇帝照例要搬進作為天子寢宮的乾清宮，並且要在乾清宮的正殿裡接受內官的朝拜慶賀。以往在乾清宮中舉行的「慶賀山呼禮」，都是由魏忠賢居於首位，由於他在一年前已經被晉封為公爵，因而每次內朝都頭戴公侯品級的簪纓，就是所謂「貂蟬冠」，在內官中顯得分外招搖。但在這一次慶賀崇禎帝登基的大典中，魏忠賢卻猶豫起來。他對於到底應該穿什麼服飾參加典禮一時竟拿不定主意，反復躊躇，最後還是穿上了高級太監的普通禮服，只戴四品補子。魏忠賢行為上的這種微妙的變化立刻引起了宮廷上下的注意，他的收斂和顧忌顯然表明，他更希望能夠得到新皇帝的理解和信任，希望以卑微臣服的姿態來保住已經在手中的權勢和地位。

崇禎帝當然也注意到了魏忠賢的姿態，但他卻不願意讓這個大太監繼續在朝中作威作福。在天啟時期，號稱「九千歲」的魏忠賢實際上已經成為皇帝的政治代理人，從聲譽名分到實際權力都遠遠超出了一個人臣所能具有的範圍。但天啟帝本來就厭惡政務，再加上感情的因素，把大權交給魏忠賢是他心甘情願的。崇禎帝卻在登基之初就對治理國家表現出極大的興趣，他根本無法容忍任何人侵奪自己身為天子的神聖權力。何況，他對那個愚憨狂放的魏忠賢本來就沒有好感，在勖勤宮和信邸擔驚受怕的日子裡又早就深深埋下了對魏忠賢和閹黨的仇恨的種子。他現在面臨的問題是，只能孤身一人與勢力雄厚的魏忠賢集團周旋。這對一個還未滿十七周歲，又毫無政治經驗的年輕人來說，的確是有些勉為其難了。

在崇禎帝與魏忠賢集團的鬥爭中，魏忠賢集團的力量在於他們掌握著整個國家機器，內閣中樞、六部中央機關、東廠錦衣衛特務組織以及大部分地方政府，都被他們控制著。這部強大的國家機器所能發揮的威力是巨大無比的。崇禎帝能利用的武器則有兩個：一是他的皇帝名分——這在明代是一宗了不起的法寶；二是廣大民眾以及官紳貴族的普遍不滿情緒——民心在任何時代都有舉足輕重的分量。從總體上比較，崇禎帝處於更有利

錦衣衛章圖

的地位，但他所擁有的名分、民心兩大武器都屬力量含蓄的一類，面對魏忠賢集團的剛猛之勢，必須用太極拳般的戰術，充分調動內力，才能取勝。

剛剛登上政治舞臺的崇禎帝對於怎樣施展陰謀權術還一點都不懂，對於權勢熏天的魏忠賢只能是小心翼翼地應付，等待著政局的自然變化。而魏忠賢則抱著能在新天子手下繼續得寵的一絲幻想，盡量要得到崇禎帝的歡心。兩個人都在小心試探，在整整兩個月的時間裡，大家似乎相安無事。

在最初的日子裡，魏忠賢和他在宮中的爪牙們盡量簇擁在新天子身邊，不離其左右，表面上是親近關懷，其實也不乏監視和竭力施加影響的意思。崇禎帝不敢小覷這個龐大的勢力集團，也只得做出無可無不可的樣子。但新皇帝內心中的傾向，還是有意無意地透露出來了。在登基後不久，崇禎帝似乎是無意間向魏忠賢和王體乾問起了關於立枷的事。那立枷是一種特別殘酷的刑具，重達一百多斤，東廠和錦衣衛抓到的人犯被戴上這種木製重枷，用不了多久就會被活活壓死。魏忠賢上臺以後，為了立威和迫害政治反對派，經常使用這種酷刑，因而這殘酷的立枷也可以看作是魏忠賢殘酷統治的一種象徵。崇禎帝忽然問起這個，魏忠賢等人就不能不立刻進行辯解。王體乾說：「對於那些大奸大惡，用平常之法治不住的人，才使用立枷。」崇禎帝並不正面表態，只是說：「雖然是這樣說，實在還是太慘了。」[6]魏忠賢一時不知該怎樣回答，只得帶著眾人叩頭退下。

皇帝這樣一番沒來由的訊問，很讓魏忠賢一夥摸不著頭腦，不知那只是偶然表現的悲天憫人呢，還是隱含著某種暗示。九月初一日，魏忠賢向新皇帝提出了辭去東廠職務，回家養病的請求。這是宮中舊例，在一位新皇帝即位後，原來擔任重要職務的大太監都應提出辭職。但魏忠賢的這個舉動顯然也是為了摸清崇禎帝對自己的態度的一種嘗試，如果皇帝言辭熱切地予以挽留，他大概可以暫時地放下心來；如果崇禎帝批准了辭呈，他也還有機會另做安排。但一時還拿不定主意的崇禎帝的反應卻正好在兩者之間，既沒有同意讓他就此回家休養，也沒有按照先前的慣例那樣大大地褒獎他一番，「溫旨慰留」。這種不冷不熱的態度使得魏忠賢仍然摸不著頭腦，只好繼續摸索著前進。

但在另一個問題上，崇禎帝的態度就鮮明多了。在拒絕了魏忠賢辭呈的同時，他客客氣氣地把客氏送出了宮。作為先帝的乳母，客氏在天啟時留在宮內已經不合規矩，在新皇帝繼位之後再賴在宮中當然就更沒有道理。崇禎帝送客氏出宮的決定合情合理，客氏和魏忠賢儘管心中很不情願，卻沒有反對的餘地。於是客氏把珍藏多年的天啟帝幼年剃下的頭髮、剪下的指甲在先帝靈柩前焚化了，作為最後的訣別，而後哭哭啼啼地離開了皇宮。魏忠賢在宮中最重要的內援從此不復存在。

宮內格局的變化還不僅僅是趕走了一個客氏。按照傳統慣例，新天子上臺，御前任用的太監必定要實行一次大換班，崇禎帝進駐皇宮，自然也要從他的信王府帶過一批親隨。新人進宮，舊人就得讓位，魏忠賢在宮中的死黨李朝欽、裴有聲等人只好告假乞休。在這個問題上，崇禎帝沒有再過分客氣，一律批准了幾個人的辭呈，但用語溫和，表面上做得一團和氣。這樣在不知不覺之間，一大批宮中的重要崗位都調整到崇禎帝的親信手裡。這是崇禎帝的一個重要勝利，但取勝的原因並不是由於他本人使用了什麼了不起的計謀，而僅僅是因為作為一個皇帝，制度方面對他有利的地方太多。儘管如此，這個人事方面的勝利還是讓他大大增強了信心。他仍然不敢掉以輕心，因為魏忠賢和他的黨羽們幾年間已經在宮中紮下了太深的根，盤根錯節，絕不是換上幾個管事太監就能解決問題的；但他總算想要主動對魏忠賢發起一點小小的側面攻擊了。

大概是為了檢驗一下自己在宮中的權威是否已經確立，崇禎帝突然想起重提歷史的舊帳，決定要嚴懲當年給光宗開過瀉藥，導致光宗一病不起的內藥房太監崔文升。他選擇這個目標，是因為崔文升在宮中算不上什麼實力人物，是一個比較容易捏的軟柿子。同時，又聽說這個崔文升早就投靠了魏忠賢，多少可以算作魏忠賢集團的一個周邊成員，崇禎帝這樣做，有點敲山震虎的味道。但這一次，皇帝的意旨就不像當初命令賞給巡邏人員酒飯的時候那麼靈驗了。一群大大小小的太監為此事在宮中喧嘩鼓噪不止，紛紛表示：「崔官兒是好人，理不應殺。」[7] 崇禎帝面對著這種抗議，居然一時也就沒有什麼辦法，只得暫緩對崔文升的處理。這使他更加明白，皇帝的權威有時候也並不是那麼可靠。

正是因為不敢輕視魏忠賢一黨的實力，在九月初送客氏出宮和批准李朝欽等人離職的時候，崇禎帝也沒有忘記給魏忠賢一點甜頭作為平衡。他以登基大典加恩的名義賜給魏忠賢的侄子甯國公魏良卿和侄孫安平伯魏鵬翼鐵券丹書，表示對魏家子孫世世代代信用恩寵。鐵券用不易損壞的生鐵鑄成，由歷代皇帝賜給功績最卓著的勳臣，作為千年萬代永遠享受特權的象徵。但天子的金口玉言常常最算不得數，歷史上有不少得到鐵券後不久就遭到滿門屠戮的例子。魏忠賢也明知道，鐵券並不能真正保證他和他的家族今後的安全，但眼前有皇帝的這個表態，仍然感到很欣慰，對前途不免又多了幾分幻想。

最初的一兩個月裡，崇禎帝對於魏忠賢乃至他的左膀右臂們真是禮貌尊重，有甚於天啟帝。但由於他與魏忠賢一夥人從來沒有如同天啟帝那樣的一層密切關係，在這種禮貌和尊重後面又不可避免地會透出一股冷淡。新舊朝廷交替之後，各地讚頌魏忠賢的表章、請求為他建立生祠的報告還在源源不斷地送進京城，其中絕大部分都是天啟帝駕崩之前的作品，因為路上耽擱太久，才姍姍來遲。崇禎帝相當認真地閱讀這些不合時宜的本章，總是一邊讀一邊笑，既不責怪又不首肯，而且根本就不發往內閣票旨。

明代的政治體制主要是以文牘往來批復的方式體現權力和統治，各級官僚機構要把大事小事逐條向皇帝彙報，並在得到批復後再照皇帝的旨意執行。臣子們向皇帝提交的工作彙報或請示或建議，叫作「本」，按性質不同分為「題本」和「奏本」兩種。一般說來，所有的題奏本章都應該得到批復，以便政府各部門能遵旨而行，只有這樣，帝國的政治機器才能運轉正常。從理論上講，皇帝批本應該親自閱讀、親自批示，但明代長期以來實行的，卻是由皇帝的高級祕書——內閣大學士代為處理。一切本章首先送進宮中登記之後，一般不做任何處理，皇帝通常也不看，直接就被送往內閣，由大學士們仔細研究斟酌後以皇帝的口氣草擬批旨。內閣草擬的旨用墨寫在簽條上，叫作「票擬」，再由皇帝根據情況用朱筆批在本章上才發生法律效力，這後一道工序叫作「批朱」。明代許多皇帝怠於政務，是連批朱的工作也不願意做的，全部交給宮廷內部的另一批祕書去幹，那就是司禮監的秉筆太監們。內閣和司禮監因為分別掌握著「票擬」和「批朱」的大權，在明代的政治結構中地位才特別顯赫。如果本章在第一次進宮的時候或是經內閣票擬之後被皇帝扣住，既不批旨又不表態，政治術語就叫「留中不發」，這通常表明皇帝對於本章中所談到的問題抱有某種微妙曖昧的態度。

對那些吹捧魏忠賢和提出要為他建立生祠的本章，崇禎帝確實也不知道該如何處理。他肯定不能繼續像天啟時期那樣一律批准，甚至在聖旨上也隨聲附和地大肆吹捧魏忠賢一番，這既不符合一代新天子的身分，也有悖於他性格中固有的那股傲氣。如果對那些本章進行批駁，甚至勒令禁止，則又怕激怒魏忠賢和他的閹黨同夥，會生出什麼不可預測的事變。無法決定，只能全部留中不發了。但這種留中不發的方式卻在無形中產生了一種神祕色彩，好像皇帝暗藏著極深的心機。這讓魏忠賢和他的黨羽們大費猜度，感到極度的壓抑。

經過了多少次留中之後，魏忠賢終於沉不住氣了，他讓人擬寫了報告，上疏請求不要再為自己建造生祠。崇禎帝的批示很有意思：「建祠祝禧，自是輿論之公，廠臣（指總督東廠的魏忠賢，在古代社會中，皇帝在書面上和口頭上不叫臣下的名字是表示一種極大的尊敬，稱魏忠賢為廠臣是天啟時期留下來的傳統，崇禎帝在最初階段仍然照例尊行。）有功不居，更見勞謙之美，准辭免，以成雅志。」[8] 表面上給魏忠賢戴高帽子，骨子裡卻透出強烈的諷刺意味。這種諷刺意味不知魏忠賢本人體會出來沒有，但那些精猾已極的朝臣和地方官員們肯定是感覺到了，從此彌漫全國的建祠之風一下子被煞住，魏忠賢也從近乎神聖的雲端落回到平地上。

只從表面上看起來，這位新皇帝對於國家政務好像並不是特別關心。他不像天啟帝那樣沉醉於錛鑿斧鋸，舞刀弄槍，觀劇作樂，遊園戲水，而喜歡靜坐讀書，進宮做了天子之後，又特別喜歡閱讀朝臣的本章。但也僅止是讀讀而已，除了那些對魏忠賢吹捧得太過分的本章之外，他把諸多朝政全部交由身居內閣和六部堂官的閹黨大僚們以及宮中的魏忠賢一夥處理，從不多加干預。他最感興趣的好像只是與自己的家庭有關的幾件大事。

在正式登基之後，他的一家人全都搬進紫禁城裡。正妻周氏住在皇后居住的坤甯宮，田氏住東路的承乾宮，袁氏住西路的翊坤宮。這三位就成了民間所謂的正宮和東宮、西宮娘娘。居住的分散和宮廷裡刻板的制度打斷了信王邸中那種親近熱鬧的生活，但三位娘娘的關係一般說來還不錯，崇禎帝對幾位曾在信邸共「患難」的妻妾的感情也始終不渝，和睦穩定的後宮不會讓他在險惡的政治鬥爭中分心費神，還能在精神上給他提供一個安樂的避難場所。

九月二十一日，以日代月計算的二十七天的國喪期剛滿，他就為自己的生母劉氏追尊諡號，諡為「孝純淵靜慈肅毗天鐘聖皇太后」[9]，封劉氏的弟弟劉效祖為新樂伯，另外幾個弟弟和侄子也都封了世職，並且命令將劉氏的棺木遷移到光宗的陵寢「慶陵」。於是在地宮中陪伴光宗的就有了他的三位妻妾：結髮嫡妻郭氏、天啟帝的生母王氏和崇禎帝的生母劉氏。這樣算是了結了多年來思念生母的一件心事。緊接著，在二十七日，崇禎帝又主持舉行了冊封信王妃周氏為皇后的大禮，再次祭告天地祖先，周皇后在後宮中也接受了朝廷命婦和宮中上下的朝拜。

十月初一日，他第一次以皇帝的身分參加了太廟裡祭祀列祖列宗的典禮。初七日，在他的主持下又完成了對大行皇帝（天啟帝）諡號和廟號的確定，全部稱號是「熹宗達天闡道敦孝篤友章文襄武靖穆莊勤哲皇帝」。儘管天啟皇帝既不「莊」又不「勤」，更談不上「章文襄武」，但得到一大堆鮮明耀眼的好聽字眼是每個過世皇帝哀榮的一個組成部分，給大行皇帝獻上大堆好聽字眼又是嗣皇帝應盡的義務，歷來如此，沒有人過分計較。對先帝的遺屬張皇后也做了妥善安排，讓她住進了寬敞的慈慶宮，後來還為她上尊號為「懿安皇后」。崇禎帝對這位曾經為自己主過婚的寡嫂一直很尊重，在重大節日和她的生日都要到慈慶宮親自拜祝，因為叔嫂之間的不方便，崇禎帝只在殿堂門外行禮，張氏也隔著竹簾在殿內回拜。但後來竟有緋聞傳出來，說崇禎帝與張皇后有某種曖昧的親昵關係，不知從何說起。

皇帝忙著處理這些瑣碎的家務事，使得魏忠賢和閹黨黨魁們多少有點安心了。只要這位新皇帝少插手政務，他們很願意就這樣長期合作下去。但崇禎帝可不願意像大哥那樣作一個糊裡糊塗的天子，更不願意與魏忠賢那種人長期合作下去。他的不動聲色主要是出於無奈，只能耐心等待。好在閹黨內部已經在開始分化，魏忠賢集團這座看起來堅不可摧的堡壘終於在內部出現了缺口。

一位新皇帝的即位總是意味著會有一番新政，不論是實質上的更新還是只換換形式。因此，朝臣們都在睜大眼睛盯著新天子的作為。在登基大典的時候，他們看到了一位雖然年輕卻顯得沉穩嚴肅的青年人，在氣質上明顯不同於原來的天啟皇帝。本來對魏忠賢專權不滿的人們心中升起了新的希望，而那些和魏忠賢一黨攪得很深的人則深感不安。近兩個月以來新皇帝雖然一直與魏忠賢和平共處，但即使是最沒有政治眼力的人也看出來了，崇禎帝表面上對魏忠賢客氣禮貌，實際卻是十分冷淡，魏忠賢與皇帝親如骨肉的時代已經一去不復返了。閹黨集團中有的是反復無常的小人，看風使舵是他們慣用的伎倆，何況還有相當一部分人本來已經對魏忠賢體制非常不滿，難怪最先起來造反的又是閹黨內部的人士。

最先起事的是御史楊維垣，他屬於閹黨中為魏忠賢出力不少，但得到實惠卻不大的一類牢騷派。十月十四日，他上疏專攻魏忠賢的第一號心腹崔呈秀，所論的卻都是些無關痛癢的事，如「與前內閣大學士馮銓爭權奪利」，以及「在服喪期間仍然督理宮殿建設工程」等等[10]，同時又為魏忠賢撇清開來。崔呈秀是最早投靠魏忠賢的，為人貪婪無恥，卻頗為幹練，因而最得魏忠賢的信任。他在天啟五年（1625年）的時候還只是一個普通的御史，僅兩年工夫就經數次超擢任兵部尚書兼左都御史，並加銜少傅兼太子太傅，成為一品大員。誰都知道，魏忠賢能夠操縱國家大權，主要是靠這個崔呈秀鼎力支持。楊維垣攻擊崔呈秀卻褒揚魏忠賢，大概又是一種策略，是在向崇禎帝發出的探測氣球。但楊維垣對崔呈秀的彈劾畢竟還是標誌著閹黨內部一場大分化的開始。

崇禎帝大概很明白楊維垣對於崔呈秀的攻擊是別有用心，是閹黨內部一部分人犧牲他人保存自己的無恥手腕，而且包含著試探自己應手的意圖。但出現了這樣的劾疏說明政局已經起了變化，他還是很興奮。不過他能沉得住氣，在批復中仍然為崔呈秀辯護了幾句，說是「不得苛求」。但以崔呈秀的特殊身分，僅僅說「不得苛求」等於是鼓勵朝臣再進一步對他進行攻擊。果然，在幾天裡就出現了一股攻擊崔呈秀的風潮，參加者包括在閹黨中頗有影響的幾個人物，幾位主事級的小臣用詞還十分激烈。到這時候，崔呈秀只能依照慣例自動請求罷免了。

明朝與歷代王朝一樣，標榜以孝治天下，因而有一種「丁憂」的制度，除了極特殊的例外情況，一切文武官員遇到父母去世都要立即離職回家為父母服喪二十七個月，服喪之後才能等待朝廷再予授職。崔呈秀不久之前剛剛喪父，但由於他是魏忠賢的主力幹將，並沒有立即離職，這在許多人看來不但違背了制度，也違背了孝道，是很不道德的。這一次崇禎帝正好利用了人們的道德意識，快捷而果斷地做出反應，立即批准他回籍守制，為父親服喪。這種道德準則當然只是一個藉口，因為只過了幾天，崇禎帝就再次以「罪狀明悉」的理由，將崔呈秀削職為民，並且追奪誥命，這意味著崔呈秀被澈底打倒了。

對崔呈秀的處置是崇禎帝和魏忠賢集團鬥爭中的關鍵一步。在此之前，他對於那個曾經不可一世的勢力集團還是頗為顧忌的，一直小心翼翼地不去觸痛他們。但在以「丁憂」為藉口免去崔呈秀現職之後，對方並沒有什麼激烈的反應；進一步以並不明確的「罪狀」將其革職削籍，仍然沒有遇到什麼抵抗。這時候崇禎帝才發現，對手其實並沒有什麼了不起的本事。他很像貴州山裡的那隻小老虎，本來對陌生的驢子很有些害怕，但一旦發現眼前的這個龐然大物只不過是徒有其表之後，他的勇氣成倍地增加了。他開始一步步緊逼，而對手卻只知道一步步後退，一待時機成熟，他就要兇猛地撲上去，咬斷對手的喉嚨，撕爛對手的身軀，要澈底剷除魏忠賢和他的黨羽。

在攻擊崔呈秀的風潮中，越來越多的人開始在不同程度上附帶地攻擊起魏忠賢。這反映出朝臣（其中相當一部分是閹黨分子）的某種心態，他們也在小心翼翼地試探著新皇帝的心思打算。崇禎帝依然不動聲色，等待著專門彈劾魏忠賢的本章出現。果然，在崔呈秀被罷職後，十月下旬，第一份專攻魏忠賢的劾疏被送進了宮中。劾疏的作者是一位下級官員，兵部主事錢元愨。錢元愨在疏中提出：「巨奸崔呈秀雖已鋤去，但崔呈秀之罪惡都是由於有魏忠賢的權勢。」而那個魏忠賢是一個居心陰險的梟雄之徒，靠著為先帝操服賤役竊取了大權。錢元愨連用了七、八個典故，把魏忠賢比作歷代著名的奸雄趙高、王莽、梁冀、王衍、董卓、桓溫、曹節、王甫，這些奸雄中既有宦官又有朝臣，卻無一不是仗勢弄權，把一個王朝鬧得混亂不堪，甚至導致了王朝的覆滅。錢元慤最後請求，對這個罪大惡極的魏忠賢，皇帝即使開恩保留他的性命，也應該革去一切職務；對他的大小黨羽，同樣應依法治罪[11]。

這第一份劾疏用語十分嚴峻，不足的地方是沒有具體指出魏忠賢的罪惡，有點虛張聲勢的味道。但緊接著，一份更有分量的奏本也出現了。書寫這一奏本的人地位更低，根本就不是朝廷官員，而是嘉興縣的一個貢生，叫錢嘉徵。他在奏章中羅列了魏忠賢的十大罪狀，包括：處處與皇帝並駕齊驅；蔑視誣陷皇后；在宮內操練閹軍，圖謀不軌；以宦官掌握內外大權，違背祖制；克剝藩封，侵奪皇室的利益；目無聖賢，建祠與孔子分庭抗禮；無功而封至上公；無勞而冒濫爵賞；搜括民脂民膏；擾亂科舉制度[12]。

明代制度，凡國立學校的學生，不論是監生、貢生還是普通生員（秀才），一律不准議論國政。在太祖朱元璋欽定的「臥碑文」（即官學學生守則）中有明文規定：「天下利病，諸人皆許直言，惟生員不許……」[13]但這一次，錢嘉徵的議論正中崇禎帝的下懷，所以他並不糾纏於祖制，立即批旨「知道了」，連同錢元慤的劾疏一起送交六科抄錄，以邸報的形式公布於天下。在皇帝態度明確的鼓勵下，類似的奏章緊跟著鋪天蓋地而來。

此時的形勢已非當年可比，儘管這一次攻擊者的實力和氣勢都遠不如當初天啟四年（1624年）東林黨人對魏忠賢的攻勢，魏忠賢卻絕對不敢掉以輕心。在錢嘉徵的劾疏剛剛遞交上來的時候，崇禎帝特意客客氣氣地將魏忠賢叫到面前，讓內侍當面把劾疏的內容讀給他聽。這種敢於直面對手的態度讓魏忠賢更加六神無主。他還是希望能夠多少緩和一下與皇帝的關係，帶著厚禮拜訪了崇禎帝的親從太監徐應元。當年同在太子宮中的時候，魏忠賢與徐應元也算是老相識，這時他想靠著過去的老關係為自己疏通一下。但崇禎帝卻絲毫不講情面，在得知魏忠賢買通徐應元的事情之後，對徐應元進行了嚴厲的斥責。不久以後，本來可能前程遠大的徐應元被發往湖北鐘祥的顯陵去守陵，再後，則被罰為淨軍（由犯罪太監組成的清潔隊），轉調鳳陽，悲慘地終了一生。

魏忠賢見到緩和已經無望，只得再次提出辭職養病的申請。這一回他是誠心誠意地提出的，希望能在交出權力之後還可以保住面子、財富和性命。崇禎帝這一次毫不猶豫地批准了魏忠賢的辭呈，同時根據他本人的請求，取消了魏家所擁有的公、侯、伯三個爵位，改魏良卿等人為錦衣衛指揮使或指揮同知、僉事，由原來的超品一下子降到了三品、四品的武職。為了調整魏忠賢離職後的內官班子，崇禎帝還任命王體乾改掌東廠，而以自己的親信高時明出任司禮監掌印太監。（但僅僅幾天之後，王體乾的東廠職務也被再次罷免了。）這道聖旨是十月二十六日發出的，距離崇禎帝上臺才兩個月多一點時間。

崇禎帝一次又一次進攻，魏忠賢一步又一步退卻，到這時候，已經用不著再兜圈子，崇禎帝顯示出他性格中剛猛嚴厲的一面。又過了五天，十一月初一日，皇帝發表上諭，澈底改變了以前對魏忠賢的態度。上諭中說：魏忠賢「專務逞私殖黨，盜弄國柄，擅作威福，難以枚舉……」而且又「通同客氏，表裡為奸」，真是罪惡滔天。「本當寸磔（凌遲處死）」，但看在先帝的份上，從輕將其發往鳳陽看守祖陵。魏忠賢和客氏的家產一律查抄沒收，他們的家屬親戚全部發配到西南邊遠地區充軍[14]。對於高級太監來講，發往鳳陽看守祖陵差不多是僅次於死刑的嚴重懲處，而這時的魏忠賢已經完全亂了方寸，只好老老實實地接受這一還能保住性命的處理。

對皇帝這次上諭的執行速度大大超出了明代官僚機構歷來拖拖拉拉的傳統，魏忠賢只是稍稍收拾了一下，第二天就離開了京城。或許他也認為，早一點離開京城可以減少皇帝和在京官員們的注意力，可以使自己多一點安全。但情況卻並沒有像他想得那麼簡單、那麼樂觀。他在這個帝國做過整整三年的獨裁者，百足之蟲死而不僵，影響和實力畢竟太大了。在他離京的時候，仍然有一大批人前去送行，跟隨他南下的僕從數量也頗為可觀。這個情況再次引起了崇禎帝的警惕，可能還極大地傷害了他的自尊心。十一月初四日，崇禎帝再發上諭，指責魏忠賢竟然對皇帝的寬大毫無感激改悔之心，南下路上居然還在身邊簇擁著眾多的亡命之徒，顯然是有意謀反。命令「錦衣衛即差的當官旗前去，扭解押赴彼處，交割明白……所有跟隨群奸，即便擒拿具奏，毋得縱容遺患。」[15]

魏忠賢是在十一月初六日那天得知這道諭旨的。當時他那長長的車隊才走到北直隸河間府的阜城縣（今河北省阜城縣），也可以算是他的家鄉（他是河間府肅寧縣人），他在京城裡的親信快馬趕到，向他傳達了那上諭的精神。到了這個時候，魏忠賢總算意識到，新天子是絕不會給自己留下一條活路了。魏忠賢當晚住在阜城的一個客店裡，神情恍惚，六神無主。隔壁房間裡正好住著一個從京城來的姓白的秀才，見到萬人痛恨的大太監魏忠已經到了山窮水盡的地步，就按當時流行的「掛枝兒」曲調，臨時編了一首歌詞：

聽初更，鼓正敲，心兒懊惱。想當初，開夜宴，何等奢豪。進羊羔，斟美酒，笙歌聒噪。如今寂寥荒店裡，只好醉村醪。又怕酒淡愁濃也，怎把愁腸掃。

二更時，輾轉愁，夢兒難就。想當初，星牙床，錦繡衾綢。如今蘆為帷，土為炕，寒風入牖。壁穿寒月冷，簷淺夜蛩愁。可憐滿枕淒涼也，重起繞房走。

……

鬧攘攘，人催起，五更天氣。正寒冬，風凜冽，霜拂征衣。更何人，效殷勤，寒溫彼此。隨行的是寒月影，吆喝的是馬聲嘶。似這般荒涼也，真個不如死！[16]

歌詞從一更說到五更，白秀才也在客店裡真唱了大半夜。曲調似極哀婉，好像是一首挽歌，細聽詞句又是極惡毒的幸災樂禍。在這樣一首奇特的喪曲聲中，魏忠賢的精神澈底崩潰了。當夜，他和貼身的親隨太監李朝欽用一根繩子吊死在這家客店裡。時年六十歲，剛好經歷了一個花甲子。

魏忠賢的垮臺和死，標明了魏忠賢專權的體制已經土崩瓦解。他的死訊傳到京師之後，正在薊州家裡守孝的死黨崔呈秀立即做出了最迅速的反應。他召集姬妾於一堂，羅列八珍，通宵痛飲，每飲一杯後就把手中價值昂貴的酒杯摔個粉碎。痛飲之後，崔呈秀也步魏忠賢的後塵，上吊死了。他的一位愛妾叫作蕭靈犀的還以身相殉。更為悲慘的是客氏，在魏忠賢被貶斥鳳陽之前她已經被從家中發往浣衣局監禁起來，緊接著又被抄了家。浣衣局是明宮中專門安置年老宮女的地方，條件非常惡劣，「客奶奶」錦衣玉食慣了，本來就有些熬不住，沒過幾天，魏忠賢已死，崇禎帝派人到浣衣局去用竹板子把她活活打死了。

魏忠賢的屍身最初被草草埋葬在阜城，後來為了昭示國法，他的屍體又被挖出來處以凌遲之刑，割成了碎片，頭顱還被割下來掛在河間府城的高杆上示眾。客氏和崔呈秀也分別被斬屍於京師和薊州。魏、客、崔三家的主要成員也都迅速受到懲辦，魏忠賢的侄子魏良卿、客氏的兒子侯國興不久後都被處死，其他的昆弟子侄如魏志德、魏希聖、崔鐸、崔凝秀等十餘人被發往西南煙瘴地方永遠充軍，只有魏忠賢的侄子魏良棟、侄孫魏鵬翼和崔呈秀的兒子崔鏜、崔鑰都還只是三、五歲的孩子，有旨恩准釋放，以示法外之仁。

第二年正月，刑部正式提出了對已經死去的魏忠賢、客氏和崔呈秀的司法處理意見。二十六日，崇禎帝在刑部的提本上批旨：「逆惡魏忠賢，原本是宮中雜役，憑藉先帝恩寵，肆意迫害良善；無開國定策之功而封爵，威逼天子自命為上公；盜竊皇家財物，擅自弄兵大內，陰謀作亂，圖為不軌。串通逆婦客氏，暗中傳送聲息，把持宮廷內外。崔呈秀投身魏忠賢，於君不忠，于父不孝，操持權柄，作威作福，殘害官紳，屢興大獄。罪惡累累，國法難容……」[17]這道聖旨連同刑部擬定的魏忠賢等人的罪狀諼書就成了魏、客、崔三人的最後定案材料，並且大量刊印，在全國廣為散發。至此，崇禎帝上臺以後發動的一場政變才算有了一個收束。魏忠賢和他的主要親信不但在肉體上被消滅了，而且澈底名譽掃地，在法律上也成為國家的罪人。

曾經讓崇禎帝那樣提心吊膽，那樣小心謹慎的龐然大物，曾經那麼威嚴赫赫不可一世的魏忠賢集團，在不過兩個多月的時間裡就灰飛煙滅，不復存在了。天下百姓和先前被罷去官職的東林黨人們，都在為邪惡的魏忠賢專制的覆滅而群情振奮、歡欣鼓舞。沒有被魏忠賢的事件牽連進去的朝臣們也在竭力表現著自己的興高采烈，同時沒有忘記齊聲歌頌當朝天子的神勇英明。在崇禎初年出版的一部著作中這樣寫道：「當今皇帝登基，立即就削除了邪惡勢力，正人君子得以復興，乾坤宇宙為之一清，日月星辰為之重朗。否極泰來，萬象更新。每一道聖旨下發，人人都在額手稱慶；每一道上諭頒行，處處都在謳歌頌揚。」[18] 其中雖不免有誇張之處，還是大體說明瞭當時社會對於崇禎帝剷除魏忠賢集團這一歷史事件所作出的反響。

在這種氣氛中，崇禎帝也感到了從沒有過的舒暢，從沒有過的信心十足。這也是他整個十七年皇帝生涯中最興奮也是最愉快的一段時期。他對自己的政治手腕非常欣賞，對自己經邦治國的天才毫不懷疑，因而對國家面臨的種種危機也沒有放在心上。他以為，靠著自己的英明天縱，在剪除掉魏忠賢集團這個政治障礙之後，沒有什麼解除不了的危機，沒有什麼克服不了的困難。

崇禎元年（1628 年）戊辰元旦，是一個龍年的開始，是崇禎帝即位後的第一個新年，也是崇禎這個年號被正式啟用的第一天。半夜子時，新舊年相交的時候，崇禎帝在皇極殿接受了朝臣們的隆重朝拜。金吾衛和錦衣衛的將軍、甲士們的儀仗隊從丹墀一直排到午門外，傘蓋幢幢，旌旗獵獵，儀仗隊中的駿馬馴象也都精神抖擻。文武群臣們極有秩序地魚貫而入，匐匍在冰涼的丹墀上，靜候皇帝的來臨。在靜鞭聲中，崇禎帝穩步登上寶座，微笑著俯看著群臣跪倒，起來，跪倒，起來，一遍遍地行著三跪九叩的大禮。透過古樸的禮樂聲和朝臣們的致賀聲，他能聽到遠遠的宮牆外面，京城的百姓人家也正在用鞭炮迎接新歲。宮裡宮外都是一片太平景象，「爆竹聲中一歲除，……只把新桃換舊符。」他想到需要做的事情還很多，要清除魏忠賢的餘黨，要為過去的冤獄平反，要重建得力的政治領導班子，要改善國家財政狀況，要加強邊防，要整頓吏治……但無論如何現在已經有了一個良好的開端，在他的英明統治下，舊符總會被新桃取代，一個中興盛世終究要來臨。

1 《禮記．表記》，中華書局1980年9月《十三經注疏》本，下冊，第1643頁。
2 黃宗羲，《明夷待訪錄》，「原君」，臺灣金楓出版社1987年5月版，第28頁。
3 見《三朝野紀》，卷四，第126頁。
4 見《思陵典禮紀》，卷一，第2頁；文秉《烈皇小識》，卷一，上海書店1982年10月版，第5頁。
5 《思陵典禮紀》，卷一，第1頁。
6 見傅維麟，《明書》，商務印書館「叢書集成初編」本，卷九，第三冊，第239頁。
7 《三垣筆記》，第154頁。
8 《先撥志始》，卷下，第211頁。
9 《思陵典禮紀》，卷二，第17頁。
10 見《明□宗□皇帝實錄》，臺灣「中央研究院歷史語言研究所」《明實錄》本，第八八冊，第17頁。
11 見《三朝野記》，卷四，第128-129頁。
12 見《明□宗□皇帝實錄》，第八八冊，第24頁。
13 轉引自商衍鎏，《清代科舉考試述錄》，三聯書店1958年5月版，第45頁。
14 見汪楫，《崇禎長編》，卷三，第九一冊，第93-94頁。
15 吳應箕，《兩朝剝復錄》，卷五。
16 計六奇，《明季北略》，卷三，上冊，中華書局1984年6月版，第83頁。
17 見汪楫，《崇禎長編》，卷五，第九一冊，第242頁。
18 見佚名，《崇禎新政紀略》外史氏序。

四 撥亂反正

天啟七年（1627年）十二月十六望日，月食。依照傳統習慣，每當遇到日食、月食，皇帝都應該對自己的統治情況進行一番反省。崇禎帝即位未久，還沒有什麼值得反省的地方，但他仍然為此發布了一道上諭。上諭中說：「朕披閱史籍，見到古代帝王，無不以敬天恤民為第一要義，而其中的要點又在用人、理財、靖亂、護民。……近來高官布滿朝廷，而山野遺賢卻未被任用；各衙門散官冗吏貪婪無能，白白耗費民脂民膏。裁減冗員，澄清吏治，豈能不極力講求？加派賦稅是迫不得已，而有司卻敲骨吸髓以充實自己的私囊。因此保護百姓，寬刑省罰，潔己愛民，責任在於循良官吏，怎樣選擇，才能讓百姓解脫困厄？目前東西戰報頻仍，戰守之策毫無定謀，致使師老餉乏，了無成效，如何籌劃才是禦敵之道？況且民窮而災荒不絕，官劣而法度敗壞；大臣畏懼讒言不願實心任事，小臣觀測風向有意製造混亂。這些情況每一條都足以引起上天的不滿。你們九卿科道諸臣，一定要忠誠秉公，各陳所見，如果可以安民察吏、富國安邊，朕將採納實行。諸臣也要痛改舊習，共勵公忠，以副朕側身修行的實意，不可以虛文塞責。」[1]

這道上諭對當時的國情、政情，應該說瞭解得還是很全面很得要領的。明帝國在經過魏忠賢和閹黨們糟蹋了幾年之後，如同害了一場大病，行政混亂，吏治腐敗，民窮財匱，邊防危急，要著手把這個五癆七傷的老大帝國治理得健康興旺，實在不是一件容易的事。但剛剛走上政治舞臺的崇禎帝是一個聰明又自信的年輕人，意氣風發，鬥志昂揚，決心要完成一項前所未有的偉業，讓天下太平，讓帝國復興，讓自己成為彪炳史冊的聖君。在崇禎紀元前夕的這道上諭，正是他撥亂反正的一個施政綱領。

新政是從調整內閣班子開始的。

明代內閣由內閣大學士數人組成，設立於成祖永樂年間，最初只是皇帝個人的一個祕書班子，在皇帝身邊掌管文移，起草檔，內閣大學士的職位也不高，只有五品，與翰林院學士的品級相同。但自宣德時期起，朱家的龍子龍孫們日漸退化，厭倦政務，懶於和閣臣們共同辦公，內閣也就不再是皇帝的貼身祕書和助手，而成為國家的一個特殊官僚機構。內閣在與皇帝分離的過程中帶走了一部分原先屬於皇帝的職能，主要體現在票擬聖旨這個方面，權力日益加強，地位也日益提高。後來入閣的大學士差不多都要兼尚書或是侍郎銜，被認為是朝廷中最重要的大臣，稱作「輔臣」。許多人都認為，明朝雖無宰相之名，內閣大學士卻有宰相之實。在明朝中後期，官場中私下裡也確實把內閣成員們稱作相國、相爺，被任命進入內閣稱作「大拜」（就是拜相）。在一個文官官僚的政治生涯中，入閣充任輔臣，往往是終身追求的最高理想和最高境界。

內閣是朝廷的中樞，對於政策的制定與執行關係極大，而崇禎帝在即位之初繼承下來的卻是一個閹黨充斥的內閣。主持內閣工作的首席大學士被稱為首輔，地位極尊，權勢極重，是龐大的官僚集團中第一位的角色，而當時的首輔黃立極卻是在魏忠賢專權時期由禮部侍郎迅速升上來的，對魏忠賢和他的心腹唯命是從。內閣中的另外幾位大學士施鳳來、張瑞圖和李國樁，情況也差不多。魏忠賢被剷除後不久，浙江山陰（今紹興）監生胡煥猷上疏對內閣四位成員進行了一番集體攻擊，說他們「在魏忠賢專權之時，不能有所匡正，反而揣摩意旨，專事逢迎」，都應該被罷免[2]。

官學生是不准議論國事的，但自從貢生錢嘉徵攻劾魏忠賢博得了好名聲以來，監生、秀才們上疏議政的縷縷不絕，一時成了風氣。崇禎帝以為此風不可長，對於一介書生輕議內閣全體大臣也有些厭惡，就下令把胡煥猷逮捕治罪。刑部依臥碑中生員不許議政條例對胡煥猷判處杖刑，並革去監生功名。攻訐者雖然受到了懲治，被攻擊的人卻還是不能自安。黃立極等四位內閣大學士聯名啟奏，說自己罪惡深重，竟引起一個書生的指責，給朝廷帶來了莫大恥辱。同時卻又辯解說：「以魏忠賢的勢力，從先帝那裡取旨輕而易舉，臣等依上意擬旨，一言不合，就命改擬。他是虎狼之性，一觸即怒，四年來多少人被其殘害，臣等若以生死抗爭，又能有什麼實效呢？不得已徘徊其間，是想盡量做一點有益於國家的事，以盡區區報國之心。」[3]

這種「不得已」論其實很無恥，當然也很難得到朝野輿論方面的諒解。黃立極在幾天後終於託病辭職，其他幾個人的地位也岌岌可危。崇禎帝為了充實內閣，也為了早日建立起一個完全屬於自己的行政班底，就在新年改元之前，命各部門主要負責人，所謂九卿，依例共同推舉新閣員。大臣們一共推舉了十人，一般說來，依照慣例皇帝只要按照廷推的順序劃定最前面的三、四個人就可以了。但崇禎帝卻不是一般的皇帝。他對於君主獨裁的理解，就是要獨自裁定，處處顯示出自己的特點來，不願意按照老一套的程式陷入朝臣們設定的圈套。可是他也有自己的困難，就是還根本弄不清楚朝中大臣的基本情況，誰個賢，誰個劣，僅憑書面上官樣文章的履歷材料是無法判定的。既不能自己判斷，又不願讓朝臣們代為判斷，最後他想出了一個聽天由命的辦法，舉行了多年沒有實施過的所謂「枚卜」大典，就是通過抽籤的方式來確定哪個人入選。

這次「枚卜」大典的儀式是在乾清宮裡舉行的，場面相當鄭重其事，內閣的幾位輔臣，五府、六部和都察院的主官都督、尚書、侍郎、都御史，中央各寺、司和順天府的負責官員，所謂的大小九卿，以及六科給事中和十三道御史都參加了典禮。崇禎帝先向蒼天焚香禱祝，行一跪三叩首禮，而後用象牙筷子從金瓶裡夾出了四支紙簽，依次得到的是南京吏部侍郎錢龍錫、禮部侍郎李標、禮部尚書來宗道、吏部侍郎楊景辰。儘管是得之於「天命」，崇禎帝還是對這幾個人有些不放心，施鳳來等人也勸皇帝不如索性多抽幾個。於是又抽了兩個簽，得禮部侍郎周道登和少詹事劉鴻訓。

在抽籤的過程中還發生了一個小小的事故。有一個紙簽已經被崇禎帝從金瓶裡夾出來了，但忽然刮起了一陣風，把那個紙簽吹到了不知什麼地方。宮中的侍從太監們忙忙亂亂地找了半天，也沒有找到，只好當作天意，作罷。直到這次「枚卜」大典結束後才發現，那紙簽落到了施鳳來背後的衣褶裡。打開一看，是王祚遠。這位王祚遠好端端一個輔臣的前程，就這樣被一陣風給吹掉了，他個人在歷史上的地位也就由聲威煊赫的一代相爺變成了沒人過問的無名小卒。在所謂正史的《明史》上，不但沒有這個王祚遠的傳記，就連他的尊姓大名也一次都沒有出現過。天歟，人歟？

當天皇帝就做出任命，所抽到的六個人全部授禮部尚書銜兼東閣大學士，參預內閣機務。內閣的辦公地點在紫禁城午門內靠東一側，是一排極其簡陋的坐北朝南的平房，就是所謂的「東閣」。東閣橫開共有五間，因為不夠用，每間又南北向隔為兩間，總共是十間。其中朝南中間一間是供孔聖人及開會用的廳堂，其他各間則是各位閣臣的辦公室，根據各位大學士在內閣中的資格自東而西，先南後北，依次分配，其中東南角的第一間就是法定的首輔值房。由於北側的五個房間無法採光，白天都得點燈，因而當在內閣的大學士不超過四個人的時候，一般並不利用。現在，在理論上內閣一下子就有了九名成員，很有些人滿為患。幸好新被任命的閣僚當時大都沒在北京，立即上任的只有來宗道和楊景辰，其他人最晚的如錢龍錫，是半年以後來到京城履任的，內閣的值房才沒有因爆滿而擁擠不堪。

後來的事實證明，崇禎帝的手氣並不算好。他靠著天意抓到的新一屆內閣中，大多是些昏昏碌碌的庸才。一兩個比較好的，也因為性格氣質的原因很難與皇帝合作，在閣中時間不久就被崇禎帝趕走了。從此也就奠定了崇禎朝內閣成員眾多卻變換頻繁，大學士們走馬燈似的你登場罷我登場的古怪格局。

在調整內閣班子的同時，崇禎帝對於朝廷中地位僅次內閣大學士的六部尚書和都察院左都御史（在明代被合稱為「七卿」），以及侍郎、副都御史等佐貳大僚，也進行了幾次調整，主要是清除閹黨孑遺。如吏部尚書，被人叫作魏忠賢手下「十狗」之首的周應秋，靠無恥吹捧魏忠賢被提拔起來的刑部尚書薛貞，都是在天啟七年（1627年）末就被罷官。在他們的位置上換上一些比較老成持重、在魏忠賢專權時期沒有什麼明顯劣跡的大臣。

內閣、七卿的班子乃至其他一些重要官職的調整，從來也沒有真正令崇禎帝滿意過，但經過了幾次換班，總算是把魏忠賢時代的閹黨標記基本上清除了，總算初步完成了「一朝天子一朝臣」的轉換。

有鑑於魏忠賢專權的歷史教訓，崇禎帝在牢牢控制住政權之後，還嚴厲地削減限制了宦官的權力。天啟七年（1627年）十一月，他頒旨撤銷了各邊防的鎮守太監；崇禎元年（1628年）正月，又發布了一道嚴格限制宦官行動的上諭，嚴飭宦官沒有受命不得出京城一步。[4]

其實，早在明王朝建立之初，太祖朱元璋鑑於歷代不斷發生的宦官亂政的經驗教訓，就曾經多次提出過不能信用宦官：「開國承家，小人勿用，聖人之深戒。其在宮禁，止可使供灑掃、給使令、傳命令而已，豈宜預政典兵？」[5]

為了防止宦官干政擅權，他制定了許多禁令：嚴禁內臣干預朝政，嚴禁內臣與外朝官員文移往來，甚至禁止內官讀書識字。他還命在宮中豎立起鐫刻著「內臣不得干預政事，預者斬」的鐵牌，希望子孫孫不要失去警惕。但朱元璋的子孫們對於這條祖訓卻執行得十分差勁。二百多年來明朝宮中的太監們依仗著自己皇帝家奴的特殊身分，不但干了政、典了兵，而且時不時地把握最高權力，儼然成為皇帝的政治代理人。

內監擅權，至魏忠賢而發展到頂峰，崇禎帝有懲於那個時期太監的驕橫和政局的混亂，也基於官紳和民眾對於太監亂政的切齒痛恨，在推翻魏忠賢的統治之後自然要嚴格限制宦官權力。特別是在邊防地區設鎮守太監監軍這一項，雖說也有悠久歷史，但因為弊端太多早在嘉靖十八年（1529年）已被下令撤銷，以後近百年沒有太監出京監軍的，直到天啟六年（1626年）才又被魏忠賢重新恢復起來。對於重派太監鎮守邊防，連許多閹黨骨幹大臣都表示過極大異議，邊防將帥更是極為不滿。這是魏忠賢統治中最明顯最不得人心的弊政，所以在剛剛粉碎魏忠賢集團之後就被革除。禁止內官擅自出京，既是為了加強對太監們的紀律管理，也為防止太監們到各地去打抽豐、敲竹槓，惑亂視聽。

不久以後，崇禎帝再次發布諭旨，嚴格禁止朝官交接內侍，也是為了限制宦官利用身在內廷的有利位置與部分朝官通同作弊，干政弄權[6]。

崇禎帝這幾個限制內官的做法在當時受到普遍的好評，特別是文官官僚們，在不久前受盡了以魏忠賢為首的太監們的欺壓排擠，此時很有些歡欣鼓舞，因而也從心底裡讚揚新天子的這一明智之舉。只是這種好心情他們沒能保持多久，只過了三、四年的時間，內監不准擅自離京的禁令已經成了一紙空文，朝臣與宦官之間通關節、受賄賂的事情層出不窮，監軍的太監也再一次被派出去了，後來比魏忠賢時期還要多得多。那是後話。

在策御天下的最初時期，崇禎帝確實是一心一意要開創一個乾坤倒轉、萬象更新的嶄新局面。他年輕、氣盛，儘管有點不知深淺，畢竟是朝氣蓬勃，在調換朝臣、限制宦官等幾項大政方面，都幹得果斷、俐落，絲毫沒有拖泥帶水。與此同時，他也沒有忘記繼續深入清查清理魏忠賢在朝臣和內臣中留下來的大量殘渣餘孽。

崇禎帝當初還在他的「潛龍邸」的時候，就聽說魏忠賢手下的爪牙有「五虎」、「五彪」、「十狗」、「十孩兒」、「四十孫」等名目。這些虎、彪、狗、兒們在魏忠賢專權時期作惡最多，名聲最壞。工部尚書吳淳夫、左副都御史李夔龍等「五虎」都是身居高位的文官官僚，幾年來專門為魏忠賢出謀劃策，排擠異己，咬噬東林黨人。「五彪」則均為武職，占據著東廠和錦衣衛兩大特務組織中五個最重要的位置。其中為首的是魏忠賢的「大兒」田爾耕，天啟四年（1624年）起出掌錦衣衛事，為了配合魏忠賢專權的需要，他廣布邏卒，屢興大獄，雙手沾滿鮮血。「五彪」中的許顯純、崔應元等人分別主管錦衣衛北鎮撫司和東廠的具體事務，殺人如麻，無惡不作。在魏忠賢的政治體制中，「五虎」、「五彪」這些人是直接出面做壞事、害好人的，因而特別遭人痛恨。

天啟七年（1627年）年底，崇禎帝就專門針對「五虎」、「五彪」等魏忠賢死黨批旨：「五虎李夔龍等，依附權閹，希圖升賞，仗勢橫行，罪惡累累；五彪田爾耕等，助紂為虐，草菅人命，屢興冤獄，殘害無辜。……虎、彪俱由法司依律擬罪，以伸國法。」[7]

不久刑部根據皇帝定下的基調審判定案，吳淳夫、李夔龍等「五虎」均發往附近衛所充軍終身，並且各自追繳贓銀數千兩；「五彪」田爾耕、許顯純被判處斬監候，就是死刑緩期執行，另外三人發往邊遠衛所充軍。輿論對於這個判決仍然不滿，以為判得太輕了。後來結合定立「逆案」對幾個人進行了重新判決，「五虎」、「五彪」全部被判死刑，斬監候，而且其中的「五彪」特務頭子的死刑到秋後全部執行了。

逮捕審判「五虎」、「五彪」是清查處理魏忠賢黨羽的開始。為了鞏固自己的統治，崇禎帝不能不認真澈底地掃除魏忠賢在宮廷內外的各種殘餘勢力，何況他自己對於審理案件又有一股特殊的興趣。因此在崇禎元年（1628年），清查閹黨就成了朝廷中引人注目的一件大事。那些在魏忠賢時期名聲太臭的如公然宣稱魏忠賢功德不在孔子以下的監生陸萬齡，在重大事件中表現特別突出的如首先上疏攻擊張皇后的劉志選、梁夢環等等，都被人糾彈而逮捕入獄。其他一些閹黨官僚也一批批地被查出與魏忠賢有說不清楚的關係，紛紛罷官削籍。那些還沒來得及被罷官、被逮捕的閹黨分子這時候全都惶惶不可終日，大難臨頭各自飛，只能想方設法為自己開脫罪責，各逞高招，演出一幕幕滑稽戲。

閹黨中覺悟最高的人，早在魏忠賢還如日中天的時候就為自己謀劃後路了。靠彈劾東林黨人起家的兵部尚書（管侍郎事）霍維華，在天啟帝將死未死之際就故意與魏忠賢鬧了一次小彆扭，在一次封賞問題上頂撞了魏忠賢，遭到斥責。崇禎帝繼位之後，他就把這當作政治資本，繼續在朝中搖搖擺擺，把自己打扮成一個反對魏忠賢暴政的英雄。他一度還竭力申請到遼東主持軍務，想依仗著邊防的危急鞏固自己的地位。直到崇禎元年（1628年）夏天，這位政治手腕高明的閹黨大僚才在一片攻擊聲中引咎辭職。

第一個在閹黨內部造反，首攻崔呈秀的御史楊維垣，則是瘋狗一般地亂咬亂攀，不停地「揭露」魏忠賢的死黨，企圖把水攪渾，掩護自己。他揭發朝中的大小官員，揭發宮中的大小太監，揭發魏家、客家的親朋好友，最後連與魏忠賢接近的和尚也揭發出來。魏忠賢為人殘忍卻篤信佛陀，不但對京城內外的寺廟廣為布施，還特別用十萬兩銀子買下一座廟宇供自己禮拜之用。這座私人寺廟的住持浴光和尚與魏忠賢的交往當然密切，直到魏忠賢失勢，一般人唯恐避之不急，浴光還特地請他吃過齋飯。楊維垣為了巴結魏忠賢，與浴光也有很深的交往，但為了表示自己和魏忠賢一黨界限分明，只好拿浴光作犧牲品。他聽說浴光早就離開了京城，估計朝廷反正也抓不到這個和尚，不用擔心浴光會用過去的一些祕密交往反咬自己一口。誰知道楊維垣的揭發資料剛剛報上去，浴光和尚竟自行到京城來投案自首了，這真叫楊維垣吃驚不小。好在浴光相當磊落，只承認自己與魏忠賢交情密切，沒有牽連別人，楊維垣才算過了難關。但最後，楊維垣同樣沒有逃過挖地三尺式的大清查，以魏忠賢死黨的罪名被罷官，遣戍充軍。

宮廷裡的太監們與魏忠賢關係更密切，在清查中也更加心驚膽戰。司禮監秉筆兼巾帽局掌印太監李永貞，在萬曆年間因為觸怒皇帝被關押了十八年，關押期間他讀了不少書，知識比較廣博，能寫詩作文，為人又機敏善辯，因而在投入魏忠賢門下之後成為他的重要智囊。此人在政治上也算眼明手快，天啟帝剛死，他就感到了前途不妙，告病回家休養去了。在京東通州的家中，他把自己住的小院用磚砌死，「閉關」不出，以示不再與世人交往。直到魏忠賢也被迫離職了，他才出牆見人，還千方百計地託門路拉關係，企圖擺脫與魏忠賢的關係。不久魏、客都死於非命，他感到形勢不妙，收拾行李祕密逃亡。但正巧一樁引起崇禎帝關注的大案牽連到他，想要銷聲匿跡已經不可能，沒過多久他就被緝拿歸案。

李永貞的案子涉及天啟六年（1626年）由魏忠賢一夥製造的一起重大冤案，所謂「七君子案」。那件冤案的起點是蘇州織造太監李實對於原蘇州巡撫周起元的誣陷，說他勾結黨人，貪贓納賄，訕謗朝政。一批東林黨人因此被牽連，周起元和原任左都御史高攀龍、原任左諭德繆昌期等七人被捕，高攀龍在受逮前投池自盡，另外六人則全部慘死在錦衣衛的北鎮撫司獄中。在「七君子案」中被迫害致死的七個人都是東林中赫赫有名的人物，其中高攀龍更是東林書院的創始人之一，在社會上和官場上都有極大的影響。由於這個案件影響太大，所以李實及其他有關人員都被抓獲歸案，聽候處理。根據崇禎帝的旨意，對李實等人進行了由全體大臣和監察官員共同參加的「九卿科道會審」，因為案情本來很清楚，刑部很快按會審的結果作出了判決：李實與在宮中參預構陷「七君子」的太監李永貞和劉若愚均判處死刑，決不待時。

案件已經了結了，皇帝卻來節外生枝。有一天在召對的時候，崇禎帝突然問代理部務的刑部侍郎丁啟浚：「李實的案子，到底有沒有疑惑之處，有沒有曖昧不清的地方？」丁啟浚一時摸不著頭腦，只得說：「此案是奉旨由九卿科道會審的，刑部據實回奏。」皇帝又問：「李實為什麼要決不待時？」丁啟浚說：「李實和李永貞等人構殺七條人命，沒有動刑就自己招供了。」皇帝卻說：「哪有不動刑就招供的道理！」又問當日主持會審的吏部尚書王永光。王永光回答：「李實一開始不承認，後來用了刑才招供的。」崇禎帝這才露出自己的意圖說：「重刑之下，什麼口供得不到呢？李實劾周起元的本章，其實是魏忠賢向他要的蓋過印信的空白本，由李永貞填寫的，現在怎麼能夠就這樣糊裡糊塗地定罪？」朝臣們不願與皇帝頂撞，只好聽憑皇帝「聖裁」。而皇帝為了證明自己確實有道理，還專門把當年李實的原疏帶了來，讓眾臣親自看一看，「是朱在墨上，還是墨在朱上？」大家看了，的確墨在朱上，也就是先蓋過印之後才寫上字的。崇禎帝於是宣布自己的決定：「李永貞決不待時，劉若愚次一等，李實又次一等。」[8]

其實，李實為了表示對魏忠賢的忠心而甘願把空白本章交出去，由他隨意害人，已經是罪不容誅。何況從那劾疏的內容上看，所說的大多是蘇州發生的事，沒有李實的配合，京城中的李永貞怎麼會編得出來呢？因而李實被判死刑完全是罪有應得，當時的社會輿論和參加會審的高級官僚也都這樣看。崇禎帝卻偏要為他翻案，並不是與這位李實有什麼特殊的關係，而是因為他自以為從案情中看出了破綻。當他仔細查看李實的劾疏並且發現了墨在朱上的祕密之後，一定為自己的精明感動得不得了。他又無法抑制向群臣乃至天下表白自己的無比精明，於是只能在朝對中提出問題，並且親自為李實翻案。

這樣一鬧，皇帝的那點小精明真是顯示出來了，但並沒有招來一陣歡呼喝彩聲。幾位主持此事的大臣對於這個年紀輕輕的小皇帝深刻於小節而在大處卻不明白，很有些失望，甚至有些悻悻然的感覺。丁啟濬在回答皇帝問話的時候說：「嚴懲或是寬赦本當由朝廷做主，聽憑聖上裁奪。」就是帶著情緒的。這種情緒，聰明的崇禎帝當然也聽出來了。他對於面前這種無人喝彩的局面很失望，對朝臣的陰陽怪氣極其不滿。這失望與不滿後來是日益加劇了。

在崇禎帝自以為是的精明表演中，唯一的獲利者是這一案件的主犯李實。他因著皇帝減等再減等的判定，被改判為戍，竟保住了性命，後再次輕判，改成「革去冠戴，為民當差」，什麼事情都沒有了。而那個倒楣的李永貞則在崇禎元年（1628年）六月被判處斬首，決不待時，七月就被處決了。在魏忠賢宮廷內外的大小黨羽中，李永貞是最早被從重從快處理掉的。

如果說把原先的政治領導人打成罪魁元兇是改朝換代的基本標誌，那麼為前一時期的「冤獄」平反則可以算作改朝換代的必要裝飾。古往今來的專制社會中，新統治者不論真是要改弦更張還是僅僅想給公眾一個耳目一新的感覺，在他開出的政治菜單中都少不了「平冤獄」一項。崇禎帝當然也不能例外。

就在魏忠賢等人死後不久，他首先指示刑部和各地方，停止對罹難東林諸臣的追贓，釋放其家屬。此前魏忠賢一夥製造了「六君子案」、「七君子案」等一大批冤案，不但將案中的諸人全部殘害在獄中，而且在諸君子死後仍不放過其家屬，要求按限期追繳數額巨大的所謂「贓銀」。六君子之首的楊漣家境貧寒，靠鄉人資助交納「贓銀」，家業因而破敗，母親、妻子只能住在譙樓上，兩個兒子靠乞食贍養祖母和母親。另一位被迫害致死的著名君子左光鬥家的情況更慘，為了追贓有十四個人被地方官府逮系，兄長左光霽因而死在獄中，母親悲極而亡，整個家族為之破產。崇禎帝決定停止對這些家庭追贓，真是救人於急難，在當時不但得到那些被難家庭的感恩戴德，也受到廣大公眾的一致好評。

在這以後，為東林諸人平反的呼聲日漸高漲，崇禎帝於是向吏部提出：「魏忠賢、崔呈秀已經受到上天的懲罰，臣民的義憤稍稍有所緩解，但詔獄中的冤魂還沒有得到解脫，冤情還沒有得到昭雪。讓有關部門官員將以前被迫害的諸臣，從公酌議。」要求提出名單，對已經被非法禁斃者酌情追贈名號或蔭升子弟，被削籍奪職的酌情復官，仍在監禁中的酌情開釋。在皇帝的親自督促下，刑部將已被判處死刑而未處決的方震孺、惠世揚、李柱明、耿如杞等人全部釋放，並准復原官；吏部則呈報了幾年來被非法禁斃，應予贈恤的楊漣等人的名單。

平冤獄是一件得人心的事情，但也有人掣肘。吏部列報死事諸臣名單是拖了幾個月才辦好的，刑部則在最初僅改方震孺、惠世揚等人的死刑為流放戍邊，留下一個巨大的尾巴，後來崇禎帝嚴令再擬，才算澈底平反。這裡面實際上又涉及多年以來一直連綿不斷的黨爭問題。幾年來在魏忠賢政府中共事的，即使不是魏忠賢的死黨，多數也是長期站在東林黨人對立方面的「邪黨」人物，或是靠著攻擊東林而飛黃騰達起來的。魏忠賢倒臺以後，這些人的勢力並沒有一下子全部土崩瓦解，他們由於歷史的原因還占據著許多要害部門，也絕不甘心讓東林黨人一下子捲土重來，剝奪自己的利益。在崇禎初年，這些人的主要策略是想保持前朝對於東林「亂臣賊子」的定性，甚至把東林黨人與魏忠賢集團說成是性質相同的兩個罪惡團夥。

在好幾個月的時間裡，朝廷中流行的話語方式是萬事不離對於魏忠賢的批判，而在批判魏忠賢的同時又忘不了捎帶上對東林黨人的批判。有人甚至於在理論上製造東林黨人與魏忠賢集團的聯繫，要說明東林黨人與魏忠賢集團表面雖然互相對立，實質上卻是一路貨色。崇禎元年（1628年）初，光祿寺卿阮大鋮上了一通《合算七年通內神奸疏》，就把天啟帝在位七年的歷史全部說成是奸黨勾通大太監共同蒙君誤國的歷史。按阮大鋮的說法，天啟四年（1624年）之後，亂政的是魏忠賢，而在外朝羽翼魏忠賢的是崔呈秀一夥；天啟四年以前，亂政的則是大太監王安，在外朝羽翼王安的就是東林黨人。他在疏中還說，當初王安教唆東林黨人入宮吵鬧，造成移宮事件，那就是為後來魏忠賢勾結外臣，迫害嬪妃開了先河；當年賈繼春由於彈劾王安而被東林黨人削籍，那與後來魏忠賢打擊言官封鎖言路沒有什麼兩樣；而東林黨人排擠異己的惡劣作風實在是直接影響到魏忠賢集團幹盡壞事，包括陷害皇親，動搖國母一類罪大惡極的壞事[10]。

但儘管反對派的實力仍然巨大，反對東林的叫囂依然喧天，東林黨人卻還是隨著魏忠賢的垮臺悄悄還陽了。這是政局突變帶來的必然結果，在朝諸臣，甚至皇帝本人都沒有辦法改變這種情況。那些在魏忠賢時期被罷官懲處的人在平反之後重新任職，有少數人還得到提升。這批人即使本來不屬於東林陣營的，由於長期與東林黨人同甘苦共患難，現在也以東林自居了。一些資格很老，原本就是東林中堅的人物開始占據朝廷的重要崗位。東林名臣曹於汴在五月被任命為主管監察工作的都察院左都御史。六月，在天啟五年（1625年）被閹黨罷職削籍的原禮部侍郎何如寵升任為禮部尚書。更重要的是天下輿論都普遍倒向了東林一邊，人們把對魏忠賢和閹黨的痛恨與對東林的敬重連接在一起，當成一個問題的兩個方面。南北兩京、四方各省的民眾都把東林黨人看作精忠報國的赤誠君子，凡是有可能擠進東林隊伍的都在自稱是東林一員。

在這種形勢下，東林黨人當然不能再聽憑對立勢力對自己肆意攻擊，他們也開始還手。最早代表東林黨人發出聲音的是一個官職不高地位又不重要的翰林院編修倪元璐，他對當時言論中的奇怪現象表示不能理解。他說：現在攻擊崔呈秀、魏忠賢的人，一定要與東林並稱為「邪黨」。如果東林是邪黨，那麼應該怎樣稱呼崔、魏呢？如果承認崔、魏是邪黨，那麼一直在攻擊崔呈秀、魏忠賢，受到他們打擊迫害的怎麼能夠也叫作邪黨呢[11]？從這種邏輯衝突入手，倪元璐對歷史上的「三案」和「六君子案」、「七君子案」等進行了分析，認為東林黨人可能確有偏執己見和對陣營以外的人士過於苛刻的缺點，但在忠君愛民、禮義廉恥這些大節方面卻是無可厚非的。而那些至今還在稱東林為邪黨的人們，卻是在魏忠賢時期跟著唱過讚歌幹過壞事的，恐怕不能完全用「無可奈何」、「迫不得已」幾個字就文飾掉。倪元璐的奏疏一時引起了很熱鬧的爭論，朝中雙方各執己見。

崇禎帝對於這場爭論有他獨特的看法。一方面，他也承認東林與閹黨確實不能同日而語，對於東林黨人在抗魏鬥爭中表現出的情操他甚為尊重。正因為這樣，他才不顧阻力，堅持為東林的受害者徹底平了反，到崇禎元年（1628年）夏，「六君子」、「七君子」等案中絕大多數受害者都完全恢復了名譽，得到了謚號。但在另一方面，當年在「移宮」事件中的親身經歷也使他對於東林不無成見，對於東林的偏執和黨私也頗懷戒心。他對於朝臣各分門戶，結黨營私而全不以君國為念一直是深惡痛絕的，因而曾反復告誡群臣，「分門別戶，絕非天下大治的標誌」，要求臣子們「化異為同」，「天下為公」[12]。但黨爭有著悠久的歷史，不是皇帝幾個指示就能制止住的。崇禎帝對此還是比較清醒的，因此他一直力圖通過自己的政治手腕來遏制黨爭，保持一種均衡的政治格局。他在給東林黨人翻案平反的時候，在任用東林的方面卻做得很慎重，沒有一風吹地大規模起用東林人士，以避免出現天啟初年那種東林盈朝的局面。相比之下，他更願意任用那些在黨爭中處於中間地帶的人。這一點正是他在日後屢屢與東林黨人發生衝突的重要原因。

不論崇禎帝對於東林黨人有些什麼樣的看法，對於前朝的一些大是大非問題他卻不能不作出最終判決。因為這既關涉到對前朝歷史的總結，關涉到對當前政治局勢的定性，也關涉到他本人在公眾中的形象是否英明、是否偉大。在東林黨是正還是邪的爭論中無可避免地再次提出了「三案」的問題，結果大體上與天啟初年和天啟四、五年間的情況一樣，還是沒有爭論出一個有說服力的頭緒來。但不同於前兩次，這次爭「三案」沒有出現以往的一邊倒現象，既沒有像天啟初年那樣讓東林黨人占盡風頭，也沒有像天啟中年那樣把東林黨人弄得狼狽不堪。

首先重新提起「三案」問題的還是那個倪元璐，但是他的談論要點卻不在於「三案」本身，而在於當年由天啟帝欽定的那部《三朝要典》。倪元璐認為，對於「三案」的爭議是廷臣之間不同觀點的衝突，儘管是水火不能相容，終究大家都是為了天子的利益和國家的利益，因而很難說哪一派是出於公心，哪一派是出於私心。但《三朝要典》這部書則不然，那是崔呈秀、魏忠賢之流為了打擊正人君子，為自己歌功頌德而盜用先帝名義炮製的「私書」。如今崔、魏已遭懲處，他們的私書不應保留世上，應當焚毀原書版和天下一切現存該書[13]。

倪元璐的這個建議立刻遭到了一批當年參加編撰《三朝要典》工作或是積極支持過《三朝要典》編纂的朝臣們的激烈反對，但他這個分清「三案」與《三朝要典》的不同性質的提法很得崇禎帝的賞識。崇禎帝自己對「三案」都有與東林黨人截然不同的看法，他在後來談起「三案」的時候曾經說過：這三件事東林說得不對。當年皇考（光宗）要吃紅丸，方從哲是極力勸阻的，當時朕就在身邊，怎麼能說是方從哲主使呢？至於梃擊，那張差確實是個瘋子。移宮的事情，都是王安挑撥，完全不合情理[14]。但《三朝要典》卻從另一個極端顛倒了是非，成了閹黨登臺、魏忠賢專政的輿論工具。而按照倪元璐的提議，則正好做到既澄清了前朝的大是大非，又不至於讓東林黨人過於得意忘形起來。

因此他迅速批准了倪元璐的奏請，通令全國把現存《三朝要典》的全部原書和幾種書版都澈底焚毀，嚴禁官府和私人收藏閱讀。在剛剛發布這個詔旨的時候，翰林院有個侍講孫之獬跑到內閣去大哭了一通，表示抗議，並力陳毀書的種種不應該，用語相當激烈，而後又告病請求回家調養，也是一種消極的抵抗。以崇禎帝的性情，對這種敢於公然頂撞他決定的人常常會下手無情，但這一次卻只是一笑置之，沒有多加理會。這也許正說明，他本來也沒把這個專論「三案」的《三朝要典》看得太重。

前朝的大是大非基本上算是分清了，但東林黨人不能滿足，天下的民眾也總覺得多年來胸中的惡氣還沒有出夠。自崇禎元年（1628 年）中期起，一些御史們已經開始提出，要對魏忠賢和他的親信黨羽進行一次統一的定案處理，本著不放過一個閹黨的原則，把他們全體集中在一個大案中，就叫作「逆案」，意思是說魏忠賢一夥欺君誤國，甚至有大逆謀反的打算。魏忠賢從來也沒有想過要謀反，因而「逆案」這個名稱並不太合適。但崇禎帝要證明自己的順天命、應民心，又十分有必要定立一個「逆案」，永載史冊，使當初的政敵永無翻案之期。再加上他一直都有一種熱愛辦案的衝動，對定「逆案」的事情就更加積極。由於魏忠賢集團多年來誤國害民，積怨極深，這個倡議也得到了多方面的回應。

這年十二月，前任內閣大學士韓爌應召還京出任內閣首輔。這位韓爌是受過閹黨殘酷迫害的，崇禎帝以為他對閹黨的鬥爭必然堅決，因而在年底正式降旨由內閣等部門提出「逆案」名單。韓爌卻是老成厚道的人，不願給朝廷樹立太廣泛的怨恨，因此第一次僅僅提名四、五十人，大體都是已經受到制裁的臭名昭著的閹黨分子。崇禎帝對這種寬縱的處理辦法大不以為然。崇禎二年（1629年）正月二十四日，他在文華殿召見內閣大學士韓爌、李標、錢龍錫，吏部尚書王永光，都察院左都御史曹於汴，命他們再廣為搜羅，而且確定了立案的宗旨：「對那些首先對魏忠賢無恥諂諛，傾心擁戴，以及屢次頌美，津津不置者，還有雖然沒有立祠稱頌卻暗地為他出謀劃策的，都要依據法律懲處，以服天下人之心。」[15]

內閣等部門按照皇帝的意圖又補入數十人，但仍然沒有讓崇禎帝感到過癮。兩天以後，崇禎帝再次召對幾位大臣，拿出了一包袱魏忠賢時期群臣上疏的原稿，都是頌揚魏忠賢或為之出謀劃策的，讓閣臣一一按入「逆案」中。韓爌等人推說，「臣等職責是票擬，依法定刑不是我們的專長。」王永光也表示，「吏部只擅長考察任命官員，不熟悉刑名。」都是以消極的方式抵制皇帝的決定。但崇禎帝一旦下定決心是不會回頭的，既然內閣、吏部聲稱不懂刑名法律，他就命刑部等司法部門也參加制定「逆案」，還規定「全部要從重處罰，官員最輕的也要削職為民。」[16]大臣們沒有辦法，只得從命。直到「逆案」最後確定之前，崇禎帝還親自指定在逆案中加入了包括原大學士張瑞圖、來宗道在內的六十九個人。

「逆案」是在崇禎二年（1629年）三月十九日正式確定的，案中共開列魏忠賢等二百五十五人，分為八大類。魏忠賢、客氏為首逆，凌遲處死。「首逆同謀」六人，除崔呈秀外，魏良卿，侯國興是客、魏親屬，李朝欽等三人均為魏忠賢的親隨太監，斬決不待時。「交結近侍」十九人，主要有「五虎」、「五彪」等人，斬秋後處決。以上判處死刑的共二十七人。「交結近侍次等」十一人，都判處充軍，均為閹黨骨幹。第五類「逆孽軍犯」二十八人，全是已經充軍的客、魏家屬和貼身親隨。第六類「交結近侍又次等」一百二十九人，判處徒刑三年，「輸贖為民」，即可以交錢贖罪，這部分全是文臣。第七類「諂附擁戴」十六人，全是太監，革去冠帶為民。第八類「照考察不謹例，冠帶閑住」，就是雖然革職，但保留著原來的品級榮譽，共四十四人。這個「逆案」是由皇帝欽定的，立即頒布天下，案中人員都被處置[17]。

這個「逆案」涉及面廣大，二百多人中有文臣有武將，有京職有外任，其中位高爵顯者不乏其人，僅文武大員官居一品的就有三十五人（明代文官中職位最高的吏部尚書也只有正二品，要進入一品，必須靠因功或因資深加宮保銜）。文臣中任尚書或加尚書銜的有四十四人，入閣擔任過大學士的有八人，其他如侍郎、京卿、總督、巡撫等高級大臣數量更多。對「逆案」人員的處理也比較重，僅處死刑的就接近三十人，其中又多為重臣，這種情況除了明初朱元璋實行政治恐怖的時期以及「靖難」、「奪門」等非常時期外，在明代是極少見的。

「逆案」定立，算是崇禎朝對於前朝歷史所做的一個總結，也標誌著對魏忠賢專權進行清算的最後終結。由於魏忠賢集團幹了那麼多壞事，害了那麼多好人，一般官紳民眾對於這個「逆案」是拍手稱快的。但在專制的政治體制下，怕就怕存在著一個事關重大又牽涉極廣的「案」。有「案」就會有堅持與翻案之爭，不論是明顯的還是潛在的，就會造成綿綿不斷的政治糾紛與政治動亂，還會給下一輪政治鬥爭中的野心家提供無限的契機。「逆案」的情況也不例外，在整個崇禎時期，總有一個「逆案」的陰影籠罩著政壇，而到崇禎亡國之後，南明的小朝廷還真把「逆案」翻過來了，只是翻過來也沒有什麼意義了。明末遺民論及此事，說「這是何等大事，而草草上報批准，致使被處理者屢思翻案，持局者日費提防，糾纏不已。南京政權再建，『逆案』翻而國家亡，宗社都成為廢墟」[18]。還是很有道理的。可見，崇禎帝用搞運動的方式，整批地處理前朝政治遺留問題，實際給自己的政治格局中增添了新的無窮隱患，遠不如對於閹黨問題就事論事一件一件地慎重個案處理為好。

崇禎帝大刀闊斧地迅速辦完了「逆案」，大概是想趕快擺脫魏忠賢給這個國家留下的陰影，趕快開闢一番新的天地。但魏忠賢通過幾年的統治而給他留下來的那一份家底，卻是他無法擺脫的一份政治遺產。在崇禎元年（1628年）三月的一天，京城附近的天空一片血紅，有些慣會大言的術士們傳說，這標誌著將有大旱，而且是戰爭的預兆[19]。崇禎帝也聽到了這些說法，當時並不以為然。但在做了一年多天子，對於朝廷的一應政務基本上熟悉了之後，他回想起那個所謂「預兆」，又不能不憂心忡忡起來。

此時，他對於這個帝國所面臨的艱難局面已經多少有了一點瞭解。他也逐漸明白要想創建一番豐功偉業，讓國家擺脫困境，重新興旺起來，實在是極其困難的。在他面前，至少有四個巨大的難題。

一是邊患，滿族後金政權自萬曆年間崛起於東北，其軍事力量直逼山海關，正在給明帝國的邊防造成極大威脅。

二是民饑，魏忠賢集團的黑暗統治再加上連年的水旱災害使得全國各地相繼出現大饑饉，人民大量死亡，沒有死的或是大批流亡，或是揭竿而起，在崇禎元年（1628年），已經有陝西白水、府谷、宜川、安塞等縣農民紛紛起義，陷城殺吏，事態正在不斷擴大。

三是財匱，防邊需要錢、平亂需要錢、賑災需要錢、龐大的政權機構和皇家開支更需要錢，但閹黨政府給崇禎帝留下來的財政基礎卻是挖空了的國家府庫和虧空赤字。

四是朋黨，自萬曆時期延續下來的黨爭不僅沒有消除，反而有愈演愈烈之勢，朋黨交哄於朝不但常常耽誤國家大政，有時就連正常的政務都要受到影響，弄得人心惶惶。

四大難題，沒有一個是容易解決的。再加上官僚腐敗、法紀鬆弛、道德淪喪、世風不古，要開創一個中興局面真是千難萬難。

但是他決心要努力奮鬥。

1 見孫承澤，《思陵勤政紀》，商務印書館「叢書集成初編」本，第1頁。

2 見《國榷》，卷八六，第六冊，中華書局1958年12月版，第5402頁。

3 見汪楫，《崇禎長編》，卷三，第九一冊，第 132-137 頁。

4 見《三朝野紀》，卷四，第 133 頁。

5 餘繼登，《典故紀聞》，卷二，中華書局 1987 年 7 月版，第 24 頁。

6 見谷應泰，《明史紀事本末》，卷七四，第四冊，中華書局 1977 年 2 月版，第 1233 頁。

7 見《玉鏡新譚》，卷八，第 117 頁。

8 見《烈皇小識》，卷一，第 20 頁。

9 見《烈皇小識》，卷一，第 7 頁。

10 徐鼒，《小腆紀年》，附考卷六。

11 見黃宗羲編，《明文海》，卷六四，第一冊，中華書局 1987 年 2 月版，第 563-566 頁。

12《兩朝從信錄》，卷六。

13 見孫承澤，《春明夢餘錄》，卷十三，上冊，江蘇廣陵古籍刻印社 1990 年 9 月版，第 114 頁。

14 見《三垣筆記》，第 196 頁。

15 見《先撥志始》，卷下，第 219 頁。

16 見《欽定逆案》，上海書店《先撥志始》本，第 220 頁。

17 見《欽定逆案》，第 220-259 頁。

18 見夏允彝，《倖存錄》，上海書店《明季稗史初編》本，1988 年 11 月版，第 304-305 頁。

19 見《明通鑑》，卷八一，第七冊，第 3105 頁。

卷貳

守業艱難百事多

一 會推風波

崇禎帝自幼讀過不少歷史著作，對於《資治通鑑》《貞觀政要》《帝鑑圖說》這一類帝王必修的歷史讀物相當熟悉，登上皇位後也仍然把這些書籍作為日常讀物和參考資料排列在案頭和隔架上。對於歷史上那些君聖臣賢密切合作，共同創造豐功偉業的盛世，他極為羨慕，也極想在自己的統治時期再現一次那樣的盛世。按照他的自我判斷，君聖這個條件已經基本具備，自己在道德品質和政治素質兩個方面，與歷代君主相比，即使不算是最上乘，起碼也是上乘的。他平時對朝臣講話，只說要效法堯舜，很少把後來的著名皇帝們放在眼裡。有一次臣子把他比作漢文帝，本來是拍馬屁的，誰知弄得這位自以為是的皇帝很不高興。他認為漢文帝頂多算是個中上等的皇帝，把自己比成漢文帝實在是太貶低了。還有一次輔臣提到唐太宗，崇禎帝說：「唐太宗掃蕩群雄，我自愧沒有那樣的才能；但要說到閨門無序，家法敗壞，我還羞於與他相提並論呢。」[1] 前面半句話是假裝客套，後面半句才是他的真心話，對於唐宗、宋祖一類人物，他確實沒有太放在眼裡。

崇禎帝

何況，他還在不斷地努力繼續提高自己。自天啟七年（1627年）十月起，他開始參加「日講」，由內閣和翰林學士為他朗讀和講解「四書」、「五經」和《通鑑》、《祖訓》等經史著作。這是一個皇帝在理論上應該嚴格遵守的天天讀政治學習制度，除了節假日、大典禮和逢三、六、九的常朝儀式之外，每天都要進行。但自從一百多年前的正德皇帝時起，天子們或是懶惰，或是貪玩，很少有能堅持參加日講的，有些皇帝根本就把這種制度廢除了。只有崇禎帝在位的十七年，規規矩矩地參加了十七年的日講，寒暑不輟。日講之外還有春秋兩季每月三次的「經筵」，那是儀式性更強、規模更大的理論學習活動，崇禎帝同樣堅持不懈。他是要通過這些常年的學習，增進自己的修養，砥礪自己的情操，提高自己的統治水準，使自己真正成為一個唐堯、虞舜那樣的君主。

但盛世所需要的賢臣卻總也找不到。他發現，不論是靠天命選出來的新內閣班子還是按資歷德才循例推升的部院大臣，實際能力都非常不理想。在他看來，那些翰林出身號稱才學優長又有幾十年從政經驗的大學士們，那些自詡老謀深算精通政務的卿貳大臣們，竟然是一批極其平庸無能的糊塗蟲。

朝臣本身似乎也不爭氣。崇禎元年（1628年）的上半年，首席內閣大學士先後換了四個人，施鳳來、李國𣚴、來宗道和周道登，始終是敷衍了事、暮氣沉沉。崇禎帝精力充沛，又特別勤快，幾乎每天都要召集內閣成員討論國務，各位大學士們也就辛辛苦苦地每天進宮、叩拜、承旨。但這些老官僚大都老滑有餘，幹練不足，召對的時候只會唯唯諾諾，很少能提出什麼建設性的意見。有幾次，崇禎帝在極其失望的情況下只能冷笑著對幾位閣員說：「難道這就叫作召對嗎？」幾位老先生仍然是唯唯而已[2]。就連閣臣們專司的票擬也不能讓他滿意，錯字錯句時有發生，內容方面更是因循守舊，等因奉此，毫無建樹，毫無新意。

還有更讓崇禎帝生氣的。那位一度成為首輔的周道登，表面看來像個老學究，但反應之遲鈍讓人震驚。有一回皇帝問他，為什麼說宰相要用讀書人。他一時不知該怎麼回答，就說，這個問題臣要回閣中查一查書才能確切回復。崇禎帝開始聽了很不高興，後來大概覺得如此草包宰相實在少見，不由又笑了起來，又問：近來本章中總是提到「情面」，這個「情面」是什麼意思呢？周道登說：「『情面』者，

『面情』之謂也。」弄得左右人等都憋不住要笑出聲來了[3]。

官僚昏庸已屬可恨，而且還普遍貪污受賄，毫無廉潔可言，這更讓崇禎帝感到無法容忍。但造成貪賄成風這種情況的原因卻相當複雜，既有風氣方面的因素，也有制度方面的因素。

明代官僚俸祿是相當低的，一個普通知縣月俸只有老米七石五斗，按普通市價合銀不到十兩。即使官至最高級別的尚書（正二品），一月的俸祿也不過六十一石米[4]。但一個官員的開支卻很大，除了養家糊口之外，還要有大量的上下應酬，要僱用幕僚、跟班甚至轎夫，要在各種場合擺出應有的排場，更不要說奢侈揮霍以及在家鄉置辦田地房產了。可以說，一個不貪污不受賄又沒有大量家底資產的官僚，根本就活不下去。明朝最著名的清廉官僚海瑞據說從不貪污受賄（其實很可疑，因為官僚之間以饋贈方式的變相賄賂極其盛行，而且通常都是廉潔官員賴以生存的基本收入。）因此為他母親做大壽的時候擺宴請客只能買二斤肉了事。而他在晚年復出任正二品的南京右都御史的時候，不得不變賣家產才置備齊了必要的冠帶朝服。但這至少說明他還是有一點家產的，如果是真正的窮人是沒有辦法賠錢當清官的。

既然朝廷的制度實際等於默許官僚貪污受賄，甚至是要求官僚貪污受賄（以減少國家財政負擔），因而二百多年來官場的貪污受賄大有制度化的趨勢，一個州、縣每年在上交國家正稅之外多收多少錢糧，一個下級地方官每年應向上司分幾次進獻多少饋贈，辦理某一事務要送有關部門多少錢，都有慣例數字。一般來講，一個官員不在慣例以外搜括，不收受慣例以外的錢財就算極清廉了，所謂「一錢不取」只是一種欺人之談而已。所謂應酬也是整個官僚集團集體分肥的一種方式。京官比較「清貧」，因而進京的地方官照例要對在京的同鄉、同年（同一年科舉得中者）、同門（同一主考官門下得中者）、親友饋贈一番；京城的高級官僚還有義務在三大節等重大節日向低級官員中的同鄉、門生、故舊例行饋贈。剛剛釋褐的進士因為還沒來得及撈錢，通常都要在回籍的路上（甚至繞道）去拜訪有鄉誼或是門誼的地方官，實際上是去討要饋贈的，叫作「打抽豐」，地方官員不能拒絕。從某種意義上講，這種以親朋故舊、鄉誼、門誼關係為基礎的相互饋贈，正是明末朋黨之風盛行的經濟原因。當然，所有這些「年例」、「事例」、「饋贈」最終都要取之於民。

對於絕大多數官僚來說，貪污受賄還不僅僅是為了維持起碼的正常開支，而是要利用手中的權力大發橫財。制度化的貪污受賄為常例以外的腐敗大開方便之門，因為從來沒有成文規定，「合理」的貪污受賄和「不合理」的貪污受賄根本沒有明確界限。如果嚴格依照法律，「合理」的常例也全是違法，按照洪武時候定下的律條，「入人十貫」（大約相當於十兩白銀）就應判絞刑；但在舉國上下賄賂公行的情況下，就是再超出常格，官場上的人們也寧願視而不見。這就使得利慾薰心者有了大得其手的機會，特別是到了天啟、崇禎時期，嚴重的政治混亂造成了大部分官員都是醉生夢死，能撈就撈，貪賄之風更是到了前所未有的程度。

剛剛即位不久的崇禎帝卻不能理解這些深層次的原因。他只是按照皇帝自家的理論和儒家的道德規範來要求群臣，還多次向朝臣宣講「文臣不愛錢」的古訓。崇禎元年（1628年）七月，他的苦口婆心終於得到了一點反響，戶科給事中韓一良上疏專門討論「文臣不愛錢」的問題。他在疏中說：當今世上，哪裡不要用錢？哪個官又不愛錢？做官是花錢得來的，怎麼能不收回本息？如今說到害民，都歸咎於知府、知縣的不廉潔，但知府、知縣怎麼能廉潔呢！他們的俸薪有多少，上司要想方設法勒索，過往官紳要打抽豐，進京朝覲一次至少要花三、四千兩，這些錢不能從天而降，他們哪裡能廉潔？州、縣官員進京朝覲，京城的御史、給事們號稱「開市」，臣兩月以來辭謝的贈金就有五百兩。臣淡於交際，尚且如此，其他人可以推測。他認為，只有嚴懲少數罪大惡極的貪污受賄者，讓諸臣把錢當成禍水，才可以宣導出廉潔之風[5]。

崇禎帝對韓一良所奏非常滿意，以為深得反貪倡廉的要領。他為這份奏疏專門召集了一次御前會議，命韓一良在大臣面前高聲朗讀本章。讀過之後，又讓閣臣們傳閱。他覺得這個韓一良很有點他所期望的良臣的味道，決定要破格提拔，當場就宣布：「韓一良所奏，大破情面，忠鯁可嘉，應當破格擢用，可以加升為右僉都御史。」吏部尚書王永光一面承旨，一面卻不陰不陽地提了一個建議：「韓一良所奏一定是有所指的，請皇上命他挑出最嚴重的事例奏明，以便重處，懲戒貪官。」這明明是在將韓一良一軍：皇帝說你能大破情面，現在倒要看看你怎麼個破法。

韓一良果然汗流浹背了。在朝中做官，除了深仇大恨故意要攻擊的，誰也不願意無事生非，為自己樹敵。他只好先支吾著應付說，現在國家不太平，不敢深言，至於納賄等事，疏中已經說了是得自風聞。崇禎帝的臉色晴轉多雲，很不客氣地說：「難道一個人也不知道，就寫了這個奏本嗎？限五日奏明！」

韓一良回去以後絞盡腦汁，糾彈了周應秋、閻鳴泰等幾個已經被打倒的著名閹黨分子，拿著幾隻死老虎去交差。崇禎帝當然清楚他是在搪塞，再次召對，再一次讓他朗讀自己的大作。韓一良早就沒有了第一次朗讀時的神氣。在讀到拒收禮金五百兩的時候，崇禎帝厲聲問：這五百兩是誰送的？韓一良推說家裡有交際簿，但現在不記得了。崇禎帝反復追問，韓一良只是一味糊塗。最後，怒氣不息的崇禎帝面諭閣臣和韓一良本人說：「韓一良前後矛盾，顯然是心腸大變，都御史豈是輕易就做得的？本當捉拿審問，姑念他是言官，先饒過這遭。」

韓一良帶著一身冷汗離開了宮廷，都御史雖然沒有做成，能逃脫困境還是值得慶幸。這以後，他再也不敢冒尖去當什麼破除情面、反貪倡廉的英雄了。

韓一良事件使崇禎帝對朝臣更加輕視，面對國難當頭的挑戰，他只好一個人勇敢地承擔起全部責任，實行最澈底的親政。在明代諸帝中，像他這樣朝乾夕惕，勤於政務的，實在是鳳毛麟角。

在君主專制的政治體制中，君主在法理上絕對掌握著全部國家權力，這種至高無上的權力也決定了君主具有不同尋常的責任和義務。在中國古代，一個真正稱職的皇帝應該遵守一系列呆板嚴刻的皇帝守則（實際上很少有皇帝去遵守那些守則），而且應該是勤政的模範。從理論上講，國家政務的各個方面，事無巨細，都應當由皇帝親自過問，親自處理。但僅以明代而言，除了開國的朱元璋以及靠「靖難」

奪得政權的永樂帝之外，很少有幾個對於政務真正感興趣的皇帝。在這些對於自己的責任不那麼感興趣的皇帝中，有的乾脆埋頭深宮或沉溺於遊樂，很少理或者根本不理朝政；有的則是勉強支應，進行一些象徵性的朝事活動。為了適應這種情況，明代的政治運作中就逐漸形成了由內閣擬旨和由司禮監批朱等一套由臣僕為皇帝代勞的制度。據說這是為了貫徹自古聖賢們制定的「君逸臣勞」的原則。有了這套切實可行的制度，懶漢皇帝們就更能夠偷懶而不至於給國家機器的運行帶來什麼損失，因而大多數明代皇帝也就更是懶上加懶。

在一般情況下，朝臣們表面上總是希望皇帝能夠親政、勤政，經常請求天子認真批閱本章，定期召見群臣。但如果皇帝真的勤起政來，真的對於各種政務關心備至，臣子們也會非常不習慣，甚至會產生出極大的反抗情緒。因為皇帝一旦親自理政，勢必會把多年來已經分劃給朝臣的那一部分君主權力又重新拿回來。崇禎年間的朝臣面臨的正是這樣一種局面。

崇禎帝的勤於政務可以說是出於一種天性。他滿懷興趣地埋頭於枯燥繁複的政務，熱衷於閱讀和批改各類公文，而且對於調查處理那些頭緒不清、疑點較多的案件有一種特殊的愛好。這種熱愛政務的性格再加上自負、多疑等其他一些性格特點，使得他成為自洪武、永樂以來對政務操勞最多，關心最切，因而也最讓朝臣受不了的一位皇帝。

崇禎帝的勤政主要表現在認真批閱本章和召對朝臣議政兩個方面。他對於中央各部門和各地方送進宮來的題本、奏本非常重視，對於一切本章和內閣的票擬都十分認真地仔細閱讀，還時不時地對票擬提出修改意見，要內閣重擬。本來多年的定例，內閣的票擬雖然只是一種並沒有法律效力的建議，卻是極受朝廷尊重的，除了在極個別的情況下，皇帝通常很少把內閣的票擬駁回重擬。但崇禎帝卻更看重自己所擁有的理論權力，只要覺得票擬不妥，立刻就發回內閣。於是，在崇禎年間又形成了一種新傳統，票擬被駁回成了常情，一些內閣大學士在擬旨的時候乾脆預先留下被駁回的餘地，等著讓皇帝駁。這種情況，是明代政治運作方式的一大變化。

由於留心本章，崇禎帝發現他的朝廷公文制度中有一個大弊端，就是本章虛浮枝蔓，常常下筆千言離題萬里，結果是既耽誤了自己的寶貴時間，又使得真正的要點淹沒在大量的虛話套話裡。其實這種情況也是古已有之。當年朱元璋閱讀一個刑部主事茹太素上的萬言書，讀了六千三百七十字，仍不知其所云，因而大發脾氣，叫人把茹太素打了一頓板子。次日再讀，至一萬六千五百字後，才講到五條建議，發現頗為可用。太祖皇帝為此發布了一個特別文告，講述了此事的情況，並且提出：「若官民有言者，許陳實事，不許繁文。」[7]太祖的這個指示同樣沒有被子孫們執行好，隨著時光推移，充滿無用言詞的本章又大為風行起來，不但成為一種風氣，而且成了一些自命才高的朝臣們賣弄才情的工具。為此，崇禎帝在崇禎元年（1628年）二月正式頒布上諭，嚴禁章奏冗蔓：「近來章奏冗長，已成習氣，不便閱讀。如論事切當可行，何必飾以空洞浮詞。以後務宜簡明，其字不得超過一千。如詞意未盡，不妨另本再奏。」[8]但由於風氣所致，這個禁令並沒有產生多大效果。就連崇禎帝自己撰寫的上諭、詔令，也常常是充滿了華而不實的辭藻。後來國家的大事顧不過來，崇禎帝也就不再過問這件事。

與大臣不時議政本來也是皇帝應盡的職責，但明代諸帝中能堅持這樣做的卻極其罕見。在崇禎帝即位前的一百多年裡，朝臣們很少有機會與皇帝共同議政。有些皇帝，例如崇禎帝的祖父萬曆帝，竟有二十多年根本不與任何朝臣見面。就是比較規矩一點的皇帝，能堅持三日一次的常朝，也只是儀禮性的，人稱是「跪拜起立，第如傀儡之登場」[9]。崇禎帝卻是既能常年不斷地堅持與朝臣會面，而且幾乎每次會見都要討論些實質性的問題。

明代天子和朝臣的會見分儀禮性的與辦公性的兩種。前一種主要是所謂朝會，特別是在元旦、冬至、萬壽節（皇帝生日）等重大節日的大朝會。平常例行的常朝則是半儀禮性的，既帶有儀式色彩，也可能討論一些特別重大的問題。真正的辦公會議一般不會在正殿中舉行，因為那種森嚴的局面和繁複的禮儀顯然不利於討論問題、解決問題。明代皇帝如果偶爾舉行辦公會議，那麼多半是在建極殿（清代稱保和殿）東面的後左門。那兒是前殿後寢的結合部，又非正式殿堂，對於皇帝和朝臣都比較方便。後左門由於正處在正殿區三層丹墀的邊緣，宮中俗稱又叫「平臺」，所以這種平時在後左門召開的辦公會議又叫「平臺召對」。在崇禎帝以前，這種平臺召對舉行得極少，有些皇帝一輩子也沒舉過一次；而崇禎帝自從一當上皇帝就屢屢施行，召對的對象有時候是全體高級大臣和言官，所謂「九卿科道」，有時候是專召和某一問題有關的官員，或是某一類官員。

但是，對於這種不定期的召對形式崇禎帝仍然不夠滿意。崇禎元年（1628年）八月，他又主動向內閣等部門發布了一道上諭，其中的內容很明白地反映出他在執政初期的心理狀況。他在上諭中講述了自己登極以來夙夜焦勞，為國家民眾嘔心瀝血的情狀，進而責備朝臣因循積習，「政事奉行不實，徒誇紙上虛言」。正因為這樣，他才屢次召對平臺，希望能與朝臣一同振作起來，掃除弊端，共創新政。但召見的時候，因為時間短促仍然不能把問題討論清楚。如果每天都和大小臣工共籌庶務，則打擾朝臣的日常辦公，太過繁滋。只有內閣輔臣本來就是天子的心膂股肱，應當時刻顧問於左右。所以決定：今後除酷暑嚴寒之外，朕將每日御於文華殿中，所有奏章均與各位輔臣面商定議，務求處理精當。最後他還要求群臣秉公勤奮，「一洗欺玩頹靡之習，共收奮庸熙績之功。」[10]

這個新制度以後一直被執行著，直到他的朝廷被農民軍澈底摧垮。這種制度上的變化給明朝末年的政治帶來了許多新的因素，使得多年來形成的已經適應於懶漢皇帝的政治運行機制突然變得非常不能適應。我們後面將會看到，一位又勤快又自以為精明的專制君主給這個老大帝國造成的傷害，遠遠要大過一個平庸、惰怠、無所事事的皇帝。

每天都與皇帝接觸，實際上對閣臣本身是一個極大的考驗。第一次通過枚卜確定的內閣班子很快就顯示出了它的弱點。這個班子中的一些成員是在魏忠賢時期做過高官的，有些人還占據著重要的位置。因此，隨著清查閹黨工作的深入，一些新閣僚的問題也被糾出，其中如來宗道、楊景辰，問題還比較嚴重。來宗道和楊景辰在受到糾彈後都照例提出辭呈，很快就被批准退休回家。當然更讓崇禎帝不滿意的還是那些大學士們的顢頇糊塗，就是上面所說的「情面」——「面情」一類插曲。他下定決心，至少要換上一個有能力有責任感的首輔。經過仔細考察選擇，他最後決定任用前內閣大學士韓爌。

韓爌是山西蒲州（今山西永濟）人，萬曆二十一年（1593年）進士，入翰林院，萬曆後期官至禮部右侍郎協理詹事府事，做過東宮講官。由於與太子（即光宗）有一層師生關係，韓爌在「國本」問題上很自然要站在與東林一致的立場上，但因為是北方人，他和東林中幾位特別有影響的人物並沒有什麼密切關係，而且在「紅丸」等事件的爭論中也對東林黨人一些不合理的觀點提出過自己的不同看法。他於泰昌元年（1620年）入閣，以老成慎重而聞名。天啟四年（1624年）東林黨魁葉向高罷相後，韓爌繼之為首輔，在閹黨日盛的情況下勉強支撐著殘局，不久終於被排擠出內閣。天啟五年（1625年）七月，他又被閹黨列名為東林奸黨，削籍除名，並誣坐贓銀二千兩。韓爌為了完納贓銀，只能變賣田宅，竟至於和家人居住在祖墓。由這樣一位與魏忠賢和閹黨界限清楚，宗派色彩又不濃厚，而且老成幹練的資深政治家來出任首輔，確實是一個十分合適的人選。崇禎元年（1628年）四月，崇禎帝在對於當時內閣中的成員絕對失望的時候發出任命，要韓爌以原官職進京入閣。依照制度，明代內閣成員不論年齡、資歷和職位，一律以入閣先後（按任命時間算）排列序位，韓爌早在泰昌元年即已入閣，資格無與倫比，回朝後自然要坐首席。

從晉南到京師路遠迢迢，韓爌已是六十多歲高齡，行動也不能過於迅速。因此，在接到聖旨之後他用了半年多的時間，直到這年的十二月才入閣中擔起責任。在這之前，崇禎帝也只好先將就著使用現成的班子。好在他還是發現了一個比較精明強幹的人才，就是劉鴻訓。

在枚卜大典中被抽中的六個人當中，劉鴻訓的原官職最低。其他幾位都是尚書、侍郎一級的人物，是所謂的「卿貳大臣」，而劉鴻訓原來只是少詹事，官僅四品，只是由於按明代制度，詹事府（主管太子教育等方面事務）的正副長官都有資格候選閣僚，才僥倖進入輔臣的行列，而且一下子被加禮部尚書銜，連升了四級。但劉鴻訓並沒有因為自己資歷太淺就縮手縮腳不敢任事。他是崇禎元年（1628年）二月入閣任職的，由於年紀較輕反應機敏，口才也還不錯，加上感激皇上的知遇之恩，所以在每一次御前辦公會議上都表現得頗為積極。在一段時間裡，內閣中、部院大臣中只有一個劉鴻訓還能頂著皇帝的挖苦和訓斥與皇帝討論一些機務大政，能讓皇帝比較和顏悅色起來。

正對內閣官僚們十分厭煩的崇禎帝對這個嶄露頭角的劉鴻訓一時也有點相見恨晚的感覺。在每天的召對中有一個人能夠跟上自己的思路，並且能夠闡述他本人對各種政務的看法，對於崇禎帝來講是一種很不錯的感覺。劉鴻訓也確實發表過一些有益的意見，例如那一個時期進行的清查閹黨及平反冤獄，劉鴻訓都積極建議、具體主持過。在崇禎元年（1628年）夏秋之際這段時間，崇禎帝和劉鴻訓君臣之間的配合與默契達到了最佳狀態，成為一個他們相互關係溫暖和煦的時期。可惜這個時期太短暫了。

這一對君臣關係的最初裂痕是為了一起爭論而出現的。這年七月，山海關外甯遠衛的駐軍嘩變，嘩變部隊把甯遠巡撫畢自肅等官員綁在譙樓上，逼著要拖欠了幾個月的糧餉。畢自肅因慚憤自刭而死。消息傳到京城，崇禎帝大為光火，他責備戶部為什麼不及時發餉。戶部回答因為府庫空虛，而軍費開支太大，暫時無力解決。這個軍費與財政的問題是後來讓崇禎帝頭疼了十幾年的問題，但此時問題剛剛浮出水面，一向喜歡把一切失誤和罪責都推給下面的崇禎帝很想拿戶部問罪，也能借此顯示一下自己的「不測之威」。但此時劉鴻訓卻明知道戶部巧婦難為無米之炊，實在沒有那麼多錢糧，責罰也沒有用，而且也不公平。因此他反對問罪戶部，而主張由皇帝出「帑幣」三十萬發往遼東軍前，以示「不測之恩」[11]。

所謂「帑幣」指「內帑」，就是皇帝自己名下的財產，在明代這筆財產的數量到底有多少誰也弄不清楚，反正是數字極其可觀。但崇禎帝生性吝嗇，讓他出帑幣示不測之恩，等於是割他的肉，挖他的心窩子，是斷斷不能接受的。不但不能接受，對敢於提出這樣混帳建議的人還要懷疑他是不是別有用心，是不是心懷不軌。皇帝的主意既然是這樣定的，「不測之恩」也好，「不測之威」也好，就全沒有實行。好在不久寧遠的兵變就被平定了。但崇禎帝與劉鴻訓的蜜月也就此結束。沒有多久，崇禎帝就聽到專門派去監視劉鴻訓的人員彙報：劉鴻訓在家裡面竟然說當今皇上「畢竟只是個沖主（年幼之君）」[12]。這句話可是觸到崇禎帝的逆鱗了。

極其自負的崇禎帝在內心深處大概還有很大不自信的成分，因此他才會對他人的評價特別敏感，有時候簡直就是一種病態。這病態的表現形式之一就是對於身邊所有人都懷著一種深刻的懷疑和猜忌。劉鴻訓在家裡說的悄悄話是怎麼傳到崇禎帝耳朵裡面去的，如今已不可考，但最大的可能是由皇帝專門派遣的特務人員（錦衣衛幹事一類）探聽到並且報告給皇帝的。在崇禎時期，這種由特務對大臣進行無孔不入的全方位監視的做法，實際上一直在實行著，明末野史中對此有過許多記載，大臣們也有心理準備，因此不論在什麼地方都萬分小心，生怕有什麼不妥的地方被皇帝探了去。

從崇禎帝十幾年君臨天下的實際活動中可以看出，他平生最痛恨的事情就是別人看不起他，不論是直接給予他不太高的評價（總之不如他自己的評價那麼高），還是在他面前耍小聰明，妄圖欺騙他（這在他看來無疑是低估他的精明，也是對他的一種看不起）。對這兩種行為，他一律給予最嚴厲的懲處，心黑手毒，從不留情。皇帝的這種病態心理給他的統治時期留下了深深的印痕，特別是使得朝臣們常常會處於一種兩難的境地。表現得太平庸甚至愚蠢會讓自以為高明絕倫的皇帝十二萬分的看不起，當然無法得到他的歡心；而表現得精明了卻又很容易遭到神經過敏的皇帝的猜忌，會讓他懷疑是看不起他，那樣後果將更為不堪。在崇禎年間與這位皇帝有過比較密切合作的幾位大臣，幾乎都在小心翼翼地力圖擺脫這種兩難，但除了一個楊嗣昌以外，好像再沒有別的成功者。皇帝的心理變態使這些大臣們註定了厄運，劉鴻訓只是這些倒運大臣佇列中的第一個，而且是最不引人注目的一個。

在這一年，不滿十八周歲的崇禎帝也可以說還是個「沖主」，但在整人方面他卻已經顯得相當成熟了。首先，他一旦對哪個人有了惡意，那是絕不會忘懷的，他心中有一本明確無誤的「生死簿」。其次，他也知道整人不能夠過於直率，如果以劉鴻訓在家中說他「畢竟只是沖主」來定罪，不但會造成惡劣影響，而且可能在朝臣的阻撓下根本就定不了罪。他懂得在必要的時候需要找一些藉口，這是政治鬥爭技巧的精髓。

藉口很快就找到了，而且因因果果還相當複雜，很容易掩蓋住處理劉鴻訓的本來性質。

九月，提督鄭其心向朝廷提出：新任總督京營戎政惠安伯張慶臻的敕書（委任狀）中有「兼轄捕營」的話，但按舊例京營總督是無權管轄巡捕營的，鄭其心認為這樣就侵奪了自己的權力，因而請求核查[13]。有關部門在檢查中發現，敕書的內容是內閣辦事人員中書舍人田嘉璧私自加進去的，懷疑有賄賂作弊的可能性。田嘉璧立即被逮捕，跟敕書事件有關的張慶臻和兵部、內閣的官員都受到了懷疑。因為按照規定，這一類敕書應該由兵部擬稿，經閣臣審定後交中書繕寫，再經大學士和兵部主官審閱後才蓋印生效。現在出了問題，內閣和兵部都有責任。

最喜歡調查疑難案件的崇禎帝立即親自對這個並不重要的案子進行審訊。張慶臻表示，改敕書的事情他根本就不知道，而且增加管轄巡捕營的權力並沒有什麼油水，怎麼可能去重金行賄呢？崇禎帝完全不相信張慶臻的辯解，又調來了兵部寫給內閣，要求發放敕書的揭帖，發現上面剛好有劉鴻訓批的「由西書房辦理」的字樣，這證明瞭此事是由劉鴻訓經辦的，他的責任是脫不掉了。問題在於，劉鴻訓僅僅是工作失誤呢，還是接受了賄賂有意如此呢？

不知是在什麼背景下，朝中的一些言官開始對劉鴻訓大肆攻擊，說他納賄有跡，有人還扯上了其他一些捕風捉影的事情。而在獄中的田嘉璧竟然也在口供中說，是受了劉鴻訓的指使。內閣大學士李標、錢龍錫和禮部尚書何如寵認為事情不可能這麼簡單，而且以劉鴻訓一貫的人品，不應該有這樣的行為。但崇禎帝卻一口咬定，案情已經大白，沒有必要再進行調查，嚴令擬旨懲辦。於是劉鴻訓和張慶臻均被革職，逮捕聽候審判。劉鴻訓反復為自己辯解，卻沒有一點作用。

案子拖了一年多，最後劉鴻訓被判處流放戍邊代州（今山西代縣），而且一直沒有得到赦免，後來死在戍所了。兵部尚書王在晉和兵部職方郎中苗思順因為混在案中，雖然沒有受賄的證據，也被革職削籍。倒是主犯張慶臻，因為是世職勳臣，僅被停止俸祿三年。據說崇禎帝本來是一定要置劉鴻訓於死地的，因為內閣和部院大臣們通力援救，處理才稍稍從寬了一些。

劉鴻訓被罷相，韓爌還沒有到京，內閣中又只剩下周道登、李標和錢錫龍三個人，與一年前舉行枚卜大典的時候沒有什麼兩樣了。更為重要的是崇禎帝對於這三位大學士並不滿意，尤其是首輔周道登，他是早就想撤換掉的。為了給內閣增加新鮮血液，也是為了進一步尋找能夠成為自己心膂股肱的能臣良吏，他決定再舉行一次會推閣臣的活動。

這時候，朝中的形勢與一年以前已經大不一樣了。東林黨人在朝中的實力正在迅速地壯大起來，他們中的不少人在崇禎元年（1628年）得到平反，回朝上任，正好補上了被清查出來罷官落職的閹黨分子，其中有侍郎、京卿一類的高級大臣，也有掌握著很大實權的郎中、員外郎等部屬，還有能極大地影響輿論和朝政的言官——御史和給事中。這些東林黨人的數量在朝中並不占優勢，但在同心戮力、結合密切方面，朝中那些散兵游勇式的小圈子、小宗派是無法與其抗衡的。這些一度蟄伏星散的東林君子們滿腔熱情，滿腔悲憤，又開始把持朝政、排斥異己，儼然成了朝中主流派。他們感到不滿足的是在內閣和七卿中自己的人還太少，韓爌和錢龍錫嚴格說來都只是東林周邊，而部院大臣中真正的東林中堅人物也只有一個曹於汴。他們想做的，就是盡快利用自己的勢力在內閣中和七卿中安插自己人，建立一個真正的東林朝廷。天子下令會推閣僚，機會終於來了。

這一次會推充分顯示了東林在朝中的實力，在報上的十一個候選人名單中，錢謙益、孫慎行、曹於汴都是東林中著名的骨幹人物，其他如成基命、何如寵等人也多是東林黨人的好朋友。其中最引人注目的是禮部侍郎錢謙益。此人機智博學、風流倜儻，人稱「東林浪子」，是東林中的核心人物，而且詩名卓著，是全國聞名的大才子。由於錢謙益的名望和才幹都非常突出，東林黨人對於他入閣主政，並且進一步擴大東林的勢力抱有極大的期望。

另一方面，當時很有希望入閣的溫體仁和周延儒卻沒有被列入候選人名單。

溫體仁字長卿，浙江烏程人，萬曆二十六年（1598年）進士，曾任翰林院編修，魏忠賢專權的時

溫體仁

期官至禮部侍郎，但沒有參與過閹黨的政治陰謀，也沒有無恥吹捧逢迎過魏忠賢等人，因而在崇禎初年晉升為禮部尚書銜，協理詹事府事。

周延儒字玉繩，南直宜興（今江蘇宜興）人，是萬曆四十一年（1613年）癸醜科狀元，授翰林院修撰，天啟後期任少詹事掌南京翰林院事，同樣沒有什麼追隨閹黨的劣跡，在崇禎帝即位後調升禮部侍郎。

按照慣例，像溫體仁、周延儒這樣翰林出身的禮部高級官員是應該被推為內閣候選人的，但這兩個人都是在魏忠賢統治時期做著高官平平安安過來的，儘管與東林並沒有什麼夙仇，卻讓那些曾經備受迫害才剛剛翻過身來的東林黨人在感情上有一種非我同類的感覺。東林人士大概以為，稍稍壓抑一下在魏忠賢體制下也很得志的人是合情合理的，也是很公平的，因而在會推中排擠掉溫體仁和周延儒後根本就沒有準備會遭到抵抗。

但溫體仁和周延儒卻覺得很不公平，特別是溫體仁，釋褐做官已三十年，好不容易在將近晚年的時候熬到接近政治生涯巔峰的地步，卻被東林黨人毫無道理地攔路阻截住，因而極其憤怒。他是一個極有心機，極有城府，在關鍵時刻敢作敢為的人，此時雖然東林勢力雄厚，他卻要與東林鬥上一鬥。

他還選中了一個很好的突破點。

那還是在天啟元年（1621年）的時候，當時身為翰林院編修的錢謙益主持浙江鄉試，結果出現了一樁舞弊案。有兩個無賴棍徒，徐時敏和金保元，假稱能暗通關節，在參加鄉試的生員中兜售所謂的「字眼」暗號，號稱已有內部保證，按照「字眼」格式交卷的定能取中，而且事先講好，凡願通此關節者，中試後收費。其實這兩個棍徒並沒有什麼內部關節，只是想採取廣種薄收願者上鉤的辦法，騙取銀錢。

有個生員錢千秋就上了圈套，徐、金兩人給他的「字眼」是「一朝平步上青天」七個字，要求寫在七篇應試文章的結尾處。錢千秋照著「字眼」交了卷，碰巧還真被取中，得中浙江省第四名舉人。徐時敏和金保元根據原先的協定去要錢，錢千秋卻已經發現那兩個人搞的是個騙局，不想履約付錢。兩邊為此大鬧起來，驚動了鄉鄰，驚動了官府，驚動了京城。禮科給事中顧其仁上疏糾劾此事，朝廷下令嚴查，不久查清結案，錢千秋和徐時敏、金保元俱以科場舞弊罪判處流戍，錢謙益以及房考官鄭履祥以失察罰俸三個月[14]。

這個案件已經過去了七、八年，中間的政治局勢已有過兩次天翻地覆的大變化，主犯徐時敏和金保元都死在了戍所，錢千秋則因遇赦回了家，本來不值得再去糾纏。但溫體仁深知崇禎帝生性多疑又酷愛調查各類案件，就想利用這件歷史的舊案去攪一攪局，即使不能遂自己之願，也要把水搞渾，出出心中的一口惡氣。這樣，在會推閣臣結束後不久，溫體仁上疏彈劾錢謙益，「蓋世神奸」、「結黨欺君」，一面揭露錢謙益品德敗壞，歷史上就有過受賄舞弊行為，一面控訴東林黨人把持會推蒙蔽皇上[15]。

崇禎帝對於這次會推早已經有了懷疑，但不是為了溫體仁，而是為了周延儒。周延儒中狀元的時候才二十五歲，少年得志，風流自喜，非常聰明也非常圓滑。崇禎帝在召對群臣的時候，對於這位年輕的禮部侍郎的風度、才智都留下了深刻的印象。在一些具體問題的應對上，周延儒也很合崇禎帝的心意。在那次有關寧遠兵變的討論中，劉鴻訓因為提議由皇帝掏腰包示「不測之恩」而遭到了皇帝的唾棄，而周延儒卻利用不久後的另一次兵變，在皇帝的心目中得了一張至關重要的選票。當時錦州駐軍也是為了鬧餉而嘩變，諸臣又提出發內帑充餉，周延儒卻力排眾議，說：「關門本來是為了防敵的，如今卻要專門用來防兵了。甯遠嘩變給寧遠發餉，錦州嘩變又給錦州發餉，各地的駐軍將來都要效法了。」崇禎帝問：「那你說有什麼辦法呢？」周延儒其實也沒有什麼辦法，只是說：「目前事急，餉不得不發。但應該籌劃一個長久之策。」[16]說得雖然空泛，卻很合崇禎帝的脾胃。自此皇帝對這個周延儒更是青睞有加。

在這次會推中，崇禎帝心中比較有目標要選入內閣的就是這個周延儒。可是會推結果出來後，卻沒有周延儒的名字。一向多疑的崇禎帝認為一定是有人在搗鬼，不但是在與周延儒過不去，而且是在與自己過不去。他滿腹狐疑，滿心不高興地正準備調查這件事，溫體仁卻首先為他發難了。崇禎帝第二天就以他一貫的作風組織了御前調查會議，那是崇禎元年（1628年）十一月初六日。

錢謙益沒想到溫體仁會突然在錢千秋科場舊案的問題上對自己發動攻擊，一下子有點措手不及。對於皇帝的質訊，只能回答：「錢千秋通關節一案，當年已經疏參，由刑部勘問明白，現在有案卷在刑部。」

溫體仁卻說：「當年錢千秋在逃，居間過付的兩個人徐時敏、金保元被提到刑部後，親口供稱是與錢謙益通同作弊。這些事實怎麼能隱瞞得了呢？」

兩個人在皇帝面前爭辯了許久，沒有結果。崇禎帝轉而問溫體仁：「你在疏中說『神奸結黨欺君』，奸黨是指哪個？這次枚卜大典，是誰一手操縱？」

溫體仁奏道：「錢謙益的黨羽甚多，臣還不敢盡言。至於這次會推閣臣，皇上務求真才，其實大多是錢謙益一黨。」

這時吏科都給事中，也是東林幹將的章允儒指責溫體仁：「錢千秋一案，早已了結多年。溫體仁資歷雖深，卻無聲望，這次會推沒有列名，因為怨恨而生事端。如果錢謙益果然有通關節的事情，為什麼不在枚卜之前就參奏？這次會推的結果已經奏上，到底用哪個人，全憑皇上裁定。」由於吏科都給事中官品雖低，權力卻極大，在會推閣臣中發揮非常重要的作用，因此章允儒要為這次會推辯解。

溫體仁卻侃侃而答說：「臣並非言官，糾彈不是臣之職掌。在會推中沒有列名，依理應避嫌不言。但枚卜大典是關係江山社稷安危的大事。錢謙益結黨受賄，滿朝上下無人敢言。臣不忍見到皇上孑然孤立，因此才不得不言。方才科臣（章允儒）所說，正表明他與錢謙益是一黨。」

溫體仁的這番話深深打動了崇禎帝。登基以來，他一直疑心朝臣們在結黨營私，也最害怕被朝臣高高在上地孤立起來，被欺騙蒙蔽。而今天這次廷對已經讓他切切實實地感覺到了東林之「黨」，也感受到了東林黨人的勢力非常。

這時候章允儒反擊溫體仁道：「從來小人陷害君子，都是用這個『黨』字。當年魏廣微（閹黨巨擘）要驅逐趙南星、楊漣等人，就讓魏忠賢在會推題本上加了一個『黨』字，全部加以削籍奪職。這種辦法流傳至今，成為小人陷害君子的榜樣！」

這番言辭太激烈了，而且有將崇禎帝比作昏聵無能的天啟帝之嫌。這下子可惹惱了皇帝，他大發雷霆：「胡說！御前奏事，怎麼能這樣胡扯？」當場讓人將章允儒拿下。

這時候戲劇性的場面發生了，崇禎帝連呼幾聲，竟然沒有人應旨去拿下章允儒。對於自尊到有點病態程度的崇禎帝來說，這太失面子了。這個場面足以給他造成終身難忘的印象。而且，這情況似乎從另一個側面證明瞭溫體仁所說的「滿朝皆錢謙益之黨」，證明瞭東林黨人在朝廷上下的潑天大勢。在這一瞬間，崇禎帝的決心其實已經下定了。他絕不允許朝中存在一個干擾天子權力的朋黨實力集團。

連呼「拿人」而無人承旨，崇禎帝只得直接命令錦衣衛。此時也在朝班之中的錦衣衛總管只好出班承旨，但所謂「拿下」，只不過是把章允儒扶著出去。這以後，溫體仁一口咬定錢謙益受賄通關節是實，而部閣大臣們則堅持當年已經定案，並無疑點，不應再做糾纏。崇禎帝命人從禮部調來當初錢千秋的考卷，親自驗看。那卷上確有「一朝平步上青天」的字眼，也有錢謙益用朱筆批的得中名次，但這些其實很難說明到底有沒有關節。崇禎帝因為已有先入為主的成見，覺得拿到了真憑實據，只是督促諸臣從實議奏。

一直沒有出聲的周延儒這時終於說話了，他說：「皇上再三追問，諸臣卻不敢回奏，一是由於害怕引起皇上的憤怒，二是有礙於情面。總之錢千秋一案，通關節是真，現在有當年朱卷，皇上已經驗看明白，這是通關節的確實證據，不必再問諸臣。」

崇禎帝對於周延儒的這番話很以為然，要他再重複一遍。周延儒於是又把話重說了一次。溫體仁趁機又說：「臣孑身孤立，滿朝都是錢謙益之黨。臣的彈劾本章一出，不但錢謙益恨臣入骨，凡是錢謙益一黨無不恨臣入骨。臣孤身一人，豈能當受眾怒？只是忝居大臣之列，不忍心看著皇上日夜焦勞而諸臣卻不知謹戒，因而不得不參劾。事已至此，懇乞皇上罷臣之官，允臣歸鄉，以避錢謙益一黨凶鋒。」

崇禎帝當然不會讓溫體仁辭職歸里，當場就說：「既然是為國劾奸，何必要求去職？」

這場會推風波本質上是朝中新舊兩個既得利益集團為爭奪政治權力而進行的一場鬥爭，這場鬥爭也反映出明末官場上朋黨習氣已經發展到了何等嚴重的地步。作為最高統治者，對於朋黨交哄可以超然其外，也可以充分利用矛盾來推行統治術，卻絕不能加入到朋黨中去硬要充當一方朋黨的角色。明末朋黨自萬曆中年起愈演愈烈，但萬曆帝雖然昏庸，在黨爭中態度還是比較超然的。自光宗起情況則不然，光宗和前期的天啟帝是全然倒向東林黨，對「邪黨」大施辣手；後期的天啟帝（其實是魏忠賢）又完全站在東林的對立面。正是這最高統治者的介入加劇了黨爭的激烈程度。

自以為聰明已極，政治手腕高明已極的崇禎帝卻並不明白這樣一個基本道理。表面看來他是嚴禁一切結黨營私，但由於他的自作聰明自以為是，卻常常被一些具有真正政治智慧的人引進圈套裡，不自覺地成為黨派中的一員。因此，崇禎時期天天講消除朋黨，而朋黨卻越來越盛，而且朋黨之間已經不再有明確的路線分歧，變成了完全的爭權奪利，鬥爭的手段也越來越陰險下流。總而言之，在崇禎帝統治的十七年中，朋黨之爭不但越來越激化，而且鬥爭的政治水準也越來越低下了。

這一每況愈下的流程大體上就是從那次會推風波開始的。崇禎帝出於對周延儒的情有獨鍾，首先對會推產生懷疑和不滿；既而由於他深文周納的獄吏性格而引起了對於錢千秋歷史舊案的濃厚興趣；在廷對中溫體仁的一番自我剖白使他痛感自己正在被矇騙，已經被孤立於上，因而更要一舉掃平朝中朋黨。他在廷對中對溫體仁說：「如果不是你揭露，朕幾乎要被欺蒙了。」實屬肺腑之言。他還發現，像溫體仁和周延儒這樣的既在朝中孤立無援又對自己忠心耿耿的大臣正是破除朝中朋黨的有力人員。有了這一系列認識，儘管錢千秋的案件並沒有發現什麼新證據、新情況，崇禎帝卻在第二天傳旨：「錢謙益既遭議論，著回籍聽候勘查。錢千秋由法司提問。」倒楣的錢千秋還不明白發生了什麼事情，就被糊裡糊塗地抓起來，不久就被重枷枷死（這時候，崇禎帝已經完全沒有當初對魏忠賢說，立枷「實在還是太慘」，那種悲天憫人的感覺了）。此案也就不再有人過問[17]。

在廷對中被「拿下」的章允儒以及在會推事件中涉嫌黨私錢謙益的河南道掌道御史房可壯（也是在會推中能起重要作用的言官）、給事中瞿式耜等人被降三級調用，作為對結黨營私的懲辦。也是為了給結黨之黨一點顏色看看，崇禎帝對於會推的十一個人一個也沒有用，等於宣布這次會推全部作廢。

在這次由會推而引起的風波中，皇帝與大多數朝臣第一次嚴重地對立起來，君臣關係的緊張程度也大為加強。這以後，崇禎帝對朝臣從整體上已經失去了信心，決意要完全地獨斷專行了。這以後，朝臣們對於當今天子的能力和個性也有了更清楚的認識，直接批評皇帝舉措失當的本章就是從崇禎二年（1629年）起開始出現的。

在這種君臣相互猜忌、相互對立，甚至相互敵視的情況下，他們可能同舟共濟，一起對付帝國正在面臨著的重重危機嗎？

1 見《三垣筆記》，第154頁。
2 見《三垣筆記》，第154頁。
3 見《烈皇小識》卷二，第29-30頁。
4 見查繼佐，《罪惟錄》，志卷之二七，第二冊，浙江古籍出版社1986年5月版，第949-950頁。

5 見《明史紀事本末》，卷二七，第三冊，第1176頁。
6 見《烈皇小識》，卷一，第21-22頁。
7 轉引自吳晗，《朱元璋傳》，三聯書店1965年2月版，第296頁。
8 見孫承澤，《山書》，卷一，浙江古籍出版社1989年9月版，第19-20頁。
9 《明經世文編》，卷五〇〇，《文閣學奏疏》，第六冊，第5514頁。
10 見《山書》，卷一，第23-24頁。
11 見《明史》，卷二五一，第21冊，第6482頁。
12 見《明史》，卷二五一，第21冊，第6484頁。
13 見汪楫，《崇禎長編》，卷十三，第九一冊，第733頁。
14 見《烈皇小識》，卷二，第32頁。
15 見《山書》，卷一，第35頁。
16 見《明史紀事本末》，卷七二，第3冊，第1177頁。
17 見《春明夢餘錄》，卷二四，第251-253頁；《明史》，卷三〇八，第二六冊，第7931-7932頁。

二　己巳之警

崇禎帝和他的大臣們都知道國家正在面臨著危機，但直到崇禎二年（1629年）十一月，他們才算真正領略到危機臨頭的滋味。那一次，後金八旗軍的鐵騎直逼京師，王朝危在旦夕。

在十幾年間明朝與後金的軍事對抗中，儘管明方一再失利，君臣將士在心理上也對東方這個強敵極為畏懼，很有些談虎色變的意思，但在口頭上卻還是一直強撐著，在各種明朝的公文以及私家著述中，提到後金，一律用「虜」，用「奴」，甚至用「幺麼小丑」之類極盡輕蔑、極盡醜詆的用語。但在實際上，這個東北關外的「幺麼小丑」在崇禎帝登上寶座的時候已經發展成極其強盛的一支政治力量了。就在崇禎帝登基的前一年，後金的第二代大汗（太宗）皇太極繼承了汗位，定年號為「天聰」。這位正值盛年的大汗統治的疆土沒有崇禎帝的那樣遼闊，治下的人口更遠遠比不上明王朝那樣眾多，但他的政權正處在欣欣向榮的發展時期，他不但以瀋陽為中心，在遼東地區建立了一個頗具規模的國家政權，而且擁有一支英勇善戰所向披靡的勁旅。他的目標也非常明確，主攻對象就是西面的明朝，最終目的就是取而代之，成為天下的主宰。

皇太極

明王朝對於關外這個勁敵瞭

解的卻並不怎麼多。由於連年吃過不少敗仗，明朝朝廷上下都知道這個勁敵很厲害，為此在山海關一帶布置了重兵，大約有十萬人，此外還在遼南皮島（今朝鮮椵島）、登萊（膠東半島）、薊鎮（今天津薊縣）等處安排了大批兵力。但這個勁敵內部情況如何，兵力有哪些部署，戰略目標做何打算，明朝的君臣們卻是一片茫然。一來因為明朝的對內情報系統雖然極發達，對外情報系統卻極薄弱，根本探聽不到消息；二來由於朝廷上下已經習慣於用一種虛妄的自大以自我安慰，本來也就不想聽到對方真實可靠的消息。

崇禎帝就是在一種懵懵懂懂的狀態中體驗那勁敵的恐怖的。在他即位之前，他只記得在天啟六年（1626年）和天啟七年（1627年）有過兩次東「虜」進犯，而那兩次卻都是明朝一方勝利了。他也記得儘管取得了勝利，京城內外在那前後還是一片人心惶惶。更為奇怪的是，在那兩次勝利中立了首功的甯遠巡撫袁崇煥在第二次勝利後不久就被免了職，回家閑住去了。值得慶幸的是，在崇禎帝即位後的兩年裡，東方的這個勁敵並沒有發動過什麼正式的攻擊。因此，在崇禎帝諸多亟待解決的重大問題中，遼東問題雖然是頭等重要的，卻始終沒有進行過實質性的討論，觸及過實質性的問題。

在崇禎帝即位的初期，他在遼東問題上做過的一件最重大的安排，就是重新起用了袁崇煥。

袁崇煥

袁崇煥字元素，廣東東莞人，廣西藤縣籍，萬曆四十七年（1619年）進士，初任知縣，不久即以邊才破格任用為兵部職方司主事，升寧前兵備道。袁崇煥為人慷慨有膽略，勇於任事。天啟五年（1625年），遼東經略高第要撤寧遠（今遼寧興城）和廣寧前屯（今遼寧綏中縣東南）兩座衛城之防。袁崇煥堅決反對這個決定，表示：我官為寧前道，即應與寧遠、前屯共存亡。如撤寧、前之兵，我也絕不入關，只好獨臥孤城抵擋敵軍了」。高第無奈，把周圍各衛所的兵全部撤掉，在山海關外只留下寧遠、前屯兩座孤城。第二年正月，努爾哈赤率軍東進，在寧遠遭到頑強的抵抗。當時後金軍有十三萬之多，而寧遠城裡只有不滿兩萬守卒。但在後金軍全力攻城之際，城中的明軍用西洋大炮和雷石、火球奮力抗擊，城下屍積如山，後金軍卻始終沒有攻進城中。據傳說努爾哈赤在這次攻城的時候被炮擊傷，最後只得撤兵。清代的官書在記載這一戰役時說：「帝自二十五歲起兵以來，征伐多處，戰無不捷，攻無不克，唯寧遠一城不下，不懌而回。」[2]

從此以後，袁崇煥聲名大振，立即被提升為遼東巡撫、兵部右侍郎兼右僉都御史，全權負責遼東防務。又過了幾個月，努爾哈赤病逝，皇太極繼位，第二年再次進攻錦州、寧遠一線。袁崇煥率軍再次憑城堅拒，兩軍相持了二十幾天，最後皇太極的兵馬無功而返，並且在以後的兩年多時間裡不再進犯。接連兩次禦敵的勝利奠定了袁崇煥知兵善戰的輿論基礎，普天下都知道有個袁巡撫專能克「虜」，是帝國在東北方面一堵堅不可摧的長城。人們甚至以為這是天佑大明，專門降下一個守邊制敵的人才來。但也正是在這個時候，袁崇煥由於與魏忠賢鬧了一些矛盾，被不明不白地免了職，遼東的防務改由能力和名望都不高的王之臣主理。魏忠賢集團在遼東前線主帥任免這樣重大的問題上，只憑一己的好惡而不考慮實際後果，當時就有許多人表示不滿意、不理解，甚至一些閹黨要員也公開對此事提出過批評。

崇禎帝取得了政權，諸事都要撥亂反正。在遼東對敵這個至關重要的問題上，他的認識水準和當時的輿論差不多，以為遼東問題的關鍵在於用人，當今第一可用之人就是袁崇煥。為此，他在崇禎元年（1628年）四月重新任命袁崇煥為兵部尚書兼右副都御史，督師薊（州）、遼（東），兼督登（州）、萊（州）、天津軍務。這一次袁崇煥的職務更高，以兵部尚書在外督師，官職已至極點；事權也更重，不但掌握著遼東前線的全權，而且擁有了對於薊鎮、登萊、天津等戰略後方區域的軍事指揮權，幾處兵馬加在一起差不多占全國總兵額的一半。這等於是為遼東戰事設立的一個特級軍區，軍區的總司令就是袁崇煥。在袁崇煥的職權中後來還加上了「便宜行事」一條，就是凡事關緊急可以自作主張，先斬後奏。

對袁崇煥委以如此重任，說明崇禎帝確實有一種只要把遼東大事全部託付給袁崇煥就可以高枕無憂的幻想。這種幻想出自於輿論中袁崇煥專能克「虜」的神話，而神話畢竟是靠不住的。崇禎帝與袁崇煥這種以幻想和神話為基礎的君臣遇合，其實從一開始就已經註定了其悲劇性的結局。

袁崇煥是七月份來到京城就職的，立即受到了崇禎帝的召見。

七月十四日，崇禎帝在平臺召見新任薊遼督師袁崇煥，同時參加召見的還有內閣大學士周道登、錢龍錫、劉鴻訓以及九卿科道一干人等。

在召見中，崇禎帝關心的一是遼東的對敵方略，也就是說都有哪些具體辦法；二是想知道遼東問題到底能不能根本解決，要到什麼時候才能根本解決。袁崇煥在對應時說：「臣特受陛下眷寵，希望能允許臣『便宜行事』，那樣用五年的時間，可以恢復整個遼東地區。」崇禎帝聽了袁崇煥的這一許諾，極為興奮，當即表示：「只要能恢復遼東，朕是不吝惜封侯之賞的。卿務必努力解除天下的苦難，也可以為自己的子孫造福。」[3]

崇禎帝能聽信袁崇煥五年復遼的保證，主要是由於對遼事缺乏起碼的瞭解，也是因為對袁崇煥的才能有些迷信。但朝臣中還是有比較明白的人，在召對中間休息的時候，給事中許譽卿特地請教袁崇煥，所謂五年復遼是怎樣推算出來的，都有哪些具體安排部署。袁崇煥卻說：「看到聖上為遼事焦心勞神，說五年復遼只是為了讓他安心罷了。」許譽卿大驚說：「皇上英明善察，豈能夠隨口答對？將來期限已到而不能成功，閣下怎樣對皇上講呢？」袁崇煥這才感到剛才自己對皇帝講的話太冒失了，但為時已晚，不免心中忐忑不安[4]。

為了挽回一點影響，留一點後路，袁崇煥在皇帝小憩之後又提出了一系列的保障條件：戶部轉運軍餉，工部補給軍械，吏部任命文官，兵部調兵遣將，都要服從遼東大局，事事配合。崇禎帝當場命四部尚書照此辦理。袁崇煥又提出：「以臣的能力，管理遼東尚且有餘，而對付朝中口舌則不足。關門之外距京師遙遠，如有人忌功妒能，製造蜚語，即使沒有直接掣肘，也足以影響到臣的謀略。」崇禎帝對這一點十分理解，站起來傾聽袁崇煥所言，並且保證說：「卿不要疑慮，朕自有主持。」其後，崇禎帝又賜袁崇煥可以先斬後奏的尚方寶劍，並當廷賜與酒饌，這在當時是極少有的恩寵[5]。

袁崇煥於八月初六日抵達山海關，他的指揮部就設在那裡。到任之後，他先是平定了上個月發生的寧遠兵變，緊接著又忙著處理錦州的嘩變，一連幾個月主要是在清理糧餉，核定軍額，理順建制，任免將吏，做的都是打牢基礎的工作。好在這一段時間東線無戰事，他自可以從容安排。朝廷中自崇禎帝以下對於袁崇煥的工作也確實給予了全力支持，可以說是言聽計從，竭盡國家之力為他服務。但到底通過什麼樣的安排才能用五年的時間恢復遼東呢？袁崇煥顯然並沒有任何打算。以當時形勢而論，明朝每況愈下，後金蒸蒸日上，能維持現狀已經阿彌陀佛，恢復云云只能是一些好聽的大話。這樣一直到第二年的六月，行事常用奇著的袁崇煥還是終於做出一件令朝廷上下極為震驚的事情來。在六月初五日，他沒經過任何請示，就擅自把戰略地位重要的東江鎮總兵官毛文龍殺掉了。

原來，在後金勢力基本上占據了原屬明朝遼東都司的大凌河以東全部地區之後，在遼南沿海地區和沿海島嶼地區還殘留著一支明朝的軍事力量，就是以總兵官毛文龍為首的東江鎮官兵。毛文龍原來是遼東軍中的一員下級將官，在努爾哈赤進軍遼沈的時候被分割在遼南一帶，無法歸營。他於是以鴨綠江口外的皮島為根據地，招募遼東各地逃來的難民和在戰爭中散落的散兵游勇，建立起一支數萬人的隊伍，號稱十萬。明朝政府得知在敵人腹下還有一支生力軍，自然非常高興，天啟二年（1622 年）任命毛文龍為平遼總兵官，後來加銜至左督都，官一品，設鎮於皮島，總管遼南各地抗擊後金的鬥爭。毛文龍設鎮數年，在遼東半島上給後金政權製造過不少麻煩，從側面牽制了後金對明朝的正面進攻，對於明朝來講確實是立了功的。但此人胸無遠略又驕橫跋扈，因為孤懸海外，明朝中央政府難以節制，他所轄的遼南沿海地區實際上已經成了一個獨立王國，朝廷輸來軍餉他自然歡迎，但朝廷下的命令就要看他願不願實行了。

為此，明朝朝廷對於東面大海上的這一彪人馬用心十分複雜，既珍視它作為一支軍事實力在對敵戰略上的寶貴作用，又痛恨它的驕橫目無朝廷，還很心疼幾年來為這支軍隊支付的許多糧餉。一些膽大心粗的政治家於是設計了一種「兩全其美」的方案，就是殺其帥，用其兵。當時內閣大學士錢龍錫和新任薊遼督師袁崇煥都是贊成使用這一方案的。這種設計因為涉及誅殺專閫大帥，沒有人敢寫在奏章中，提到桌面上，也不知道錢龍錫和崇禎帝討論過這件事沒有。從事後袁崇煥彙報殺毛文龍一事和錢龍錫為自己辯解的奏疏來看，崇禎帝對這件事情好像一點都不知情。殺毛文龍主要是袁崇煥在北京陛見的時候與錢龍錫一道下的決心，袁崇煥自稱：「臣向在都門，九卿諸臣無不以此（毛文龍事）為慮，輔臣錢龍錫特過臣寓，商及此事。臣曰：『入其軍，斬其帥，如古人作用，某能為也。』」[6]

但這個「兩全其美」的辦法其實並不那麼優秀。首先是實行起來非常困難，要到千里之外的海島上殺掉當地的土皇帝，談何容易？袁崇煥敢於膺此重任，說明他的膽略、勇氣實在有過人之處。

其二是執行人要極為敢負責任，因為沒有皇帝的旨意而擅自誅殺大臣（而且是一品大臣）本身是一件非常危險的事情，在明代歷史上幾乎絕無僅有。儘管袁崇煥身上有尚方寶劍（毛文龍身上也有一口尚方寶劍），這件事的後果仍然十分嚴重，後來他終於為這件事付出了慘痛的代價。但通過此事，也可以看出袁崇煥的敢於任事以及他恣肆無羈的狂放性格。

第三是從後果方面看，殺掉毛文龍以後真能把這支軍隊馴服嗎？大概很難。因為東江獨立王國的形成是勢使之然，殺掉一個能夠束縛部眾的毛文龍肯定會造成混亂，卻不一定會引導出使這支部隊乖乖臣服的結果。事實上，毛文龍死後皮島部眾大體先後投降了後金，為對方解了心腹之患，還使之增加了有生力量。當然，這些事都是在袁崇煥被殺之後發生的，但如果袁崇煥依然主持遼東軍政，就有辦法治理毛文龍的餘部嗎？恐怕也難，因為其中的許多困難是無法克服的。

但袁崇煥既不顧危險又不計後果，以檢閱軍伍為名，帶著不多的隨從泛海到了遼南旅順口外的雙島，在那裡會見了毛文龍。兩個人相互宴請，深夜密談了幾天，毛文龍警惕之心已消，袁崇煥才突然命人綁縛了毛文龍，對他宣布了十二條當斬之罪，並且立即砍了頭。毛文龍的部下群龍無首，又猝不及防，只得暫時聽從袁督師的將令。

當袁崇煥把誅殺毛文龍的經過彙報到京師的時候，京城裡的君臣們全都大吃一驚。這事情太突然，人們毫無心理準備。對於崇禎帝來講，這還涉及一個尊嚴和許可權的問題。在一年前，他確實許諾過袁崇煥可以「便宜行事」，但這個「便宜行事」還要不要有一個尺度呢？這一次袁崇煥可以自行其是殺掉一個領數萬之眾的總兵官，下一次他還可能做出些什麼樣的舉動來呢？由於明帝國的法律帶有濃重的模糊色彩，很難判斷袁崇煥這一次的「便宜行事」是不是太出格了，但用從來的先例做比較，這樣的做法肯定是無例可循的。另外，對於崇禎帝這樣一個眼睛裡糅不得沙子的君主來說，到底有什麼嚴重情況使得袁崇煥非得在那樣一個時刻殺掉毛文龍，而不能事先與皇帝進行認真磋商呢？顯然，自以為邊才第一的袁崇煥並沒有真把皇帝看在眼裡。這個事件最讓崇禎帝痛心的正是這一點。由於對遼東的情況不甚瞭解，他還不能充分估價除掉毛文龍可能帶來的嚴重後果，但他的自尊心受到的傷害卻是現實的。這一點他記得很牢，而且在不久以後把痛心轉化成了報復行動。

但在當時，崇禎帝卻做出了一個最溫和的反應。他在袁崇煥的奏章上批旨，說毛文龍完全是罪有應得，「卿能周密籌畫，果斷行事，聲罪正法，事關封疆安危，將帥在外原本不必事事聽從朝廷安排，不必引罪，一切布置，遵照敕諭，聽便宜行事。」[7] 天大的一個事情，好像就這樣過去了。當然，事情並沒有過去，只不過沉寂了一段時間罷了，到了後金兵臨城下的時候，才一起爆發了出來。

自從天啟七年（1627 年）進攻寧錦失利以來，後金政權把主要精力用在征服內蒙古諸部方面。這體現了皇太極的戰略思想：進攻明朝取而代之是總目標，但在自己實力尚不具備取而代之的條件的時候也不宜硬拼蠻幹，應該首先把自己內部的事情弄好，把周邊比較容易征服的部族和國家征服，對明朝則要不時侵擾，盡量掠奪人口和財物；侵擾明朝的路線，不能只限於山海關一路，而應選取長城各關口擇機突破，直接深入內地。皇太極的這一戰略思想在他在位的十七年裡一直在紮紮實實地執行著，而明朝的君臣們對此卻從來也沒有弄清楚過。袁崇煥也不清楚皇太極的戰略意圖，因此仍然像過去一樣，把防禦的注意力集中在山海關一線，而沒有去加強薊鎮等處長城的邊防。

崇禎二年己巳（1629年）十月，皇太極率領十萬大軍繞道內蒙古科爾沁草原，在遵化以北的長城各關口發起了進攻，而且迅速在大安口（在今河北遵化縣北境）、洪山口（今遵化東北境）、龍井關（今河北遷西縣西北境）等處突破，進而合兵圍遵化。明著名將領山海關總兵趙率教聞警後帶兵急速救援遵化，在城外與後金軍大戰，結果中箭身亡，全軍覆沒。十一月初四日，遵化陷。此前三日，京城聽到警報，已經通報各地，實行戒嚴。

這是有史以來後金的軍隊第一次出現在山海關以內的地區，而且這支軍隊簡直是以摧枯拉朽之勢所向披靡，正在快速地向京師方向逼進。京城裡的官民們百年來頭一次遇到這樣災難性的奇變，全都慌了手腳，紛紛出城逃亡。有關當局不知是出於什麼考慮，只放男性成年人出城，卻不許帶著家眷。急於出逃的女眷們有女扮男裝的，有藏在箱子、櫃子裡的，花樣百出，不少人在城門口又被查獲，弄得雞飛狗跳，不亦樂乎。於是人心惶惶，流言四起，天子的京城成了一個混亂不堪的世界。在這種切切實實的險境面前，一向自以為無所不能的崇禎帝也完全亂了章法，手足無措了。

京師戒嚴後，兵部立即火速召京城四方的兵馬入援，最早趕到的有戰鬥力的部隊是宣府總兵侯世祿部和大同總兵滿桂部，袁崇煥所部也在接到入援的命令後於十一月初四日從山海關出發，疾速向京城方面行軍。但明軍除了山海關一線各部比較頑強能戰外，其他各處多是武備鬆弛、將士腐敗，根本不堪一擊。因而後金軍在拿下遵化之後，很順利地繼續向西挺進。而在明朝方面，不但軍事上無力阻止後金軍的前進，就是資訊上也因為驛站傳遞系統的敗壞而很不靈通。遵化失陷的消息是過了兩天，十一月初六日才報到京城皇帝面前的，而此時皇太極的兵馬實際上已經到薊州附近了。

遵化是京東重鎮，是順天巡撫的駐地，而且在行政上隸屬順天府，屬於京畿地區。這樣一個重要城市的陷落和一位巡撫（順天巡撫王元雅）、兩位總兵官（山海關總兵趙率教和薊鎮總兵朱國彥）的死難，給人心理上的震動非常巨大。崇禎帝立即召開緊急御前會議，討論嚴峻局勢，但朝臣們卻拿不出什麼像樣的辦法。身為輔臣的幾位大學士全都不懂軍事，倉皇不知所措。倒是吏部左侍郎成基命提出，應該立即召還原任遼東最高軍事統帥的內閣大學士兼兵部尚書、督師孫承宗，說是此人對敵經驗豐富而且德高望重，正是主持京城防禦的合適人選，另外孫承宗的家鄉就在京南不遠的高陽，指日可以抵京[8]。崇禎帝也早聽說孫承宗雖已年近古稀，卻深通兵法，慷慨忠勇，此時事急，只能先用一下試試。於是在十一月初八日，召孫承宗重任兵部尚書兼中極殿大學士，主持通州防務，並命其即刻進京陛見。由於軍書傍午而內閣人少忙不過來，崇禎帝捎帶著把薦舉孫承宗的成基命也任命為禮部尚書兼東閣大學士，入閣辦事。

從崇禎帝以後的表現中可以看出，每當遇到猝不及防的重大危機的時候，他很少能想出什麼沉著機敏的對應方案。能做的大體是兩類事情：一是臨時任命專責大臣，實際上是把重擔往別人身上推；二是嚴厲懲罰引發危機或是與危機有關的失誤者，以此來推卸自己的責任並且發洩自己的刻毒怨憤。這個行為模式就是從己巳京師之警的時候開始的。一般說來，被臨時任命專責的大臣，不論其成效如何，下場都不會太好，那又是另一種心理因素在起作用了。

如果說起用孫承宗和以成基命入閣基本上還屬於正常任命的話，另外一些靈機一動式的破格任用就有些太不著邊際了，引起朝臣的許多議論。有個翰林院庶起士劉之綸，一向喜歡研究兵法，他還有個朋友是個叫申甫的和尚，也是業餘軍事愛好者。兩個人一起設計了幾種戰車，有單輪火車、偏廂車、獸車等等，並附有陣法，在紙上談兵的時候，侃侃有致。京城戒嚴，形勢緊迫，急需人才，另一位翰林院的庶起士金聲就向皇帝舉薦了劉之綸和申甫。崇禎帝連忙召見，看見那些戰車的模型煞是有趣，以為兩人都是張良、韓信一流的人物，立即破格擢用。劉之綸作為翰林院的庶起士，大體上相當於國家高級研究院的政治研究生，嚴格來講還算不上正式官員，此時卻一下子被任命為兵部侍郎，大約連升了十四、五級。那和尚申甫也被授予副總兵官實職，還差一步就當到武職的最高職務了，讓他招募新軍抗敵。

朝臣們對於這些莫名其妙的超升嘴上不好說什麼，心中卻十分不滿，各衙門處處事事掣肘多而配合少。申甫倉促間招集了一些市井遊民，又沒有好好操練，就急匆匆地出城作戰去了。結果在盧溝橋邊迎拒後金軍，被敵人繞道包抄，不戰而潰，申甫陣亡。劉之綸協理京師防衛，不斷受人攻擊，憤而請求率師出兵迎敵。後來也是自己招募了一支萬人的隊伍，東進薊州、遵化，最後在遵化城外全軍覆沒。劉之綸和申甫都是為國流血犧牲，死得也算壯烈，但崇禎帝在國難臨頭的時候這樣隨便地委任大員，卻難免給天下留下笑柄。

任命了新人之後緊接著是懲罰舊人，十一月初十日，兵部尚書王洽被逮捕入獄。

王洽原來任工部右侍郎，因為身材偉碩，面貌威嚴，很引得崇禎帝的重視。在私下裡崇禎帝對隨從取笑說：這個王侍郎，長得像個門神。[9]兵部尚書王在晉因為劉鴻訓「敕書事件」的牽連被罷官，找人替補的時候崇禎帝想起了這位「門神」，正好為朝廷把好關門，於是欽點由王洽任兵部尚書。但這位新任兵部尚書並不太懂軍事，而且明代的兵部尚書主要管軍政，在軍事調配和軍事指揮上權力十分有限，因此上任一年，並沒有什麼作為。這次後金兵臨京城，王洽努力調度各地部隊入援勤王，也算積極妥善，但朝中一些人和崇禎帝本人卻覺得這個「門神」沒有擋住敵人進入內地，實屬重大失職。在一次平臺召對中，禮部侍郎周延儒指責王洽「防禦疏忽，調度乖張」，翰林院檢討項煜進而建議應嚴懲王洽，竟然說：「當年世宗皇帝斬了丁汝夔，將士震悚，敵人連夜撤兵。」[10]

世宗嘉靖帝殺丁汝夔是嘉靖二十九年（1550年）的事情，當時蒙古俺答部也是兵臨都門，情勢危急異常。身為兵部尚書的丁汝夔對於那次危機當然也有責任，但嘉靖帝長期不理朝政，又聽信讒言胡亂指揮，責任最大的正是他自己，因此殺丁汝夔本來就是為了文過飾非。所謂斬丁汝夔而敵軍宵遁云云，更是夢話。但糊塗朝臣的這番夢話卻正合了崇禎帝的胃口。他正恨被自己以貌取人而重用的王洽不能為自己爭一個面子，因為驚嚇、氣恨而窩在心裡的一股邪火又正無處發洩，因而有人一提，立即就下令把王洽逮系起來。與嘉靖年間不同的，只是沒有當日就押赴刑場把一個兵部尚書斬決，而是等到京城解圍之後才行議處，判的仍然是死刑，但此前王洽已經在獄中瘐死了。王洽因為儀錶堂堂而得到皇帝的歡心，平白做了一年的兵部尚書，卻也因此而喪了命。他的運氣實在不佳。

崇禎帝在朝中用新人除舊人，卻絲毫不能阻止後金的攻勢。袁崇煥帶領所部星夜向西支援京城，於十日到達薊州城；而皇太極的部隊在此前根本沒有攻打薊州城，而是繞道而過，直接向離京城更近的三河、順義等地撲來，初十日這天，後金貝勒阿巴泰和岳托已經直抵順義城下了。最早趕到京城勤王的滿桂部和侯世祿部被派往順義方面迎敵，兩軍在順義城下大戰，最後還是明軍大敗，逃回京城，順義知縣率眾投降。掃清周邊之後，皇太極的主力部隊從從容容地進駐到離京城只有四、五十里的通州張家灣。而這時袁崇煥的勤王部隊卻跟在後金軍的後面緊趕慢趕，到十五日總算也抵達了香河縣河西務，離後金軍和京城都不太遠了。

袁崇煥部一路趕來，基本上沒有與後金軍交過鋒，而且他是主持對後金防務的主帥，現在後金大軍突然進入了京畿禁地，京城的官民對他就有了許多怨言，進而又有了許多猜疑。此時迫近敵軍主力，袁軍中有人主張應該主動出擊大戰一場，既可以緩解京師之危險，又能夠挽回袁軍的名譽。但袁崇煥生怕皇太極不與他決戰而直接奔襲北京，考慮再三，還是決定先到京城領旨待命。當夜開拔，走南路旱道，十六日晚抵達京城東南，在左安門外紮營。

這幾天，崇禎帝不斷地得到戰報、警報，知道敵軍在逼近，卻完全沒有主張。正好十六日這天，受召進京陛見的孫承宗到了北京，崇禎帝總算有了一個可依靠的人，立刻召見。他問孫承宗：「你以為應該怎樣保衛京師呢？」孫承宗說：「現在情勢緊急，守城的人卻饑寒交迫，非萬全之法。應該整治器械，重加犒賞，以穩固人心。」孫承宗還對守城的具體策略提出了看法。崇禎帝見這位老臣說得條理清晰頭頭是道，大為欣慰，於是吩咐：「卿不要去通州了，就留在京城為朕總督京城內外的守禦事務，還可以參與籌畫機務。」[11]

孫承宗既然受到這樣的信用，當然只能盡心竭力。當晚離開皇宮時，已經將近半夜了，孫承宗立即就對京城的防務進行了一番檢查，視察過內城又去察看外城，晝夜不曾休息。

但就在孫承宗忙著視察京城防務的時候，崇禎帝得知袁崇煥領著兵馬也到了京城。他對袁崇煥的到來還是非常高興的，因為有一支實力雄厚的軍隊來到身邊總是感覺安全多了。他也聽到特務機構傳來過一些流言蜚語。說袁崇煥與後金達成了默契，所以兩軍共同向西而來，半個多月沒有交手對過陣；還有的說袁崇煥早已通敵，這次「奴」軍就是他帶來的。事實上，袁崇煥部剛到京城，後金的前哨部隊也到了城邊，從表面看來真像是袁崇煥帶過來的。不過崇禎帝對這些小道消息並不太在意，因為說袁崇煥通敵，實在想不出有什麼理由。

對於崇禎帝來講，比較難以處理的是到底由誰來主持京城的防務。昨天剛剛確定了孫承宗，已經通知內閣去鑄造臨時關防了，但孫承宗手中無兵，到底不如袁崇煥更可靠。經過反復斟酌，他最後還是決定用袁崇煥，傳諭出去：命袁崇煥總統各路援兵。還賜給袁崇煥以下各官玉帶、蟒衣，並由戶部給袁軍發放了糧餉。既然任用了袁崇煥，孫承宗只好讓位。當天夜裡，崇禎帝再傳諭孫承宗，要他仍然去鎮守通州。孫承宗弄不清皇上到底是怎樣打算的，只能接旨，當夜帶領著二十七名隨從出東便門赴通州。那時候京城以東遍地烽火，孫承宗一路疾馳，到了通州已經丟掉了三個人。在孫承宗來講，去通州主持防務是忠於王事，依旨而行。但他也知道，這時候再去防守通州，對於捍衛京城的意義已經不太大。因為後金的主力早已經越過通州，活躍在京城腳下了。

十一月二十日，皇太極在京城北面土城關立營，所部在德勝門外和廣渠門外分別與滿桂、侯世祿部和袁崇煥部對陣。袁崇煥部陣容比較整齊，在廣渠門外小勝；而在德勝門外的滿、侯兩部面對的是後金軍主力，侯世祿部一戰而潰，滿桂獨自支撐。城上守衛的士卒欲用火炮支援滿桂，但計算不準，一炮打到滿桂軍的核心，滿桂被炸傷，其部下潰敗，後來退入德勝門甕城。這樣，經過第一天的對陣，明朝布防在京城周邊的兩座主力大營就少了一座，除了東南一側周邊尚有袁崇煥軍守衛，其他各處基本上只有靠著堅固的城牆死守。

好在皇太極的意圖似乎並不在於攻克北京。清人後來傳說，皇太極當時對部將們表示：「城中都是些蠢材，要攻下北京易如反掌。但明朝疆域廣闊，不是一朝一夕就能崩潰的，拿下北京容易，要守住就難了。不如訓練好軍隊，以待天命。」[12]其實，當時要強攻北京也並非容易。明代的北京城異常堅固，絕非一般州縣乃至省城可比，而且明軍雖然不成氣，畢竟人數眾多，不斷趕來勤王的部隊漸漸達到數十萬人，後金軍在人數上處於劣勢，當然更無力強攻堅城。總之由於主、客觀多方面的原因，後金軍以流動騷擾為主，並不認真攻城，這使得京城中的皇帝和朝臣、將軍們能夠稍稍喘一口氣。

二十三日，城外敵軍的攻勢稍緩，崇禎帝在平臺召見了袁崇煥和滿桂兩位援軍大帥及他們的部下祖大壽、黑雲龍等人。崇禎帝對各位將帥說了許多慰勞辛苦的話，還讓滿桂脫掉上衣，察看了他身上的創傷。袁崇煥反復申明自己的部隊連日來行軍作戰，過於疲憊，要求允許進城休整。崇禎帝卻出於種種顧慮，沒有同意。他反過來敦促袁崇煥努力擊敵，至少要把敵人趕到離京城遠一點的地方去。袁崇煥對此只是含糊其辭，不做明確保證。

這次召對令崇禎帝很不愉快，對於袁崇煥的種種不滿和懷疑也都重新勾了起來。朝廷給了他那樣的特殊信用和特殊權力，甚至不惜犧牲自己的尊嚴容忍他擅殺大將，就是要他保障東北方面的安全，進而恢復全遼，澈底根絕隱患。但此時後金的兵馬非但沒有被抑制、被削弱，反而破天荒地開到了天子腳下舞刀弄槍，算起來責任最為重大的還不是兵部的主官，正是袁崇煥。而且就是這個袁崇煥，勤王救駕姍姍來遲，來了之後又逗留不前，不肯與敵人激戰，只是一味地強調自己兵困馬乏，卻不想一想皇帝連日聖心焦灼的痛苦。難怪京城中人士一直都在傳說袁崇煥是與敵人勾結好了一路前來的，是個居心叵測的大漢奸。看來真是有不少疑點。他和毛文龍並沒有冤仇，為什麼上任不久就要冒著極大的風險把毛殺了？聽說他早在天啟年間就與敵人吊慶往來不斷，是不是有什麼密謀？這次京中抗敵，各軍都傷亡慘重，為什麼只有他的部下很少損失？眼前正是國家需要將士戮力殺敵的時候，他為什麼一而再，再而三地要求進城休整？

這些不滿和疑團在崇禎帝心中慢慢地發展著，終於在一個時刻爆發了。

這些天來皇太極過得極從容，並不急著取得什麼決定性的軍事勝利，在城北戰勝之後，看看一時也難攻堅，就繞道京城南面，一邊圍獵著小股的明軍，一邊在郊野上騎射圍獵，簡直像是在組織一次大規模的旅遊。二十九日晚上，一名先前被後金軍抓獲的明宮太監趁著後金營中只顧喝酒玩樂，看守不嚴，逃脫出來。他還給崇禎帝帶回一個極其重要的情報：在臨逃出來之前，他親耳聽到敵方的一個副將對人說，我們與袁巡撫有密約，大事立即可成，馬上就可以撤兵了。

後來人們從清方史料裡面得知，這全是皇太極下的一個圈套，是故意要讓崇禎帝中這個反間計[13]。這條妙計顯然是從《三國演義》裡「蔣幹盜書」一節學習來的，那時候後金的君臣將帥們確實是把《三國演義》當作兵書來讀的。這條從小說中化出來的計謀並不算很高明，但對付正在滿腹狐疑的崇禎帝卻已經足夠了。

崇禎帝聽到那個逃回的太監的情報之後，連夜做了安排。他沒有與任何人商議（怕走漏風聲？），第二天（十二月初一日）再召袁崇煥、祖大壽、滿桂、黑雲龍等進宮，說是商議糧餉問題。袁崇煥從軍中直奔平臺，發現皇上突然變了臉。崇禎帝先責問袁崇煥為什麼擅殺毛文龍（他總是忘不了殺毛文龍這件事），又責問他為什麼逗留拖延不與敵力戰。袁崇煥還沒來得及認真回答，就被早已布置好的錦衣衛校衛捆綁起來，抓進了專關天子欽犯的詔獄。崇禎帝幾天來一直比較倚重的內閣大學士成基命此時在旁，感到突如其來，連連叩頭請皇上慎重從事。崇禎帝恨恨地說：「什麼慎重，不過是因循守舊，能辦好事情嗎？」成基命說：「現在兵臨城下，非比他時！」崇禎帝全然不理[14]。

值得注意的是，不論是在抓袁崇煥的當時還是後來對他審判的時候，明方的官私文書從來沒有提到過脫逃太監告發一事，官方給袁崇煥擬定的多種罪名中也沒有這最根本的一項：通敵叛逆。這是不是說明崇禎帝在中過皇太極的圈套後又有點反省，有點疑惑呢？但不論如何，他既然在圍城最危險的時候逮捕了援軍主帥，就絕不能再自認是抓錯了人。因此袁崇煥的下場很慘。

袁崇煥突然被捕，驚呆了他部下的將士。甯遠總兵祖大壽是袁崇煥一手提拔起來的親信，此次一同陛見，看到袁崇煥被逮，嚇得渾身哆嗦。出城後把袁督師被逮的事向全軍傳達，全軍譁然。於是祖大壽和何可綱（袁崇煥的中軍）也不再管什麼守城勤王，帶著部隊一路向東，逃到了山海關外的老根據地。這樣，不但京城守備部隊中少了最重要的一支，而且這支部隊是否會叛變投敵也很難說，本來就壞透了的形勢於是更壞。

這時候還是在遼東極有威信的老臣孫承宗起了作用，他主動派人招撫關外各部，並建議朝廷用溫和態度加以撫慰。崇禎帝為修補殘破，也只能依靠孫承宗，順勢命他移鎮山海關，實際上是由他頂替袁崇煥任遼東前線總指揮。京城防務方面也得有人主持，只好用滿桂，以其總統各路援兵。

雖說是勉強有了個安排，京城裡因為袁崇煥被逮和祖大壽等部逃亡而造成的人心惶惶的氣氛卻一時難以安定，平日運行有條不紊的各衙門好像也亂作了一團，不斷發生事故。兵部對於先後趕到京畿一帶的將近二十萬各地援軍一時根本不知怎樣調派，於是朝令夕改，左右支應，把一些援軍弄得摸不著頭腦。山西巡撫耿如杞帶著五千人入援，第一天被安排守京東通州，第二天又被調到京北的昌平，第三天再調京南的良鄉，每天趕路一百多里，卻得不到給養。又餓又累的山西援軍忍無可忍，在郊區大肆搶掠。崇禎帝得知後大為震怒，把耿如杞和總兵官張鴻功投入了監獄，後來全部殺掉了。那耿如杞在魏忠賢統治時期因為對魏忠賢不恭而被判處過死刑，崇禎帝即位後才得到平反，並升任巡撫，這一次卻很冤枉地被殺了。

戶部為了援軍的糧餉問題也一直在頭痛，東挪西湊，仍然漏洞百出。工部應該為守城部隊提供守城武器、器械，但一時哪裡備辦得齊呢！皇帝又發了火，把工部尚書張鳳翔和工部四個司的郎中（司長）全部抓了起來，其中三個死在獄中。連刑部也跟著出事，在人心惶惶的一片混亂中刑部大牢失於防範，竟讓一百七十多人集體越獄逃了出來，在準備跳城遠遁的時候才被抓獲。崇禎不斷聽到這些亂七八糟的壞消息，精神幾乎崩潰，把自刑部尚書喬允升、侍郎胡世賞以下直至提牢主事（刑部監獄長）都抓到刑部自己的監獄裡。

在一片混亂中，崇禎帝唯一的希望是敵人趕快離開京城遠一點，以便讓自己過於緊張的神經稍稍得到一點鬆弛。為此，他又不斷催促滿桂出城迎敵。滿桂明知這些雜湊起來的部隊戰鬥力太差，守城還勉強可用，出城野戰必定凶多吉少，也曾找藉口一拖再拖。但皇帝不斷地催，還拿袁崇煥的先例來威脅，滿桂最後只好出城一戰。這時候後金軍的主力在京南永定門外一帶，滿桂率城中各部援軍於十二月十六日出永定門紮營，第二天一早就和後金精銳騎兵展開戰鬥，終於敗了，滿桂力戰而死，全軍覆沒。

這時候，京城裡只剩下京營的衛戍部隊，城外面盡是些被兵部調得團團亂轉的援軍，形勢之壞，前所未有。崇禎帝連他的二十大壽（十九周歲生日）也顧不上慶賀，早朝和文華殿的議事也暫時免了，傳旨讓人準備大批麻袋，讓太監和文武百官進獻馬匹。官員們開始傳說：皇上這是準備要棄城逃跑了。有些官員為此還專門上疏請皇上正常視朝，以安定人心[15]。

崇禎帝是不是真的想要逃跑不得而知，但挨過了崇禎三年（1630年）的新年之後，危險卻自己過去了。皇太極出兵已有數月，搶掠的人口財物也已經多得不好輸運，新春一過，決定班師回家，於是過通州，克香河、永平、遷安、灤州等府、州、縣，繞過山海關從長城外面回到遼東。

後金這次入塞攻明，基本上是所向披靡，兵將損失甚微，卻掠奪了大批銀錢、糧食、牲畜、器械，還有大批人口，其中包括一些投降的明朝中下級官吏和生員、舉人。皇太極把這些人看作是一種重要的資源，注意對他們的任用。可以說，這次入塞大大加強了後金的實力。

明朝在這次軍事對抗中則損失慘重，京畿及其附近兩府十幾個州縣遭到蹂躪，被殲滅的部隊達數萬人。死於戰場或是被迫自殺的高級官員和將領包括一名侍郎、一名巡撫、三名總兵官；被崇禎帝自己殺掉的更多些，有兵部尚書王洽、督師袁崇煥、薊遼總督劉策、山西巡撫耿如杞、總兵官張士顯和張鴻功等一批高級文武官員；因為帶隊勤王發生兵變被嚇死的有延綏巡撫張夢鯨；判處死刑後來被赦免改戍的有大學士錢龍錫（因袁崇煥案牽連）、刑部尚書喬允升、左副都御史易應昌（為擬喬允升罪過輕）；還有許多人被下獄、被罷官。因此，後金軍的入塞對於明朝來說，不僅造成了經濟上的破壞、軍事上的破壞，還造成了人才上的巨大破壞。

此後，後金（清）軍又一次接一次地進入內地，每次入塞實力都進一步加強，而明朝在一次又一次打擊下實力不斷削弱。等到清軍第六次入塞的時候，崇禎皇帝和他的明王朝都已經壽終正寢，不復存在了。

這次己巳之警給明朝造成的最大損失還在於喪失了一個傑出的邊防人才。袁崇煥的五年復遼之說雖不免荒誕，但從當時情況來講，在遼東邊防上最有膽識、最有能力、最有威信的統帥仍然是非袁崇煥莫屬。也正因為這樣，皇太極才會不怕麻煩地使用反間計。崇禎帝卻中了計，而且把結局弄得很慘。

崇禎三年（1630年）八月，崇禎帝在平臺召見九卿科道諸臣，宣布袁崇煥的罪狀和對他的判決：「袁崇煥不能效力重托，一味欺瞞君上，私自購買軍糧而助敵，為與敵人議和而擅殺大帥，縱敵長驅畿輔，頓兵逗留不戰，又遣散四方援軍，及至兵臨城下，反而一再要求入城，種種罪惡。命刑部公開執行磔刑，依律家屬十六歲以上處斬，十五歲以下給功臣家為奴，今從寬只將其妻妾子女及同胞兄弟流放二千里外，其餘釋放不再追究。」[16]

袁崇煥當天就被處決。京城百姓都以為他是招敵入寇的大漢奸，恨之入骨，不但前來圍觀，而且爭著要吃他的肉。行刑者於是有了生意，每割下手指大一塊肉，賣銀一錢。百姓們蜂擁而上，一邊罵一邊吃，一會兒就把袁崇煥的肉吃光了。行刑用了半天時間，據說「皮肉已盡，心肺之間叫聲不絕。」[17]

1 見周文鬱，《邊事小紀》，卷一。

2 《清太祖高皇帝實錄》，中華書局 1986 年 11 月《清實錄》本，卷四，第一冊，第 135 頁。

3 見張岱，《石匱書後集》，卷十一，中華書局 1959 年 4 月版，第 92 頁。

4 見《烈皇小識》，卷一，第 22 頁。

5 見《明史》，卷二五九，第二二冊，第 6713 頁。

6 汪楫，《崇禎長編》，卷二三，第九二冊，第 1389 頁。

7 見《明清史料》（甲編），中央研究院歷史語言研究所 1931 年鉛印本，第八本，第 721 頁。

8 見《明史》，卷二五一，第二一冊，第 6489 頁。

9 見《烈皇小識》，卷二，第 43 頁。

10 見《明史》，卷二五七，第二二冊，第 6625 頁。

11 見《明史》，卷二五〇，第二一冊，第 6473 頁。

12 見昭槤，《嘯亭雜錄》，卷一，中華書局 1980 年 12 月版，第 1 頁。

13 見蔣良騏，《東華錄》，卷二，第 26 頁。

14 見《明史》，卷二五一，第二一冊，第 6498 頁。

15 見《明通鑑》，卷八一，第七冊，第 3141 頁。

16 見汪楫，《崇禎長編》，卷三七，第九三冊，第 2260 頁。

17 《明季北略》，卷五，上冊，第 119 頁。

三 西北烽煙

崇禎三年（1630年）正月，後金的部隊回師向東，京城的明朝君臣們才算鬆了一口氣。但幾乎就在同時，西北方向卻又傳來了壞消息。

這個月，西北各處的農民起義軍在陝西省延安、慶陽兩府的延川、宜川、青澗、安化（今甘肅慶陽）以及西安府的韓城等地攻擊官府，搶掠官倉，甚至聚集大隊人馬圍攻縣城。陝西三邊總督楊鶴一面命手下最得力的官員參政洪承疇四處進剿，一面派人對農民軍勸說招撫，可是，此處方平，彼處又起，要平息這西北的動亂看來真是遙遙無期。

也是在這年的正月，從西北調集起來準備進京勤王救駕的兩支部隊又發生了嘩變，更使得局勢雪上加霜。其中一支是延綏鎮（駐今陝西榆林）軍，由延綏巡撫張夢鯨和總兵官吳自勉率領。士兵們因為對官長剋扣軍糧不滿，在半路上集體開小差，整個部隊一下子全然潰散。張夢鯨又怒又怕，死在了路上。那些逃亡的士兵原本是陝西人，就都逃回了陝西，逐漸與當地的農民軍合流起來。另一支嘩變部隊是甘肅鎮（駐今甘肅張掖）

洪承疇

軍，由甘肅巡撫梅之煥和總兵官楊嘉謨統帥。這支部隊出發晚，崇禎三年（1630年）正月才走到安定縣（今甘肅定西）。長官不斷督催著士兵趕路，士兵們痛苦不堪，聚眾殺了參將孫懷忠等軍官，搶了餉銀，自行返回駐地，其中不少人後來也都成了暴民。

事實上，西北地方的動亂已經鬧了許多年。萬曆末年，陝西各鎮赴遼東作戰的部隊在戰場上大潰敗之後逃回老家，但不敢歸伍；各地的長官和軍官把這些殘兵看作破壞性力量，也不讓他們歸伍，而是四處剿殺。這些敗卒於是在各處落草為寇，先是搶劫富戶，繼而攻擊官府。這時又正遇上西北地方連年發生嚴重的自然災害，百姓窮困已極，饑餓已極，只好鋌而走險，紛紛參加到造反的隊伍裡。這種情況到天啟末年已經非常嚴重了，在陝西行省八府四鎮的廣闊地域裡，到處都有小股的暴動武裝在活動。

當崇禎帝興高采烈登上皇帝寶座的時候，他不可能想到，從人類與環境的關係這個角度來看，他所接手統治的帝國也正處在一個最危險的時期。明帝國經過二百多年的生息發展，人口已經從建國時期的六千萬左右增長到差不多二億。這個數字從萬曆後期一直維持到天啟末年，基本上沒有大的變化。也就是說，在崇禎帝開始他的統治的時候，帝國的人口發展曲線正好處於巔峰狀態的一個平臺的邊緣（此後由於天災人禍，人口開始逐年下降）[1]。這個有史以來最巨大的人口數量（幾乎相當於當時世界人口總數的三分之一）需要同樣數量巨大的物質資源來維持生命，最基本的需求就是糧食。但也正是在這個時期，自然條件的變化卻恰恰十分不利於農業生產。中國的氣候從十四世紀起逐漸由暖變寒，到十七世紀剛好發展到頂點。當時江南一帶農作物的生長期比現在要短十天，北京附近則要短二週左右。這種嚴寒的氣候對於農業，特別是糧食的生產顯然造成了相當嚴重的危害。禍不單行，這個嚴寒的時期又正好趕上近五百年來三次持續乾旱中年頭最長的一次，特別是黃河流域，出現了罕見的接連十幾年的大旱[2]。

嚴寒苦旱造成農業急劇減產，眾多的人口卻需要大量的糧食來維持，尖銳的供需矛盾就造成了全國性的大饑饉。這種情況是從萬曆末年就開始了的，但最初社會尚能承受。而當歷年的積存逐漸告罄，人民的肚子越來越空，正好到崇禎初年的時候，全國性的饑荒已經成為一條兇猛的怪獸，一面狂虐地吞噬著大批人民的生命，一面也把崇禎時代的社會危機推向最險惡的境地。

由於當時社會生產力的限制，這種人口膨脹與農業萎縮相結合的危機也許根本就無法克服。但如果有一個廉潔而有效率的政府，能拿出一套比較可行的救災保民穩定社會的辦法，或許至少可以緩和或是延遲這種危機。而崇禎時期的政府卻又正好是一個極其腐敗又毫無效率的政府，自最高統治者崇禎帝以下，直到各級官吏，既弄不清帝國正面臨著一種什麼樣的危機，更從來沒有通盤考慮過對付危機的對策。他們只知道頭疼醫頭、腳疼醫腳，最後是眼睜睜地看著帝國與他們一起滅亡。

全國性的大饑饉又以黃河流域最為嚴重，特別是陝西、河南兩省尤為慘烈。明代的一級行政區分為兩京（北京，直隸地區大體相當於今河北省和北京、天津兩市；南京，直隸地區大體相當於今江蘇、安徽兩省和上海市）、十三省，十三省中又以陝西地域最為廣大，大致相當於今天的陝西、甘肅、寧夏全部和青海、新疆的一部分，包括著明政權統治的整個西北地方。這裡土地貧瘠，民風強悍，在明代是個強兵勇將的搖籃，也是暴動作亂的淵藪。

西北地方自天啟中葉起就連年大旱，有些地方顆粒無收，到了崇禎初年，災情已經嚴重到了令人髮指的地步。行人司行人馬懋才曾經向皇帝陳奏過自己家鄉延安府安塞一帶的災情：「（崇禎元年）八、九月間，鄉民爭相採集山間蓬草而食，其子粒類似糠皮，味道苦而澀，吃了僅可以勉強不死。至十月以後而蓬草食盡，則剝樹皮而食，各種樹中只有榆樹皮質地稍好，摻雜其他樹皮，也能稍稍延緩生命。迨年終而樹皮也吃盡了，只能挖掘山中的石塊而食，石頭性冷而味腥，吃一點就覺得飽，但數日以後則腹脹下墜而死。」「最可憐的，如安塞城西有一個糞坑，每天必有幾個棄嬰被扔在裡面，有的哭號呼其父母，有的吃那裡的糞土。到第二天，棄嬰全都死了，又有新的被拋棄。更可怪異的，年幼童稚及獨行者一出城外，就會全無蹤影。後來見到城門外有人用人骨作柴，煮人肉為食，才知道以前失蹤的人都被吃掉了。而吃人的人幾天以後也會面目赤腫，內發燥熱而死。於是，死屍橫陳，臭氣熏天。縣城外掘了幾個大坑，每坑可容納數百人，用來掩埋死者遺骸。臣來的時候已經裝滿三坑有餘，而離縣城稍遠沒有掩埋的又不知有多少。小縣如此，大縣可知；一處如此，他處可知。」[3]在如此淒慘的情況下，人民只有造反一條路可走了。

何況，除了天災以外還有人禍。各級官府並沒有因為連年饑荒就停止徵收賦稅，由於遼東軍事局勢一直十分緊張，各地供應沿途兵馬和國家的臨時征派名目繁多，比平時反而更加苛重。一位在崇禎初年做過知縣的官員回憶各種臨時征派時說：「突然得到一件公文，要取豆米幾千石、草幾千束，運到某營交納。突然得到一件公文要買健騾若干頭、布袋若干條，送到某營交納。突然得到一件公文，要製作銅鍋若干口、買戰馬若干匹，送到某營交納。所有這些都不說明應在哪項錢糧中開支，後日怎樣報銷核算；只是說遲誤了就以軍法論處。州縣官吏不敢拖延，只能分派到民間。所以私派多於正賦，民不堪命，怨聲四起。」[4]一些州縣的酷吏只要完足錢糧，根本不顧人民死活，每當催比賦稅的時候，總是差役四出，抓人打人，有些地方縣衙大堂竟然血流滿階。連基本生存都沒有保證的老百姓負荷不了沉重的賦稅，只能要麼逃亡，要麼死亡。但官府仍要征斂，就要由沒有逃沒有死的人戶包下來，於是負擔又要加倍，剩下的人戶也只能或逃或死。如此惡性循環，許多地方都出現了赤地千里的局面。死者長已矣，活著的人為了擺脫迫近死亡的命運，只得揭竿而起。

就在崇禎帝即位的那一年，陝西澄城縣的饑民因為不堪饑餓和知縣張鬥耀的殘酷催科，用墨塗黑了臉，在山上聚眾起義。饑民的首領高聲問：「誰敢殺張知縣？」眾人齊聲回答：「我敢殺！」這樣大喊三遍，算作誓師，而後蜂擁著闖進縣城，一直衝進縣衙。知縣張鬥耀正在公堂催比稅收錢糧，見到暴動的農民們手執利器衝進來，嚇得掉頭逃進後衙住宅。農民們跟著趕了進去，把張鬥耀用亂刀砍死[5]。澄城農民這次殺死朝廷命官的暴動，通常被看作是明末農民大起義的正式開端。

在澄城暴動之後，西北的農民起義更加風起雲湧。崇禎元年（1628年）冬，西安府白水縣王二糾合山西的逃兵舉行暴動，搶掠了蒲城縣的孝童鎮和韓城縣的淄川鎮；幾乎與此同時，延安府府谷的王嘉胤、宜川的王左掛、安塞的高迎祥，鞏昌府成縣、兩當的王大樑，都聚眾而起，攻城陷地，只旬月之間已經各自發展成數萬人的隊伍。

這樣涉及地域極其廣大的大規模暴動不能不引起朝廷的高度重視了。自崇禎二年（1629年）起，崇禎帝和他的臣子們開始把西北的「流賊」當成一件很重大的事情，認真看待，也想認真解決。這年三月，專門負責西北方面軍政事務的陝西三邊總督武之望死在任上，朝中推舉繼任者。因為解決民暴的事情過分棘手，朝中的官員互相推諉了好一陣子，最後才選中了左副都御史楊鶴。楊鶴曾做過南贛巡撫，做官清謹，但並沒有什麼軍事謀略。崇禎帝在他赴任前特別召見了他，問他對於平定西北有什麼打算和安排。他只是說：「清慎自持，撫恤將卒而已。」[6]到任之後，他發現手下一名道員洪承疇果決幹練，就把指揮軍事行動的事情主要交給了洪承疇。

洪承疇字彥演，號亨九，福建南安人，生於萬曆二十一年（1593年），萬曆四十四年（1616年）進士，做過浙江提學道，後來轉升為陝西參政道。他本來也是一介書生，但生逢亂世，一向熱心於鑽研軍事。他校訂過古代軍事文獻精華《武經七書》和明朝名將戚繼光著的《南北平定略》等一大批軍事著作，而且講求理論與實踐的結合，用兵作戰常有過人之處。他在楊鶴麾下主持剿殺農民軍，取得過不少次勝利，因而在崇禎三年（1630年）正月被提升為主管陝北地區軍政的延綏巡撫，年紀輕輕就當上了專閫開府的封疆大吏。洪承疇其貌不揚，並不顯得很有才力，但勤於職守，與士卒同甘共苦，在陝西軍民中頗得人心。據說有一次行軍缺糧，附近鄉民爭相把口糧借給他的部隊，一個老婦人背著糧食跌倒在路上，還向人說：「我為洪軍門送乾糧來了。」[7]

洪承疇和西北地方的其他幾位巡撫、總兵帶著部隊東擋西殺，哪裡有農民暴動的警報就到哪裡去撲滅，幾乎每天都在向朝廷發出取得軍事勝利的捷報。但農民起義有大批饑民和潰兵作為源源不絕的生力軍，卻越剿越多。在陝西官軍的逼迫下，從這一年的春天起，農民軍又紛紛渡過黃河，把活動的範圍擴大到了山西。而山西各地同樣有饑民饑軍，於是風從響應，原來一省的動亂變成了兩省的動亂。

楊鶴見到痛剿總是無效，漸漸明白這無止無休的動亂「總因饑荒之極，民不聊生」[8]，只是調集大軍四處圍剿，「流賊」是「誅不勝誅」的。何況他的手中也並沒有足夠的軍事力量，特別是崇禎二年（1629年）末京師戒嚴後，調各地兵馬勤王，西北各鎮部隊調的調，潰的潰，兵力更少。為此他提出以撫為主的平定策略，並且率先實行。在崇禎三年（1630年）春，他先後在陝北招降了王虎、小紅狼、一丈青、掠地虎、混江龍等農民軍首領，給他們發了免死牒。一度農民軍受降相當踴躍，連大名鼎鼎的王左掛也在綏德受了招撫。但受撫的農民軍卻常常不能穩定，因為他們拿了免死牒解散回鄉之後，等待他們的仍然是大饑荒。為了求食，這些受過撫的農民軍只得再度起事，於是「旋撫旋叛」，沒有寧日。

這種情況表明，撫要撫到實處，才能有效。朝廷中一些官員也認識到，只有充分地賑災救濟饑民，才能從根本上平定這場內亂。兵部職方司郎中李繼貞在崇禎三年（1630年）十月上疏，請求賑濟延綏。疏中說：「皇上用數萬金錢救活數十萬生靈，是無量的功德福澤；活數十萬生靈而使之恢復農桑故業，以後收回的賦稅，又不止數十萬金錢，是莫大的利益。」[9]這個動議很有道理，但因為要調用數十萬金錢，卻也讓崇禎帝十分頭疼。

自從崇禎帝接掌大權以來，一遇到哪裡需要用錢，他的眉頭就止不住要皺成一個疙瘩，其帝國的財政情況實在是前所未有的壞。自從萬曆末年對後金作戰以來，王朝的國防開支大大增加，到崇禎初年，全國的額設兵力已有五十多萬，額定常項軍費開支糧餉每年多達白銀一千五百三十餘萬兩，這還不包括臨時戰事耗費的大量資金[10]。但明王朝的基礎財政收入，即戶部徵收的土地稅、戶口稅以及鹽稅、關稅等項基本稅，每年定額才只有一千四百六十一萬兩多一點[11]，就是說以全部正稅用作軍費還略有不足。但在實際上，除了軍費的開支以外，龐大的官僚行政支出，龐大的宗室消費支出，還有龐大的皇家宮廷支出，都要國庫出錢。入不敷出，這是任何人從帳面上一眼就能看出來的基本財政情況，在算帳方面相當內行的崇禎帝對這種情況更是一清二楚。

要解決巨大的常年財政赤字問題，只能老老實實地開源節流，可惜在這方面餘地卻非常有限。在開源方面，前朝的皇帝們已經把能開的門路開得差不多了。首先能想到的自然是從百姓身上多收一些稅，就是所謂「加派」，這在萬曆末年，為了遼東用兵已經用過。當時接連三次增加過稅收，合計每畝加銀九厘，全國總共增加收入五百二十萬兩，稱為「遼餉」。因為遼東一直沒有平定，「遼餉」也就沒有廢止，一直在徵收。但「加派」等於剜肉補瘡，崇禎初年繼續徵收前朝定下的「遼餉」，但對於增加新的「加派」，統治集團一時還有些猶豫不決。「加派」以外，還有打各級官僚主意的「捐助」，其實就是對各級官員強行攤派，這個辦法當然會遭到官員們的強烈反對，實行起來困難重重。

開源無計，節流更難。各項開支要麼是出於現實的急需，要麼是祖宗傳下來的定例，很難憑空減少甚至取消掉。但崇禎帝還是想盡辦法，能省就省。崇禎二年（1629年）二月，給事中劉懋建言對全國驛站進行整頓，裁撤冗繁役卒，認為每年可以節省下數十萬兩銀子。正為開支問題一籌莫展的崇禎帝見到這個奏章大為開心，立即升劉懋為兵科左給事中，命他專門負責整頓驛站的工作。

明末的驛站系統也與其他各個系統一樣，確實已經腐敗混亂之極，並非沒有可以整頓之處。但這個爛攤子是爛在根子裡，僅僅靠發幾個檔，報一下帳目，哪裡就能整頓清楚呢？劉懋既然誇下海口，說是能節省幾十萬兩白銀，只能兌現，因此所謂的興利除弊最後就變成了消減經費，裁減冗卒也就成了單純的減少驛卒收入。這項措施實行下來，據說各省共節省銀六十八萬五千七百二十餘兩[12]，對於整個的財政虧空來說實在是杯水車薪，解不了大渴。但各地的驛站卻由於這次裁扣而大傷元氣，許多驛卒因為難於維持生計而逃亡，其中不少人又加入了農民軍的隊伍。在逃亡的驛卒中有一位陝西米脂的漢子，名字就叫李自成。十幾年以後，就是這個當年驛站的馬夫率軍攻陷了北京，推翻了明王朝。這樣的後果，崇禎帝在整頓驛站系統的時候是絕沒有預料到的。

其實在劉懋之前，已經有人提出過裁撤驛站之議，起因卻透著幾分荒誕。有個御史叫作毛羽健，因為在京城私納了一房愛妾，被他的妻子聽說了。妻子就「乘傳而至」，就是坐著驛站的車馬來到京城，打破了毛御史的一場春夢。毛羽健痛憤之餘，遷怒於驛站，才上疏力言驛站之害，劉懋只是跟著附和而已。當時誰也不會想到，一場妻妾爭風吃醋的鬧劇竟然會最終導致帝國陷於滅頂之災。

崇禎帝自己也在帶頭節流，在宮中朝中提倡勤儉節約、艱苦樸素，盡量減少一切開支。朝中慣例，每年端午節入夏皇帝要送給朝臣每人一把扇子，以示關懷。但崇禎帝即位後立即把這項開支省了，朝臣們要用扇子，只好自己去買。類似這樣細微已極的小型支出，崇禎帝減免項目頗多。他自己也以身作則，至少按照當時作皇帝的標準來說，他的生活還是相當儉樸的。皇帝的衣食用度本來都是典例上有規定的，每年消耗資金不可數計，崇禎帝即位後因為府庫空虛，也由於他生性較為節省，把可以裁減的項目都盡量裁減了。在飲食方面他並不太喜歡那些珍奇的山珍海味，愛吃的大多是家常食品，像夏初用新麥穗製成的「撚轉兒」，用萵苣葉裹米飯肉丁的「包兒飯」，六月的新藕叫作「銀苗菜」，五月的馬齒莧叫作「長命菜」。明宮中是一個美食家的天堂，各個時令都有應節的食品，而且大多源於市井，到了宮裡，以大俗而見大雅。崇禎帝自小受宮中習俗的薰陶，喜歡清新可口的宮中家常飲食，品味上反而高出只知道追求奢華排場的官僚貴戚們許多。他唯一的一個「高級」嗜好是愛吃燕窩羹，每日不輟，宮中極品都是進自南洋，所費自然不貲。

不過，一位皇帝的家常飲食費用常常也會大得驚人。有一次崇禎帝突然想起要吃市面上賣的元宵，派人去買，經管太監後來報帳，一碗元宵竟要一貫錢（約合一兩銀子）。崇禎帝同意報銷，但告訴經管太監，當年在信王府的時候一碗元宵只要三十文（其實已經大大超出市價）。管事太監嚇出一身冷汗，但過後還是照樣裡克外扣──以皇帝的高貴身分，當然就得吃一兩銀子一碗的元宵。據記載，崇禎帝每月的伙食費用，除去廚料等雜項之外，仍有一千零四十六兩白銀之多，周皇后每月三百六十兩八錢，田、袁兩妃各一百六十四兩，皇太子一百五十四兩九錢，他的另外兩個兒子定、永二王各一百二十兩，這樣僅崇禎帝一家七口每月的伙食費就高達二千多兩，大概相當於平常百姓人家幾輩子的消費[13]。

在穿衣上他也不很講究，而且討厭繁縟的文飾。除了禮儀上需要的時候不能不穿規定的龍袍，平時他願意穿著素色袍服。雖然依照舊制皇帝的內外衣裳都是穿過一次就不能再用，崇禎帝卻覺得太可惜，經常穿下過水的浣衣，特別是內衣，甚至要穿多次。但內府的織造衙門從來只提供一次性消費的衣服，只注意外觀，不講求結實，袍服穿過幾次之後很容易破損。有一次崇禎帝參加經筵，發現袍袖有一點破了，頗為尷尬地用手把破處掖了起來。講經的講官正巧看到，就說：「衣服破敝，雖然過於儉省，卻是美德，何必諱之？」[14]崇禎帝才大為高興起來。此後變本加厲，下令袍服大袖一律只留一尺五寸，以節約綢布，不但自己如此，而且定為天下共式。明朝的士大夫習慣於寬袍大袖，至此也不得不跟著皇帝一起實行緊縮政策。

他還把日常使用的金玉器皿改為瓷器，後來又用漆器，因為是木胎，就算是木器了。這當然只是一種形式上的儉省，因為瓷器少不了景德鎮的極品細瓷，甚至是宋代的官、均、哥、定，漆器大多是重染精雕，即使在當時價值也不在金玉以下。

在皇帝作風的影響下，宮廷裡也一改浮華舊貌。周皇后在夏天帶頭穿不加繡飾的素白衫，嬪妃宮女們也紛紛效法，為了跳色，又在白紗衫裡面襯上緋紅的裡衣，紅裝素裹，清新喜人。周皇后甚至還在宮裡組織過一次大生產運動，讓江南織造處給宮裡送來一批紡車，親自督促宮女集體紡線，宮女們卻屢學不會，她一怒之下把紡車都當劈柴燒了，不了了之。宮中女眷本來時行濃妝，但崇禎帝卻不喜歡，說是「渾似廟中的鬼臉」。周皇后、田貴妃都是天生麗質，皮膚極好，就乾脆不施脂粉。袁妃以下不敢效顰，卻也一律是薄薄的粉黛，盡量追求貼近自然。應該說，崇禎帝自小成長於侈靡俗豔的深宮，卻能夠不但性情上有節儉的一面，在審美情趣上也頗為清雅，實在是很難得的[15]。

但僅僅用裁驛卒、省宮費這些小打小鬧的方式，無論如何也解決不了巨大的財政危機。何況宮中省減下來的費用仍然是落到皇帝自己的腰包裡，一分一厘也沒有提取用於國家財政支出。崇禎初年頗有一些官員打過皇帝內帑私財的主意，崇禎帝卻總是哭窮說：「朕在宮中極力節省，仍然入不敷出。如果真有餘錢，朕怎麼會吝惜呢？」[16]既然捨不得自己出血，他在左思右想之後，還是把眼光放在了「加派」上。他深知，絕大多數朝臣都是反對「加派」的，理由很簡單：民力已竭，再加就將不堪於命了。但在財源枯竭、國用急需的情況下，他卻只有「加派」這唯一的辦法了。按照他一貫的工作作風，所有明知是要受到輿論譴責，不那麼理直氣壯的決策，他都不願意親自提出來，總希望先由能與他默契的貼心大臣提出，作為抵擋攻擊的盾牌。這一次給他充當盾牌的是不久前被他特別提升起來任兵部尚書的梁廷棟。

梁廷棟在崇禎二年（1629年）後金軍入塞的時候還只是個小小的參政道，因為在己巳之警中表現突出，在兩個多月裡接連升任順天巡撫和薊遼總督，崇禎三年（1630年）正月又被任命為兵部尚書。在明代歷史上，像這樣破格提升的實在是絕無僅有。這體現了崇禎帝在用人方面有一種打破傳統不拘一格的銳氣，也讓梁廷棟感激涕零，決心要誓死報效皇上的知遇之恩。為了報效皇恩，當然就不惜為皇帝做一次擋箭牌。崇禎三年（1630年）十二月，他不顧群臣的非議，上疏請求再增加「加派」數額，以解決財政危機。

梁廷棟是一個頭腦比較「清醒」的官僚，他不但說出了皇帝想說又不好意思說的話，而且為「加派」製造了一套理論根據。這個理論的出發點相當驚人，就是：即使再增加「加派」數額，人民的稅賦負擔也並不算重！

僅僅從帳面上看，明朝人民的負擔確實不能算重。上面講過，明末正稅額定每年是一千四百六十萬兩左右，其中還包括相當一部分鹽稅、關稅等商業稅收。即使對商業稅忽略不計，如果按納稅地畝數算（當時納稅地畝數約為五點八億畝，全國的實際地畝數比這個數字要多），每畝田地額定稅平均只有二分五厘白銀（約合銅錢二十五枚）或是相應數量的糧食。如果按人口負擔算，當時全國人口大約二億，人均負稅也不過七分白銀。加上前朝「遼餉」和擬議中再加的「遼餉」共六百八十五萬兩，人均負稅也才白銀一錢多一點。這樣的稅率不論是在中國歷史上還是和世界各國的情況比較，都是相當低的。

可惜人民的實際負擔情況卻遠非如此。造成實際負擔加重的主要原因是雜項錢糧太多，所謂的雜項錢糧包括合法的征派，也包括不合法的或是半合法的勒索。明朝正稅以外的賦稅門類繁多，張居正實行一條鞭法的時候清理過一次，但以後重新蔓延，各類雜稅名目新奇，負擔沉重，遠遠超過正稅。此外，明代稅制又極為僵化，一個行政單位的負稅額幾乎是百年不變的，如果出現什麼重要的影響稅負的情況，仍然照舊不變。例如歷代親王們都被朝廷賜與大量土地，像崇禎帝的叔叔福王和瑞王，各自得到的贍養田是二萬頃。所謂賜贍田二萬頃，就是每年把二萬頃的田租交送王府，這份租稅並沒有具體人負責出，而是分攤給各省各縣，成為當地人民的一項特別負擔。但不論哪個地方負擔了多少這類額外錢糧，國家的正額賦稅一律照舊。這樣，有些地方的實際稅額已經十倍於正稅了。

更多的額外負擔是非法的或半合法的勒索，例如各種臨時的私派及已經成為定例的「耗羨」。所謂「耗羨」是地方政府在正項稅差錢糧之外增加的部分，名義上是為了補充徵收轉運時造成的損失，實際則主要用於中飽各級官吏的私囊。私派更是毫無定制，各級官吏「有的假借軍興而私加，有的假借增餉以擅派，有的因工程修築而巧立名目，有的借解運稅糧而加倍徵收，或是設立雜項開支，或是藉口費用不足，凡設置一個項目，都要增收數十倍」[17]。

由於整個官僚集團消費量極大而國家發給的俸祿卻極低，通過各項非法或是半合法的私派加征來獲取金錢實際上是養活這個官僚集團的基本方式。這項不走國家財政帳目的巨額錢糧當然全部是由老百姓交納的，是沒有加派之名卻有加派之實的沉重負擔。梁廷棟的「加派」理論就是針對這一點提出的：如今百姓雖然窮困，卻不是由於有加征的遼餉才窮；一年裡面暗中加派的實在不知其數。例如州縣官員進京朝覲接受吏部考核，重新任命，最少也要花費五、六千兩銀子打點有關部門，這些錢財全部出自百姓身上，等於全國選任一次知府知縣，就在暗中加派了幾百萬兩。巡撫到地方緝訪，收到的餽贈謝儀多的有兩、三萬兩白銀，這些錢同樣出在百姓身上，等於國家派遣一次巡方大臣，又在暗中加派百餘萬兩[18]。

梁廷棟的理論是：既然百姓們被各級官吏在暗中搜括去的錢財遠遠高出了國家的正宗賦稅，為什麼國家不能把這部分錢財中的一部分轉移成國家的正式收入呢？他提出的具體辦法包括兩個方面，一是肅貪，讓官員減少對百姓的暗中搜括；二是加派，由國家正式提高稅額。這個思路表面上看來是很清楚的，也很對崇禎帝的胃口。因而崇禎帝經過與戶部及兵部的磋商之後，就在這年年底正式推出了增稅方案：提高「遼餉」定額，由原來的每畝平均九厘，增加到一分二厘，每畝增加三厘，全國每年共增收一百六十五萬多兩。

在「加派」方面，崇禎帝做得相當雷厲風行，後來軍費仍然不足，「加派」也就一加再加，那是後來的事情。但在如何通過肅貪來減輕人民負擔方面，崇禎帝卻並沒有立即拿出什麼切實可行的舉動。因此，不論數額多少，加派都給本來已經負荷沉重已極的天下百姓又加重了新負擔。何況，在新增遼餉一百六十五萬這個數字後面，又不知有多少官吏在增加徵收、轉運、損耗等等項目的費用，以中飽私囊。人民的負擔又要數倍於一百六十五萬。

新的「加派」果然立即遭到許多朝臣的反對，人們不但背地裡對這個決策深為不滿，有些人還公開對此進行了批評。給事中吳執御上疏所言比較有代表性，他直接就把「加派」稱作「剜肉醫瘡，去皮附毛」，認為絕對是個下策；即使非出此下策不可，也只能暫行一年、兩年，而且應該向百姓說明年限，免生是非。他的這些認識都不錯，但崇禎帝需要解決的是如何弄到錢的問題，而對這一點，吳給事就頗為含糊了。他只是強調，「理財應先理民，民富則財自充足，賦稅也自然增多。」然後就是孔子怎麼說，先朝怎麼做，侃侃而談一番，沒有一點具體的辦法[19]。崇禎帝恨就恨朝臣只尚原則空談毫無切實主意，見到吳執御一番肉瘡皮毛之論，很不高興。他抓住疏中的幾句話反復苛責追問，讓吳執御一遍又一遍地回奏，鬧了將近一個月才不了了之。朝臣見皇帝執意要「加派」，批評議論也沒有用，以後雖然時時還有人提起，反對的熱情也就不那麼高漲。

關於要不要「加派」的事情總算確定下來，但真正拿到錢還要等到第二年的秋天。可是用錢的事情卻不等人，在崇禎四年（1631年）初就又出來了。

陝西三邊總督楊鶴主持剿務將近兩年，農民軍卻越剿越多，雖然也用了招撫的辦法，但因財力有限，同樣沒有什麼成效。他覺得，只有朝廷確定招撫政策，而且拿出錢來實行，真正解決了西北人民的生計問題，「流賊」才能最終被撲滅。在這年正月，楊鶴把他的認識和主張向崇禎帝作了系統彙報，提出：「必實實賑濟，使之糊口有資，而後謂之真解散。解散之後尚須安插，必實實給與牛種，使之歸農復業，而後謂之真安插。」因為怕皇帝捨不得花錢，他還特別算了經濟和政治兩筆帳：調軍圍剿需要大批糧餉，同樣要花很多錢，但「費之於剿，金銀一去不還，且斬首太多，上干和氣。費之於撫，金錢去而民在，活一人即得一人性命，盜息民安，利莫大焉。」[20]

應該說，楊鶴的這一套看法還是比較有道理的。但問題在於，在到處都是虧空，財政狀況極其窘迫的情況下，到哪裡去找那樣一大筆錢財去賑濟，去安插受撫的義軍和大批流民呢？退一步說，即使真的湊齊了這樣一筆錢，吝嗇成性的崇禎帝又怎麼會捨得拿出來，無聲無響地散布到民間去呢？楊鶴看問題比較深，安排得也比較周全，但是他把一個長期積累下來的社會問題看得太容易解決了，沒有想到人民的饑餓一方面是人口過剩和自然環境的變化造成的，另一方面又正是統治者橫徵暴斂的結果。朝廷自己不事生產，要用大筆銀錢賑濟安插，只能仍然通過橫徵暴斂來解決。這是一個走不出去的怪圈，招撫（或是圍剿）人民的暴動要用大批錢財，要錢只能通過對人民橫徵暴斂，橫徵暴斂又造成新的饑荒和新的暴動……整個崇禎時期，朝廷裡的君臣們就一直在這個怪圈裡面打滾。也正因為有這麼個怪圈，楊鶴的主撫政策從一開始就註定了要失敗。

崇禎帝這一次卻被說動了心，覺得如果能一勞永逸地解決西北的暴亂，做出一些犧牲還是值得的，於是決定採用以撫為主的策略。他在廷對中幾次提到了招撫的問題，說「流賊原是中原赤子，不可純以剿為事。」「寇亦我赤子，宜撫之。」[21]他為此還痛下決心，要撥款賑救陝西，兼作招撫之用。皇帝掏腰包救濟災民當然是一件恩德無量的大事，他特此隆重頒布詔書，讓全國官民個個知曉。詔書中說：「陝西屢報饑荒，小民失業，甚至被迫而從賊，自罹鋒刃。……今特發十萬金，命御史前去，酌被災之處，次第賑給。仍曉諭愚民，即已被脅從，誤入賊黨，若肯歸正，即為良民，嘉與維新，一體收恤。」[22]

原來鄭重其事了半天，忍痛拿出來的才不過區區十萬兩銀子，相當於他一家七口人四年的伙食費。

這點錢對於西北的大饑荒和大動亂能起到多少緩解作用呢？當時有人為崇禎帝算過一筆帳：以每兩銀救活一人計算，也只能救活十萬人；其時陝西糧價騰貴，一斗米要銀七錢，一兩銀子甚至買不到一斗半米，最多能維持五十天。這對於已經饑餓了幾年的數百萬饑民來講，實在是太少了。但就是這十萬兩也已經讓崇禎帝肉痛，而且讓戶部大為作難了。此後，楊鶴所籌畫的那些賑濟和安插的費用如何籌調，崇禎帝和他的朝臣們就再也沒有做出過安排，甚至也沒有認真地討論過。這又是崇禎朝辦理朝政的一個特點，辦事處處需要花錢，常常還需要花大筆的錢，但朝臣們對花錢的問題通常都是諱莫如深的。一是因為國家沒錢，一提就是沒法解決的困難；二也是因為皇帝最不愛聽花錢這兩個字（相反，他很喜歡聽省錢這兩個字），誰提得多了誰可能就要倒楣。大家就乾脆不提，等待著事態的自然發展。

楊鶴在西北招撫農民軍得不到什麼像樣的財政支持，但基本政策既然已經定下來，他也只好硬著頭皮去幹。崇禎三、四年之交，西北的農民軍大致可以分成東路、西路兩大支。東路中的著名首領有王嘉胤、羅汝才、張獻忠、蠍子塊等人，他們當時的主要活動範圍在黃河以東的山西省西部各縣。西路中最大的一股是神一元、神一魁兄弟領導的農民軍，主要在陝西的延安、慶陽兩府一帶活動。山西的剿撫大計自有山西的官吏和軍隊主理，而對於陝西的農民軍各部，楊鶴則真是費盡心機。

崇禎四年（1631年）初，神一元已經死去，他的弟弟神一魁帶著數萬人從二月下旬開始圍攻慶陽府城。楊鶴手中沒有多少兵馬，連忙派人去慶陽城外招撫。經過談判，神一魁同意受撫，並派了幾十個大小頭目去楊鶴駐鎮的寧州（今甘肅寧縣）。為了擴大影響，楊鶴特地在寧州城樓安設「龍亭」，讓受撫的大小頭目們到「龍亭」前跪拜，山呼萬歲，而後再到公署拜謁楊鶴，並一同到關帝廟宣誓。這樣一番大張旗鼓的表演，表現了朝廷招安的誠意，神一魁在幾天後也親自來到寧州。楊鶴先當眾宣布了神一魁的十大罪狀，神一魁一一承認；然後宣讀朝廷的赦免令，授神一魁守備官職。神一魁部的大部分都被遣散回鄉，部分主力四千餘人則安排在寧塞堡[23]。

招撫神一魁是楊鶴主撫政策最重要的一個成就，但招撫之後的後續手段卻不是以他個人的能力就可以解決的了。最要緊的當然還是賑濟錢糧的問題。崇禎四年（1631年）四、五月間，朝廷咬牙掏出的十萬兩銀子，再加上由藩王以下捐助的五萬兩以及二萬石糧食，由御史吳甡押運到陝西，在發放的過程中又有大批小股農民軍接受招安，領了錢糧。有了錢糧的時候，局勢大好，陝西的農民軍幾乎全部受撫。但兩、三個月之後糧食吃光了，剛剛受了招安的農民軍只能再到處打糧，又大亂起來。

對付這種局面，楊鶴實在沒有什麼辦法了。他在七月給朝廷的報告裡提到：「諸賊窮餓之極，無處生活，兵至則稽首歸降，兵去則搶掠如故。此必然之勢。」[24]這種「必然之勢」終於給他自己帶來了厄運。七月末，一批降而復起的農民軍竟然大舉攻占了中部縣（今陝西黃陵縣）；不久之後，神一魁也率所部在甯塞營再次起事。此前楊鶴早已奏報朝廷，說慶陽的招撫全部安排停當，這時候突然又有縣城失陷，引起了朝中一批慣會挑剌的言官們嘖嘖煩言。有人說：「楊鶴先前說流賊已經遣散乾淨，而今中部縣之賊難道是從天上掉下來的嗎？」[25]正巧也是在七月，在山西的農民軍也發動了大規模的攻勢，活躍於山西省的農民軍號稱有二十萬人，分為三十六營，在晉南、晉中各處搶劫富戶，攻擊官軍。

接連出現的這些情況讓崇禎帝大為惱火，他本來以為自己能夠出錢出糧對「反賊」進行招撫，實在是體現了極大的寬仁，也體現了極大的耐心。既然如此，「反賊」們理應聽到招撫就感恩涕零，從此老老實實地做順民，即便餓死也不再搗亂。但事實上這些「反賊」竟然是一而再再而三地投降——叛亂、投降——叛亂，崇禎帝覺得這簡直是一種惡意的冒犯。這時候，一些本來對招撫政策就不滿意、不信任的官僚也紛紛抨擊楊鶴和他的所作所為。放賑後就轉任陝西巡按御史的吳甡是專責糾察地方官吏的，朝廷把有關彈劾楊鶴的奏疏下發他核查，核查的結果是楊鶴主撫誤國，「人恨招撫之失矣！」[26]楊鶴的政治生涯和他的主撫政策從此都到了盡頭。

崇禎四年（1631年）九月，惱羞成怒的崇禎帝不顧自己原本也批准過招撫政策，發出諭令：「楊鶴總制全陝，何等事權。乃聽流寇披猖，不行撲滅，塗炭生靈，大負委任。著革了職，錦衣衛差的當官旗，扭解來京究問。」[27]這樣就把西北大亂和招撫失敗的責任全都推到了楊鶴的身上。楊鶴被逮捕後，一度情勢非常危急，幾乎被問成死罪。他的兒子楊嗣昌當時任山海關兵備道，接連三次上疏請求代替父親接受處罰。崇禎帝對於楊嗣昌的印象似乎很不錯，這一次竟然破例對楊鶴從輕處分，最後定為遣戍袁州（今江西宜春）。四年以後，楊鶴死在了戍所。

楊鶴的被撤職、被逮捕、被遣戍，標誌著明王朝在對待農民暴動方面主撫政策的失敗與結束。這以後，主剿派的勢力占了上風。陝西巡撫洪承疇接替楊鶴升任陝西三邊總督，負責黃河以西，宣大總督張宗衡負責黃河以東，分別對農民軍進行圍攻剿殺。明官軍還是在戰場上不斷傳來捷報，但捷報之後又總有新的「流賊」在意想不到的地方出現。在剿了一、兩年之後，「流賊」仍然沒有被徹底消滅，力量反而在不斷壯大，活動的範圍也越來越廣闊。崇禎五年（1632年）秋，大股的農民軍已經進入到河南北部和北直隸南部地區，攻克的州城、縣城也越來越多。圍剿的政策同樣以失敗告終。

撫也不成，剿也不成，崇禎帝面對著遍地的烽火，只好乞憐於茫茫上蒼。自即位以來，他對於依例應行的各種祭祀活動一直殷勤鄭重，不敢褻瀆神靈。連年的苦旱又使他特別上心於祈雨的活動。崇禎五年（1632年）春，京畿地區又是一場大旱，他在三月中旬在會極門召集禮部官員，表示要再次虔誠祈禱，求蒼天降下甘霖。他對官員們說：「目前已將近入夏，正是農事繁忙的季節，但春雨不至，朕心深為焦慮。」要禮部選擇日期，制定儀式，組織施行[28]。十九日，崇禎帝從乾清宮移居到文華殿，脫離開自己的後宮妻妾，同時齋戒素食，要用苦行感動昊天上帝。他還表示，如果不下雨就不離開文華殿。也許他的精神真的感動了昊天上帝，到二十二日，京師竟然下了一場近年來罕見的春雨，滋潤了土地萬物，也滋潤了崇禎帝和他的朝臣們焦灼的心靈。年輕的皇帝又神氣起來，以為上天的寵眷畢竟還沒有轉移。只要天心還在，西北和中原那點不成氣候的「蟊賊」終歸還是可以制服的。至於如何制服，他卻還是與過去一樣，胸無成算。

1 對於明代人口狀況，各家說法不一，這裡使用的是葛劍雄的推算數字，見其《中國人口發展史》，福建人民出版社1991年6月版，第236、249頁。
2 見中國科學院《中國自然地理》編委會，《中國自然地理．歷史自然地理》，科學出版社1982年版，第11-17頁。
3 見《明季北略》卷五，上冊，第106頁。
4 見《春明夢餘錄》，卷三六，上冊，第454頁。
5 見《烈皇小識》，卷二，第40頁。
6《明史》，卷二六〇，第二二冊，第6727頁。
7 見吳傳業，《綏寇紀略》，卷四，上海古籍出版社1992年7月版，第113頁。
8 汪楫，《崇禎長編》，卷四二，第九四冊，第2534頁。
9 見戴笠，《懷陵流寇始終錄》，卷三，第一冊，臺灣廣文書局1969年7月版，第54頁。
10 見《明史》，卷二五七，第二二冊，第6627頁。
11 見朱朝瑛，《壘庵雜述》，卷下；《春明夢餘錄》，卷三六，上冊，第452頁。
12 汪楫，《崇禎長編》，卷四二，第九四冊，第2521頁。
13 見孫承澤，《天府廣記》，卷四，上冊，北京古籍出版社1982年1月版，第131頁。
14 見《崇禎宮詞》注，第82頁。
15 見《崇禎宮詞》注，第86頁。
16《罪惟錄》，志卷之三二，第二冊，第1066頁。
17 金光宸，《金雙岩中丞集》，「兩河封事」。
18 見汪楫，《崇禎長編》，卷三七，第九三冊，第2277頁。
19《春明夢餘錄》，卷三六，第452頁。
20 汪楫，《崇禎長編》，卷四二，第九四冊，第2543頁。
21 鄭天挺等編，《明末農民起義史料》，中華書局1954年版，第23頁。
22 見《國榷》，卷九一，第六冊，第5553頁。
23 見《懷陵流寇始終錄》，卷四，第一冊，第64頁。

24《明末農民起義史料》，第29頁。
25 見《明史》，卷二六〇，第二二冊，第6728頁。
26 彭孫貽，《流寇志》，卷一，浙江古籍出版社1983年8月版，第8頁。
27 楊嗣昌，《楊文弱先生集》，卷四。
28 見《思陵勤政紀》，第4頁。

四 朝中朋黨

明代的科舉制度每三年為一個週期，逢鼠年、兔年、馬年、雞年秋天各省舉行鄉試，從秀才中選拔舉人，叫作秋闈；第二年牛年、龍年、羊年、狗年春天，舉人們到北京來參加會試和殿試，叫作春闈，通過考試的就取得了進士的資格，全部進入官僚階層。會試是國家大政，也是士子們的終身大事，這一年就被稱為大比之年。

崇禎四年（1631年）辛未，是崇禎帝即位後的第二個大比之年，整個春天朝廷中都在忙忙碌碌地安排出題、考試、閱卷、放榜、皇帝點名召見、新進士舉行慶賀宴會……崇禎帝也親自參加了帶有儀式性的殿試和傳臚等活動，並且欣然批准了本屆取中的三百四十九名新進士的名單。新科進士按例分成三個等級，稱作三甲。第一甲只有三名，就是民間所謂的狀元、榜眼、探花三鼎甲，「賜進士及第」，直接進入翰林院；二甲「賜進士出身」，三甲「賜同進士出身」，分別考授官職。這一科取中的進士裡很有幾個天下知名的文士，崇禎帝很高興，朝野上下的反映也還不壞。

但在春闈結束之後，新進士的考選授職工作也已經完成了，在八月裡，有幾個言官突然提出，本年科舉中有諸多弊端：一是一甲第一名狀元陳於泰竟然就是主考官首席大學士周延儒的連襟姻親；二是一甲三名竟然全都是南直隸人，陳於泰是常州府宜興人，與周延儒同里，第二名榜眼吳偉業是蘇州府太倉人，第三名探花夏曰瑚是淮安府山陽（今江蘇淮安）人，全部是主考官周延儒的同鄉；三是榜眼吳偉業（同時又是會試第一的會元）的試卷中有明顯的諂媚主考官的意味，不成體統[1]。於是一石激起千層浪，一時間攻擊這次考試及有關考官的章疏不絕於朝。考官們和新得中的進士們為此都緊張起來。

崇禎帝對於各種舞弊事件從來都十分敏感，立即就著手進行了調查。但調查的結果並沒有反映出什麼舞弊的證據，所謂姻婭、同鄉確是實情，但制度上從來沒有規定會試中要回避親屬，更沒有規定不能錄取同鄉。他還特地調閱了吳偉業在會試中的考卷，讀過之後覺得很好，沒有所謂「襯貼」的感覺，於是批了「正大博雅、足式詭靡」八個字[2]。有了皇帝這樣的批示，弊端的說法就算不攻自破。

這次小小的科場風波總算平安過去了，但崇禎帝卻從中感到了一些蹊蹺。攻擊科場舞弊的矛頭直指首輔周延儒，而他聽到自己的情報系統傳說，在幕後指揮這次戰役的就是內閣中地位僅次於周延儒的次輔溫體仁。如果情況屬實，這顯然又是一種新形勢下的朋黨之爭。

在崇禎初年，崇禎帝盡了極大的努力，在朝中剿殺朋黨。崇禎元年（1628年）冬季那次會推風波之後，他對於東林黨人結黨營私有了深刻的印象，並且極為厭惡，在後來的用人行政中就一直有意識地抑制東林的勢力，希望通過壓制東林黨人澈底消除朝臣們的朋黨之風和朋黨之見。

在那次為會推而進行的御前辯論之後，東林黨人集中火力發起了一次大反擊。幾位御史紛紛指摘溫體仁在家鄉的時候的種種不法行為，包括娶娼妓為妾、接受賄賂、奪取他人家產等項；御史毛九華還彈劾他為杭州魏忠賢的生祠做過頌詩，而且刊刻成冊。溫體仁為此辯解說：我在朝中三十年了，從來沒有被人彈劾過，如今只因為參奏了錢謙益，立即就受到四面攻擊，恨不得把我罷官殺頭而後快。難道一個人的好壞前後能有這樣大的不同嗎？毛九華等人顯然是錢謙益一黨。對於諂媚讚頌魏忠賢的詩，他矢口否認，並且說：諂媚之詩應當手寫逞送才恭敬，絕對沒有刻印刊行的道理；即使真有刻本，應該流傳很廣，但為什麼當初籍沒魏忠賢的時候沒有人參糾，反而在一年多以後提出來呢？請陛下下令嚴查，審問刻詩的人，究竟詩稿是從哪裡得來的[3]。

溫體仁的回答總體來講是比較有道理的，本來就對這件事有成見的崇禎帝則更容易聽信。他再次召集朝臣進行當面辯論，結果東林的御史們有些理屈詞窮。連與東林黨人關係密切的首輔韓爌也說：「溫體仁平日清謹自守，名聲很好；此次因參劾錢謙益一事，激憤過當，犯了眾怒，所以諸臣攻他。」在崇禎帝看來，一向名聲很好的溫體仁受這番攻擊，完全是因為揭露了東林人的黨私，是為了朝廷的利益而造成的一種光榮孤立，因此這個人就更值得信任，值得重用；而東林黨人則在這些無理的攻擊中顯示出他們的營私和褊狹。他為此特地在內殿召見韓爌等幾位閣臣，很氣憤地說：「進言的人不知憂國憂民，只知結黨營私，自我標榜為『東林』，對國家有什麼貢獻呢？對這樣的人一定要嚴懲。」[4]

韓爌這時候深深感覺到，朝中的朋黨之爭已經對皇帝產生了巨大的影響，而且這只能使正在日益艱難的國事更加艱難。他在那次內殿召見後給皇帝寫了一份表示個人意見的奏本，專論黨爭問題，其中說：「人臣不可結黨侍奉君主，人君也不可用結黨懷疑臣子，只能根據一個人的才能品行和從政業績來決定他的升遷或是革黜，而不能看他是不是在哪一黨。如果朝廷上打得你死我活，官員們全部分成甲黨乙黨，絕非國家之福。」這實際上是說，朝臣結黨固然不對，但作為君主，不論是不是真有朋黨，都不應該以朋黨視之。君主心中無黨，朋黨之禍尚不至於太酷烈；君主自己先有了朋黨的成見，那造成的黨爭將帶來無法預期的嚴重後果。

可惜韓爌這個極有見地的說法卻沒有被崇禎帝接受。他確實有朋黨的成見，而且成見還極深，還極其自負地認為只有把哪一朋黨哪一圈子的人都認清了，才能以黨治黨，有效地消除朋黨。他堅持要這樣做，別人誰也沒有辦法，但朋黨並沒有被消除，反而愈演愈烈。

朝中那些非東林黨人，特別是那些在魏忠賢時期曾身居高位的非東林黨人，很快就從崇禎帝的表現中感覺到了某種可以利用的東西。既然皇上對於朋黨深惡痛絕，那些「黨」得最厲害的東林人士就有了致命的弱點。這些非東林黨人對於東林大規模占領政治要津，並且不斷地攻擊、排擠東林以外的人士相當不滿，有了皇帝的成見，他們就可以利用時機再把東林分子趕回老家去。這個時機隨著後金軍隊對京城的包圍而成熟起來。

在己巳之警中又急又窘的崇禎帝對於全體任職的大臣都不滿已極，因為在大敵當前的時候，從內閣到六部幾乎拿不出什麼像個樣子的對應措施。崇禎帝深感到這樣一批朝臣實在無法應付當前的各種危機，更不要說開闢新的豐功偉業了。為此，他在緊急中先是臨時處理了兵部尚書王洽、督師袁崇煥，而後撤換了幾個部的尚書，到警報稍緩的時候，又對內閣班子進行了大調整。

首先被調整下去的是大學士錢龍錫，直接原因是為了他與袁崇煥的關係，特別是在擅殺毛文龍事件中的責任問題。錢龍錫與袁崇煥本來並沒有任何瓜葛，但崇禎帝召用袁崇煥，提出五年復遼，錢龍錫作為內閣大臣卻不能不關心不過問。袁崇煥在京陛見期間，錢龍錫曾兩次到他的寓所，共同商議遼東前線的安排布置。袁崇煥談到毛文龍的問題時曾說，毛文龍可用則用之，不可用則殺之。錢龍錫從朝廷的立場出發，對除掉毛文龍也是比較支持的。這就是後來袁崇煥在殺掉毛文龍之後的奏疏中所說的「輔臣錢龍錫特過臣寓，商及此事。」後來為了邊防事宜，袁崇煥與錢龍錫還有過多次的書信往來。這些本來都屬於正常交往，但等到袁崇煥突然成了禍國殃民的大漢奸之後，問題一下子變得嚴重了。

錢龍錫是南直華亭（今上海市松江縣）人，與東林中許多老一輩骨幹是同鄉又是老朋友；他在天啟五年（1625年）因為得罪魏忠賢而被削籍，因而屬於崇禎初年得到平反復職的那個新既得利益集團。這種身分決定了他與在魏忠賢時期也還混得不錯的舊既得利益集團處於對立狀態，在定立「逆案」之後，他對於雖然沒有列入「逆案」卻可能多少與閹黨有些牽連的那些人壓制得很厲害，因而也特別被那些人仇恨。袁崇煥得罪被逮，而袁崇煥的奏章中明明寫著擅殺毛文龍是與錢龍錫商量過的，這對於仇恨錢龍錫的人來說是個天賜良機。因此，在後金大兵仍在京師城下，情況還萬分危急的時候，御史高捷、史等人就開始對錢龍錫猛攻猛打，揪住不放。

崇禎二年（1629年）十二月初五日，也就是袁崇煥被逮僅僅四天之後，御史高捷專章彈劾錢龍錫。

他在奏章中先把崇禎帝大加吹捧了一番，說「皇上赫然震怒，下督師袁崇煥於獄，京城中萬口一辭，都在稱頌聖上英明果斷，一舉而振作國法，消除內患。」然後指出，袁崇煥的所作所為都有內閣的錢龍錫為他謀劃，為他撐腰，為他側應。高捷在疏中列舉了錢龍錫的三大罪狀：一是指使袁崇煥擅殺毛文龍，他認為已有確證；二是勾結袁崇煥私自與後金談判媾和，這是他據袁崇煥所言推測出來的；三是挑動祖大壽率軍潰逃，這就完全是他捏造的了。在奏章的最後他又危言聳聽地說：「臣深知龍錫羽翼如林，死黨牢布，此疏一出，大禍將立至。但求一點忠心能達上聽，皇上能夠因此做出決斷，除絕禍根，臣即再受刀俎也無所遺憾。」[5]

崇禎帝對高捷所說的頗有同感，但暫時還沒有精力來處置，只是聽憑錢龍錫自行辯解和高捷一流繼續攻訐。錢龍錫在這種情況下已經無法安於職任了，只得申請退職回鄉養病，並且立即得到批准。到第二年八月，袁崇煥被處死，錢龍錫的問題再一次被提出來。史𡎺甚至說：「袁崇煥出京時，重賄錢龍錫數萬金。」[6] 崇禎帝為此震怒，命人到江南將錢龍錫逮至京師。十二月，錢龍錫被押送到北京，關進了刑部監獄。他再次上疏為自己辯解，並把袁崇煥給自己的信的原件和自己回信的底稿一起上交。崇禎帝已經拿定主意，因而不為所動，只是催著刑部定案。刑部根據皇帝惱怒的程度擬定：錢龍錫處斬，決不待時。崇禎帝卻似乎又以為有點太重了，就以錢龍錫沒有逆謀為由，命先關在獄中。到第二年，再次對錢龍錫減輕處分，改為免死遣戍定海衛。錢龍錫直到明王朝瓦解後才被南明弘光政權赦免復官。

相比之下，錢龍錫的運氣還算是好的。在他之後，有兩位內閣大學士，薛國觀和周延儒，被崇禎帝殺掉了，而且罪名都相當含混。明末的一位遺民在論及此時事說：「使其當日近韓城、宜興之間，復有餘生哉？乃知人主用法以漸而手滑也。」[7] 韓城、宜興分別指薛國觀和周延儒，到崇禎帝統治的後期，他殺大臣已經殺得手順了，即使是首輔也難逃厄運，而錢龍錫的事件發生在早期，因而保全了性命。

在處理錢龍錫的同時，崇禎帝對內閣的其他人員也進行了大換班。崇禎三年（1630年）正月，首輔韓爌離職還鄉，原因是許多人對他與袁崇煥的關係以及在己巳之警中舉措失當進行糾劾。三月，接替韓爌任首輔的李標在多次請求去職養病後終於得到批准，也離開了內閣。這樣，崇禎帝第一期枚卜建立的內閣已經再沒有一個人留任了，同時親東林的勢力也在內閣中大大削弱。補充進來的人員都是崇禎帝自己選擇，自己任命的，叫作「特簡」。這從理論上講是皇帝的特權，卻不符合百年來的傳統法則，朝臣們對皇帝不經過會推就自行任命大學士意見很大，認為這樣做既侵奪了朝臣應有的權利，又傷害了朝臣的體面。

但崇禎帝堅持我行我素，最初是在崇禎二年（1629年）末簡任了成基命，不久又以周延儒、禮部尚書何如寵、禮部尚書協理詹事府事錢象坤三人為禮部尚書兼東閣大學士，參預機務。三人中以周延儒的資歷最淺、職務最低，但在入閣的順序中卻處在第一位，這表明崇禎帝對於周延儒還是情有獨鍾的。到崇禎三年（1630年）的九月，在內閣中位居周延儒之前的成基命退休，才四十歲出頭的周延儒終於成為明代歷史上最年輕的首輔之一。在此前的六月，溫體仁和另一位有禮部尚書銜的吳宗達也一起進入了內閣。當初受到東林排擠卻被崇禎帝賞識的周延儒和溫體仁都進入了中樞機構，說明皇帝的權力畢竟是高於一切的。

東林黨人為自己實力的受挫進行過幾次反擊，但效果不大。崇禎三年（1630年）五月，東林骨幹文震孟上疏攻擊吏部尚書王永光，說他網羅一批閹黨餘孽，想要借著舉薦邊防人才來翻「逆案」，並且打擊正人君子。給事中許譽卿等人也集中火力猛攻王永光。不久後，更有人放風說，王永光等人想要以袁崇煥事件為口實，定立另一個「逆案」，把一批東林人士都牽連進去，以抵消原先閹黨的「逆案」[8]。東林黨人把矛頭對準王永光，是因為王永光在魏忠賢時期曾任過兵部尚書，現在又是百僚之長，是唯一一個在天啟後期和崇禎初年都身居要害位置的人物，因而也可以說是舊既得利益集團理所當然的領袖人物。此外，這個王永光早在萬曆年間就與東林黨人意見不合，也是東林的老對頭了。但此時王永光並沒有被東林抓到什麼真正的把柄，而崇禎帝對東林的一切說法本來疑心重重，因此這次攻勢毫無成效。

六月，東林中的著名理論家，大理學家劉宗周上疏，提出：「刑罰宜當宜平」，「賦斂宜緩宜輕」。

並針對朋黨問題，批評崇禎帝任命輔臣，不經會推，都是出自特簡。結果朋黨更盛，當政者一意驅除異己，不惜構成大獄，造成天下土崩瓦解之勢[9]。劉宗周的奏章是連皇帝帶輔臣一起攻擊的，因而崇禎帝不高興，周延儒、溫體仁之流也很憤怒。於是君臣聯手，擬旨苛責。劉宗周當時正任順天府尹，就是首都特別行政區的首席長官，是個很重要的職位，他見到東林大勢已去，自己又不受天子信任，只好告病隱退。這以後，東林在朝中的勢力更加微弱，東林派與非東林派之間的惡鬥也暫時趨於平靜。後來的很長一段時間裡，東林黨人儘管在朝中還保持著一定的實力，也掀起過幾次小小波瀾，但總括來講很不得意。這種情況直到崇禎十四年（1641年）才再次發生變化。

崇禎帝很為自己能在朝中壓抑住東林的勢力，平息由東林挑起的黨爭而得意。但在東林被抑制之後，朝中的黨爭卻並沒有像他所希望的那樣就此消失得乾乾淨淨。在東林以外的各式各樣的朋黨、幫派、小集團，為了各自的利益爭奪得同樣劍拔弩張，如火如荼。早在天啟中年，一位老資格的政治家，首輔葉向高就曾經說過：「去河北賊易，去朝中朋黨難。要其病根所在，只是爭官競進，一意牢不可破。」[10]一語道破了朋黨的根子在於「爭官競進」，也就是不論如何朋，如何黨，其實最終目的還是在於做大官、掌大權，維護自己一個小集團的利益。按照明代官場面子上的說法，爭官爭權是不大道德的一種行為，所以才會有受命後再三推辭的成例。主管官員升遷的吏部大堂上也有一副對聯：「功名身外事，大就何妨，小就何妨；富貴眼前花，早開也得，晚開也得。」[11]就是勸大家要想開點。但士大夫一輩子就是為了做官、做高官而活著的，哪能不爭不競？因此在抑制了東林的勢力之後，朝中的各派勢力「爭官競進」的鬥爭並沒有完結，因而朋黨之爭也就不會有寧日。而且，這些小家子氣十足的朋黨之爭更紛雜、更瑣屑，也更加混亂不堪。

崇禎四年（1631年）初，東林與非東林的爭執才平靜了不到半年時間，分別主管著文職官員的考察、選拔、任用和武職官員的考察、選拔、任用的吏部與兵部兩部的尚書，就為了各自的權勢展開了一場惡鬥。

如前所述，此時任兵部尚書的梁廷棟是在己巳圍城時期被緊急提拔起來的新晉官僚，僅兩個月工夫就由一個地方官吏晉升為朝中顯赫的大臣。梁廷棟的飛速提升一方面是由於他的運氣好，另一方面也確實是因為他在具體安排各路援兵的駐防、調配和應付突變局面的時候比較有章法，能力顯然要比朝中那些老資格的正統官僚要強。崇禎帝明顯感到這個人才難得，才在危急時刻破格任用。在軍情緊急的時候，其他的朝官們也只好眼看著梁廷棟一步登天，但形勢一旦和緩了，就有許多人對他生出無限的嫉妒。有人上疏說他「監司（道員）之才有餘，樞府（兵部）之才不足」，指斥他的這個差錯那個失誤；有人甚至就公然說，「廷棟數月前一監司耳，倏而為巡撫、總督、本兵（兵部尚書），國士之遇，宜何如報？」[12] 似乎他既然受到這樣的國士之待遇，對他怎樣要求都不能算高。幸好崇禎在這件事上很有主見，認為在一片大亂中能把局勢維持成這樣已經不錯了，對梁廷棟仍然很信任。

在朝中代表著正統官僚，對梁廷棟很看不上眼的，就有吏部尚書王永光。王永光是萬曆二十年（1592 年）的進士，在朝官中資格第一；早在天啟初年就做過尚書，當高級重臣的歷史在朝中也數第一。他作為舊既得利益集團的代表人物，對突飛猛進步入高層的新貴自然有些不以為然，那些交章攻劾梁廷棟的言官和下級官員們也很有一些是他的死黨。梁廷棟對此看得很清楚，一時性起，決心要與這位朝中大老鬥一鬥。這也與他自己的野心有關，因為做了兵部尚書之後，他的眼光又瞄向了吏部尚書——那才是真正的百僚之首，而只有把王永光排擠掉之後，正在受到萬歲青睞的梁廷棟才有可能攀登上那個最高的位置。

崇禎四年（1631 年）二月，梁廷棟利用與兵部有關的一件行賄案參劾了御史袁弘勳和錦衣衛指揮張道濬，得旨「俱革職提問」[13]。袁弘勳和張道濬兩個人都是王永光的心腹死黨，這個賄賂案件因而也牽連上了王永光。立即有人彈劾王永光貪贓受賄，舉用非人。由於王永光為官清廉是很有些名氣的，崇禎帝一時也不相信對他的這些指控，但梁廷棟同樣是自己信任的人，因而又有些半信半疑。這時候，內閣中兩位起主導作用的大學士周延儒和溫體仁的意見就舉足輕重了。

從崇禎三年（1630年）的下半年起，當初因為會推中沒有列名而顯得可憐巴巴的周延儒和溫體仁，分別擔任首輔和次輔，成為內閣中的主導人物，成了朝廷政務的核心。兩個人曾經為了共同「爭官競進」一度聯過手，但由於背景不同，性格各異，得勢後又不能不為各自的利益發展朋黨，漸漸地變得勢如水火了。周延儒少年得志，中年即成為首揆，是一路順風的人物，因而外表雖然風流瀟灑，機敏善辯，其實內在氣質中卻有很軟弱的成分。他又已經身為首輔，與溫體仁鬥主要是為保住已有的位子，因而一直比較被動。溫體仁則是個深諳世故的老牌政客，表面上待人一團和氣，溫柔可人，內心卻陰險而決斷。他一心就是想對周延儒取而代之，處處設計卻盡量不留痕跡，常常令周延儒防不勝防。

周延儒是最先被崇禎帝賞識並被重用的，要取而代之就需要在君臣兩方面下功夫，先在輿論上、感情上領先一步。溫體仁很重視攻心戰，也很善於攻心戰，相比之下周延儒則差得遠了。這從一些小例子中就可以看出來。錢龍錫被判處死刑後改為遣戍，出獄臨行前特地去拜會當朝的輔臣。周延儒對他說：當時皇上火氣很大，幾乎無法挽回了，我們幾個費了很大力氣才使皇上回心轉意（保住了閣下的性命）。錢龍錫當然非常感激，在見到溫體仁時再次致意。溫體仁卻說：皇上當時並不是很惱怒[14]。這件小事使得錢龍錫以及他的親朋故舊都非常欣賞溫體仁的為人忠厚，而對周延儒卻頗有微詞。

在對待崇禎帝的時候，溫體仁更是深深懂得為臣之道。他一直在積極培植自己的勢力，打擊異己的勢力，但做得不顯山不露水。他明知皇帝生性多疑又剛愎自用，於是採取虛實結合、揚抑並用的戰術。凡是他想要薦用的人，總是先找別人舉薦在先，而後自己才出面，免得被崇禎帝疑心；而對於想要排擠的人則故意做出寬容的樣子，想辦法觸動崇禎帝的疑心，讓崇禎帝自己動怒。周延儒雖然為人也十分乖巧，但常常乖巧在表面上，有的時候會讓生性多疑的崇禎帝察覺出來，時間長了就有些不太好的印象。

吏部和兵部兩位尚書的決鬥是關係朝中力量消長的大事，正在暗中較勁的兩位輔臣不可能不參與進去，也不可能不把這次鬥爭當成一個發展自己實力、排擠對方的重要時機。因而在王永光與梁廷棟的鬥爭背後，一場潛在的輔臣之爭也在激烈地進行。

周延儒是支持王永光的，他一直把王永光的勢力作為支撐自己主持國務的重要力量。同時，他對於一直在崇禎帝面前很吃得開的梁廷棟也很有些敵意。但陰柔狡詐的溫體仁卻另有一番打算。他入閣才半年多，實力尚弱，但已經做好了驅除周延儒全面把持朝政的通盤安排。在表面上，他對周延儒很尊重很友善，實際上卻在不露聲色地拆周延儒的台。這一次他看到王永光因為多年掌吏部得罪人太多，而且在皇帝面前的寵信程度已經大大下降，就果斷地站在了梁廷棟的一邊。這時候正好趕上周延儒主持會試，不在內閣，於是溫體仁做主擬了一道嚴厲申斥王永光的聖旨。一向以為是自己在操縱群臣和朝政的崇禎帝哪裡知道朝臣之間還有那麼多曲折繁複的門道，一不小心就把溫體仁所擬嚴旨批發了。根據傳統，受到嚴厲申飭的大臣是不能安於其位的，王永光只能再三地請求辭職，並且終於得到了批准。

王永光在東林黨人正面的大舉進攻面前沒有垮下來，卻在梁廷棟與溫體仁的陰謀活動中成了犧牲品，從此脫離政壇。

但梁廷棟的如意算盤同樣沒有得逞。趕走了王永光，他本人並沒有頂替上去補為吏部尚書，那個位置糊裡糊塗地被左都御史閔洪學占據了。閔洪學是溫體仁的同鄉好友，這次任吏部尚書也是溫體仁薦舉的，顯然在驅逐王永光的事件中得漁人之利的正是溫體仁。這以後，溫體仁與閔洪學結為一體，閣權、部權合一，溫體仁的勢力逐漸膨脹起來，逐步壓過了周延儒。

梁廷棟卻因為是在驅王事件中衝鋒陷陣的，既得罪了王永光的黨羽又得罪了首輔周延儒，再加上他本來政治資本就薄弱，經過一番傷筋動骨之後更無法在朝中久留了。果然不久就有人彈劾他營私舞弊諸多實事，這一次在幕後主持的正是周延儒。梁廷棟無法與朝中大勢力抗衡，最後被罷免，回原籍閑住。

靠著種種陰柔的辦法，溫體仁越來越得到崇禎帝的信任，在朝廷中的實力也漸漸超過周延儒。但直到王永光去職，溫體仁的親信閔洪學當上吏部尚書之後，周延儒才意識到溫體仁已經對自己構成了威脅。周延儒仗著自己的首輔地位，也對溫體仁的勢力做了一些反擊。王永光去職後不久，他先是扳倒了與自己作對的兵部尚書梁廷棟，附帶著以為梁廷棟洩露消息為理由，把內閣大學士錢象坤也趕出了朝廷。錢象坤是溫體仁的門生，儘管比溫體仁先入閣，卻一直以師生之禮屈居於溫體仁之後。除掉這個錢象坤總算減少了溫體仁在內閣中的一個重要內援。至此，內閣中兩位輔臣間的鬥爭進入了白熱化狀態。

崇禎四年（1631年）的所謂科場事件正是在這個背景下產生的，暗中主持這次行動的也確實就是溫體仁，當初他能用將近十年前的一次科場事件整垮錢謙益，這一次就準備用眼前的一次科場事件除掉擋在自己前面的首輔周延儒。這一次他雖然沒有成功，卻為後來倒掉周延儒埋下了一個伏筆。

這年的年底，山東方面發生了一起嚴重的叛亂事件。原先屬於毛文龍部下的一部分官兵在毛文龍被殺後各謀生路，其中很大一部分浮海逃到膠東，帶頭的是孔有德、耿仲明和李九成等人。負責膠東半島防務的登萊巡撫孫元化過去多年任職遼東，對遼東部隊比較有感情，就收編了他們，仍由孔有德等人統領。這支部隊卻為了主帥被袁崇煥無緣無故地殺死，對朝廷深懷不滿，腦後的反骨並沒有蛻化。十一月，因為遼東大淩河遭受後金圍攻，形勢吃緊，孫元化奉命調孔有德部從旱路增援。隊伍走到吳橋（今屬河北），因為天降大雪軍食不足而嘩變。孔有德帶著部隊一路向回殺過來，攻陷了山東的陵縣、臨邑、商河、青城、新城等縣，長驅進入膠東，在歲末的時候圍困了孫元化駐鎮的登州城（今蓬萊）。

對於這次叛亂，孫元化一直主張和平招撫，朝廷一時沒辦法調集軍隊去剿殺，也只得先讓孫元化招撫著看。直到叛軍兵臨城下了，孫元化仍然以為自己憑著老關係可以傳檄而平亂，還是多次寫信勸喻孔有德，沒有把注意力全放在堅守拒敵上。崇禎五年（1632年）正月，仍在孫元化軍中的耿仲明在城裡做內應，登州城破。孫元化自殺沒有死，做了俘虜。孔有德看在過去的交情上，又把孫元化放了。孫元化逃到北京，不久就因致叛、陷城被逮捕，後判處死刑，處決。孔有德的叛軍則在山東鬧騰了足足一年多，到處攻城陷地，殺人放火，至崇禎六年（1633年）二月乘船逃往遼東半島，投降了後金，成為後金的一支重要有生力量。

失事被殺的孫元化和周延儒是同科舉子，過從甚密，關係極好。孫元化主張招撫，在內閣中主要是靠周延儒的支持。再加之周延儒身為首輔卻對於孔有德叛亂一直沒有拿出什麼好的對策，朝中不少人就追究起周延儒在這次事件中的責任。溫體仁當然不會錯過這個好機會，也發動自己的黨羽一起趁火打劫。一時間彈劾周延儒在山東問題上主撫誤國的奏章有數十封，有人甚至風聞奏事，把一些與山東事件無關的事情也一起搬出來，說周延儒收受大盜神一魁的賄賂，力主在西北撫賊，給國家造成巨大損失[15]。周延儒為自己作了辯護，崇禎帝也知道有些事情不能全由周延儒負責，溫旨勸慰，讓他繼續在閣中辦事。但以崇禎帝一貫的作風，朝政中有大的失誤，總是要由部閣大員承擔責任的，眾人指責首輔應該為山東的失敗負主要責任，仔細想起來也不無道理，正好合了他的思路。前思後想，周延儒在他心目中的地位已經開始動搖。

為了自救，周延儒進行了最後一番努力。他決定先對吏部尚書閔洪學下手，以此來動搖溫體仁的基礎。由於自己的力量不足，他只好去求助於那些喜歡在朝中興風作浪的東林派言官。周延儒由於鄉籍的緣故本來與東林黨人的關係並不壞，在東林中也還有一些朋友，只是由於在崇禎元年（1628年）那次會推風波中得罪了東林，才反目成仇。但相比之下，東林中人對於溫體仁更為仇恨。周延儒讓自己一派的吏部侍郎張捷等人向東林言官們表示，只要擠走了閔洪學，在內閣中驅逐溫體仁可以由周延儒一手承擔。

東林的言官和一些小臣們立即對閔洪學發動了一場攻勢，給事中王績燦、御史劉令譽、周堪賡等人紛紛上疏參劾閔洪學，其中最為直截了當的屬兵部員外郎華允誠的參奏，他直接提出：我朝罷設丞相，用人之權由吏部執掌，內閣不得侵奪。而今次輔溫體仁與吏部尚書閔洪學同鄉同黨，閣臣把持吏部之權，吏部曲承內閣之命。任用私人，排除異己。皇上惱恨諸臣專權，其實沒有比這專權得更厲害了；皇上疑心諸臣結黨，其實沒有比這結黨得更嚴重了[16]。崇禎帝對這些攻擊閔洪學和溫體仁的官員們都給了一些不太嚴重的懲戒，而在心中對於閔洪學與溫體仁的同鄉身分也不能不有些懷疑。閔洪學不能安於其位，終於在崇禎五年（1632年）的八月引疾辭職。崇禎帝任命曾在天啟初年做過戶部尚書的李長庚接任吏部尚書。

周延儒擠走了閔洪學，算是在與溫體仁的鬥爭中獲得了一次不小的勝利，但他自己受到的損傷也不小。一方面是他這次與東林聯手，使得崇禎帝也對他產生了勾結東林謀求私利的疑心。另一方面，溫體仁和他的黨羽們通過這件事情對他恨之入骨，更堅定了整垮他的決心。還有，就是東林方面的人士見到他並沒有能把溫體仁驅逐出內閣，對他的能力和人格再次感到失望，也不想再和他合作。在這種情況下，周延儒的處境就相當艱難。溫體仁卻在這個時候使出一個非常陰險的招術，終於將周延儒打倒了。

崇禎六年（1633年）初，溫體仁不再用親信的言官，而是請一位在宣府監軍的太監王坤上疏對周延儒進行了一番系統攻擊。崇禎帝在剛剛即位後就撤除了全部監軍太監，一直被朝臣和士民們當成英明天子善政的一個重要部分。但隨著他對朝臣的日益失望，到了崇禎四年（1631年）秋天，這種引起官僚層極大不滿的太監監軍制度又被恢復，而且派遣人員之多超過了魏忠賢專權的時期。朝臣們當然要集體抗議，崇禎帝卻咬牙堅持，表示自己出此下策實在是由於文武百官太無能太腐敗。君臣之間在這個問題上的衝突始終沒有真正和緩下來。溫體仁明知道，在這種背景下，由一位太監攻擊首輔，必然會遭到大多數官員的不滿和抗議，但這種抗議卻一定會激怒皇帝，使得在朝官輿論中得到支持的周延儒在皇帝那裡澈底失分。對於這樣一條巧妙曲折的毒計，不論是周延儒和朝臣們還是崇禎帝本人，都沒有看透其中的奧祕。

溫體仁的另一個有利條件是他與宦官的關係一向很好。因為太監們是常隨皇帝左右的，一句悄悄話對於皇帝產生的影響可能比全體朝臣的集體啟奏還大。崇禎帝自認為是從來不受宦官影響的，對掌管國事的太監們也非常嚴厲，但他實際上還是在不知不覺之中受著極大的影響，溫體仁對這一點從來不敢掉以輕心。平時在內閣，哪怕是一個最沒有權勢的小內侍來傳話辦事，他也總是恭恭敬敬、客客氣氣。在其他場合他並不招搖過市地與太監們交往，但時刻不忘恭謹二字，不少太監對他都頗有好感。太監王坤與他的關係顯然已經不只是好感了，其中的內幕不得而知，但溫體仁在攻劾周延儒的過程中做了手腳，卻是滿朝皆知的。

果然，朝臣們對一個宦官指摘首席大學士表現了幾乎是同仇敵愾的憤怒，以為這使得整個文官官僚集團都大丟面子。新任的吏部尚書李長庚率全體卿貳大臣上疏說：「陛下博覽古今，曾見過有內臣參論輔臣的嗎？從今以後，廷臣都將拱手屏息，這難道是盛朝氣象！臣等失職，請立賜罷譴。但不忍心開內臣輕議朝政之端，流禍無窮，讓後世萬代指責。」[17]左副都御史王志道還獨自上奏：「近年來內臣參劾朝臣越來越多，朝內則參給事、御史、各部司官，朝外則參總督、巡撫方面大員，進一步又參部院卿貳大臣，現在參起輔臣來了。臣以為，這太出格了！」[18]崇禎帝卻認為這是朝臣們借機發洩對自己任用內臣的不滿，也果真氣惱起來，決定與朝臣們鬥上一鬥。

第二天是二月初八日，崇禎帝在文華殿召見內閣和各部院尚書、侍郎、都御史等高級大臣。首先讓王志道出班，對他說：「王坤的劾疏，已經有旨責他輕率妄言，為什麼還要牽扯許多？說是內臣參的就處分，參內臣的也處分，這樣說來，所有被懲處的官員都是因為內臣，這個朝廷上也沒有別的政事，都是內臣了。全是誣捏！」而後又插七插八舉了一大堆近日處分朝臣的例子，說明都是罪有應得，並非為了宦官的緣故。又說：「你們不自己檢查反省過失，只是揪住內臣不放，無非是借一個題目，但凡參過內臣，就是護身符了。這是怎麼說？」

王志道只得回答：「王坤疏劾輔臣，舉朝惶惶不安，都是為了紀綱法度擔憂，並非為了朝臣自己開脫。至於臣疏中不能詳慎，語多謬誤，罪當萬死。」

崇禎帝卻沒聽清楚後面那句話中說的是語多什麼，就問周延儒：「是說什麼？」周延儒代為答道：「謬誤。」他就接口說：「又有這許多謬誤了。你在朕前說謬誤，寫在史冊上就不謬誤了？多少關係國家大計的事，從來不發一言。如今使用內臣，不利於你們在外作弊，恰有王坤一疏，就張大起來，有許多話說。故意借個題目，挾制朝廷不便處分，你真是奸巧之極。」他越說越覺氣憤，越說越覺痛心，轉而對諸臣說：「文武百官，朕未嘗不信用，可是誰肯打起精神，實心做事？只是一味朦徇誘飾。不得已才差內臣查核，原是一時權宜之計。你們外臣如果肯做事，朕何必要用內臣？」一時聲色俱厲。

朝臣對於皇帝的發火無可奈何，周延儒跪上前去勸解說：「王志道並非專論內臣，實際是譴責我們內閣溺職。諸臣不能盡心修職，以致封疆多事，寇盜繁興。皇上萬不得已，遣出內臣查核邊防，原是一番憂勤圖治的苦心，屢次上諭很明確，外廷都知道。人們對皇上無不欽佩敬服，只是臣等罪狀多端，所以外廷都來責備。」崇禎帝的臉色這才好看一些，沉思了許久才說：「王志道疏中誣捏款項還沒有說盡，本該捉拿問罪，念在輔臣申救，起去候旨吧。」當天有旨下來，王志道革職回籍[19]。

這次風波雖說暫時過去了，但崇禎帝對於周延儒還是起了疑心，覺得他是為了保護自己，才糾集群臣在任用內臣的問題上大做文章。他為什麼要這樣急於保護自己呢？顯然是真有隱藏很深的虧心事，生怕暴露出來。根據這個邏輯，崇禎帝認真對周延儒的所作所為進行了調查。那個王坤本來在劾疏上只是側面攻擊周延儒利用職權，選拔了一個並沒有真才實學的連襟做狀元，仍然是一套過時的老話。但此時見到皇帝認真要查，就又搜集了一大批有關周延儒的罪行材料，共有二十多條，有縱容僕從，招權納賄，為害鄉里，亂政誤國種種罪惡，從大政方針到生活瑣細無所不包，其中也卻有其事的，也有道聽塗說的，也有憑空捏造的，洋洋灑灑，真夠周延儒抵擋一氣了。

崇禎帝早已對周延儒有了成見，對於這些指控也是將信將疑。他又作了進一步調查，還把周延儒的一個門客叫李元功的抓進了錦衣衛監獄進行拷問。周延儒畢竟是一位當朝首輔，又是崇禎帝一手提拔上來的，崇禎帝即使現在對他也並不是全無好感，這些調查多半是在祕密進行的。皇帝顯然並沒有真下狠心，負責調查的錦衣衛衙門也就沒有真下實力。因此調查拷問了許多日子，並沒有得出什麼結果，周延儒的那些罪狀大多是事出有因，查無實據。查來查去，倒查出一條無關緊要的事情來：有人反映，周延儒自稱「頗有回天之力（對皇帝的影響力）」，而且在背地裡叫皇上是「羲皇上人」，實屬大不敬[20]。

所謂「羲皇上人」就是指太古之人，但一般很少有人用這個詞。陶淵明在文章裡說：「常言五六月中，北窗下臥，遇涼風暫至，自謂是羲皇上人。」是一種很瀟灑的說法，或許有幾分自嘲，卻絕無貶義。狀元出身的周延儒書讀得多了，喜歡玩些文字遊戲，把皇上兩個字夾在「羲皇上人」裡面，作為一種代號，多半是為了好玩，並沒有什麼惡意。但崇禎帝卻是一個毫無幽默感的人，覺得大臣，特別是像周延儒這樣的親近大臣，給自己起外號，簡直不可思議，的確是有大不敬的味道。於是他抓住了這一條，反復追問周延儒到底是怎麼回事。

周延儒真是有苦說不出，總不能說是為了好玩才給皇帝起個代號吧。所以在這個問題上他就一直支支吾吾，不肯明白回答。在這種情況下，他也只能依照慣例上疏乞休了，而且暫時停止入閣辦公。他本來還以為這並不算什麼大事，希望能得到皇帝溫和的慰留，但沒想到他的第三封乞休疏（照慣例就是最後一封了）卻被在閣中當值的溫體仁擬了「准予休告」的旨，而且被皇帝批朱通過了。於是這位年輕的首輔只能回家鄉去「調養」身體。這時是崇禎六年（1633 年）的六月。

周延儒就這樣在一場利害之爭中敗下陣來，而且直到最後也沒有弄清楚，到底是溫體仁還是崇禎帝讓他下了台。周延儒離開內閣之後，他的首輔之位自然被競爭對手溫體仁接替。這以後，崇禎帝與他的首輔溫體仁似乎有一段相當不錯的合作，溫體仁也因而成為崇禎朝歷史上任首輔時間最長的一位，整整有四年的時間。

1 見《國榷》，卷九一，第六冊，第 5569 頁。
2 陸世儀，《復社紀略》，上海書店 1982 年 3 月《東林始末》本，卷二，第 205 頁。
3 見《烈皇小識》，卷二，第 35 頁。

4 見《明史》，卷二四〇，第二十冊，第 6247 頁。
5 見汪楫，《崇禎長編》，卷二九，第九三冊，第 1594-1598 頁。
6 王鴻緒，《明史稿》，卷二三五。
7 楊士聰，《玉堂薈記》，卷上。
8 見《國榷》，卷九一，第六冊，第 5532 頁。
9 《明史》，卷二五五，第二二冊，第 6577 頁。
10 《兩朝從信錄》，卷二二。
11 談遷，《北遊錄》，紀聞上，中華書局 1960 年 4 月版，第 227 頁。
12 《明史》，卷二五七，第二二冊，第 6627 頁。
13 《烈皇小識》，卷三，第 63 頁。
14 見《倖存錄》，第 306 頁。
15 見《明史》，卷三〇八，第二六冊，第 7927 頁。
16 見《烈皇小識》，卷三，第 75 頁。
17 見《明史》，卷二五六，第二二冊，第 6614 頁。
18 見《山書》，卷六，第 127 頁。
19 見《山書》，卷六，第 128-131 頁。
20 蔣平階，《檔林始末》，上海書店 1982 年 3 月版，第 47 頁。

卷參

勵精圖治總無期

一 剛明求治

崇禎七年（1634年）甲戌又是一個大比之年，三月十五日，通過了會試的貢士們照例入宮參加由皇帝親自主持的殿試。這是一次大典禮，文武百官都身著斑斕的禮服跪在丹墀上，黑壓壓的一片。崇禎帝莊嚴地坐在皇極殿（太和殿）的御座上，等著群臣們一拜三叩的儀式完畢，才見到禮部官員引導著三百多名貢士們魚貫而入，按名次排列在大殿外面。

當年唐太宗策試士人，見到天下學子中的佼佼者們魚貫而入的時候，曾經極為得意地說過：「天下英雄盡入我彀中矣！」此時的崇禎帝卻並沒有那樣的好心情。朝廷以科舉取士，重用科甲人才，是明代的祖制。中央和地方的各種要職差不多被清一色的進士占據著，就聯手握重兵，相當於大軍區司令（而且兼管地方行政）的各處總督也是清一色的進士出身。但崇禎帝在自己執政的這幾年間卻深深感到，那些堪稱八股文能手的進士們、翰林們，在處理實際軍政要務的時候大多是些昏昏聵聵之輩。他很想在自己親手考選的進士中挑出一批幹練的人才，但面對著這一大群神色拘束緊張的書生，他又很懷疑其中是不是真有干城棟樑之材。

前一天才緊急刊印出來的「策問」考卷下發到每一個貢士手上，考生們連忙瀏覽一番，全都表現出一副大驚失色的樣子，有的朝同伴們遞送著不解的眼神，有的腦門上滲出了汗珠。這篇「策問」試題中一連提了九個問題，出語嚴峭無華，卻大多切中時弊，劈頭第一問就說：「同朕共同治理天下的，是士大夫。如今士風不正，欲求無邊而見識短淺。想要正士風以復古道，用什麼辦法可以做到？」[1]

從理論上講，殿試是由皇帝親自主持的一次考試，皇帝親自出題，親自監考，親自閱卷評定名次，因此進士們都得意地自稱是天子門生。但長期以來，明代的皇帝們大多對朝政毫無興趣，因而所謂主考只是名義上的，有的皇帝儀式性地在考場上露一下面，有的則根本不出席，全部事宜都交給內閣大臣去處理。只有事必躬親的崇禎帝才每次殿試必到，而且每次都認真地直接過問考試的各個環節。殿試時間較短，通常只考策論一道，就是根據皇帝提出的「策問」回答自己對於一些治國大政的意見。這相當於試題的「策問」通常也是由內閣擬出兩三種再由皇帝挑選，大多空泛無實，貢士們也是以空對空，寫上些歌功頌德的話交卷，反正除了極個別的例外，全體參加殿試的貢士都能得到一個「進士及第」、「進士出身」或是「同進士出身」。

因為有這樣的傳統，這一次參加殿試的貢士們早就通過各種關係從內閣裡套出了原擬的兩道「策問」，事先寫好了兩篇洋洋灑灑的空洞文章，準備在殿試的時候謄寫一遍就交差過關。誰知道，崇禎帝這一次對內閣所擬的兩道「策問」都不滿意，於是自己重新作了一篇。

雖然只是一篇試題，他卻實實在在是有感而發，因而這篇「策問」很清楚地反映出他在當時最關心的問題和對時事的看法。這篇三百多言的「策問」共有九問，可以歸結為五個方面。最初的一問表現了他對於整個官僚集團的極度不滿，在他看來，官僚們在整體上已經腐敗之極，士風敗壞，庸碌無能，對此非澈底整治不可。但用什麼辦法才能重振士風，使得官僚們勤廉兼備，德才並茂，他自己心中卻毫無成算。除了端正士風之外，「策問」中提出的問題還包括抵禦外患、消弭內亂、治理財政和破格用人。對於每個方面的問題他都正面表述了自己的看法，然後指出問題的核心所在，要貢士們提供解決問題的辦法。對於外患，他認為滿洲本來只是屬夷，地域狹窄，人口稀少，但一旦對本朝發起進攻，竟然勢不可當，實在不可思議。對內亂，他以為流賊與天災互為因果，很難從根本上解決問題。關於財政，他講得比較具體，說是流寇蔓延，兵事孔急，國庫空虛，糧餉不繼，進言的人卻不考慮國家大局，總是要求減免稅收。人民是國家之本，朝廷怎麼會不憐恤呢？但又要恤民，又要養兵，兩全之策卻不知是什麼。最後他特別提到：唐、宋時代文職武職本沒有什麼高低貴賤的區別，國初的時候用人也不一定都是科甲出身，而現在卻成了牢不可破的規制，這種壓抑人才的陋規非改不可。

貢士們常年潛心於八股文，對這些重大國政當然提不出什麼真知灼見。他們在皇帝眼睜睜的監視下才發現，題目與原來打聽到的完全不一樣，一時心煩意亂，文思全無，定了好一陣神，才硬著頭皮各自應付了一篇，交卷。

崇禎帝自己對這篇「策問」卻是極其鄭重其事的。國事日趨艱難，心中毫無成算，他很想通過候補進士們的集思廣益找出這幾個亟待解決的問題的答案，同時也能發現幾個人才俊傑，以便讓自己的帝國由亂而治，重新昌盛起來。因為有過很高的期望，見到那些言之無物的「策對」答卷就更叫他失望。內閣在初評後按規定把十二份最好的考標籤定名次進呈御覽，崇禎帝把這些「策對」仔細研讀了一遍，覺得竟沒有一篇能讓他滿意。難道天下人才真的枯竭到這種程度了嗎？他仍然不甘心，讓內閣再選一些比較好的送進宮來。輔臣們只得又選送了十二篇，仍然不好，但其中的一份總算針對「策問」中的問題說了一些自己的看法。打開彌封一看，是河南杞縣舉人劉理順。崇禎帝只好矮子裡拔將軍，把這個劉理順欽定為一甲第一名狀元。

其實這位劉理順也並非有什麼真才實學，只是關係少沒門路，在殿試之前沒有探聽到內閣原來擬定的試題。因為本來沒有特別的準備，見了崇禎帝親自出的「策問」反而不緊張，從容抒寫，竟中頭魁。有些時候，老實人並不吃虧。

這次小小的殿試製度改革，只是崇禎帝在執政期間所進行過的無數次革新嘗試中的一次，而且也像他所進行的一切革新項目一樣，絲毫沒有取得實實在在的成效。他御極已有七年，一直痛切地感到朝中無人才，天下無人才。他手下的文武官員們也確實是無用的居多。明朝特重科舉，科舉考試又只重八股文，引導大批士子終身讀經制藝，頭腦中除了程朱理學的一套性情義理的教條之外空空如也。這就造成明代各級官僚和士人只會空談天理，極少政治、經濟和軍事才能。《明史》上說：「明季士大夫，問錢穀不知，問甲兵不知。」[2]是很公允的評價。空談之餘，在士大夫中逐漸形成了一種重「德」輕才，重義理輕實際的意識形態至上的風氣。東林黨人總體上比較清廉正派，為了他們自認為的正義也曾轟轟烈烈地流血犧牲，但其中卻很少有幹練的政治家。而且這個政治派別的最早起源恰恰是與反對幹練的政治家張居正有關。在一次討論京城防禦清兵的時候，有人提到使用西洋人湯若望教習的火炮部隊，天下最負盛名的理學家，左都御史劉宗周竟然說：「湯若望向年倡說天主邪教，蠱惑人心，堂堂中國，止用小技禦敵，豈不貽笑天下！」而朝野中的士人竟也對劉宗周的凜然正氣大為折服[3]。

崇禎帝在即位之初就對朝士們的迂闊無用早有領教，隨著國家危機的日趨嚴重，他對於大臣們的失望也越來越強烈。為了改變這種狀況，他在文官制度方面也進行過多種革新的嘗試，崇禎七年（1634年）前後推出的就有：從知縣、推官中選拔人才入翰林院；不拘資格任用科道；內閣大學士兼用朝臣和外臣；破格起用特殊人才等等。這些改革大體是為破除多年來用人只重進士、進士中又特重翰林詞臣的陳規。因為進士也罷，翰林也罷，只不過是《四書》爛熟，文章優秀而已，並不見得就有經邦治國之才。而明代歷年「非進士不入翰林，非翰林不入內閣，南、北禮部尚書、侍郎及吏部右侍郎，非翰林不任」[4]，既壓抑了各方面的人才，也使得政府高級官僚長期脫離實際，缺乏解決問題的能力。為了改變這種局面，崇禎帝一面命令直接從有實際工作經驗的地方官員中選拔人才任翰林院的編修、檢討，以改變翰林院的結構；一面從沒有翰林經歷的官員，特別是由知縣、推官起家的官員中遴選內閣輔臣。崇禎八年（1635年）他首次任命知縣出身的張至發為內閣大學士，以後任用的地方官出身的閣臣還有薛國觀、程國祥、范復粹等數人，其中張至發、薛國觀、范復粹都做過首輔。

崇禎七年（1634年）同樣是武選的大比之年。明朝的科舉制度文武並行，武科同樣有生員、舉人的名目，武舉還三年一次參加會試。但由於明代一向重文輕武，武生、武舉的社會地位根本不能與文科的秀才、舉人們相比，而且武舉通過會試後也只是酌情授予武職，不給進士的名分。在天下刀兵紛紛，急需軍事人才的情況下，崇禎帝覺得，這個武選的制度也該改一改了。

還是在崇禎四年（1631年），武舉會試，武場考試中能揮動百斤大刀的只有徐彥琦和王來聘兩個人，但放榜時徐彥琦卻因為文場考試成績不佳而沒有中選。崇禎帝瞭解到這個情況後大為惱火，天下軍情孔急，正是需要將才的時候，而主試者卻還是固執於重文輕武的舊規，選拔武士居然也以文章為主。他把主考的兩位詹事府詞臣楊世芳、劉必達逮捕嚴辦，同時下令重新舉行會試。這一次的做法以後成為定例，武會試以刀馬騎射的武藝為主，文辭為輔。為了提高武科的地位，崇禎帝還決定從這年起，武會試之後增加殿試，和文科一樣授予中試者進士及第、進士出身、與進士出身的功名。另一個能耍大刀的王來聘於是成為明朝的第一位武狀元，當即被授予副將職銜（在武職中僅次於總兵官）。

即便能耍得大刀，射得好箭，也未必就真是將才，何況武場的考試積弊多年，管理鬆弛，從來等同兒戲，耍刀射箭的武藝也不見得是真的。崇禎七年（1634年）秋天的武選會試就搞得烏煙瘴氣，第二場考步射，正趕上刮起了大風，射中的極少，監試官就提請只要中一箭的都算合格。有人說，考騎射的場面更加令人吃驚，許多人都是讓僕人牽著馬跑到靶子前面，用手把箭插在靶子上[5]。如此武藝怎麼能對敵作戰呢？因而崇禎年間偶有一、兩個能打仗的將領，大多是行伍部卒出身，很少有武舉、武進士起家的。這一番武試革新同樣毫無成效可言。

在用人的風格上，崇禎帝確實有些不拘一格的特點，而且一直在探索著通過科舉、詞林、科道以外的非常規途徑網羅人才，一直嘗試著文才武才並重、科第保舉並重、朝官外官並重等一套新的用人辦法。從明朝選官用人制度的弊端來看，他的這個思路還是很正確的。但他本人實際上根本就缺乏統籌安排進行制度改革的能力，而且又自以為是，從來沒有為組織得力班子作過周密的籌劃，只是憑著一時的激動隨意降旨。對各種破格使用的人才，他又很少認真進行過周密考查，更談不上長期培養。而一旦印象改變，罷免的時候也極輕易。因而崇禎時期用人極多，用人途徑極廣，真正有用的人才卻沒有幾個。另一方面，用人制度的改革勢必會侵犯朝官集團的既得利益，因而遭到他們的強烈反對，使得君臣之間更加離心離德。因此他的用人改革想過無數辦法，堅持了許多年，但陡然增加了朝政的混亂，卻始終沒有收到預期的效果。

崇禎七年（1634年）是相對平靜的一年，政治上沒有出現什麼大的糾紛，除了在秋季後金軍第二次入塞，在宣府、大同一帶進行了一番騷擾之外，軍事上也沒有什麼重大的失敗。在這相對平穩的一年裡，崇禎帝一直在努力地抓理財、抓軍事、抓吏治，要把自己的政權建設得更加鞏固起來。他一直遵奉著亂世須用重典的信條，喜歡用不測君威震懾群臣，以激勵臣子們用心辦事。因而在沒有出現什麼大亂子的這一年裡，仍然有大批官員由於在各種政務和軍事活動中的失誤而遭到制裁。吏、戶、禮、兵、刑、工六部的尚書和都察院的左都御史幾乎都受到了嚴厲處分，分別被停職、罷官、削籍或是逮系問罪。

這年的四月，第一個被削籍為民的高級大臣是戶部尚書畢自嚴。事情的起因在上一年春天。當時有個華亭（今上海淞江縣）知縣鄭友玄通過考選升任為御史，已經被任命。但關心細務的崇禎帝在仔細研究過有關材料後發現，這個鄭友玄在原先任青浦知縣的時候曾經拖欠過金花銀二千九百兩。金花銀是明朝後期在正稅之外附加的一項錢糧，直接提解到內庫作為皇帝的私人收入。崇禎帝對於這項私人財產一向看管得很嚴，多次諭令戶部按期按量收繳，對於歷年的拖欠絕不寬緩。鄭友玄身為地方官，拖欠錢糧本來不能參加考選，何況拖欠的又是皇帝自己的收入，尤為可惡。因此崇禎帝嚴旨要戶部回奏，鄭友玄錢糧未完，戶部為什麼虛報知會吏部，讓他得預考選？戶部尚書畢自嚴連忙上疏解釋，說鄭友玄在此前已經用個人的錢財交庫，完納了十分之七。崇禎帝再命管庫的太監核實，回說根本沒有鄭友玄交納逋賦的記載。這裡面到底是戶部書吏做了手腳還是內庫太監做了手腳，畢自嚴無法弄清，只能找些藉口為自己辯解，並且發誓詛咒，表明自己在這件事上絕對清白。崇禎帝大為惱火，立即罷了畢自嚴的官，並且把他抓進監獄[6]。

畢自嚴從崇禎元年（1628年）開始任戶部尚書，在六部尚書中資格最老，而且年逾七十，多年主持帝國混亂脆弱的財政，沒有功勞也有苦勞，卻為了一件說不清楚的小事罷官入獄，許多官員都有些為他不平。御史李若讜、給事中吳甘來等人上疏為他求情，希望至少先讓他在家中待罪，聽候處理，免得因年老多病，一旦死在獄裡，「致皇上不能全其恩」[7]。但崇禎帝要嚴辦畢自嚴，卻是有意要給戶部和地方官員一點顏色看看。

幾年來，國家的財政一直處於破產的邊緣。造成這種嚴重局面的原因，一是因為軍費開支太大，二是由於各地災民流離失所，許多地區正額和加派的賦稅嚴重拖欠，根本收不上來。在崇禎帝看來，有額無稅，全是各級官吏特別是地方官的貪污與無能造成的，因而多次嚴申要澈底核查「逋賦」（拖欠稅收）。他自己也天天抱著帳本、拿著算盤，像個帳房先生一樣地給各部門各地區的官員算細帳。只是他這個帳房先生掌握著生殺予奪的大權，一旦算出毛病就會兇相畢露。有關部門根據皇帝的意旨議定：各省巡撫、巡按要負責對所屬府、州、縣的稅收情況嚴格審核[8]，知府完不成應繳錢糧的不能提升司官、道員，推官、知縣完不成應繳錢糧的不能參加考選升遷，而且都要根據情況降級罰俸。幾番清核之後，有些逋賦嚴重的地區，地方官被罰俸累計幾十年，降級達八十多級，就是做上幾輩子官，每年都連升三級，也抵不上所罰之俸，所降之級。

嚴格催科的結果卻是使戶部的辦事人員得意起來，地方官員到京奏銷錢糧，都先備厚禮賄賂戶部書吏，只要賄金夠了，書吏們自有辦法在帳面上把該地的稅收結清。如果不送禮，就是已經結清的地方也可能變成沒有完成稅收計畫。因此京中有一句傳言，叫作「未去朝天子，先來謁書手」[9]。這種情況會給財政收入造成什麼結果，可想而知。崇禎帝對戶部作弊的情況也多少有所瞭解，因而對理財無方，貪污有道的戶部官吏更加痛恨。畢自嚴主管戶部多年，既沒有想出解決財政危機的辦法，又不能嚴格管轄手下的司官書吏，令人切齒，實在應該得到嚴懲。但仔細想起來，畢自嚴多年苦撐殘局，竟然找不到什麼大的罪行。因此在耍了一通威風之後，崇禎帝竟然難得地開恩釋放了畢自嚴，讓他出獄在家聽候發落。這個案件用了一年工夫也沒有查清到底是怎麼一回事，直到這個時候才匆匆了結，畢自嚴還比較走運，只是被削籍為民，回家當老百姓去了。

在畢自嚴之前和以後，被崇禎帝處分的大臣，自內閣大學士至尚書、侍郎、都御史，總共有數百人之多。崇禎帝輕於用人，也輕於治人，在他十七年的統治中，先後任用過整整五十位內閣大學士，人稱「崇禎五十相」，這不論在明代還是歷朝歷代，都創下了最高紀錄。六部、都察院的首長更換也同樣頻繁，在整個崇禎時期，共任用過吏部尚書十三人，戶部尚書八人，禮部尚書十一人，兵部尚書十七人，刑部尚書十六人，工部尚書十三人，都察院左都御史十三人，七卿的平均在任時間只有一年零兩個半月。在崇禎的十七個年頭中，朝廷中最重要的大臣像走馬燈似的你來我往，交替更換。崇禎帝好像是想在這頻繁的更換中最終物色到自己中意的賢臣，但最後還是都不滿意。

更換朝臣常常伴隨著嚴厲的處罰，罷官、削籍、坐牢、流放、殺頭，幾乎成了崇禎時期各級官員們的必然歸宿，多年做官而不受處分的反倒成了不正常的現象，被人當作搗鬼有術的怪物。但懲辦主義並沒有真的讓官僚們振作起來，卻使得相互推諉，逃避責任，做一天和尚撞一天鐘的風氣大為盛行。兵部協理戎政尚書陸完學主管京城衛戍部隊的訓練，凡事只知唯唯諾諾，居然做滿了一任平安司馬。在離京的時候他的繼任張四知為他餞行，他特地把做官的四字真經傳給了繼任者，就是「行無所事」。張四知果然照著辦了，來了公文就批「照行」，絕不多置一言，後來竟然還入閣當了輔臣。這位張四知又把「行無所事」的四字真經到處宣傳，說依照而行，甚為得力[10]。

在懲治失誤官員的同時，崇禎帝更下了狠心懲治貪污。正如前面講到的，明代官僚的貪污腐敗是結構性、制度化的，為官必貪。而且不但官員貪污受賄，凡屬宦官、師爺乃至門房、皂吏，只要職位與國家權力連上點邊的，沒有一個不貪污不受賄。兵部尚書傅宗龍因得罪皇帝被下獄，刑部國家監獄要收入門費，而且每一道門都要收費，傅宗龍走到「天下太平」門前，身上的錢已經告罄，獄卒卻死活不讓他進去。這位大司馬只好先席地坐在監獄的院子裡，派家人再回去取銀錢，最後才算奉旨入監。甚至御史們到會極門投送奏本，守門太監也要按例收取三錢銀子的手續費，沒有錢就拒絕接收。天子門前尚且如此，風氣可知。

崇禎帝一向對於官員的貪污賄賂深惡痛絕，但好像一直也沒有弄明白造成這種無官不貪局面的內在原因，總是想利用手中至高無上的權力和強硬的手腕來扭轉這種貪污成風的局勢。從技術的角度講，要壓下貪腐之風至少要具備兩個條件：一是在俸祿制度上保證官吏的基本收入符合當時社會公認的官吏生活標準；二是建立嚴格有效的監督和處罰機制。前面一條由於餉匱糧乏也由於崇禎帝生性吝嗇，他連想也沒有想過，因而只能從後一方面努力。

明朝本有一套監察系統，就是都察院及其所轄的一百多位御史。但與整個政治系統一樣，監察系統也是頭重腳輕，效率低下。全部御史名義上都是京官，以中央特派員身分監視地方的巡按御史在一般情況下每個行省只有一人。貪污的淵藪和第一起點卻正是在地方上，以一個人的精力監督全省幾十個府縣的數百名官員，實際上只能以空對空。而且全部監察系統的作業方式都是陳舊的個人負責制，由每個御史根據自己的好惡「風聞奏事」，都察院和御史們本身沒有制裁處理的權力，甚至也沒有組織調查的權力。在缺乏機制性制約的情況下，即使都察院的全體人員都奮發努力，疾惡如仇，也只能檢舉少數幾起撞到槍口上的惡性案件，對於官場上彌漫的貪賄之風還是莫之奈何。何況普通御史只是七品職銜，俸薪之低幾乎為全體官員之最，御史也要生活，也要排場，因而也得受賄。事實上明末御史貪賄大案發生過多起，天啟時崔呈秀巡按淮揚，貪贓受賄達數十萬兩，被都察院自己檢舉出來，劾疏中說淮揚士民「無不謂自來巡方御史，未嘗有如呈秀之貪污者」[11]。這是說過去的巡按貪污程度都沒有崔呈秀那樣嚴重，並不是過去的巡按不貪污。崇禎時期也發生過淮揚巡按御史史𡼖貪污案，他在淮揚任上一度代理巡鹽御史職務，主管鹽稅，僅幾個月工夫就貪污鹽稅二十一萬兩。由貪官監督貪官，其效果可想而知。

崇禎帝也知道都察院的監督系統不靈，而且對於朝臣因情面關係通同作弊也一直是疑心重重，所以在他的反貪鬥爭中更為依重由自己掌握的東廠和錦衣衛特務系統。東廠和錦衣衛是一套集偵查、拘捕、刑訊、判決大權於一身的皇家祕密員警組織，密探遍布天下，常常深入到官僚家中假充奴僕臥底，探聽各種政治、軍事、經濟情報和關於官員士紳們私生活方面的一些消息。崇禎帝對瞭解官民的隱私有一種特別的興趣，因而從來都對這套特務系統非常重視，也很信任。在他的統治時期，廠衛特務組織雖然沒有魏忠賢時代那樣張狂無忌，偵察辦案的效率卻是有過之而無不及，常讓朝臣有談虎變色之感。

崇禎帝決心嚴辦的懲貪大案大部分是由廠衛偵查出來密報，全部交由廠衛系統調查審理。崇禎六年（1633年）七月，錦衣衛密探偵查到江西彭澤縣知縣張子廉買通吏科給事中曹履泰謀求升為運同，而且抓獲了作為這次交易中間人的監生項珍，還搜到張子廉寫給吏部郎中王三重和吏部員外郎弓省矩的請托信件。這本來是明末官場中最常見的事情，但既然被皇帝抓到了，就當成大案處理起來。崇禎帝親自指示要認真追查，嚴肅處理，有關人員全部被逮捕。因為案情很簡單，又沒有涉及有勢力的大官僚，案子很快就了結了，幾個官員都被革職，張子廉和曹履泰遣戍充軍，弓省矩在獄中自殺。崇禎七年（1634年）六月，東廠番役又在南京搜查到原任蘭州知州李景時托河西道朱純給南京左都御史張延登寫的信件，希望張想辦法給李景時安排在南京任職。事發後，朱純、李景時等人全被逮捕[12]。

對於廠衛系統偵查到的地方官員橫徵暴斂肆行貪污的案件，崇禎帝也一律嚴處。在崇禎七年（1634年）先後抓獲的地方官員有四川安縣知縣鐘士章、巴州（今巴中）知州楊文明、南直隸和州（今安徽和縣）同知鄺毓秀、六安州同知路之泰、湖廣京山縣（今湖北京山縣）知縣李春華等一批人，後來都以貪虐的罪名充軍邊衛。雖然與太祖時期對貪污者剝皮實草，擺在大堂裡當作標本展覽相比，崇禎帝的懲處還不算太重，但在整個明代的歷史上，這樣集中而嚴厲地處理地方官員的情況卻是極為少見的。

問題在於，崇禎帝用來作為反腐敗主要工具的廠衛系統自身就極為腐敗。東廠和錦衣衛從主官到吏卒爪牙沒有一個不貪狠異常，不但受賄索賄，還常常有意製造冤案，趁機勒索。時人記載，崇禎中期的錦衣衛指揮使吳孟明緩於害人而急於得賄，每緝獲到州縣官員送到京城的禮單就故意把收受雙方的名字洩露給當事人，然後挨家索賄，直到滿意了才罷手。東廠也是同樣，有一個知縣送了二十四兩銀子求翰林胡守恆撰寫一篇文章，被東廠偵查到，去找胡守恆索賄。胡守恆還根本不知道這件事，但為了避免麻煩，還是送給東廠上下一千兩銀子才消了災[13]。鑑於有這種情況，可以想像，那些被揪出來的貪官汙吏雖然大部分都是罪有應得，卻只是貪官群體中極個別的倒楣鬼，真正神通廣大的貪官們是很難受到懲治的。在崇禎帝嚴厲懲貪政策中得到好處的反而是貪鄙成性的廠衛特務組織。

儘管一次又一次地嚴懲，由於不得要領，崇禎帝的反貪倡廉運動沒有見到絲毫成效，貪污賄賂的行為反而在不斷發展。到滅亡的前夕，京城裡授官索價已經高得驚人，而且明碼標識，絕不還價。知縣要進京做主事，任職兵部的要一千兩，任職禮部的要二千兩；部郎外轉道員，好地方需要五千兩，有一位討價還價，只給了三千兩，結果只被授了一個知府[14]。但到那個時候，崇禎帝已無暇也無心過問這些「小事」了，只能讓這腐敗之風與腐朽的王朝一起覆滅。

選拔人才不得要領，肅貪倡廉沒有成效，士風不振，百病叢生。正是面對著這種無可奈何的局面，崇禎帝才又重用起身邊的太監來的。但在這個問題上，他在內心裡一直處於深刻的矛盾狀態中。

歷朝歷代的皇帝們總是傾向於把宮中的宦官看成絕對親信和真正的自己人，儘管歷史上出現過無數次宮奴太監仗勢弄權最後把皇帝本人也玩弄於股掌之上，甚至直接生死廢立皇帝的，大多數專制君主還是喜歡把宦官當作最容易操作也最值得依賴的一個群體。崇禎帝讀過許多歷史，也親身經歷過魏忠賢專權時代的慘痛，但在他自己的獨裁生涯中，在對待和任用太監的問題上，卻還是不能突破歷來的模式。在宮中，他對宦官其實是相當嚴厲的，為了一些不大的過失受到杖責、監禁、罰充淨軍甚至處死的大小太監不計其數。被派到各地執行公務的太監如果出現失誤，受到的處分也往往要比廷臣嚴重得多。在崇禎中後期，有一大批監軍太監因負責的地方軍事失利而被殺掉。

但這種嚴厲表現出的是一種主子對奴才的威風，當他與「外人」打交道而把宦官們當作自己家裡的一個分子（儘管是地位極其低下的分子）的時候，他的心理感覺就大不相同了。他與朝官的關係通常很不好，互相輕蔑，甚至互相敵視。而在這種與朝官的對立中，他就很本能地把自家的奴僕當成了自己的一種資源、一個籌碼，忍不住要充分利用。在十七年的統治中，他曾經三次大規模招募宦官，共增加宦官一萬多人，每月僅增祿米即達七萬二千石，年增靴料銀五萬兩，宦官的人數超過了前幾代[15]。擁有這樣一大批宮奴，崇禎帝似乎覺得在與朝臣的明爭暗鬥中更有了底氣，於是，凡是在他與朝官關係特別惡劣的時候，總會出現太監權力膨脹的情況。

早在崇禎四年（1631年）的秋天，他已經開始對於朝臣們的能力和品德失去信心。他最發愁的事情是遼東的敵情，陝西、河南的民暴和財政的匱乏，而在這幾個方面，朝臣們不但不能為他分憂解難，而且常常對他有意欺瞞，讓他連基本情況都摸不清楚。他或許是出於無奈，或許是故意想讓朝臣們難堪，在這個時候決定重新起用中官監督各要害部門。

九月初九日，崇禎帝特命宮中太監王應朝、鄧希詔等人出京監視山海關、寧遠、薊鎮等處軍糧以及各邊防撫賞情況，實際上就是用這些太監充當各戰略要塞的特派員，直接向皇帝傳遞情報資訊。二十六日，他又任命司禮太監張彝憲監督戶部、工部兩部的錢糧往來，並特意為這位大太監建立衙門，稱作「戶工總理」。不久，他又派遣太監王坤、劉文忠、劉允中等人監視宣府、大同、山西等處兵餉。再後，則幾乎每支部隊都有太監監軍，每處重鎮都有太監鎮守了。

由太監監軍的辦法，儘管在明朝也算是自古有之，但由於太監們依靠在宮中的勢力，難免要營私舞弊、賄賂公行，而且事權不一，將帥被太監掣肘，也給軍事行動帶來許多不便，這種制度早在嘉靖年間就已經被革除，直到魏忠賢專權時才再次恢復。崇禎帝撥亂反正，全部撤銷監軍太監，當時是得到了一致喝彩的。但僅僅過了不到四年的時間，這種弊政卻再度被恢復，而且變本加厲，超過了以往任何時候的規模，這不能不讓朝臣們大為震驚。

在朝臣們看來，恢復太監監軍、監部的制度，不僅意味著將要破壞軍務、政務，而且體現出皇帝對於朝臣極大的不信任，甚至是極大的輕蔑。更為重要的是，由太監監軍、監部還將大大侵奪朝臣的權力和利益。為此，朝臣們對崇禎帝的這項決定表現出空前一致的堅決反對。給事中宋可久、馮元飆等十幾人交章論諫，不被理睬。南京侍郎呂維祺糾劾輔臣不能匡正天子，轉彎抹角地還是批評皇帝。吏部尚書閔洪學以百僚之長的身分率領全體朝官共同上疏，反對內臣參預軍政。崇禎帝為此召見群臣說：「如果你們都能殫精竭慮為國效命，朕又何必用那些內臣呢？」[16] 於是一項一項逐一指責朝臣的僨事與無用。朝臣竟然也無言以對。

崇禎帝再次重用太監，很重要的一個原因是他把那些每天在宮中和他生活在一起的太監們看成是自己耳目的延伸，派太監出宮辦事，就是四面散布下了自己的諸多耳目。既然朝臣、邊帥都已經無可信任，多派太監四處收集情報並在關鍵時刻代表自己處理要務，他認為是非常必要的。此外，對於朝臣中長年積累下來的陋習弊端，似乎也只有任用太監才能克服革除。

果然，受命監視宣府的太監王坤到任不久就檢舉新任宣府巡撫馬士英挪用庫存餉銀六千兩，於是馬士英立即被逮捕審問，不久被判處流放遣戍。這個表面上看來很簡單也處理得很公平的貪污案卻在朝中引起許多不平。原來，根據多年來的陳規，每一個新被任命的巡撫在上任後，應該立即給京中各要害部門送上一大筆禮金，數目都是有規定的。但新任的巡撫通常並沒有那麼一大筆錢，於是歷來都是先從庫銀中預支，等以後有了錢（當然也是靠受賄而來）再行補墊。也就是說，馬士英的所作所為儘管不符合法規條例，卻是多年來所有的人都這樣做的，是符合慣例的[17]。對於朝官們來講，這些陳規慣例是自己應有的一種權益，不應受到破壞，不然的話，皇家所給的那點微薄已極的俸祿連糊口尚且不夠，更不要說置家業，立恆產了。但崇禎皇帝卻不想考慮朝臣們置業立產的事情，他只是痛恨朝臣們的舞弊和貪黷。王坤之類的無情檢舉可謂正中崇禎帝的下懷，更使他以為只有內臣才能決絕情面，剔除積弊，也只有利用內臣才能對腐敗的官場進行徹底整頓。

在這樣的背景下，太監們的勢力迅速膨脹起來。身為戶、工兩部總理的司禮太監張彝憲儼然是欽差大臣，在戶、工兩部頤指氣使，把尚書、侍郎全不看在眼裡，還命各司郎中以下官員都要來拜謁。工部侍郎高鴻圖不願身居於太監之下，上疏抗議說：「臣部有公署，中間是尚書之座，兩旁是侍郎之座，這是國之大體；而今內臣張彝憲奉命總理二部，位在尚書、侍郎之上，這是有辱朝廷，褻瀆國體。臣為侍郎，是尚書的副手而非內臣的副手，為了國之大體，臣不能不慎重其事。」[18] 崇禎帝對高鴻圖的抗議置之不理，高鴻圖於是接連七次請求辭職，崇禎帝被惹火了，一怒將他削籍為民。此外，工部主事金鉉與同仁相約不要私行拜謁，惹惱了張彝憲，也被糾劾免職。工部尚書周士樸由於不願配合張彝憲工作，有旨詰問，在崇禎七年（1634年）也罷官削籍而去。其他如南京御史李曰輔、禮部主事周鑣等都以攻劾張彝憲被罷職，工部管盔甲主事孫肇興為了攻擊張彝憲誤國還被治罪遣戍，給事中莊鼇獻請求撤回內臣監軍，被下獄治罪。

朝臣們與太監鬥爭動輒得咎。太監們更為囂張起來，甚至有點忘乎所以了。監視宣府太監王坤上任後先是彈劾倒了巡撫馬士英，接著彈劾倒了巡按御史胡良機，進而參預朝中大事，上疏彈劾起朝中大員，甚至直接導致了內閣首輔周延儒的下臺。普通的文武官員深受宦官欺壓，更為不堪。崇禎六年（1633年）七月，總兵官張應昌率軍到晉南圍剿農民軍，軍中的監軍太監閻思印趁機大肆向地方索賄，汾陽知縣費甲鏸因為滿足不了這位大太監的要求，百般無奈，竟然投井自殺。各地被出京的太監挾制凌辱的官員怨聲載道，朝中官員們反對太監監軍干政的呼聲也從沒有斷絕。

雖然在表面上，崇禎帝任用太監堅決果斷，不容朝臣提出異議。但他心裡卻也有幾分明白，宦官們雖然是自己人，但那些生理和心理上都有致命缺陷的宮奴們同樣多是貪鄙昏聵之輩。他用這些人做心腹和骨幹，一是因為「內」「外」有別，有一種心理情感方面的因素，另外也是不得已的無奈之計。何況他又是一個極好面子、極重聲譽的人，也分明知道，過分重用內臣，不論是在現實的口碑中還是在將來的歷史記載上，大概都不會得到什麼好評。這一點凡是讀過些史書的人都會懂得，崇禎帝的史書讀得很多，也頗精，又極想在青史上占據一個超過唐宗、宋祖那樣的位置，因而任用宦官不但是朝臣的一大心病，也是他自己的一大心病。

因為總是一塊心病，他會時不時地表露出來，一說到任用太監就忍不住要控訴朝臣的不力，傾吐自己的苦衷，極力為自己的這個做法辯解。在與朝臣的關係比較緩和的時候，他還會主動提出裁撤監軍、管部的太監。

崇禎七年（1634年）八月，崇禎帝就做出了一次這樣的決定。他為任用太監的事情發表了一份特別上諭，但先把朝廷官員大肆指責了一番：「國家開科取士，對官員寄予厚望，待遇優隆。朕御極之初，撤還鎮守內官，天下大事全部聽憑朝士裁處。不想諸臣營私舞弊，推卸責任，不恤百姓艱辛，置民生於度外，甚至刻剝侵吞以圖升官自肥。間有一二清廉謹慎者，又拘泥迂疏，不能恪盡職守，或是性情鈍陋，被屬下欺蒙；即使有少數能不徇私情，卻又因循推諉。總之居官只求有正直之名，於時政毫無建樹。……這都是士大夫負國家之恩！」[19]批評夠了，才轉而說自己是不得已才「恢復」祖制，任命內臣出邊監軍，並添設兩部總理，都是一時權宜之設，同時也是為了讓朝臣們自我反省。現在制度初步理清，官員們或許也認識到了自己的恥辱，所以決定將總理、監視等內官酌量撤回，以證明當初派遣都是為了國家的安危起見。這次裁撤內官留了一個尾巴，著名的太監軍事家高起潛沒有被撤回來，仍然負責監視山海關、寧遠兩鎮軍事。據崇禎帝說，這是因為關、寧的戰略地位太過重要，暫時無法撤回。

從起用太監統兵理政，到自圓其說撤除太監，崇禎帝被自己的矛盾心理推動著轉了一個圈子。從此以後，他開始沿著這個圓圈旋轉不止，而且頻率越來越高，旋轉的速度越來越快。太監監軍甚至直接任命太監為軍事統帥的情況不斷發生，又一次次地被他自己否定，重新撤回。最先被這種無止無休的反復弄煩了的反而是對內臣監軍最不滿意的朝官們，到崇禎朝後期，他們已經懶於再提宦官領軍的事情了。只有崇禎帝自己，還是被英主之名和執政實利兩種誘惑交相驅使著，倉皇反復，轉圈不已，直到滅亡的時候也沒有決定下來，到底是重用內臣好還是不用內臣好。

一次又一次自以為是的改革圖強都不見效，崇禎帝漸漸感到了形勢的難以抗拒，自信心不斷受到打擊。崇禎七年（1634年）以後，他的朝氣蓬勃日漸消退，卻仍然自以為是，而且更加任性，更加狐疑，做事更沒有章法。他仍然在渴望著天降奇才，仍然在破格用人，但破格常會破出笑話來。明末士大夫中廣為流傳的有好幾起崇禎帝濫用「匪人」的事件。

最早的一起發生在崇禎九年（1636年）初，有一個山陽縣（今江蘇淮安）武舉叫陳啟新的跑到京城向皇帝進言，因為沒人理睬，就在正陽門前面跪了三天。崇禎帝在宮裡聽到這個消息，覺得新奇，派人把他的奏疏取了進來。陳啟新的進言裡面說：「天下有三大病。士子作文高談孝悌仁義，而做官後就恣行奸慝，這是『科目之病』。國初典史授都御史，貢士授布政使，秀才授尚書，嘉靖時還是進士、舉貢、雜流三途並用，現在卻只用進士一途，舉人、貢生不能升至高官，以至於一中進士就行為放誕，這是『資格之病』。舊制教官也可以作給事、御史，後來稍嚴，舉人為推官、知縣者仍可選任，如今只從進士中選用，剝下虐民，恣其所為，這是『行取考選之病』。……」[20]

陳啟新所說的正是崇禎帝平日最關心的用人問題，而重點攻擊的又正是崇禎帝深為痛恨的由進士包攬一切要職，因而極受崇禎帝的賞識。崇禎帝覺得，一個被士大夫們所不齒的武舉竟然與自己「英雄」所見略同，本身就證明卑賤者最聰明，反過來也說明士大夫的無能無用。他立即傳旨破格任用陳啟新為吏科給事中，準備將來再委以重任。給事中雖然只有從七品，卻是顯要之職，通常士人得中進士之後再考取翰林院庶起士，經過三年學習，成績比較優秀的才能擔任。另一條管道就是所謂「行取考選」，是進士出任知縣、推官或是小京官多年之後，政績優異，經過考核選拔後任用。陳啟新以一個武舉的身分，由於進言合於聖意就直升為給事，這引起了朝士們極大的憤慨。

更為嚴重的是，一個小人物因進言而受到天子的青睞，升官晉爵，又給民間無數小野心家帶來了擋不住的誘惑。在陳啟新之後，各種閒雜人等上京進言的如同趕集逛廟會，紛紛擾擾，無止無休。其中一些人還提出足以讓朝臣們震驚的建議。

這年四月，一個比陳啟新還低一個檔次的武生員李璡進言說，縉紳豪富之家，大者家產千百萬（兩），中者百十萬，以萬計者不可勝數，應令他們以私產輸官助餉，可以滿足國家急需。這種剝奪豪富資產的提議在當時簡直就是大逆不道的異端邪說。大學士錢士升為此擬旨，要把李璡交法司嚴加治罪，並且上言說：「這是衰敗時代的亂政，李璡竟敢以此向皇上進言，真是小人之肆無忌憚者！」、「郡邑有富戶，也是貧民的衣食之源。因為兵戰不息而歸罪於富戶，籍沒其家，這是秦始皇、漢武帝橫徵暴斂的時候也沒有用過的手段。」[21]到底誰是誰的衣食之源，我們沒有必要去與古人辯論了。崇禎帝畢竟是統治階級的皇帝，雖說聽到能夠滿足國用不由食指大動，但在朝臣們的一番「大義」面前還是裹足不前。他沒有敢實行搜括富戶的政策，但也沒有按照錢士升的意見治罪李璡，以廣開言路的名義放過了李璡。

朝臣們卻不能對這種沉默保持沉默了。言官們比以往任何時候都團結一致，積極行動起來，發動了一個反對任用陳啟新的高潮。高級大臣們也跟著披掛上陣，錢士升借著李璡進言的事件對任用陳啟新提出了激烈的批評：「自陳啟新言事直升給事，近來借進言為名希圖僥倖的大有人在，……大亂自此始矣！」崇禎帝對自己的創新遭到朝臣反對大為光火，見到閣臣居然也參預進來更是憤怒，在錢士升的奏本上批旨道：「即使想沽名釣譽，此前《四箴》一本已經足矣，何必這樣喋喋不休？」錢士升見皇帝動怒，只得乞求退休，立即就得到了批准[22]。

言官們卻還是不屈不撓，御史詹爾選上疏說：「輔臣錢士升不過偶然因一事代天下抒發鬱憤，竟致罷去，恐今後大臣沒有敢於言事者。大臣不敢言，則小臣更難言事。每日與皇上言事的，都是苛細刻薄，不識大體之徒。貌似忠直，如狂如癡，得計則招搖於朝，敗露則逃之夭夭，駭人心志，亂人耳目，毀棄成法，釀造隱患。如此以往，天下大事還能忍心再說嗎？」崇禎帝見他疏中所言，句句都在尖刻地諷刺自己，頓時大怒。他在武英殿召見了詹爾選，聲色俱厲地質問：「朕如此終日焦勞，天下人還懷疑朕嗎？」[23]詹爾選卻極為強硬，絕不屈服認錯。崇禎帝氣急敗壞，命錦衣衛把詹爾選抓起來拷問治罪。大臣們卻集體跪在皇帝面前請求寬免。崇禎帝頂不住朝臣的壓力，最後才改為由本部門議罪。第二天，都察院議處只是停俸一年。崇禎帝不滿，命會同吏部再議。兩個部門合議的結果仍然只是降級調用，又被駁回。經過幾番反復，詹爾選終於被革職削籍，但畢竟是全身而退了。

一個面臨著亡國危機的破敗朝廷，不用心思去對付那些迫在眉睫的大難，卻為了一件莫名其妙的事情君臣之間亂哄哄地大動肝火，這場鬧劇本身就是一個亡國之象。而天子和朝臣們卻鬥得津津有味。此後仍有一批言官彈劾陳啟新，都被崇禎帝撤職或是降級。

朝士們沒能用直接的抗議趕走陳啟新，就改為用陰柔的方法，抓住一切機會對他進行詆毀。陳啟新先任吏科，後升任刑科左給事中，先後任職六年，朝士們絕不與之交往，卻不斷地搜集整理他的黑資料。陳啟新本來是個小人，志得意滿後不免招搖過市，家裡人在鄉下也橫行霸道起來。崇禎帝對這個親手提拔起來的「人才」也漸漸煩了，因為他絲毫也沒有顯示出什麼經天緯地的治世之才，在言官位置上提出的幾次建議也不再能夠正好切合皇帝的心意。見到時機成熟，御史們對陳啟新發動了新的一輪攻訐高潮，說他請托受賄、還鄉驕橫，不忠不孝、大奸大詐。崇禎帝明知這是朝士在借機報復，此時卻已經不想再為一個不感興趣的小人物與朝臣們作對，因而順水推舟，同意對陳啟新進行審查，後來據說是罪有實據，又將其削籍，交由地方官員追贓擬罪。

陳啟新雖然不是什麼清廉正直的人，卻實在沒有過貪污受賄的劣跡。因為不論朝官外官，對他本來心存惡意，又怕他收了錢反咬一口，所以沒有人去賄賂他，他作為言官也沒有貪污的機會。但皇帝已決定對他治罪，要辯白也難，這時候他正回鄉在家，聽見消息就溜之大吉，從此隱匿不出，直到明朝亡了也沒有把他逮捕歸案。朝廷官員被皇帝治罪卻畏罪逃跑，而且潛逃成功，這在明代歷史上也算一件奇聞。當時兼管蘇北地方事務的漕運總督史可法事後對人說：「陳啟新其實很窮。如果為他翻案，彈劾他的御史就要獲罪；如果坐實其罪，追贓的幾千兩銀子到哪裡去找呢？」因此有人說其實是史可法故意放他走的[24]。

正在廷臣們為了一個陳啟新和崇禎帝鬥成一團的時候，一個頭腦比較清醒的大臣，剛剛被任命為工部左侍郎的理學名家劉宗周上了一份《痛憤時艱疏》，正好可以看作是對崇禎帝幾年來銳意求治的總結。他在疏中說：「陛下銳意求治，而聖王治天下之道卻未及講求，行政舉措多未得要領。……己巳之役，群臣一無良策，朝廷於是有輕慢士大夫之意。自此以內臣為耳目心腹，為國家干城。治理國家只重刑罰，朝中大政歸於瑣細，天下大事日趨敗壞而無法挽救。廠衛司掌緝察，而告訐之風日盛；詔獄遍及士紳，而官體尊嚴掃地。人人自危但求無過，欺蒙推諉已成風氣；事事仰承天子獨斷，阿諛逢迎充滿朝堂。司法不由刑部主持，罪犯反而更多，皇上勤於辦理大小案件，每年親自審理達數千起，慈悲之心越來越少。……以錢糧收繳考核官吏，官員更貪，胥吏更狠，所欠糧餉更多。嚴刑催比稅收，百姓全無生路，致使盜賊蜂起。用內臣為總理，戶、工兩部無所作為；以宦官為監軍，封疆大吏不負責任。內臣掣肘，督、撫無權，造成將懦兵驕，朝廷無力約束。接連限期平賊，逼迫將士殺良冒功，天下生靈塗炭。」[25]

劉宗周對於崇禎帝幾年統治的弱點揭露得太準確太徹底了，竟然使得崇禎帝一改往日的作風，對於這個膽敢如此直言無忌的人沒有懲處洩憤。最初見到劉宗周的奏疏，崇禎帝確實暴怒了，疾言厲色地要內閣擬定嚴旨。內閣連著擬定了四次，都不能讓他滿意，每一次票擬送上來，他都要把奏疏再重讀一遍，然後手執奏章在宮中不停地走動，顯然內心十分激動。在接連激動了四次之後，他好像平靜下來了，還是親自批了旨，只是說：大臣論事應當體察國家時勢，不應學小臣那樣歸過於朝廷，為自己爭敢言的高名。同時還表彰劉宗周清正耿直[26]。

看起來，對於劉宗周為他作的總結，他也沒有辦法一概否認。勵精圖治最後得到的竟是這樣一個結果，竟是這樣一種評價。他還能說什麼呢？

1 見《國榷》，卷九三，第六冊，第 5633 頁。
2《明史》，卷二五二，第二一冊，第 6542 頁。
3《山書》，卷十六，第 432 頁。
4《明史》，卷七十，第六冊，第 1702 頁。
5 見《國榷》，卷九三，第六冊，第 5666 頁。

6《明史》，卷二五六，第二二冊，第 6611 頁。
7《山書》，卷六，第 137 頁。
8《國榷》，第 5651 頁。
9《三垣筆記》，第 8 頁。
10 談遷，《棗林雜俎》，江蘇廣陵古籍刻印社 1983 年 12 月《筆記小說大觀》本，第三二冊，和集，第 191 頁。
11《春明夢餘錄》，卷四八，下冊，第 277 頁。
12 見《國榷》，卷九二，第六冊，第 5614 頁；卷九三，第 5645 頁。
13 見《三垣筆記》，第 4 頁。
14 見《三垣筆記》，第 188 頁。
15 見楊士聰，《甲申核真略》，浙江古籍出版社 1985 年 2 月版，第 7 頁。
16《明史》，卷三〇五，第二六冊，第 7828 頁。
17 見《烈皇小識》，卷三，第 80 頁。
18 見《崇禎實錄》，臺灣「中央研究院歷史語言研究所」《明實錄》本，卷五，第八八冊，第 153 頁。
19 見《國榷》，卷九三，第六冊，第 5655-5656 頁。
20 見《復社紀略》，卷三，第 228 頁。
21 見《明季北略》，卷十二，上冊，第 196 頁。
22 見《明史》，卷二五一，第二一冊，第 6487-6488 頁。
23《明史》，卷二五八，第二二冊，第 6673-6674 頁。
24 見《三垣筆記》，第 74 頁。
25 見《明文海》，卷六三，第一冊，第 555-556 頁。
26《明史》，卷二五五，第二二冊，第 6579 頁。

二 下詔罪己

就在崇禎帝不得要領地努力勵精圖治的時候，各地的農民暴動如火如荼，又有了新的發展。

在崇禎四、五年間，主要活動在山西的農民軍已經實力相當可觀。當時的農民軍大股武裝據說有三十六營，總兵力達二十萬。各股農民軍大體上各自為戰，沒有統一的組織和部署，但反抗朝廷的共同目標又使得他們自覺地相互配合，相互支援，成為一個鬆散的聯盟整體。因而在大的戰略方向上，各股農民軍常常能夠共同行動，步調比較一致。三十六營中有幾支部隊後來在戰鬥中不斷發展壯大，成為對抗明朝官軍的主力，其中包括闖王高迎祥部、「曹操」羅汝才部、老回回馬守應部和革里眼賀一龍部等，而在歷史上影響最大，終於給明王朝致命打擊的則是八大王張獻忠部和闖將李自成部。

張獻忠是陝西延安人，萬曆三十四年（1606年）生，家境貧寒。有記載說，他小時候與父親一起到四川販棗，在內江因為把驢拴在鄉紳的石坊上，驢糞弄髒了石柱。鄉紳仗勢對張獻忠父子又罵又打，還讓他們把驢糞用手捧走。張獻忠當時怒而不爭，暗自發誓道：「我再來這裡要把你們都殺光！」[1]他小時候讀過一些書，粗通文墨，後來做過延安府的捕快。崇禎初年，陝西大亂，張獻忠參加了起義軍，由於作戰勇敢，又機警有謀略，很快成為一路農民軍的首領，自號西營八大王。到崇禎中期，張獻忠所部縱橫於晉、陝、豫、皖、川、楚各地，八大王張獻忠已經是明朝君臣們非常熟悉的名字了。

李自成乳名叫黃來兒，陝西米脂人，也是生於萬曆三十四年

（1606年）。他出身農民家庭，父親早故，家境非常貧苦，幼年曾經被舍入僧寺，後來又給地主家放過羊。成年後他在米脂縣圁川驛當驛卒。崇禎二年（1629年）裁減驛站經費，李自成也被裁撤，失去了生計。當時陝北大饑，李自成失業後吃不上飯，饑餓難當。一天他見到本鄉士紳姓艾的公子拿著一塊餅在吃，就上前討要。那艾公子卻說：「我寧可餵狗，也不能給你吃。」還把餅扔在地上用腳踩得稀爛[2]。李自成極其憤恨，於是帶領本鄉一批青年投奔了「不沾泥」領導的農民軍。大約從崇禎四年（1631年）起，李自成所部作為一支獨立的農民武裝已經開始嶄露頭角，他的隊伍被稱作「八隊」，他本人則號稱闖將。李自成部在農民軍各部中的突出特點是紀律嚴明，所部令行禁止，因而雖幾經挫折卻能日益發展，終於成為農民起義軍中實力最雄厚的一支力量。

崇禎六年（1633年），黃河以東的農民軍各部大多從山西翻越太行山進入到北直隸（大體相當於今河北省）南部和河南北部的平原和山區。明廷調集了河南、河北、山西、陝西四省和京營的官兵三萬多人對農民軍進行圍剿，農民軍各部接連失敗，幾乎面臨全軍覆沒的絕境。為了保存實力，各營農民軍首領共同向官軍投降。這年十一月，義軍首領李自成、張妙手、闖塌天等人來到京營總兵王樸的司令部，表示願意接受招安，說「我等都是良民，因陝西大旱，才犯了大罪。如今立誓歸降朝廷，願回故鄉恢復舊業。」[3]王樸軍的監軍太監楊進朝以為農民軍主力全部就撫，從此就可以消弭大患，天下太平，立即向朝廷奏報，並命各軍將帥在得到朝旨之前不得對農民軍作戰。誰知農民軍是詐降，為的是爭取時機。在官軍停止圍剿得以喘息之後，各股農民軍於十一月末乘著天氣寒冷黃河冰封，突然全部跨越黃河，進入到中原腹地。等官軍反應過來再要追擊的時候，已經來不及了。

河南自崇禎三年（1630年）起連年大旱，作物歉收，米價騰貴，許多地區把草根樹葉都吃光了，餓死路旁的人不計其數。但由於這裡過去一直沒有農民軍活動，朝廷把河南當作稅收的重要地區，正稅之外有加派，加派之外又有積年逋賦，逋賦之外還有預征和臨時科派。有人形容當時河南情形：「黃埃赤地，鄉鄉幾斷人煙；白骨青磷，夜夜常聞鬼哭。觸耳有風鶴之聲，滿目皆荒慘之色。欲使窮民之不化而為盜，不可得也；欲使奸民之不望賊而附，不可得也；欲使富之不率而貧，良之不率而奸，不可得也。」[4]在這種情況下，進入河南的農民軍得到當地人民的廣泛回應，隊伍迅速擴大。加之河南省地處中原，明朝的軍事力量相當薄弱，儘管崇禎帝嚴旨催促「河南、山西巡撫、監軍亟督左良玉等部合力追擊，並嚴飭道、府、州、縣各官鼓勵鄉兵各自堵截防禦」[5]，農民軍卻如魚入大海，在旬月之間足跡就幾乎遍及河南西部各州縣，攪得明廷君臣寢食不安。

河南是軍事要衝，毗鄰兩京五省，河南大亂則天下難保。為了統一事權，集中各省兵力剿滅農民軍，崇禎帝接受朝臣的建議，決定設立一個統管陝西、山西、河南、湖廣（包括今湖北、湖南）、四川軍務，專責圍剿農民武裝的五省總督。朝臣比較一致的意見是由陝西三邊總督洪承疇擔任這一重要職務，但崇禎帝以為三邊地區和蒙古諸部相鄰，責任重大，最後還是決定任用延綏巡撫陳奇瑜。崇禎七年（1634年）正月，陳奇瑜加兵部右侍郎銜，出任五省總督。這是明廷設置專門司令部統一主持剿殺農民軍之始。

這時候的農民軍尚在發展初期，各部倏分倏合，力量比較分散，行軍作戰也是從當時的軍事形勢出發，基本上採取打了就跑的戰術，並沒有什麼戰略意圖，因而才被統治者稱作「流寇」。在崇禎七年（1634年）數省大兵同時壓境的情況下，河南的農民軍又分成了幾大股，向不同的方向流動，以避敵之精銳，大體上有向南、向西南和向西三個大方向。向南各股經信陽和南陽一線進入湖廣，進逼襄陽、應山等府縣，甚至打到了長江以南的枝江。但湖廣官軍防守比較嚴密，農民軍沒有攻克什麼城市，不久就在官兵的壓力下沿長江北岸的山區入川，一度攻下夔州府（今奉節），後來流動於川、楚、陝三省交界的崇山之中。向西南的一路經內鄉、淅川進入湖廣的鄖陽地區，先後攻陷了六座縣城。這一帶情勢最為危急，因而陳奇瑜率本部兵馬重點在鄖陽一帶作戰，頗有斬獲。農民軍被迫向西避入三省交界的群山中，在漢中、川北等地流動作戰。向西的一路經盧氏進入陝西的商州、洛南地區，一度也進入過漢中，攻克過洵陽等縣。這一路遇到的敵人是洪承疇所部的陝軍，農民軍暫時無力與陝軍正面對抗，就在豫、陝兩省交界的商洛山區分散潛伏，等待時機。

總而言之，當時的農民軍力量還不足以與官軍正面抗衡，因而大部分轉移到各省交界的山區分散隱蔽起來。官軍雖然連連取勝，卻沒有辦法澈底剿除分布在崇山峻嶺之中的各路農民軍。中原地區像是暫時平靜了，但遍地的饑民是農民起義的天然基礎，一待進剿的官軍回營歸伍，各路農民軍立即就重新冒出來，攪起漫天的烽火。

但在這年五、六月間，陳奇瑜還是得到了一次殲滅農民軍部分主力的機會。當時以張獻忠為首的幾股農民軍的聯軍大約四萬多人在漢中府城以東的山谷地區被陳奇瑜所部包圍，由於地形窄仄，很有可能被殲滅。於是張獻忠等人再一次使用了受撫的計謀，向陳奇瑜提出願受招安，解散回家務農。陳奇瑜大概對於聚殲這四萬之眾也沒有把握，生怕張獻忠作困獸之鬥，一旦失敗反而沒法向皇帝交代，也很想先招撫這一大股農民軍，再圖後計。他把情況向崇禎帝彙報，說明宜於招撫，開列的各營名單計有：八大王部一萬三千餘人，蠍子塊部一萬零五百餘人，張妙手部九千一百餘人，八大王又一部八千三百餘人，共計四萬五千餘人[6]。

稍微注意一下就可以知道，這裡請求招安的張獻忠等人都是半年前在河北向官軍請降過的，其中張妙手還帶頭面見過楊進朝、王樸等官軍首腦，因此這一次受撫很可能又是故技重演，不過是為了躲過眼前之災的一種權宜之計。但不知為什麼，一向對於各種細節頗為精明的崇禎帝對於這一點卻好像沒有看出來。兵部也同樣馬虎，議論後認為招撫可行。崇禎帝也就立即批准了兵部的擬議。

陳奇瑜有了皇帝親自批准，就放心招安，讓各部農民軍分成百人一隊，由一個軍校帶領，從容經連雲棧道出漢中盆地，傳檄各部不許截擊。張獻忠等部果然又是在假投降，剛一脫離險境就把帶隊的所謂安撫官或殺或縛，接連攻克鳳縣和寶雞，向甘肅地區轉移。

這次招撫的失敗引起了明朝士大夫們的極大震動。他們大多過高估計了在漢中可能取得的勝利成果，因而把由誤撫而導致的喪失成果看成是極大的誤國之舉，甚至以為後來天下大亂國家危亡也全是由於這一次錯誤引起的。在傳說中，他們把被困在漢中的農民軍說成不僅有張獻忠部，而且還有李自成部，於是得出一旦全殲就不會再有南張北李這兩大巨盜的結論。他們也忽視了除了被困的四萬餘眾之外，在四省邊境地區還活躍著至少十幾萬其他各股農民軍的事實，以為只要這次得手就能從此天下太平。他們還忘了，如果不用招撫而堅決作戰，腐敗怯懦的官軍也未必就能取勝，類似的例子在明末農民戰爭史上屢見不鮮。但他們還是堅持說，陳奇瑜誤撫縱寇，有大罪於國家，揭露他的罪行的劾疏不絕如縷[7]。

招撫的方案本來是崇禎帝自己批准的，他當然不願承認失誤有如此嚴重。在好幾個月的時間裡，他頂住朝臣的壓力沒有處理陳奇瑜，反而逮捕了幾個被認為是「破壞撫局」的人，其中包括陝西巡撫練國事。這樣的做法其實是要表明，招撫的大政方針並沒有錯，只是在具體執行中出了問題。直到這年秋冬之際，潛伏在邊境山區的各股農民軍紛紛出動，集中在陝西各府行動，聲勢越來越大，崇禎帝才在十一月把陳奇瑜撤職並逮捕進京。十二月，命陝西三邊總督洪承疇兼督河南、山西、湖廣、保定、真定（今河北正定）等處軍務，主持圍剿。

在明末十位專責鎮壓農民起義的統帥中，洪承疇的軍事和政治才能都是比較突出的。和陳奇瑜相比，洪承疇更有戰略眼光，更有作戰經驗，在士大夫和將領中也更有威信。他也很年輕，出任五省總督的時候才四十二歲。應該說崇禎帝任用洪承疇為對付農民軍的最高統帥，是一個正確的選擇。

但在洪承疇剛剛接到任命，還沒來得及做出任何部署的時候，陝西、湖廣等地農民軍又再次大舉進入河南。給事中常自裕在奏報中說：「大小七十二營之賊，有二三十萬之多，蜂屯伊、嵩、宛、洛之間。」[8]這是農民戰爭再次由低潮轉入高潮的標誌，也確實觸動了崇禎帝。他與廷臣商議，第一次決定從山海關等方面調集精兵，以便徹底消滅農民軍。這是一次重大的軍事行動，因而在崇禎八年（1635年）正月用了差不多一個月的時間，至二十三日才最後確定，調集關甯及京營等各處精兵並各省兵力共七萬二千人，餉銀九十三萬兩。崇禎帝發出嚴令，「限六個月掃蕩廓清。」[9]

正當朝廷忙著制定軍事計畫的時候，河南的農民軍卻又席捲而來，向安徽（在明代屬南京直隸）方面挺進了。正月十一日，一支農民軍攻下了皖北重鎮潁州（今阜陽），當地的貧苦農民群起響應。鳳陽一帶的貧民甚至跑到幾百里以外邀請農民軍，還向農民軍提供情報，哪裡有富戶巨室，哪裡無官軍防守，講得清清楚楚。鳳陽被稱作「中都」，是明王朝的「龍興之地」，朱元璋的祖墳就在那裡，政治地位十分突出。但為了風水上的原因，二百多年來卻從來沒有修建城垣，承平日久，守備也很鬆懈。當地官員聽說農民軍入皖，慌手慌腳不知如何應付。農民軍掃地王、太平王等部卻以迅雷不及掩耳之勢，在正月十五上元節這天突襲了鳳陽。鳳陽守軍幾千人勉強抵抗了一陣，大部被殲，剩下的全部投降，鳳陽被農民軍占領。這支農民軍打起了「古元真龍皇帝」的旗號[10]，放火燒了皇陵享殿和朱元璋出家當和尚時所居的龍興寺，把朱家皇帝的祖墳也掘了一個大洞。三天以後，四處官軍將至，農民軍才從容撤離。

崇禎帝和他的大臣們二月十二日才得到鳳陽失陷，祖陵被毀的消息，大為震驚。兵部尚書張鳳翼又驚又怕，幾乎暈倒過去；崇禎帝則是暴怒與悲憤交加。在那個時代，即使是一介草民讓人挖了祖墳，也是既壞了風水又丟盡臉面的事情，要大動一番干戈，何況皇皇天子呢！因而朝臣們認為這件事是「君受辱，臣當死」，為「古今未有之奇變」[11]。

聞到兇信這一天本來正是新春重開經筵的日子，一切準備都已就緒，但突然而至的噩耗打亂了原來的安排。崇禎帝命暫停經筵，自己換上了黑色的袍服，從乾清宮搬到偏殿，以示哀痛和對自己的懲罰。根據傳統觀念，國家有大災變、大動亂，身為天子是要負主要責任的，崇禎帝對這「古今未有之奇變」必須有一個交代、有一個表示。通常的做法就是皇帝降低自己的生活品質，包括素服（不穿錦繡黃袍）、避殿（暫離正式寢宮）、減膳（降低伙食標準）、撤樂（停止宮廷音樂）等項。如果認為情況更為嚴重，皇帝還應該向上天和臣民公開檢討自己的失德和無道，就是所謂「下詔罪己」。這些舉動有三個方面的功能：一是要通過自我批評來求得冥冥中昊天上帝的諒解，以重新邀得上天的寵眷；二是用嚴格的自律使君主本人深刻反省，以痛改前衍；三是通過皇帝的嚴於律己的精神使朝臣和天下百姓振作起來，共圖復興。

天下大亂多年不靖，祖陵又被搗毀，當然是一個極嚴重的事件，素服避殿等項措施是一定要有的，但對於是不是應該下詔罪己，崇禎帝卻一時拿不定主意。他是一個自尊心極強又極為自以為是的人，對於在位八年以來國事日非的形勢，他一直認為主要是朝臣負國造成的，而他自己則是兢兢業業，朝乾夕惕，精明幹練，洞察一切，是本朝和歷史上少有的英明之君。因此，不論是表面上還是在內心深處，他從來沒有承認過自己做錯了什麼事情，從來沒有進行過自我批評。而下詔罪己卻是要通過最公開最隆重的方式向全體臣民表示自責，這對於妄自尊大慣了的崇禎帝，心理上是很難承受的。

為了帝國的利益，他確實想到過要發布罪己詔書，那至少能鼓舞一下天下士氣。在剛剛聽到鳳陽失陷的消息時他向朝臣透露了這個意思，但頗為吞吞吐吐，只是籠統地說，「皇陵罹變，都是朕的不德所致，」沒有正式提出罪己的事[12]。朝臣們對於皇帝的性情已經很瞭解了，因而以內閣為首，五府六部及各衙門大臣共同上疏，為國家的不幸對皇帝表示慰問，同時也把一切責任攬到自己身上，痛加自責。由於有朝臣集體承擔責任，崇禎帝心頭的壓力稍稍減輕了一點，下詔罪己的事也就暫且不提。

其他善後事宜還是要辦的。二月十三日，就是接到壞消息後的第二天，他下令逮捕了負有守衛鳳陽責任的漕運總督楊一鵬，因為漕督的駐地雖然遠在淮安，卻兼有巡撫鳳陽等處的職務。同時被逮治的還有守陵太監楊澤和鳳陽巡按御史吳振纓。不久以後，楊一鵬被斬首於西市，吳振纓遠戍邊衛，楊澤則自殺身亡。同時崇禎帝還命全體朝臣都改換布衣角帶上朝，共同進行深刻反省。十四日，任命原山東巡撫朱大典為漕運總督兼鳳陽巡撫，第一要務就是修復皇陵。二十四日，崇禎帝身著素服親自到太廟向祖先祭告，流著眼淚向二祖列宗稟報了祖陵罹難的不幸。兩天以後，又派駙馬都尉王昺和太康伯張國紀代表自己到鳳陽皇陵行祭慰之禮。

在這些應急的舉措完成之後，他該靜下心來思索一下造成如此慘痛事件的原因和今後重新振作的辦法了。復興的要點在於扭轉軍事局面，二、三月間，崇禎帝採取了兩個軍事方面的步驟。一個是正著，即按照正月裡制定的調兵集餉的作戰計畫，在以河南為中心的各省進行全面圍剿。三月，洪承疇加升兵部尚書銜，以五省總督的身分率陝軍出潼關進入河南，指揮各路官軍以期決戰。但善於流動作戰的農民軍見到官兵聚集中原，趁著洪承疇安排未定，又分股向西進入兵力空虛的陝西。洪承疇見到自己的根據地吃緊，只得又率部返回陝西。中原決戰的計畫落空。

崇禎帝的另一個步驟則屬於奇著，就是加緊在京城組織太監操練內軍。明末宦官總數達數萬人，僅就人數上講確是一支頗為可觀的力量。魏忠賢專權時期為了炫耀自己的勢力，開始選拔年輕力壯的宦官萬餘名，在皇城裡分隊操練。大小太監們舞刀弄棍，喧聲震天，一時成為京城中的奇景。魏忠賢倒臺後，宮中這支太監武裝並沒有被裁撤，但幾年來已經名存實亡，不再演練了。此時中原邊外軍事形勢逼人，崇禎帝異想天開，以為用這些宦官操練成軍，不僅可以保衛京師，必要時還能出兵作戰，既增加了兵援，又不用額外耗費軍餉，實在是一個好主意。三月初，他命司禮太監主持，重新開始操練這支內軍，很有些熱火朝天。有個江南文士寫詩挖苦此事：

天子宮中肄六韜，紅妝小隊舞鑾刀；
一聞炮火心驚戰，昨日言官諫內操。13

所謂「紅妝小隊」云云其實是詩人的臆測，內操的成員全是太監，並沒有宮女，更沒有宮眷。

朝臣們對此事頗不以為然。他們對於宦官參預正常的朝廷大政從來就極度敏感，而讓太監們在京中組織成一支軍隊，更讓他們有一種不祥之感。有些人直接指責了皇帝的這種做法，列舉祖宗之制，說明從來沒有這方面的制度，萬曆、天啟年間雖然開過內操，但內廷弄兵，有傷天和，不久就出現了王恭廠火災、朝天宮火災這樣的報應。他們希望皇帝解散內軍，停止操練，「不要使兵戈舞弄於蕭牆之內，火炮伏匿於肘腋之間」[14]。崇禎帝對於朝臣的這些反對意見當然是全然不顧，內操也一直在進行，但這支由太監組成的內軍卻從來也沒有真正起過作用。在王朝面臨末日的時候，負責守衛京城的確實主要是這支太監軍隊，但他們根本沒有抵抗，就打開城門向李自成投降了，跟著崇禎帝一起上吊，為他殉葬的只有一個貼身的太監王承恩。

在加強軍事部署的同時，他還是得考慮用人問題。這是一個總也得不到解決的老問題，但情勢危急，卻又非解決不可。六月裡，他主持了一次前所未有的特殊考試。他在中左門平臺召集全體卿貳大臣及翰林、詹事等詞臣，每人分發一份提本或奏本，以及兩張紙箋，要他們各自擬寫一旨，一張草稿，一張謄定，全部上交。第二天，他在試卷中選出禮部尚書薑逢元、禮部侍郎陳子壯等九人，命吏部把他們的履歷材料一同上報。這時內閣中有四位大學士在任，不算多，但也不算太少，崇禎帝的這個舉動顯然是要通過親自考核再選幾名閣臣。幾年來他基本上按照自己的意圖特簡閣員，不採取會推的方式，但每次特簡都是根據平常印象或是一時興起，這一次卻用了考試的形式，確實又是一種制度上的革新。

七月，他不和朝官作任何商討，就直接任命了少詹事文震孟和刑部右侍郎張至發為禮部左侍郎兼東閣大學士。文震孟是著名的東林黨人，這一次入閣被認為是東林一派幾年來少有的勝利。其實他因病沒有參加上一次的票擬考試，但因為他是皇帝的日講官，幾年來一直為崇禎帝講解《春秋》，深受賞識，所以才被特簡充任輔臣。而張至發是縣令起家，入閣成為輔臣在當時被認為是極不平凡的特例。

但對內閣的調整畢竟與軍事大局關係較遠，崇禎帝最關心的還是所謂「邊才」，也就是軍事人才的培養、選拔和任用。為這個問題他動了許多腦筋，召集廷臣用策問「時政邊才論」的形式徵求過用人方案，還參閱了本朝歷史中的有關記載。七月，他讓宮中檔案部門調出六、七十年前大學士兼吏部尚書高拱的一份著名奏疏，是專講邊才問題的。高拱在奏疏中主要提出了四個層次的辦法：一是增加兵部侍郎的編制，由侍郎擔任各處總督，再由總督中選任兵部尚書，這樣朝廷邊防更番調配，有利於軍事人才的培養和使用；二是要精慎選用兵部郎中、員外郎、主事等司官，務要有智謀有才力又暢曉軍旅情況的人，而且宜於久任不可輕易轉到其他部門，將來任命總督、巡撫主要從這些人中選拔；三是挑選邊防軍事要衝的地方官員充任兵部司官，並且分省各負其責；四是重視邊防要衝地方官員的銓選，不能以雜流和貶謫人員充數[15]。他發現高拱所言現在看來仍然很有道理，但如果按部就班，先從選任地方官做起，數年才能選拔出一批得力司屬，再數年才能湧現一批幹練督撫，至少要十幾年以後才可能會有幾個可任本兵（兵部尚書）的人才。這對於火燒眉毛的局面來說，未免太遲緩了。崇禎帝的辦法，只能是四途並舉，既要有長遠打算，又要有應急手段。

對於基層官員的任用，他強調保舉之法，先後數次命在京朝臣和地方大吏推舉精明練達可資任用的知府和州、縣主官。對於兵部司官也精心挑選。在選擇兵部尚書的問題上，他則留心於各處督、撫中特別突出的人才。這個工作在第二年才見成效，他任用做過戶部郎中，又在地方上做過道員，既有中央工作經驗又有地方工作經驗，並且在巡撫、總督任上顯示出不凡才幹的楊嗣昌為本兵。而楊嗣昌確實是整個崇禎時期最有能力也最得崇禎帝信任的一位兵部尚書。

總督、巡撫這個中間層次，因為要直接臨陣對敵，人才更為要緊，也更為難得。洪承疇是不可多得的人才，但農民軍遍布於陝西、山西、河南、湖廣各省，靠他一個人組織全面的圍剿實在是難於支應。事實上，洪承疇再度返回陝西以後，對付陝西一省的「流賊」已經捉襟見肘。他所率的曹文詔、張全昌等部雖然也在商州（今商縣）、眉縣等處打過幾次勝仗，但由於農民軍隨處都有饑民作為補充兵員，在陝西的人數已達二十萬，而洪承疇直接指揮的官軍卻不到一萬人，寡眾難敵，不久就連遭敗績。六月，副總兵艾萬年、柳國鎮部在寧州（今甘肅寧縣）被李自成軍打了埋伏，損失千餘人，艾、柳兩人戰死。緊接著，總兵張全昌部又在清水（今甘肅清水）受創。不久，總兵曹文詔在真寧（今甘肅正寧）與李自成軍遭遇，身陷重圍，自殺身亡。

曹文詔在明末各路總兵官中以兇狠能戰聞名，官軍自稱是「軍中有一曹，西賊聞之心膽搖」[16]，因而他的死在統治者中引起了很大的震動。洪承疇聽到消息，仰天大哭，後悔不該讓他孤軍輕入。崇禎帝在聽到奏報後也非常痛心，命設壇祭奠，並且修祠祭祀。

然而這年秋天，不但是陝西有大股農民軍不斷重創官兵，河南、湖廣一帶也戰報頻傳，以闖王高迎祥部為主力的一大批農民軍幾十萬人再度出潼關進入河南，中原四處告急。在這種情況下，崇禎帝決定再設一個統帥部，與洪承疇分別負責東西兩方面的剿務。經過仔細斟酌，他選定湖廣巡撫盧象升為這一路的統帥。

盧象升字建鬥，比洪承疇更年輕，這時候才三十六歲。他是南京宜興（今江蘇宜興）人，少年時期即有大志，讀史至張巡、岳飛的英雄事蹟，就興奮得手舞足蹈，歎道：「這才是大丈夫啊！」[17]天啟二年（1622年）中進士，由戶部員外郎出任大名知府。崇禎二年（1629年）己巳之警，他自募萬人成軍入衛勤王，從此這支部隊保留下來，稱作「天雄軍」，一直由他統領。他由一個地方文官白手起家創立部隊，而且有很強的戰鬥力，所以很受朝廷重視，不斷被提升。崇禎七年（1634年），任鄖陽撫治，已經是巡撫一級的方面大員，第二年五月又升任右副都御史、湖廣巡撫。在各處督撫中，他不僅最年輕，而且治軍有方，頗通兵法，又有多年與農民軍作戰的經驗，因此崇禎帝才不考慮資歷，任用他擔任東路的最高統帥。這年八月，盧象升被任命為總理江北、河南、山東、湖廣、四川軍務，督辦東南，而洪承疇則專門經營西北。他希望在做出這樣的部署後，各地將士個個奮力殺敵，讓戰場上早日傳來捷報。

但戰場上傳來的卻仍然是壞消息。九月，農民軍蠍子塊部攻打河南沈邱，活捉了總兵官張全昌，接著再次攻克潁州，鳳陽再度告急。陝西方面西安附近的扶風縣被攻破，農民軍在離西安不遠的地方縱火，城裡都看得見火光。盧象升統轄的左良玉、祖寬兩大主力在河南中部郟縣一帶和農民軍對壘，農民軍連營數十里，兵勢浩大，輪番出戰，左良玉等部不敢用強，只好撤兵。年初六個月平定天下的限期已經過了許多，但平定卻絲毫無望。

經過幾個月的臥薪嚐膽（素服避殿、減膳撤樂，即使對於一個生活簡樸的皇帝來說也不啻是臥薪嚐膽了），幾個月的苦心經營，得到的竟然是毫無結果，崇禎帝感覺到，那個遲遲未行的罪己之舉也許終究還是要進行的，不然不足以挽回上天的寵眷，也不足以激勵臣民的精神。仍然是要面子到極點的自尊心在作怪，他在不得不公開檢討自己的時候採取了一種比較折中的方式，沒有正式向全國頒布詔書，而是在十月二十八日向兵部發出了一條上諭。

上諭是他親自撰寫的，很長，其要點說：朕自繼承大統以來，希望與天下更新，不想倚任非人，遂致內外交哄。國庫空虛而徵調不已，城鄉凋殘而加派難停。及至今年正月，皇陵被難，責任實在朕躬。於是集兵措餉，限期平賊，誰知諸臣失策，叛亂更為猖獗，甚至喪失上將，失陷州府。痛心切齒，其何以堪？自明日起，朕居武英便殿，減膳撤樂，除典禮外一律著青袍視事，以示我與軍中文武士卒同甘共苦之意。還期望文武官員各自反省過失，激勵將來，上下同心，以挽回天意，共救百姓於水火[18]。

從格式到內容，其實都是一份罪己詔書，但不以詔書而以上諭發出，不顯得那樣隆重，多少可以為自己遮一遮臉面；而通過邸報，這個上諭同樣能傳遍天下，又可以收到感動臣民的效果。崇禎帝為了這次遲遲出臺的罪己，真是用心良苦。但透過這份良苦的用心，他的臣民們也感到皇帝的罪己似乎缺乏某種真誠。即使從內容上看，他的上諭中雖然承認「責實在朕」，但只是一句空話。說到具體的錯誤，就是「倚任非人」，到頭來還是朝臣不好。這樣一個明為罪己實為罪人，而且遮遮掩掩的上諭，到底能感動多少位臣子，激勵起多少顆人心，效果就很難說了。

但就是這麼一個不像樣子的罪己「詔」，也已經讓崇禎帝相當脆弱的心理失去平衡了。自尊本來是人性中的一種高貴氣質，但在九五之尊的崇高地位和一言九鼎的絕對權力的雙重腐蝕下，崇禎帝的這種氣質卻化作了極度的狹隘和刻毒。在天下紛紛，政局大亂，幾乎無法挽回頹局的形勢下，他不得不下詔罪己，勉強作一番自我批評。但天性中的自尊和褊狹又使得他在向天下認「罪」的時候感到了無法排遣的恥辱、怨懟與沉痛，讓他抑鬱、憤懣、寢食難安。正因為如此，他在下詔罪己承認自己也有不足之後，難免要緊跟著一次肆虐的發洩，對一些倒楣的替罪羔羊大施淫威，以便證明真正有罪的不是皇帝而是萬惡的朝臣，讓他撈回一點面子，使脆弱的心靈恢復一點平衡。到他統治的末年，隨著政局的更加敗壞，下詔罪己的頻率也跟著增加了，而每一次罪己之後又都連接著一次毫無道理的惡毒發洩，成為一種規律。在這樣的發洩之後，朝臣們為了皇帝的勇於罪己和景然振作而產生的那一點激動，那一點感奮，也就蕩然無存。

對於一個皇帝來說，尋找發洩的機會是太容易了。罪己的上諭發出以後不久，崇禎帝就見到吏部尚書謝升彈劾工科都給事中許譽卿和福建右布政使申紹芳的奏疏。事情的起因是為了許譽卿的提升問題。許譽卿任給事中資格最老，已有十四年的歷史，照例應轉升京卿，但謝升見於這個許譽卿一直是言官中帶頭攻擊大臣的首領，很不馴順，就藉故提請升任他為南京太常寺少卿，讓他到南京做一任冷官，免得在京城中喧囂作怪。許譽卿是江南東林一脈，在朝中也頗有實力，內閣中的大學士何吾騶和文震孟都是他的好朋友。吏部提請升任許譽卿為南京太常的本章正好落在何吾騶和文震孟的手上，兩位輔臣就擬旨駁回，堅持要讓他升任北京的京卿。首輔溫體仁卻因為多次遭到過許譽卿的直接攻擊，暗中為謝升鼓氣。謝升有首輔在暗中支持，就堅決要與許譽卿和何吾騶、文震孟們鬥爭到底。正好他手裡還抓著一個許譽卿的把柄。那是前不久，福建布政使申紹芳想要謀取登萊巡撫的職位，曾托許雀卿向謝升說項。謝升當時不置可否，這時候卻拿出來當作許譽卿的一條罪狀，就彈劾許譽卿「營求北缺，不欲南遷，以便把持朝政；並關節托請，為申紹芳謀官。」[19]

謝升的劾疏發到內閣，引起幾位相爺為如何票旨進行了一番爭議。文震孟是不久前才被皇帝特簡入閣的，自以為深受皇上知遇，頗為不可一世，因而與何吾騶堅持從輕擬議，讓許譽卿回奏。但溫體仁存心要害許譽卿，又對文震孟的趾高氣揚十分不滿，一定要擬旨嚴處。雙方爭得面紅耳赤，幾乎要拖以老拳，把各自的票擬爭來搶去，撕得粉碎。溫體仁畢竟是首輔，最後仗著權力執筆擬旨：「大幹法紀，著降級調用。」[20]文震孟等人只能在一旁冷笑。

但溫體仁的票擬第二天還是被崇禎帝批回內閣，要求重新再擬。溫體仁自然洋洋得意，提筆再次擬旨：「許譽卿著革職為民，申紹芳提京逮問。」文震孟尷尬之餘不免在旁邊說了一句冷話：「科道言官被革職削籍，可是天下最榮耀的事情。」[21] 沒想到這句話又被溫體仁向皇帝彙報了。

崇禎帝這些天正為著罪己的事滿腹邪火無從發洩，見到包括內閣輔臣在內的朝臣們還在徇私朋比，不由烈焰升騰。他不但批准了許譽卿革職、申紹芳提問的擬議，而且嚴旨申斥文震孟和何吾騶，並把兩個人都罷斥出內閣。至於不久前他對文震孟的賞識和好感，全都拋到了九霄雲外。

為了一件小事而罷免兩位輔臣，崇禎帝的心火還是沒有出盡。最能體察皇帝心思的溫體仁就不失時機地又為他提供了一副解藥。文、何兩人剛剛離開內閣，溫體仁以首輔的身分又參劾了一個更不重要的小人物庶起士鄭鄤一本。

這鄭鄤是明末理學高調風行時期一個典型的偽君子。他是南京武進（今江蘇常州）人，出身於世家名門，天啟二年（1622年）進士，又通過考試成為翰林院庶起士。他與文震孟是同科（文是天啟二年狀元）、同鄉（文為蘇州人），又同在翰林院中，交情非常深厚。文震孟在中狀元的當年就因為直言進諫被貶官，但從此聲名滿天下。鄭鄤附驥於後，為了援救文震孟也被降級外調，同樣博得了一個正直不阿的好名聲。降調後他一直鄉居在家，沒有赴任，崇禎帝即位後起復原官，但他先後喪父喪母，接連丁憂不能上京任職，所以同年的文震孟已經當上了大學士，他卻還只是一個翰林院的學員——庶起士。儘管官運不佳，他的社會地位和名望卻不容忽視。前朝著名大臣，東林巨魁，禮部尚書孫慎行是他的岳父，當朝大學士吳宗達是他的母舅，他的朋友中更多是名聲顯赫、位高權重之士。他的學問精良，文章大多講求義理，是個出名的理學家。在與更加出名的理學家交往中，他也做出一副道貌岸然之態。大理學家黃道周曾到他家拜訪，見到他家裡儉樸異常，每天吃飯的時候都要數次詢問母親想吃什麼，親自侍奉，因而對他極為推崇，以為道德文章當推他為天下第一，自己所不及。可是迂直的黃道周沒有想到，鄭鄤家中的一切都是擺出樣子專門讓他看的，有人說連那個被孝敬侍奉的母親都是讓人假扮的。實際上，鄭鄤貪婪好色，仗勢橫行鄉裡，包攬訟事，品行極為惡劣。據說有一次鄉間某富戶正在打官司，他聽說後前去勒索，那家人把他騙進院裡，準備好了殺豬刀、鹽水盆，因為他長得肥胖，要把他當豬宰了，嚇得他跪地告饒不止。

在服喪期滿後，他開始謀求出山。但如果重新出任庶起士，和他的資格和聲望都太不相符，他本人和朋友們都不能滿意；可是直接任命更高的官職，又從來沒有先例。為了這件事，他親自跑到京城，文震孟等人在朝士中積極活動。進入內閣以後，文震孟還請求溫體仁幫忙想辦法通融。溫體仁對於文震孟和他的東林同夥卻一直存有戒心，口頭上哼哼哈哈地答應，並不實心去幫忙。何況，在鄭鄤的親友中也有不少人對他頗有微詞。他的親舅舅大學士吳宗達就對這個外甥很不以為然，在內閣裡曾對溫體仁說過：這廝不是好貨，當年曾慫恿其父杖責親母，不賢不孝，莫過於此[22]。但不久後吳宗達卸任離京，溫體仁也沒有提起過這件事。

文震孟罷職，崇禎帝仍然怒火不息，溫體仁覺得有必要提一提這件事了。一來可以為皇帝提供一個發火的機會，二來也可以借此事揭露東林君子們的醜惡，殺一殺他們的氣焰。但以首輔重臣的身分去糾參一個十幾年沒有任職的庶起士，多少有點不妥，於是溫體仁在劾疏中全以吳宗達的口氣講話，說「鄭鄤曾以箕仙幻術蠱惑其父削髮為僧，又迫使父親杖責其母。其母舅舊輔吳宗達每言及此事，則流淚不止」[23]。崇禎帝果然立刻抓住這件事不放，命將鄭鄤革職，交刑部嚴審定罪。

鄭鄤杖母這件事，各種記載紛紛不一，歸結起來大體是這樣的。鄭鄤的母親吳氏醋勁極大，經常殘酷虐待家中那些被懷疑與其夫有染的婢女，甚至有虐待致死的。鄭鄤的父親心中不忍，就與鄭鄤共同定計，請了一個巫婆到家裡來，裝神弄鬼，假作天仙附體，對吳氏不守婦道，酷虐婢妾大大譴責一番。吳氏被嚇得要死，甘願受杖責以贖罪。鄭鄤也就毫不留情地棒打了親娘一頓。誰知這件事後來露了馬腳，不但吳氏翻臉，吳家的娘家人也出面大鬧了一通。那已經是近三十年前的事了，主使是鄭鄤的父親，鄭鄤不過是個脅從，而且事出有因。但不論是出於什麼原因，親手杖母在當時卻被認為是令人髮指的忤逆不孝。身為理學名家的鄭鄤當然明白其中的利害，所以鐵嘴鋼牙，絕不承認有過這件事。他在辯疏中說：「臣讀溫體仁之疏，驚怖欲絕，不信人倫天壤之間，有此怪誕不經之事。且臣父亡八年，母亡五年，而突然發難於吳越隔省（溫體仁為浙江烏程人），從未見一面之首輔，難道是聽人誤傳而沒有仔細考察嗎？」

京中輿論對這件怪事也大多持懷疑態度，刑部提出異議說：「蔑視人倫之大罪，不可由風聞定論，還請飭鄭鄤同鄉官員共同核實。」[24] 而在京的常州籍官員或許由於年久失聞，或許為了同鄉情面，回奏都說一向閉門讀書，沒有聽說過此事。但民間的傳說卻各式各樣，有人說鄭鄤不但杖責親母是實，而且還有其他劣跡。他的未成年的兒媳婦因為父母雙亡，被他接進家去，後來卻自殺死了，據說就是因為被他姦汙。還有人說，他與胞妹關係也很曖昧，妹妹出嫁後鬧出了醜聞。當然，這些風傳又全都是事出有因，查無實證。

崇禎帝是為了泄火才死抓此案不放的，在他看來，抓到了如此罪惡滔天悖謬人倫的所謂「名士」，不但證實了他一貫關於士風日下的判斷，而且足以說明天下敗亂至此都是由於朝士們的無比惡劣所致，並非他這個皇帝沒有做好。既然茲事體大，當然不管有沒有實證。他痛斥刑部官員徇私蔑法，又把鄭鄤轉給錦衣衛去審理。錦衣衛指揮使吳孟明與江南士大夫的關係一直不壞，深知鄭鄤的勢力不同尋常，又很佩服他的學問，在錦衣衛獄裡對他也極為照顧，甚至讓兩個兒子到獄中聽他講授經典，辦起了監獄學堂。這件案子由此也就一拖再拖，拖了三年。最後吳孟明為此事被撤職，鄭鄤才在一直沒有實證的情況下被定了案，在西四牌樓下被凌遲處死。臨刑前傳下的聖旨結句是：「照律應剮三千六百刀。」當天京城裡買賣生人肉片就成了一宗大生意，據說此物作為藥引子，可以治療癬瘡，大有奇效[25]。

鄭鄤案由於起因奇特，處理怪異，成為崇禎時期最膾炙人口的一件軼事，直到明亡之後，議論的人還喋喋不休。人們或是認為鄭鄤實在無行，或是認為皇帝過於狠刻，或是以為發生這件事全是由於溫體仁在其中搗鬼，但很少有人想到，鄭鄤的倒楣遭遇其實是與崇禎帝那次鄭重其事的罪己聯繫在一起的。

這次罪己的直接犧牲品還有好幾個人。十一月，禮部右侍郎陳子壯上言反對選拔宗室人才特授官職。這本來是崇禎帝破格用人各種辦法中的一種，是希望自己的本家親人們能在國難當頭的時刻與自己同心同德，但多次命有關部門著意推選，一直沒有成果。陳子壯這一次從理論上反對這種做法，認為從來宗藩自有官爵，疏支遠宗也可以參加文武科舉和普通士人一樣以功名授官，如果特開保舉宗室的先例，則只能徒然增加朝政的混亂。崇禎帝見到這份語言還算平合的奏議，又是一次大怒，命人把陳子壯抓起來，準備實行廷杖。侍郎是卿貳大臣，就是在明代歷史上也很少有廷杖的先例，內臣外臣一起叩頭救護，崇禎帝才算寬免，把陳子壯革了職，交刑部議罪。

但他既然已經起了打人的念頭，就難以收心，十二月，終於還是實行了廷杖。廷杖是明代皇帝用來迫害、凌辱朝臣的一種特別臭名昭著的殘酷制度，就是不經任何司法程式，全憑著皇帝的個人意志在紫禁城的午門外對朝臣進行杖責。遭受廷杖的朝臣像囚犯一樣被捆住雙手，押解到午門以外，上百個錦衣衛士持杖等候。受杖者都是被放在一塊大布上，由四個人拽著，行杖的人則把大棍擱在他的大腿上。掌刑的錦衣衛使大喝「打！」開始行杖，每五下換一個打手。掌刑的口令也有講究，如果喊：「著實打！」則受刑者還可能生還；如果喊的是「用心打！」則必死無疑[26]。廷杖既能挫辱朝臣的人格，又可以不經法司而直接置朝臣於死地，因而成為明代皇帝們打擊朝臣發洩惡毒心理的一宗法寶。對這宗法寶，常常對朝臣恨之入骨的崇禎帝當然不能不繼承下來。自崇禎初年起，廷杖的事情時有發生，但對象往往是些無足輕重的小人物，這一次要打侍郎沒打成，他只好再用小臣撒氣。

這一次的受難者是一個滋陽縣知縣成德。此人性格亢直，在任上得罪了不少上司，被糾彈入獄。經過調查，所有罪狀都不屬實，已經準備釋放。但他在獄中又寫了一個攻擊首輔溫體仁的奏本，崇禎帝見了，以為是小人之無忌憚者，不嚴懲不足以端正士風。於是以無主贓銀七十兩的罪名，下令廷杖六十，五鳳樓前終於流滿了鮮血。成德沒有被打死，棒傷未愈就被發配到邊地充軍去了。

同月，另一個地方小官河南府推官湯開遠上疏批評「朝廷賞罰無章」、「行間失事，無日不議處議罪，而於蕩寇安民毫無少補」[27]。這些話很說到崇禎帝的痛處，更引起他極大的惱怒，於是命將湯開遠削籍，由地方撫、按押解來京刑訊治罪。湯開遠幾乎要遭不測，幸好他與圍剿前線的總兵官左良玉等人關係不錯，左良玉率所部將士七十多人合奏乞求寬免。崇禎帝對於擁有重兵的左良玉從來忍讓三分，這一次算給了面子，把湯開遠放回去，讓他戴罪立功。

從十月到年底，他不斷地懲處朝臣，勢頭卻漸漸平緩下來。內憂外患、餉匱兵乏這些大事總還是要他自己來想辦法解決，作為一國之君，他不能總是沉浸在自我心態失衡的陰影中。第二年的形勢更加不妙，他再也沒有心思與臣子們進行攪不清的意氣之爭了。

1 見顧公燮，《消夏閑記摘抄》，卷中。
2 見費密，《荒書》，浙江人民出版社 1983 年 10 月版，第 184 頁。
3 見《懷陵流寇始終錄》，卷六，第二冊，第 203 頁。
4 鄭廉，《豫變紀略》，卷二，浙江古籍出版社 1984 年 6 月版，第 33 頁。
5《明末農民起義史料》，第 99 頁。
6 見《明通鑑》，卷八四，第七冊，第 3213 頁。
7 見《綏寇紀略》，卷二，第 57-58 頁。
8 彭孫貽，《平寇志》，卷二，上海古籍出版社 1984 年 1 月版，第 32 頁。
9 張鳳翼，《樞政錄》，卷九。
10《流寇志》，卷二，第 29 頁。
11《山書》，卷八，第 173 頁。
12 見《國榷》，卷九四，第六冊，第 5694 頁。

13 周同谷，《霜猿集》。
14 見《山書》，卷八，第 178 頁。
15 見《明史》，卷二一三，第十九冊，第 5640 頁。
16 鎖綠山人，《明亡述略》，上海書店 1982 年 3 月《崇禎長編》本，卷上，第 279 頁。
17 見《罪惟錄》列傳之九上，第二冊，第 1497 頁。
18 見《山書》，卷八，第 192-193 頁。
19 見《明史》，卷二五八，第二二冊，第 6647 頁。
20《烈皇小識》，卷四，第 110 頁。
21 見《崇禎實錄》，卷八，第 263 頁。
22 見《烈皇小識》，卷四，第 111 頁。
23 見《山書》，卷八，第 195 頁。
24 見《明通鑑》，卷八四，第七冊，第 3243 頁。
25 見《明季北略》，卷十五，上冊，第 262 頁。
26 見於敏中等編纂，《日下舊聞考》，卷三三，第二冊，北京古籍出版社 1983 年 5 月版，第 510 頁。
27《明史》，卷二五八，第二二冊，第 6678 頁。

三 君臣之間

進入崇禎九年（1636年）之後，圍剿農民軍的形勢仍然不見好轉。去年八月任命盧象升為總理五省軍務，與洪承疇分別負責東南和西北的剿務之時，崇禎帝再一次刻期六個月完成剿平任務。但到了這年春天，限期將至，農民軍仍然風行天下。洪承疇在陝西一直主要與李自成、蠍子塊、過天星等部的農民軍周旋，勝負參半，總是不能給農民軍重創。在中原地區活動的最有實力的一股農民軍是闖王高迎祥部，盧象升在崇禎九年（1636年）初的一封信裡講到圍剿形勢說：「兩個月來奔馳於汝州、南陽、黃河、洛水之間，萬分忙苦。賊多而且肆橫，前後擒斬雖有數千，卻不是澈底蕩平的好辦法。必須在正、二、三月內先剿盡闖王一股，其他各賊才能依次殲滅。闖王之賊大約有七萬餘人，其中婦女約二三萬，壯丁一二萬，精騎一二萬。此賊之危險，不亞於東虜（清軍）和察哈爾部。」[1]

但要剿盡高迎祥談何容易！就在這年正月，高迎祥和張獻忠等部突然東下安徽，圍攻滁州，直接威脅到留都南京，盧象升只得提兵救援。農民軍卻轉而攻鳳陽，不克，又經懷遠、蒙城進入河南，二月間在嵩縣大敗官軍，擊斃了總兵官湯九州，轉過頭再一次回到陝西。這一時期的農民軍還沒有澈底消滅明王朝的明確戰略意圖，也沒有集合組織成統一的大兵團，分散流動作戰主要是為了回避官軍的集中圍剿和尋求足夠的軍糧給養。這種分散流動的作戰方式雖然還不足以顛覆明王朝的統治，卻使得明朝官軍的圍剿十分困難。盧象升和洪承疇大抵只能不斷地馳援救急，疲於奔命，根本無法組織起重創農民軍的大戰役。

接連不斷的災荒製造了千百萬掙扎在死亡線上的饑民，又為農民軍的不斷壯大提供了基礎。這年春天，陝西、山西、河南等省的災情還在蔓延。三月，山西巡撫吳甡奏報：晉南聞喜、沁源等處大饑，人相食；河南巡撫陳必謙等人相繼奏報：南陽、南召、裕州（今方城）一帶村落荒涼，樹皮都已經被剝盡，有母親把女兒煮食的[2]；陝西仍是沒有止境的旱災、蝗災，有個別地方還發生了洪澇。面對遍地饑饉，崇禎帝一籌莫展，只能對幾個災情特別嚴重的地區實行減免錢糧，但不過是官樣文章，對於嗷嗷將死的饑民來說，減少一點賦稅並沒有多大實際意義。

崇禎帝只能設想，先用全力剿除農民起義這一心腹大患，以後再想辦法慢慢收拾殘局。因此在這年三月，他又一次勒令兵部，要盧象升等人立下軍令狀，限期滅賊，否則將以軍法從事。他很想把全部精力集中到圍剿農民軍這件大事上來，可是朝臣們卻仍然在吵吵嚷嚷，內亂不休，不斷地攪擾他的思路，讓他煩躁不已。

正當他為了四處的災情和戰報焦慮不安的時候，卻見到御史張壽祺一份參劾首輔溫體仁的本章。張壽祺的劾疏沒有什麼實際內容，不過是說溫體仁心懷險僻，治國無謀，任首輔數年，未建一良策，致使流寇囂張、邊警頻傳，要溫體仁引咎辭職[3]。按照傳統，大臣受到攻劾，應立即上疏請求辭職，同時還要暫時停止公務，以示嚴於自律和心胸廣闊。這一次溫體仁也照樣做了，以健康原因為由，提出退休回籍。崇禎帝對這些故套卻很不耐煩，朝中諸多政務都需要輔臣來協助處理，哪能總是受到無聊的言官們的干擾？他在溫體仁的奏本上批了幾句慰問的話，要他立即回閣辦事，不必理會御史的叫囂。張壽祺見到自己的劾疏毫無影響，就接著又上了一本。負責傳達本章的通政使司彙報了有關情況，崇禎帝乾脆下令，不要把張壽祺的奏本送進宮來，連看也不要看了。

自從溫體仁出任內閣大學士以來，攻擊他的事件已經發生過幾十次了，攻擊他的人上自大臣，下至庶民，攻擊的內容也是五花八門。溫體仁是靠與東林黨人撕破臉皮激烈鬥爭才得以晉身內閣的，因而一直被東林一氣視若仇敵，但他不斷受到惡毒攻擊甚至在朝野間遭到普遍惡評，卻與他受到崇禎帝特殊的寵眷有關。在崇禎帝十七年的統治中，沒有一個內閣輔臣能像溫體仁那樣任職長久。其他四十九位閣臣中，除周延儒先後兩次入閣總共五年多時間，前期的吳宗達在閣近五年，後期的陳演在閣近四年之外，其他人多則兩、三年，少則幾個月，很少能多年安居於相位。而溫體仁自崇禎三年（1630年）六月入閣，六年（1633年）為首輔，至十年（1637年）致仕（退休）回鄉，作了整整七年輔臣，四年首輔，創下了崇禎時期的紀錄。而他能在閣臣特別是首輔的位置上坐得如此長久而穩固，又體現出崇禎帝對他有一種特殊的信任和依賴。

崇禎帝對於溫體仁最為欣賞的地方是他的「孤立無黨」，曾經多次公開這樣表揚他。這其實與他的性格有關。溫體仁為人陰沉孤僻，不喜歡與人交往，在朝為官數十年，卻沒有一個摯友，也沒有什麼可靠的心腹。因此，在歷次政治內訌中與他結成同盟，為他充當黨羽的，都是為了一時的利害，過後就可能變臉，很少有人能與他長期合作，更談不上關係密切。對於一個高級政治家來說，這很難講是一種優秀品質，但在明末朋黨交哄紛紛揚揚的官場上卻也真是十分難得。崇禎帝極其痛恨朋黨勾結爭執不已，因而對溫體仁的孤立也就特別看重。按照他的邏輯，只有孤立者才會全心全意地只依賴皇帝一人，滿腔熱情地為朝廷辦事，才是最可靠的忠臣。

除了孤立無援之外，溫體仁還有一大優點，就是清介不貪。由於少有交往和內心的孤傲，他很少接受賄賂和常例以外的饋贈，居首相多年仍然相當清貧。這一點，連他的政敵也不得不承認，攻擊他的人在各種問題上捕風捉影，吹毛求疵，卻閉口不談當時普遍存在的貪賄問題。文不愛錢，武不怕死，就是忠臣良將。這種傳統的價值判斷儘管在複雜的政治運行中已經被動搖，在崇禎帝心中卻還是有相當的影響，因而清介也成為溫體仁得到崇禎帝信任的重要因素之一。

但在孤立和清介之外，溫體仁就乏善可陳了。他不貪財，卻極重名位。排擠掉周延儒後，按位次他已是內閣中的第一把交椅了，但舊例只有皇帝降明旨之後才能有首輔的身分。內閣的九間直房中前排的第一間是專供首輔用的，溫體仁在擔當首輔責任多日之後卻還不能搬進去，不免耿耿於懷。原來崇禎帝本想讓前內閣大學士何如寵復出任首席，只是何如寵因病一直拖延，最後只得作罷。為了這個原因，溫體仁當了將近一年有實無名的首輔，真是心急如焚。直到第二年端陽節，皇帝照例要賞賜閣臣酒食，頒賜御饌的太監傳達的口諭裡提到了「首輔溫體仁」幾個字，他才一塊石頭落地，立刻就命人把自己的用具挪進首輔的值房[4]。

由於汲汲於名位，他在事關自己的政治爭奪中顯得冷酷而強硬。這在當面揭發錢謙益和陰謀排擠周延儒的事件中已經有過鮮明的體現。就是在對待與自己無關的問題上，他也表現得刻薄殘忍。但在同樣冷酷而強硬的崇禎帝看來，溫體仁的這種風格正是一種少有的優長。崇禎帝的治國術以懲辦為基礎，喜歡用嚴刑峻法驅動臣民去服從，卻效力，以「亂世用重典」為信條。而這「重典」卻需要有剛忍的輔臣去協助推行，溫體仁正好堪當此任。在以往的無數起嚴處大小諸臣的事件中，大多數都是由溫體仁擬旨，往往正中崇禎帝下懷。每年十月斬決死囚，照例要進行復審再由皇帝親自核准。崇禎帝有時候會訊問一下閣臣的意見，但溫體仁從來不為擬議處決的人講話。崇禎六年（1633 年）秋決的案犯中有一個陝西華亭（今甘肅華亭）知縣徐兆麟，上任才七天就因縣城被攻陷判處死刑，連崇禎帝都以為有些無辜，溫體仁卻絕口不提緩刑二字，徐兆麟終被處決。崇禎八年（1635 年）為皇陵被毀君臣共同修省，其中一項措施是寬免部分在獄中的犯事官員。吏部為此提出了一個一百多人的名單，溫體仁擬旨卻只同意釋放十幾個人，崇禎帝感到相當滿意[5]。

溫體仁在嚴刻對待朝臣方面處處與崇禎帝合拍，也有他故意用心逢迎的一面。此人雖然陰鷙剛猛，在討好皇帝的問題上，卻也不乏乖巧機智。崇禎帝很喜歡搞一套君威不測的小伎倆，處理人雖然總體從嚴，偶爾也會意想不到的從寬；有時候明明有話要說，卻偏要朝臣們猜謎。對於這樣一位聰明皇帝，作閣臣為他擬旨實在不容易。溫體仁卻摸到了一套規律，能夠應付裕如。凡遇有言官等人建言可能令皇帝不高興之處的，內閣總是先擬一條「該部知道」的票擬，這代表皇帝的一種冷淡的中立態度。如果這個票擬被退回來要求重寫，下一次就有分寸地加重語氣，再退再加，直至皇帝滿意為止。這樣就既滿足了崇禎帝獨裁一切的權威感，又不至出現內閣重擬而皇帝寬容所引起的尷尬。這個成規直到溫體仁下臺以後仍然被後任的閣臣們尊行不移[6]。

在猜謎方面溫體仁也是一把好手。崇禎八年（1635年）曹文詔死難，奉旨撫恤祭奠，曹文詔之子副總兵曹變蛟上疏謝恩。這種謝恩疏通常是最容易批旨的，但這一次內閣連擬四次都被崇禎帝發了回來。溫體仁當時正好因事沒有值班，其他人抓耳撓腮不得要領。還是等溫體仁回來之後，仔細揣摸，發現崇禎帝在奉旨恤典的日期和謝恩疏的落款日期上各點了一個點，才弄明白。原來曹變蛟為了父親的恤典差人上京活動，得知事情已經辦妥就連忙謝恩，卻忘了謝恩的日子竟在頒旨日子之前，露了馬腳。溫體仁於是擬旨詰問其故，立即就被通過了[7]。崇禎帝專好在這些無關宏旨的小事情上玩弄他那無與倫比的小聰明，而他的小聰明又只有溫體仁的小聰明才能領悟、才能欣賞，無怪崇禎帝要把他當作一個難得的知音。

認真對比之後就可以發現，崇禎帝與溫體仁這君臣兩人，雖然地位懸殊，經歷各異，年齡上又差著三十多歲[8]，但在性情氣質上卻頗有些相似之處。兩個人都是潔身自好、剛愎自用、刻薄殘忍又好用聰明。或許正是這種性格上的契合，才是他們君臣遇合的真正基礎。

但人格契合所造成的情感因素也容易使人蒙住眼睛，看不到對方致命的弱點。崇禎帝就很長時期都沒有認識到，溫體仁雖然精明幹練，卻缺乏經邦治國方面的大才幹。身為一個多事之秋的第一重臣，他沒有為崇禎帝提出過比較有意義的總體治國方針，在具體事務上也很少拿出什麼切實可行的方案。崇禎帝為軍事、財政困難向他諮詢，他總是說：「臣一直靠著寫幾篇文章濫充詞林，陛下不知臣的庸劣，提拔至此位。賊寇日益增多，真是萬死不足塞其責。但臣愚昧無知，只是票擬時不敢欺蒙罷了。至於兵事、餉事，請陛下聖明裁決。」[9]崇禎帝每臨大事無靜氣，冒實敢斷；而朝臣優柔不言，一切聽憑皇帝胡鬧。這種政治格局加速了明王朝的滅亡過程，而這樣的政治格局正是溫體仁主持內閣的時期確定下來的。

對於崇禎帝來說，任用溫體仁還有一個意外的好處，就是溫體仁無形之中成了代他受過的替罪羊和擋箭牌。崇禎帝的剛愎自用和刻薄寡恩一直是士大夫們極其不滿的，但在一個君主專制的時代，根本不允許對於皇帝進行人格方面的批判，即使在心中想一想也有大逆不道的腹誹之嫌。因而歷代的朝臣們都傾向於把皇帝的自以為是和殘虐臣下歸罪於他身邊的重臣，對於皇帝的極度不滿也就有意無意地全部發洩到那些被指控為「奸臣」的重臣身上。這種意識甚至滲透到農民起義軍的隊伍中，李自成在《永昌元年詔書》中對明末政治進行了徹底的批判，同時卻說「君非甚暗」、「臣盡行私」[10]。明代公認的最著名的奸臣嚴嵩和溫體仁，分別在兩個最剛愎最嚴狠的皇帝嘉靖帝和崇禎帝時期充任首輔，顯然不是偶然的。嚴嵩和溫體仁從總體上說都屬庸才，為了邀寵固位而阿順皇帝意旨，也可以說是佞臣，但說是奸臣卻過分了。因為在嘉靖帝和崇禎帝這樣的「英明之主」面前，他們唯唯諾諾尚覺心懷悸怖，哪裡敢耍聰明搞什麼奸謀詭計呢？

朝士甚至普通百姓對於溫體仁的惡意，正是隨著他們在潛意識中對於崇禎帝越來越強烈的不滿而日益加深的，在崇禎九年（1636年）前後形成高潮。這時候，朝野上下無不切齒痛恨溫體仁這個奸相，並且把朝廷的每一項惡政都當作是溫體仁的傑作。言官庶臣只需上疏把溫體仁不負責任地痛斥一番，就可以揚名天下；卿貳大臣凡敢於公然與溫體仁作對的，都能博得一個公忠義烈的稱號。崇禎七年（1634年）會試，溫體仁任主考官，有個參試的舉子名叫漆園，竟敢在考卷中借題發揮，暗諷溫體仁不恭不敬。批卷的房考官文震孟見到這樣的文章大喜，批語：「伸眉抗手，想見其人。」溫體仁明知是在罵自己，還是沉住氣選取了漆園。只是在考試之後才在內閣中抱怨說：「外人說我們要進考場收幾個門生。我們今天的地位，也靠不著門生了，何況考場裡就有人罵我。」同僚們問是怎麼回事，他說：「他那篇八股末尾專講不恭之臣如何，不敬之臣如何，豈不是罵人？只是本房批了『伸眉抗手，想見其人』，哪裡敢不取他？哪裡敢不取他？」[11]

這大概說明，溫體仁自己也明白是在代君受過，因而頗有些無可奈何。但他能對種種惡語相傷泰然處之，心胸也還是夠寬闊了。只是他所表現出來的寬宏大度卻從來沒有被輿論認可過，反而縱容了對他的攻擊謾罵。京城中惡少根據時政編了一副對聯，因為禮部尚書黃士俊是丁未科狀元，左右侍郎孔貞運、陳子壯分別中過榜眼和探花，一部三位主官恰巧是三鼎甲，傳為美談，所以上聯是「禮部重開天榜，狀元、榜眼、探花，有些惶恐（黃、孔）」，雖略帶謔虐，不失好意。下聯卻很不堪入目，用的是幾位閣臣鄉籍的諧音，溫體仁烏程籍、歸安人，王應熊巴縣人，吳宗達為人圓滑無爭，被稱為篾片，因此說「內閣翻成妓館，烏龜（歸）、王八（巴）、篾片，總是遭瘟（溫）」。因為解氣，這副把內閣稱作妓院的對子在京城內外廣為流傳，閣臣們聽到了也只能苦笑置之[12]。

崇禎九年（1636 年）和十年（1637 年），京城裡還出了兩件轟動一時的新聞。一件新聞是被重處的滋陽知縣成德的母親，在崇禎九年（1636 年）年末連日在長安街上等著溫體仁的轎子過來，見到了就用磚頭石塊亂投，並且破口大罵，罵得很難聽。在長安街上看老太太對當朝首輔亂投亂罵，一時成了京中特別有意思的一景。崇禎帝也知道了這件事，特意為溫體仁加派了五十個衛兵，卻也不願意與一個撒潑的老太太大動干戈。另一件新聞發生在第二年春天，是南京新安衛千戶楊光先進京上言攻擊溫體仁。這並不稀奇，稀奇的是他還隨身用車拖來了棺材，以示必死之志。於是京城譁然，贈詩贈文的爭先恐後，把他帶來的棺材上都貼滿了。崇禎帝痛恨他的嘩眾取寵，命令對他廷杖八十，發配到遼西極邊。據說行杖的時候，觀者如堵，全都為他大念阿彌陀佛[13]。

身為國家第一大臣，溫體仁可謂丟盡了體面。崇禎帝對於這一點卻好像並不太在乎。他似乎也隱隱約約地意識到，溫體仁的被攻擊、被侮辱，有幾分代自己受過的意味。但這種事情不好言明，所以他雖然一直對溫體仁百般護持，對於朝臣過分的攻擊也常常小有懲戒，但總體上還是採取比較寬容的態度，不願再為溫體仁樹立更多的勢不兩立之敵，也不願引火焚身，把朝臣的惡意全部攬到自己身上。只有當大小臣工們在攻擊溫體仁時夾槍帶棒，把矛頭暗中對準皇帝的時候，崇禎帝才會認真惱怒起來。

像絕大多數皇帝一樣，崇禎帝很討厭臣子們對自己提出批評，也就是所謂「進諫」。但在儒家的傳統意識形態中，樂於納諫、勇於納諫又是一個賢明君主應該具有的基本素質。為此，歷來的專制王朝都專門設立了一套言官系統，以進言為其專責。明代的言官系統實際上有兩部分，一是由都察院統轄的御史們，分屬十三道，總計一百餘人；另外則是各自獨立的六科給事中，約五十人，兩者合稱科道。原則上說，御史主要負責監視群臣，是監察官；給事中主要負責監督皇帝，是諫官。但明末科道大體合流，在朝都以言事為主，因而統稱言官。言官的職責就是言事，而且可以風聞奏事，用不著負責任，因而在每天數不清的本章中總有一部分言官的奏本，其內容不可避免地會涉及對朝政的或溫和或激烈的批評。

為了證明自己是一個真正的聖君，崇禎帝不能不經常要聽任言官們說三道四，但在骨子裡他卻對言官們厭惡之極。明末官場上把言官稱作烏鴉，說他們只會哇哇亂叫，實為不祥之兆。崇禎帝也深有同感。太子開始讀書後，他就常讓太子陪他一起閱讀本章，以便使太子早早瞭解朝政中的精微奧祕。在看本的時候他告訴太子：「凡閱讀科道的本章，必須明確其中的用意，或是為了討好他人而薦舉，或是為了樹立高名而救援，這才是他們的本意。至於表面上的那些鋪陳，娓娓千言，只是虛張假借，可不要被欺騙了。」[14] 這些話正是他對於言官的真實想法。

出於對言官的厭惡，他除了採取像對張壽祺的本章那樣乾脆封鎖住其言路的辦法之外，每隔一段時間還要對於真正冒犯了他的言官發一次威風，以抑制他們的囂張。在崇禎九年（1636年）的八月，他就又發了一次這樣的威風。

這年七月，圍剿農民軍的形勢本來很不壞，洪承疇和剛剛上任的陝西巡撫孫傳庭分率所部在陝西周至與高迎祥農民軍作戰，因為叛徒出賣，高迎祥被俘獲。由於高迎祥是當時最為著名的「巨賊」，這個消息使得崇禎帝和整個朝廷大為振奮。按照崇禎帝多年的夢想，活捉了高迎祥這樣重要的人物，本來應該舉行隆重的獻俘大典，以振軍心士氣，同時也讓自己大為開心一次。他也發出了旨意，要將「賊渠解京，著擇的當員役，沿途撥兵嚴防，毋致疏虞」[15]。但京師出現的緊急軍情卻使得這件事情延誤了。

在俘獲高迎祥的好消息傳來之前，已經先有了清軍再次入塞的壞消息。這是清軍第三次進入內地了。六月末，由皇太極之弟多羅武英郡王阿濟格率領的十萬清軍由北京西北的獨石口（今河北赤城縣北境）毀邊城入關，然後沿延慶、昌平一線直逼北京，大有己巳年橫掃畿輔的勢頭。七月上旬，京師開始戒嚴，崇禎帝一面命文武大臣分守城門，一面傳檄山東、山西、大同、保定及關外等處兵馬火速入援京師。幸好這一次清軍入塞，志不在攻打北京而在搶掠京城周圍的人口財物，在京城附近一掃而過，就連克房山、固安、文安、永清、定興等畿南州縣，然後又轉過頭來攻陷了京東的順義。京城沒有受攻，使得崇禎帝精神稍定，他看到對敵的將帥個個畏縮不前，不能用命，決定再派太監外出監軍。他覺得這樣做實在是勢不得已，曾經對閣臣說：「派遣內臣出京監軍，全是當天就出發的；而新任的添設兵部侍郎張元佐出鎮昌平，受命三天卻還沒有動身。怎麼能怪朕任用內臣呢？」[16]但他畢竟對朝臣的抗議有所顧忌，因而這一次盡量不事聲張，悄悄派遣，希望在大敵當前的時候朝臣們也不要再毫無道理地爭論不休。

但皇帝的這份苦心卻還是沒有被朝臣諒解。八月初，河南道御史金光宸上疏攻劾在外督師的兵部尚書張鳳翼和鎮守通州兵部侍郎仇維楨，說他們報捷敘功首推監視內臣，是別有用心，並且義正詞嚴地請求罷去所有督軍內臣。這一次崇禎帝真的被激怒了，對文臣昏庸武將怯懦的痛恨，對言官的厭惡和自己一片苦心不被理解的怨艾，一起爆發出來。

十七日，他在平臺召對大臣，特地也召來了御史金光宸。召對開始的時候，突然風雨大作，侍立在屋簷以外的太監們只好用袖子遮擋飛濺下來的雨水，以免弄濕了中左門內的殿堂。崇禎帝厲聲喝問金光宸為什麼借題發揮，沽名釣譽。金光宸卻強硬地說：「皇上因為文武諸臣不能實心任事才委任內臣，臣卻以為任用內臣只會使諸臣更加推諉不負責任。」崇禎帝本來是想重重處罰金光宸的，但突然一個炸雷轟下來，好像要打在他的御座上。他似乎有些心虛，沉吟半晌才說：「你不要再說這些事情了。」就沒有再行追究。第二天傳下旨來，金光宸只被降三級調用。朝中都在傳說，金光宸是靠著上天的保佑才得到倖免的[17]。

或許崇禎帝並不是真的懼怕霹雷驟雨，但他在對待言官和其他朝臣進諫的問題上同樣存在著深刻的心理矛盾卻是明顯的。一方面，他很想做出一副虛懷納諫的聖君姿態，根深蒂固的道德意識也要求他實心納諫；但另一方面，對言官和其他進諫者的懷疑與厭惡，以及強烈排斥一切批評的虛榮心，又使他很難聽進去任何批評，忍不住要發作，要暴怒。發作過後平靜下來的時候，他或許也會有所悔悟。那聲炸雷大概就正好起到了讓他突然平靜下來的作用。

九月初，清軍攜帶著劫掠來的十八萬牲畜人口和大批物資浩浩蕩蕩地由冷口（今河北遷安縣西北境）出了長城，還特地在長城邊立了木牌，上書「各官免送」，以示對明朝官兵的蔑視和羞辱[18]。明官軍果然聽話，遠遠地看著清軍從冷口撤軍，撤了整整四天，直到全部撤完了才湧到關城前。負責督師的兵部尚書張鳳翼向崇禎帝報捷說，敵軍已經被趕出邊塞，我軍斬敵首三級！

這樣的鬼話當然掩蓋不住明軍怯懦避敵的真相。在北京解除戒嚴之後，崇禎帝照例對主要軍事負責人進行了懲治。兵部尚書張鳳翼和宣府大同總督原任兵部尚書梁廷棟同時被撤職議罪，但在九月初的前後幾天裡，張鳳翼和梁廷棟相繼死於軍中，據說他們是知道難免會受到重處，連日服用大黃，中毒而死的，總算避免了做刀下之鬼。

清軍接二連三地進入內地，如入無人之境，給了崇禎帝很大的刺激，也更激發了他對於幹練的軍事人才的渴求。在這以前，他曾經親自破格提拔過王洽和梁廷棟任兵部尚書，但都不能滿意，又為了清軍兵臨城下，一個被處死，一個自殺。這時候，兵部尚書和宣大總督這兩個重要的職位出現空缺，他希望能任用真正有才略、有膽識，能夠幫助他挽救頹局的人。經過仔細的斟酌，他最後決定調正在圍剿農民軍前線上的總理五省軍務盧象升任宣大總督，起用正在家中守喪的原任宣大總督楊嗣昌為兵部尚書。

在崇禎帝十幾年的統治中，這一次人事安排大概是最為精心也最為妥當的。盧象升年輕剛毅，治軍有方，在多年與農民軍的周旋中顯示超出尋常的才幹，被公認為是最有軍事才能的朝臣之一。由於高迎祥被俘後農民起義的形勢稍稍緩和，崇禎帝把盧象升調到北方重鎮，一方面是為了加強京畿地區的防務力量，另一方面也是想要就近對他進行進一步考查，以備將來主持兵部的人選。

至於起用楊嗣昌，則很超出普通朝臣的意外。楊嗣昌字文弱，湖廣武陵（今湖南常德）人，萬曆三十八年（1610年）進士。他是原陝西三邊總督楊鶴的兒子，楊鶴為招撫農民起義失敗被逮治，他正任山海關兵備道，接連上疏請求代父受罰，崇禎帝因此免除楊鶴的死罪，遣戍邊衛充軍。從這一點上說，崇禎帝對於楊嗣昌是有私恩的，楊嗣昌也為此頗為感激涕零，對崇禎帝忠心耿耿。楊嗣昌博學強記，又多年身歷戎馬，在軍事戰略方面很有一套自己的見解，而且文才口才俱佳，善於表達，因此在多次疏論平定之策和召對陳詞的時候很為崇禎帝賞識。崇禎五年（1632年）夏，他被提升為右僉都御史、永平山海巡撫，擔當防禦清軍的重任；七年（1634年）秋，又升任兵部右侍郎兼右僉都御史、宣大總督。但第二年他的父親死於戍所，不久繼母也在家去世，他按慣例離職回鄉守制，照理應該三年期滿之後才能再由朝廷酌情授職。但在國家急需人才的情況下，崇禎帝最後還是決定由楊嗣昌來接替兵部尚書。由服喪期間的官員任職，政治術語叫作「奪情」，就是說在國家危急中忠孝不能兩全，為了盡忠只好有虧於孝道。但明朝歷來標榜以孝治天下，在一般情況下總要盡量避免出現奪情的事，偶一有之，大多會引起朝士的非議。當初張居正身為首輔，權傾天下，還是為了奪情的事被攻擊得灰頭土臉。崇禎帝明知道在朝臣們齊唱理學高調的形勢下，這個決定可能會遭到許多人的反對，卻還是毅然下了決心。

對盧象升和楊嗣昌的任命似乎表明，在崇禎帝統治的中期，他更痛切地感覺到使用有真才實學的實幹之才的重要性。溫體仁一流使用起來雖然得心應手，感情上也容易交流，但要靠他們來擺脫危機卻是有些靠不住的。大概正是這樣的想法使得他對溫體仁的寵眷突然降溫，儘管在感情上他還是很喜歡這位與自己靈犀相通的老臣，但已經沒有過去那樣的熱情去為他維護首輔的位置了。正在這個時候，一個新的事件促成了溫體仁的下臺。

崇禎九年（1637年）末，江南常熟一個叫張漢儒的訟棍上疏訐告在籍的鄉紳原任禮部侍郎錢謙益和原任給事中瞿式耜，說他們「憑自己的喜怒把持人才進退之權，收受賄賂掌握江南生死之柄；宗族親戚無不是奸詐之人，違禁出海販運，沒有不敢做之事；甚至侵吞國庫之財，誹謗朝政，危及社稷。」[19]溫體仁在內閣見到這份文書，如獲至寶。錢謙益是他的老對頭，又是東林黨中碩果僅存的元老，而東林一派在朝中的殘餘勢力這些年裡幾乎無時無刻不在對他進行攻擊，想方設法要迫使他下臺。借著這個案件，正好打擊一下東林黨人的氣焰。因而溫體仁立即擬旨，要刑部將錢、瞿二人逮捕入獄，審核定罪。

明代的士紳在鄉里極其橫行霸道，其中尤以江南一帶的鄉紳為最甚，張漢儒訐狀裡所說的也未必全都不是事實。但這一次告御狀卻另有緣故。原來常熟有一個富戶叫陳履謙，為了一件爭奪產業的官司曾經求助於錢謙益和瞿式耜，兩個人卻因為看不起陳履謙的人品，反而幫助了官司的另一方。陳履謙懷恨在心，想要報復，才找到了專門包攬訟事的棍徒張漢儒。張漢儒雖是一介草民，卻很懂得朝中政治的內幕。他知道皇帝最信任的是首輔溫體仁，而溫體仁的仇敵正是東林黨人，因此只要把對於錢謙益和瞿式耜這兩個東林骨幹的訐狀告到朝廷上，就一定能收到奇效。

奇效好像真的立刻就收到了，錢謙益和瞿式耜不久都被抓進了京城的監獄。但東林黨人畢竟在朝野上下還有相當的勢力，在江南地區更是橫行無阻，因而命地方調查追究的朝旨雖然下來了，地方官員卻故意拖延，以便尋找轉機。張漢儒、陳履謙本來是些小人物，所求的不過是洩憤圖財，見到形勢對自己有利，就又生出了一些妄想。他們一不做二不休，趁機又造了些謠言，說江南東林早有政治預謀，方針是「款曹和溫」[20]。溫就是溫體仁，是說東林黨人想要彌合與他的間隙，以便為錢謙益解脫；而曹則是指宮中最有臉面的大太監之一，總督東廠太監曹化淳。此人是崇禎帝在信邸時期的舊人，極得崇禎帝的信任，兩個弟弟都因為他在皇帝面前得寵而封至一品武職的都督。他本來出自王安門下，因此與東林黨人一向關係很好，又與錢謙益特別有交情。謠言說錢、瞿差人攜巨資買通曹化淳以謀求自救。有了這些謠言，他們就直接出面對錢謙益、瞿式耜的家裡人進行勒索，大有不裝滿腰包誓不甘休的勁頭。

他們沒有想到，這一次做得太過分了。錢謙益是個老謀深算的政客，哪裡肯隨便低頭服輸，受小人之氣？他在獄中指揮人上下活動，特別找到了曹化淳。曹化淳本來是錢謙益的老朋友，何況謠言中說的又正是崇禎帝最忌諱的內官和外官相勾結，一旦被皇帝聽信了，自己前途莫測，因此就大為振作起來，認真查辦這件事。曹化淳主持著一個現成的東廠特務組織，要讓案子轉風並不困難。他直接向崇禎帝奏明瞭這件事，當然要為自己辯解，同時請求皇上讓他親率東廠番役調查此事，以杜絕小人誣陷大臣，攪亂朝政的歪風。

崇禎帝最喜歡處理複雜的案件，聽說這裡面還有這麼多彎彎繞繞，不禁技癢，馬上同意曹化淳的申請。曹化淳雷厲風行地抓了陳履謙和張漢儒，親自在外東廠嚴刑拷訊，把他們倆打個半死，當然就拿到了需要的口供，無非是兩個人怎樣為報復進行誣告，怎樣造謠惑眾以便勒索等等。曹化淳拿著口供向崇禎帝作了彙報，崇禎帝見到並沒有什麼疑點，也就決定免除對錢謙益和瞿式耜的查處，並命將陳履謙和張漢儒交刑部議處。正巧刑部尚書鄭三俊也是東林一黨，於是再審別無異詞，議定對陳、張二犯各杖責一百，枷號三個月。兩個人先是被打得一佛出世二佛升天，接著又要扛上幾十斤重的木枷連日在街頭示眾，加上刑部牢裡毫不留情，三個月的期限未到就先後死了。

這個案子前前後後鬧騰了將近半年的時間，一旦真相大白，東林一派乘勢不依不饒地追究起當初溫體仁擬旨的過失來，而且把過去的一些是非也重新搬了出來。溫體仁照例引咎乞休，這是多年來做慣了的事情，本來以為還會像以往那樣，由皇帝來溫旨慰留。在內閣值班的張至發本來也按照以往的規律票擬了慰留之旨，誰知崇禎帝卻在上面批了「放他去」三個字[21]。溫體仁毫無思想準備，正在家裡吃飯的時候聽到了消息，一時驚慌，把手裡的筷子也掉在地上了。

崇禎帝對這位在自己身邊操勞多年的老臣總算是有感情，雖然讓溫體仁退休回家，還是很給了他些體面，臨行前賜給他金銀綢緞，並命行人司官員一路護送他到浙江故里。但對於溫體仁來說，這卻是一個極大的打擊。回到家鄉之後，這位精力充沛、幹勁十足的前首相竟然一病不起，第二年就死去了。

就在錢謙益的案子鬧得滿城風雨的時候，新任兵部尚書楊嗣昌於這年三月進京任職。崇禎帝很急切地召見了他，向他訊問用什麼辦法能夠擺脫當前軍事上的被動局面。楊嗣昌則從一個兵部尚書的角度全面分析了形勢，提出了一整套戰略構想。

楊嗣昌認為，「攘外必先安內」。他比喻說：「天下的大勢好像是一個人的身體，京師是頭腦，宣府、薊鎮等邊防是肩臂，黃河以南、大江以北的中原地區是腹心。一個人身上最重要的是頭腦。邊疆烽火燃於肩臂，對身體危害甚急；流寇作亂於腹心之內，對身體影響甚深。緊急的固然不能謀劃遲緩，而影響至深的更不可以稍有忽視。如果腹心安然，臟腑無恙，就可以輸送精血，運行骨骸，以擁戴頭腦，護衛風寒於肩臂之外，還有什麼可憂慮的呢？……所以臣以為必先安內然後可以攘外，必先足食然後可以足兵，必須保護民眾才能夠蕩平流寇。這是今日辨證施治的根本，不是敢緩言攘外，因為急切於攘外，才不得不先安內。」[22]

楊嗣昌分析出，清軍的攻勢再猛烈，暫時還不會危及明王朝的根本統治，因而只是肩臂之患；而中原的農民起義不但消耗了大量的兵力和軍餉，還造成了人心浮動、城鄉凋敝，使帝國大傷元氣，所以是心腹之患。出於這樣的分析，他認為應該首先集中全力對付農民軍，而對清軍採取守勢，甚至想辦法與其妥協媾和，將來內亂澈底平定後再作長遠打算。這樣的戰略眼光，比起過去崇禎帝和他的朝臣們忙於頭疼醫頭腳疼醫腳地窮於應付，確實要高明多了。崇禎帝從來沒有聽人從戰略的角度為他系統分析過形勢，一聽這番話，大有茅塞頓開之感，感慨地說：「只恨用卿太晚啊！」[23]從此對楊嗣昌信任不移，把剿平農民起義的大事放手交給他去辦。

在確定了全力消除農民軍這個心腹之患的戰略構思之後，需要的就是具體實施的方略。楊嗣昌針對農民軍分散流動作戰的特點，提出了一個以主力兵團流動進剿和地方兵團固守協助相結合，穩紮穩打，步步為營的「十面張網」方案。根據這個方案，五省總理和陝西總督分別統率各路援剿部隊和三邊勁旅，作為主力在中原和西北兩地突擊剿滅大股農民軍；陝西、河南、湖廣、鳳陽四個巡撫轄區的地方兵團一面固守自己的區域，一面配合主力兵團圍剿，所謂「分任剿而專任防」，稱為「四正」，就是圍剿大網的四個正面；此外，延綏、山西、山東、應天、江西、四川六個巡撫轄區的地方兵團作為「六隅」，是大網的六個邊角，主要負責嚴守自己的區域，相應協助圍剿。楊嗣昌以為，一旦張網部署完成，只消三個月時間就可以澈底消滅全部農民軍[24]。

僅就軍事方案而言，「十面張網」的計畫還是相當嚴密的，但要認真執行起來卻需要許多基本條件。首先是要有充足而精幹的兵力，否則網大眼稀，只靠空架子無法收到實效。楊嗣昌在自己的方案得到崇禎帝的批准之後，立即就著手增兵。根據他的調配，五省總理和陝西總督的兩個主力軍團各增兵三萬人，湖廣、河南兩巡撫增兵各一點五萬人，鳳陽、陝西兩巡撫各增兵一萬人，此外還在鳳陽祖陵和承天（今湖北鐘祥）祖陵各增設專防兵五千，總共增兵數達到十二萬。連同中原、西北兩個戰區和「六隅」地區原有的兵額，十面網中所用的部隊超過了二十萬。調集這麼多的部隊完成一個總戰役，在明代的歷史上是極為罕見的，從數字上說也至少足以與各路農民軍相抗衡。問題在於，在軍制極其腐敗的明朝末年，這些部隊到底有多大的戰鬥力？楊嗣昌對此也只好聽天由命了。

增兵就要增餉，戶、兵兩部經過仔細籌算，共需增加軍餉二百八十萬八千兩。這筆龐大的開支很讓人傷腦筋，崇禎帝在四月的一次召對中說到增餉問題時指責朝臣們：「去年諭令勛戚之家捐助，至今抗拒，全沒有急公體國之心。就是直隸各省的鄉紳也不捐助。及至賊來時，都成了他們所有。怎麼這樣愚蠢？」[25]但愚蠢的又何止是勛戚和鄉紳，崇禎帝本人也同樣是守財奴本性，寧可國破家亡也不願意拿出錢來助餉。大家都不願出錢，巨大的金額只能再從民間榨取。楊嗣昌因此提出了他著名的加派「剿餉」的計畫，在遼餉之外又在每畝加糧六合，每石折銀八錢，合計天下增稅一百九十二萬多兩，再加上所謂「溢地」——就是重新核查納稅土地——等項，全國年加派共二百八十萬兩。這項「剿餉」是為完成「十面張網」的大戰役而臨時設立的，所以崇禎帝在發布加派詔書的時候說：「暫苦我民一年，除此心腹大患。」[26]但「十面張網」終於沒有完成，臨時設立的「剿餉」也就長期延續下去，人民更加痛苦，明王朝的滅亡也就來得越發迅速。

除了增兵加餉之外，還有一個命將用人的問題。特別是總理、總督和四正六隅的十位巡撫，能否有力地節制軍隊，機動地運用戰術，積極主動地以圍剿為己任奮勇殲敵，實在是整個戰役能否成功的關鍵。對於十位巡撫，由於涉及全面的人事安排，楊嗣昌不便插手過問，只能繼續使用原來的在職官員。其中以陝西巡撫孫傳庭最為深沉老辣，所部戰鬥力也最強；其次如湖廣巡撫余應桂、鳳陽巡撫朱大典、山西巡撫吳甡等人，也還老成幹練。但孫傳庭從一開始就對楊嗣昌的「十面網」不以為然，認為「向來賊勢，張則四出，困則歸秦，則賊之地利在秦明矣」，如果分散圍剿，「賊將踞全秦為窟穴，而四面六隅幾為空張之網矣」[27]。他的看法並非沒有道理，但出發點卻是從自己陝西一省的地方利益考慮。類似的地方主義情緒在各督、撫中相當普遍，後來給楊嗣昌的作戰計畫帶來許多麻煩。

用人中關鍵的關鍵當然是總理、總督兩名主帥的選擇。洪承疇久任陝西總督多年，經驗和能力都是有目共睹的，自然毋庸再議。而總理一職在盧象升調任宣大總督以後，就由平庸無能的王家禎接任，大戰當前，顯然必須調換。從當時的實際情況考慮，重新調回盧象升肯定是最佳方案，因為他畢竟有多年剿除農民軍的經驗，人才膽略又堪稱朝中第一。但楊嗣昌對於盧象升卻並不感興趣，一半是出於人格氣質方面的不合，可能還摻雜著幾分嫉妒，另一半則是由於黨派的紛爭。

楊嗣昌與他的父親楊鶴都是在天啟時期因為不滿於魏忠賢的專權而被罷免官職的，本來和東林黨人關係並不壞。但在任永平、山海巡撫期間，因為轄區內有人為遷安的原任侍郎郭鞏被收入「逆案」鳴冤叫屈，他也覺得郭鞏確實冤枉，曾為之向朝廷請命。郭鞏並沒有因此被寬赦，他本人卻因此背上了為閹黨翻案的惡名。東林黨人最痛恨企圖翻「逆案」的人，一律目為奸邪，從此把楊嗣昌打入另冊。而楊嗣昌是一個外圓內方的人，寧願為一件小事與東林作對到底，決不屈服。在他主持兵部樞權以後，東林方面的人不斷對他放出明槍暗箭，他也就毫不客氣地與東林對抗到底。而盧象升出自江南士紳之家，又深受理學薰陶，卻是東林一派人。他對於楊嗣昌在服喪期任職和建議加派等做法很不以為然，不時有所表露。這樣，兩個在當時最為傑出的軍事人才卻不能和衷共濟。

不喜歡盧象升這個最佳人選，楊嗣昌於是選中了兩廣總督熊文燦。熊文燦的出名是因為在福建巡撫任上曾經招撫了多年橫行海上的著名海盜鄭芝龍（鄭成功之父），後來又在兩廣平定了大股海盜劉香。崇禎帝對這個屢建奇功的軍事人才一直很注意，特地派親信太監以到廣西採辦藥材為名，到廣東對他進行實地考察。熊文燦並不知道太監是來考察自己的，但招待仍然十分殷勤，送了大批禮物，又大擺宴席，痛飲十日。一天在酒宴上，那太監說起了中原流寇總不能平，無人肯為朝廷盡力。熊文燦多喝了幾杯，忘乎所以，拍著桌子大言道：「都是諸臣誤國！若是我熊文燦去了，怎麼會讓那些鼠輩猖獗至此呢？」太監立即起身說：「我並非去廣西採辦，而是奉皇上之命特意考察熊公的。熊公真是當世之才，非公不足以辦賊。請做好準備，不久以後大概就會有詔旨下來了。」[28] 熊文燦這才嚇得酒醒，但後悔已經來不及了。

崇禎帝已有意任用熊文燦為五省總理，楊嗣昌雖不認識此人，但見他過去的政績斐然，也寧願相信他真是一個可用之才，於是上疏力薦：「臣思總理一官，與總督專任剿殺，須得饒有膽智，臨機應變之才，非現任兩廣總督熊文燦不可。」[29] 熊文燦只得離開相對安適的兩廣，走上危險的五省總理的宦途。在路過廬山的時候，他拜訪了熟識的僧人空隱和尚。和尚說：「你可是大失誤了。你以為所將的兵士足以制賊於死命嗎？」熊說不能。和尚又問：「手下大將有能委以大任、獨當一面，不煩指揮就取得勝利的嗎？」熊說無有。和尚說：「兩者都不能對付賊寇，而皇上特以盛名重任閣下，一旦沒有成效，不是要殺頭嗎？」熊文燦站立了許久才說：「用招撫的辦法怎麼樣？」和尚說：「我料到閣下必用撫，但流寇與海寇不同，請慎重其事。」[30]

熊文燦就是帶著以撫為主的宗旨來出任戰區總司令的，這至少與「十面張網」計畫的原本意圖是不相符的。統帥們各有主張，對於楊嗣昌方案的實施必然會有不利影響。

但在經過半年多時間的緊張籌措之後，兵、餉都已完成準備，主帥也已到任，「十面張網」的總圍剿還是被正式推行了。楊嗣昌在奏章中對這次行動作了頗為樂觀主義的描述：「臣計邊兵到齊，整整在十二月、正月、二月為殺賊之期。除鳳泗、承天祖陵所在理應防守外，確確以河南、陝西為殺賊之地。……臣之愚計，要使陝西巡撫斷商州、洛南，鄖陽撫治斷鄖陽、襄陽，湖廣巡撫斷德安（今安陸）、黃州（今黃岡），安徽巡撫斷英山、六安，鳳陽巡撫斷潁州（今阜陽）、亳州，而應天巡撫撫之兵仍堵潛山、太平（今當塗），江西巡撫之兵急堵黃梅、廣濟（今湖北黃梅縣西），山東巡撫之兵直堵徐州、宿州，山西巡撫之兵橫截陝縣、靈寶，保定巡撫之兵飛渡延津一帶。然後總理提邊兵，監臣提禁旅，河南巡撫提左良玉、陳永福等兵，同心並力，合剿中原，為不盡不休之勢。倘闖將（李自成）、過天星（張天琳）大賊透出關東，則陝西總督提左光先、曹變蛟、祖大弼諸帥之兵與之俱出，下三個月苦功夫，了十年不結之局。……斷斷乎可三個月而平賊也。」[31]

在楊嗣昌的內心深處是不是真有這樣樂觀，不得而知。但崇禎帝的確是在他所描述的美麗圖景前激動了。只要能在近期討平流寇，就可以騰出手來對付關外的清軍，而一旦軍事上的危機澈底消除，中興盛世就將不會太遠了。對於楊嗣昌這位真能實心任事，把如此重大的一次軍事行動安排得妥妥當當的棟樑之臣，他心中充滿了感激之情。直到「十面張網」的計畫最終流產，他的這種感情也依然沒有完全消失。楊嗣昌畢竟是他在整個統治期內最得力，也最受他信任的大臣。

在一種樂觀主義情緒的鼓舞下，崇禎帝在崇禎十年的八月舉行了他平生唯一的一次巡城閱兵儀式。這天京城全城戒嚴，禁止百姓出行，崇禎帝在威武儀仗的引導下騎著駿馬緩緩出宮，文武百官也都騎馬跟在皇帝身後。這支龐大的隊伍在「武成之樂」的伴奏下先到正陽門，然後沿著內城繞各門巡視了一圈。京營的全體將士們早已排列在城牆上下，鮮豔的軍旗隨著金風飄舞，兵刃鎧甲在朝陽的照射下閃著毫光，皇帝在哪裡出現，哪裡就響徹了山呼海嘯般的「萬歲」之聲。崇禎帝見到軍容威嚴整齊，非常高興，特地賞賜了那位懷揣「行無所事」四字真經的戎政尚書陸完學。在這個秋高氣爽的愉快日子裡，他似乎又看到了自己的帝國和自己的軍隊的偉大力量。他當然不會知道，接受檢閱的這數十萬大軍中，多半都是各營將領們出錢臨時僱來充數的，京城裡的雜役、夥計乃至流氓、閑漢一時都在城牆上下當了臨時工。依靠這樣一支徒有其表的部隊來維護破敗的帝國，其結果可想而知。

1 見《盧象升疏牘》，浙江古籍出版社 1985 年 2 月版，卷十二，第 324 頁。
2 見《國榷》，卷九五，第六冊，第 5731-5733 頁。
3 見《國榷》，卷九五，第六冊，第 5732 頁。
4 見《烈皇小識》，卷四，第 104 頁。
5 見《崇禎實錄》，卷六，第 183 頁。
6 見《三垣筆記》，第 25 頁。
7 見《烈皇小識》，卷四，第 107-108 頁。
8 溫體仁生年未見史載，但其堂弟溫璜有《壽家少師六帙序》文，見《溫寶忠先生遺稿》卷一：體仁崇禎九年（1636 年）十月晉少師，十一年（1638 年）七月卒，則其生年當在萬曆五年（1577 年）至七年（1579 年）之間，長崇禎帝三十一至三十三歲。
9《明史》，卷三〇八，第二六冊，第 7935 頁。
10《平寇志》，卷九，第 206 頁。
11 見《烈皇小識》，卷三，第 85 頁。
12《烈皇小識》，卷四，第 96 頁。
13 見楊光先，《野獲》洪襟序。
14 見《三垣筆記》，第 26 頁。

15《孫傳庭疏牘》，浙江古籍出版社1983年10月版，附錄一，第154頁。
16《國榷》，卷九五，第六冊，第5754頁。
17 見《明史》，卷二五四，第二一冊，第6569頁。
18《國榷》，卷九五，第六冊，第5757頁。
19《山書》，卷十，第225頁。
20《棗林雜俎》，和集，第191頁。
21《烈皇小識》，卷五，第131頁。
22 見《楊文弱先生集》，卷九。
23《明史》，卷二五二，第二一冊，第6510頁。
24 見楊山松，《孤兒籲天錄》，卷二。
25《楊文弱先生集》，卷四二。
26《流寇志》，卷三，第47頁。
27《孫傳庭疏牘》，卷一，第2頁。
28 見《綏寇紀略》，卷六，第147頁。
29《楊文弱先生集》，卷十。
30《明史》，卷二六〇，第二二冊，第6735頁。
31 見《楊文弱先生文集》，卷十九。

四 戰和兩難

崇禎十年（1637年）末到十一年（1638年）初，當十面張網的方案開始正式實施的時候，確實收到了一些成效。

李自成、過天星的農民軍在崇禎十年（1637年）十月曾南下攻入四川，先後攻克了川北和成都平原上的三、四十座州縣，一度兵臨成都郊外，嚇得明朝四川地方當局驚惶不知所措。負責西線圍剿的陝西總督洪承疇連忙帶領固原總兵左光先部和臨洮總兵曹變蛟部兩大主力進入四川，從東線對農民軍進行阻截攻擊。新上任的四川巡撫傅宗龍則調集各路川軍數萬人在成都至閬中一線阻止農民軍南下。李、過等部無法局促於川西北一隅，於崇禎十一年（1638年）初分別折返陝西。過天星、混天星等出東路，經鳳翔重新回到西安以北的廣大地區。陝西巡撫孫傳庭率軍圍剿這部分農民武裝，在四、五兩月先後於澄城、三水（今旬邑）取得勝利，混天星被殺，過天星等人投降。李自成部出西路，在甘肅河州（今臨夏附近）、臨洮一帶活動。洪承疇率西北主力重點圍剿李自成軍，在三月份也兩度獲勝。李自成在接連受重創後沿著秦嶺山區撤退到川、陝、鄂交界的大山中潛伏起來，部隊只剩下千餘人。至此，西北地方的「流寇」基本上被剿平了。

在河南、湖廣方面，張獻忠部於崇禎十年（1637年）八月在南陽地區被左良玉擊敗，退入湖北。在襄陽總理剿務的熊文燦本著以撫為主的方針，派人去招降張獻忠。張獻忠也表示願意接受招撫，並且派人送給熊文燦一批珍寶，其中包括兩塊一尺多長的碧玉和兩顆徑寸的珍珠。貪財好貨的熊文燦以為招撫了張獻忠既可以唾手而得蕩平之功，又能夠搜括到不盡的財寶，極力向朝廷建議招撫。崇禎帝正苦於兵乏餉匱，也極想不費刀兵之力就實現天下太平，立即批准了熊文燦的建議。

楊嗣昌明知道農民軍在不利的時候往往以受降為名以屈為伸，很少有真心實意，但又不能抗拒聖意，只好提出要張獻忠先去剿殺其他各股農民軍，然後才可以招安，否則還應乘機礪兵嚴剿。崇禎帝卻深受著不用增兵增餉就能大獲全勝的誘惑，當面批駁楊嗣昌說：「豈有他來投降，便說一味剿殺之理？」「於是撫局已定，張獻忠受封為副總兵，屯師於襄陽西面的谷城，解散所部一萬八千餘人歸農，仍留精兵一萬一千名，聽候熊文燦調遣。但張獻忠卻並沒有聽候調遣，只是在谷城造房種地，訓練部隊，讓他出征就以糧餉不足進行拖延，熊文燦也毫無辦法。

但張獻忠的受撫還是給中原地區的農民戰爭造成了極大影響。在他受撫前後，闖塌天劉國能、「曹操」羅汝才等大股的農民軍都接受了招撫，有些人後來還成為明軍鎮壓農民起義的悍將。到崇禎十一年（1638年）下半年，農民軍中比較有實力的大股武裝只剩以老回回（馬守應）、革里眼（賀一龍）、左金王（賀錦）等人為首的所謂「革左五營」仍在大別山一帶活動，但強敵四布，也不能有大的舉動。明末的農民戰爭陷入一個前所未有的低潮之中。

儘管與「三個月平賊」的限期相比是延長了一些，十面張網的大戰役好像還是取得了很了不起的成功。崇禎帝被接連傳來的捷報弄得有些飄飄然起來，開始準備在平寇之後進行中興的第二步戰略——剪除清虜。身為兵部尚書的楊嗣昌卻不敢這樣樂觀。他深知，中原和西北的「流賊」還遠遠沒有剿除乾淨，在災害頻仍，遍地哀鴻的形勢下，李自成、馬守應這些星星之火隨時都有可能再成燎原之勢。而張獻忠、羅汝才等人的投降也很靠不住，不一定什麼時候就會東山再起。因此他一直堅持，絕不能削弱圍剿的軍事力量，而且要趁著大好形勢力促歸降的農民軍出征討伐沒有歸降的農民軍，讓其兩敗俱傷。如果降軍不聽命令，就以武力強行解決。為了澈底解決農民軍這個「心腹之患」，他認為對於清軍的「肩臂之患」還是應該從容對待，最好是先能暫時媾和。可惜在戰局稍有好轉的情況下，崇禎帝已經聽不進這些有見地的想法了。

楊嗣昌希望能與清方進行談判，並不只是一廂情願的空想。早在崇禎八年（1635年）十月和崇禎九年（1636年）二月，皇太極曾經兩次派人送信給明朝邊防守將，並請他們轉給明廷，兩次信上的內容都談到講和的問題。後一封信是專門寫給崇禎帝的，信上說：「我見黎民百姓塗炭，常以和睦為念，只希望能共用太平，致書遣使不下數次，不知下邊臣屬欺騙蒙蔽沒有報告朝廷，還是朝廷明知黎民塗炭、人民死亡而無動於衷，不願和平。我一再講和而你明朝大臣竟無一言回答，這是有意招惹禍亂。」[2]信中口氣雖然蠻橫，但想要和談的意思還是表達清楚了。既然對方願意和談，就有機會通過某種妥協換取一段和平時間，來保證肅清中原，恢復國力。當然楊嗣昌還不能夠公然說是對清談判，為了保住天朝和皇帝的偉大面子，只能說是用「款」，就是說朝廷以撫慰的方法，通過給那些邊外的蠻夷一些好處，讓他們馴服。

崇禎十一年（1638年）四月十二日，是例行的經筵活動。幾位主講的大臣照本宣科地講解了幾篇儒家經典，希望皇帝潛心於理學修養，成為德行高尚的堯、舜之君。經筵完畢後，崇禎帝似乎還覺得意猶未盡，又把六部大臣召了來，想問一問怎樣把孔孟的治平之道運用到實際政務中來，以理論結合實際。楊嗣昌借著這個機會，向皇帝進講了《孟子．離婁》中的一章：「爭地以戰，殺人盈野；爭城以戰，殺人盈城。此所謂率土地而食人肉，罪不容於死，故善戰者服上刑。」[3]想借著孟子這種反對諸侯戰爭的和平主義思想來引導崇禎帝同意對清方進行接觸談判。崇禎帝已經知道楊嗣昌的想法，但絲毫不感興趣，很不耐煩地說：「這是孟子針對列國兵爭而說的。今天對一個屬國（指清朝），雖然還不能大加討伐以示天朝之威，又何至於像漢代那樣使用『和番』的下策呢？今後不要再提這件事了。」[4]

皇帝基本否決了對清議和的動議，但這件事卻還是引起了滿城風雨。絕大多數朝臣對於楊嗣昌竟然提出「款和」清方，都感到極大的憤慨。根據夷夏大防的傳統原則，堂堂天朝的中央帝國與外間的一切夷狄是根本沒有平等可言的，一切夷狄只不過是天朝的藩屬，只能規規矩矩地向天朝納貢稱臣，如有犯上作亂，則只有剪除討平一個辦法。而關外的滿洲部落世世受天朝封賞，史冊俱在，卻突然不馴造反，而且強占遼東、數次入塞，燒殺擄掠無惡不作，在明朝的臣民中更是引起了極大的敵愾情緒。一般人都以為，與清方談判，媾和，不論有什麼理由，都是喪權辱國，甚至就是通敵叛變，是石敬瑭、秦檜一流的行徑。在明代敢於與清方進行接觸、進行談判的，只有一個頭腦比較清楚的袁崇煥。而袁崇煥的這一做法卻在天啟七年（1627年）和崇禎二年（1629年）兩次被朝廷視為大逆不道，最後一次還被當作「通敵」的重要罪狀之一，直接導致了他的身敗名裂。有這樣的前車之鑑，又是在平庸的愛國主義熱情充斥朝野的情況下，楊嗣昌還敢冒天下之大不韙，提出議「款」，正說明他有著不凡的戰略眼光和對皇帝真誠的忠愛。

朝臣中卻很少有人能理解他的這種眼光和忠愛。在以東林為首的反楊派看來，這正好又給他增加了一條罪狀。東林黨人認為，楊嗣昌共有三大罪狀。一是為「逆案」翻案，與東林君子作對；二是父喪、母喪雙重的服孝身分靦顏於朝，傷害了國家以孝治天下的根本；三就是通敵誤國。這第三點，幾乎是要引起全國官紳民眾公憤的。為此，東林戰士們對楊嗣昌發動了猛烈攻擊，以反對倡言和談為主，兼及其他。兵科給事中錢增、工科給事中何楷等人反復上疏，彈劾楊嗣昌。大臣也有出面的，禮部右侍郎王鐸上言說：「聽說有對建虜撫和之意，不勝愕然。天朝雄兵數十萬，疆域萬裡，彼不過是一部耳。怎能損抑雷霆之積威，去實行納幣款和之輕舉？」[5]但最引人注目的，則是東林旗手，聞名天下的理學大師黃道周。

黃道周字幼平，福建漳浦人（其家鄉今屬東山縣），因為多年在銅山（東山）孤島的石室內讀書，天下學人都稱他為石齋先生。他的學識淵博，在理學和《易學》方面的修養猶深，而且節操高尚，為人嚴肅不苟，被人認為道德文章均堪為楷模，聲名隆赫，遍及九州。天啟二年（1622年）他在三十八歲上才得中進士，接著入翰林院，歷任編修，充經筵展書官。慣例，展書官要跪著膝行向前為皇帝翻開書卷。黃道周卻認為這不符合古禮，因而在展卷的時候起身而進。周圍的人對這種舉動都十分錯愕，在旁的魏忠賢幾次使眼色讓他跪下，他卻仍然堅持不動[6]。因為強項耿直，他多次受到貶黜，直到崇禎九年（1636年）才以詹事府右中允再次入朝，後屢遷至少詹事，雖然地位仍然不高，卻已在京卿之列。

黃道周對於楊嗣昌的攻擊，完全是站在理學意識形態的立場出發的。他認為即使天下再缺乏人才，也萬萬不可用像楊嗣昌這樣應該在籍守制的「不祥之人」，因為這是違天理、逆天道的。楊嗣昌不能堅決回避辭免，就是貪圖祿位，居心陰險。對於議款，那更是關乎國家大節，即使有百利也絕不能行。何況他還認為，就是從眼前利益來講，議款也是行不通的。他在奏章中說：「不用說建虜必不可款，款必不可成，成必不可久，即使款矣、成矣、久矣，目前寧遠、錦州、遵化、薊州、宣府、大同之兵，何處可撤？」[7]似乎認為由於不好安置因和平而裁撤的軍卒，就根本不應該力求和平。這樣高明的邏輯大概只有高明的理學家才能推導出來。

黃道周的地位和聲望遠非幾個普通言官所能相比，他的攻劾所造成的影響力也就超乎尋常。在這樣一股風潮中，楊嗣昌款虜誤國幾乎已成了輿論中的定評，他在精心籌劃十面張網中取得的功績也被輕鬆地放置在一旁，沒有人願意為他評功擺好。好在崇禎帝在這個問題上思路並不糊塗。他出於天朝皇帝的傲慢和形勢好轉帶來的盲目樂觀，完全不顧考慮議款的建議，但對於楊嗣昌的信任和珍視卻並沒有因此而減弱。他也清楚，朝臣們攻擊楊嗣昌帶有濃厚的朋黨意味，在款和問題上立論雖然與他一致，用心卻全然不同。他還是一心一意地信用楊嗣昌，同時也禁止再議論對清方媾和的問題。

楊嗣昌卻不是溫體仁那一類的佞臣，他還是要想方設法地勸說皇帝按照自己的戰略方針行事。正值這年四、五月間，欽天監的星相專家向朝廷彙報，火星運轉失常，由尾宿逆行至心宿，而且一度被月亮掩蓋。這其實是行星視運動的一種有規律的自然現象，本來沒什麼可奇怪，但明代的皇家天文學者一向抱殘守缺，而且對古代的天文學遺產也不甚明瞭，才當成非正常的災異報上。更加不懂得天文的皇帝和朝臣們於是有些惶惶然了。自西漢以來，星相學就成為正統儒家學說的一個組成部分，而且與天人感應的理論緊密結合在一起。按照這一理論，冥冥中的天是宇宙萬物的主宰，天通過各式各樣的符號系統來表達自己的意志和願望，而在地上只有聖人才能領悟這些符號，並且按照天的意願行動。這就是所謂「天垂象，聖人則之」。而所謂聖人，也就是君臨天下的專制皇帝們。對於皇帝來說，理解並且執行上天的意願，就會得到天的寵眷，國運昌盛，反之就會禍墜於天，遭受劫難。

對於這一點，從小浸潤於正統儒家說教之中的崇禎帝是深信不疑的。在他的性格中儘管有個性堅強的一面，對於祖宗的家法、國家的制度，甚至通行的意識形態理論，他不時地會小有突破，但對於那個至高無上的天，他卻總是懷著深深的敬畏，不敢稍有疏忽。按照古代聖賢們的理論，月食火星和熒惑（火星）反常逆行，表示上天對於刑罰失度的不滿。而正是在刑罰失度這一點上，崇禎帝自己也會常常感到不是那麼理直氣壯。

為了回應上天的指示，崇禎帝採取了一系列應急措施，在國家監獄實行清獄，將死罪以下的罪犯全部具保釋放；制定了一個每五年對犯罪宗室進行復審的條例；自己也再次素服減膳，以示修省。他還特別給總督東廠太監王之心發了一個祕密上諭：「今年火星逆度兩次，為災猛烈，深可驚悼。……近來人情奸險者固多，挾仇誣詐者亦複不少，今後凡有出首報案事件，旗番止許拘人，或者親自審訊。要叮嚀刑官嚴密核查，案情真實者據實參奏，誣陷者即時開釋。並將首報之人，按律反坐以示懲戒。不許擅自抓人，私行拷打，……甚至張冠李戴，增少為多，或長期監禁暗用酷刑，或苦打成招製造冤獄。種種可惡情狀，令人一見輒怒。」[8] 看來他對廠衛的惡行並非全然不知道，但一定要到天災示警的時候才會來出面限制一下。

楊嗣昌對於這次火星的「反常」運行，卻採取了一種不同的態度。他為此專門上疏說：「臣聞月食五星，古來變異史不絕書，但是災是祥，卻要看當時的時勢與君主的德行而定，並不一致。」而後引經據典，說明歷代多次出現過同樣的現象，卻也多有平安無事的，甚至還會是吉祥的兆頭。特別有趣的是，他在援引歷史的時候分別舉出了幾個招撫夷狄或是叛臣的事例。東漢光武帝建武二十三年（47年），月食火星，明年匈奴呼韓大單于受款於五原；唐憲宗元和七年（812年）月掩熒惑，其年魏博節度使田興歸降；宋太宗太平興國三年（978年）月掩熒惑，明年興師滅北漢，隨征契丹，連年兵敗，後來聽從宰相張齊賢的建議，改用安內養外的和平政策，國家才得安定。這就不但向皇帝闡述了「天變不足畏」的思想，而且利用這次變異再一次為自己的議和政策張目[9]。

崇禎帝讀了楊嗣昌的本章，多少有些如釋重負的感覺。儘管他不敢完全相信楊嗣昌所說的，也不大相信火星的變異是標誌著款和清方的徵兆，但有了這樣多的歷史憑證，總是讓他可以放一點心了。他還需要用更多的精力去對付煩雜的朝政，特別是去解決那些迫在眉睫的緊要問題。

這年六月，他又一次對內閣進行了大改組。他先是在此之前把首輔張志發和黃士俊、賀逢聖、孔貞運先後免除了閣職，這樣內閣中已經沒有一個與溫體仁共過事的人了，而且人數驟減。為了充實內閣他又組織了一次對高級大臣的策試，親自出題，擺出天災頻仍、流寇難平、邊餉匱乏、吏治紊亂等當前面臨的主要問題，要大臣們出主意、想辦法[10]。臣僚們對皇帝的這一套做法早有些膩煩了，明知道皇帝又有了任用新人的打算，卻要用這種虛假的考試來向群臣表示自己的公允。那次考試是在中極殿舉行的，當時正下著大雨，又是在晚上，燭光昏暗，雨聲嘈雜。大臣們無心答卷，多半人沒寫幾個字就交卷走了，有人乾脆就交了白卷。崇禎帝對此卻好像早有精神準備，也沒有責備。

考試過後，他又讓吏部等衙門走了一下會推的形式。這也是多年沒有實行過的，這一次算是對朝臣的一種安慰。但會推選中的名單卻基本上沒有被採用，最後他還是按照自己事先想好的人選直接任命了五位內閣大學士：程國祥、楊嗣昌、方逢年、蔡國用、范復粹。崇禎帝組織這一屆內閣有他的特殊動機。由於長期以來，內閣成員多是詞臣出身，雖然文學優長，對於國家各部門的實務卻缺乏瞭解，很難真正起到顧問輔佐的作用，他想要把在中央各主要部門有實際工作經驗又通達幹練的大臣集中在內閣裡，形成一個通曉六部公務，有實效的班子。經過這次改組之後，首輔劉宇亮原任吏部右侍郎，有吏部工作經驗；程國祥原任戶部尚書，有戶部工作經驗；楊嗣昌原任兵部尚書，有兵部工作經驗；方逢年原任禮部右侍郎，有禮部工作經驗；蔡國用原任工部右侍郎，有工部工作經驗；范復粹原任大理寺少卿，有司法方面的工作經驗；薛國觀原任都察院左僉都御史，有監察方面的工作經驗。其中除劉宇亮和方逢年做過翰林，是詞臣出身，其餘都是出自外僚。朝臣們，特別是翰林出身的朝臣們，對於任用大批外僚進入內閣當然非常不滿。但他們已經習慣了崇禎帝獨斷獨行，只能在下面發發牢騷而已。真正讓他們忍無可忍的，還是那個事關天理人倫大道的「奪情」問題。

這次簡選閣臣最引起人們注意的當然還是楊嗣昌。因為他仍然在服喪期裡，以不祥之身主持兵部已經大乖於體制了，如今又入值內閣，很有些駭人聽聞。崇禎帝的打算卻是準備有朝一日讓楊嗣昌充任首輔之職，因為內閣位次一向是按入值的資格而定，只能及早先讓楊嗣昌進來。至於輿論會有什麼反映，他不準備理會。

楊嗣昌入閣帶來的另外一個問題是兵部尚書這個位子需要一個合適的人來接替，崇禎帝早就看準的是年輕有為的盧象升。但盧象升剛好在不久前也死了父親，接連上五疏請求回鄉奔喪守制。崇禎帝反正已經奪情任用了一個楊嗣昌，不妨再開一例，就不但不許他回鄉，反而打算命他在熱孝中接任兵部尚書。因為宣大總督主管著京門要塞，不能一日無人，他又任命同樣在服喪期，正在四川老家守制的原任宣府巡撫陳新甲奪情出任宣大總督。在陳新甲未到任前，盧象升仍留守宣大總督之職；盧象升未赴尚書任前，楊嗣昌仍署理兵部印信。這樣一來，主持軍機大事的三位高級官員同在服喪期，都是以不祥之身奪情任事，這在明代歷史上是前所未有的，簡直有點不把人倫大道放在眼裡了。因為輿論方面的反對意見太多，而且盧象升本人是新近喪父，要求奔喪很堅決，崇禎帝最後只好把原來的安排改變一下，楊嗣昌以輔臣兼任兵部尚書（這又是沒有過先例的），仍任陳新甲為宣大總督，加盧象升兵部尚書銜，同意他在陳新甲到任後回籍。

但就是這樣的安排也還是遭到了強烈的反對。以堅持和捍衛純潔的理學意識形態為己任的大宗師黃道周，再一次對楊嗣昌的入閣和陳新甲的任職進行了道德批駁，順便地又抨擊了款清的政策。他先後寫了三份劾疏，一是攻擊陳新甲不應為了貪圖權勢而不完成服喪之期，「守制不終，走邪徑，托捷足」；二是攻擊遼東巡撫方一藻陰謀主持對清和議，喪權辱國；三是攻擊楊嗣昌自己不能持內外兩服，又薦引服期的陳新甲，阻撓喪父的盧象升奔喪，真是豬狗不如，「即使人才極缺，又怎能讓這種不忠不孝之人勾枝結蔓，讓他們的不祥之氣穢及天下呢？」[11]

這三份劾疏是六月末同時送入宮裡的，崇禎帝讀過以後感到很氣憤。黃道周在世上的名聲他是很清楚的，但對於這樣的理學大師，他有著一種微妙複雜的心理。他對於黃道周以及另一位理學大師劉宗周等人的學問人品確實有幾分敬重，這與他自幼接受的正統教育是一致的；但同時在心底裡他又深深懷疑這些人的學識對於經邦治國到底有什麼實際價值，甚至懷疑他們的人品是否真如自我標榜的那樣高尚。另一方面，這些人在天下的盛名又使他頗存忌憚，即使以皇帝的九五之尊也不能不考慮輿論方面的影響；而這又使他在心中潛藏著某種不平，常常能為藉故揭露他們、打擊他們而產生一種惡毒的快感。正是因為皇帝有這樣一種複雜的心態，劉宗周、黃道周們在崇禎時期的宦途才總是大起大落，擢黜不定。

這一次，崇禎帝以為又抓到了黃道周的把柄。在當初九卿會推閣臣的時候，黃道周以少詹事的身分也被選入推選名單裡，而且入閣的呼聲相當高。他偏偏在沒有被任用為閣臣的時候連上三疏，難道不是心存怨氣，借機發洩嗎？何況他在攻劾楊嗣昌的奏章中還提到：「陛下以孝治天下，為了縉紳家庭中口角小事，都要治之於法。」這明明是借題譏諷鄭鄤一案。而黃道周是鄭鄤的好朋友，這分明是徇私情而蔑名教，誹謗朝廷。七月初五日正午時分，崇禎帝在中左門平臺召見了內閣和五府、六部大臣，並指名要黃道周入見，要當面揭露一下這個德高望重的大宗師。

他不無諷刺意味地對黃道周說：「朕幼年失學，成長後又缺少見聞，只是不時在經筵中略微懂了一點道理。凡聖賢千言萬語，不過天理、人欲兩瑞而已。無所為（不為自己的私利）而為之，謂之天理；有所為而為之，謂之人欲。你三疏不先不後，卻在不點用之時而進，難道是無所為嗎？」

黃道周劾方一藻和陳新甲的兩疏其實是在五月份就謄好進呈了，但家僕因為聽說老爺有可能入閣為相，生怕這次上疏得罪了皇帝，失去機會，就藉口說會極門的守門太監一定要索取八兩銀子才肯接受奏本，拖著沒有送進宮裡，直到大局已定，才把兩份本章連同新寫的劾楊嗣昌疏一起送入。黃道周雖然有些委屈，卻無法在皇帝面前陳奏這些說不清的瑣屑情由，只得硬著頭皮說：「為利者，專事功名爵祿，事事為一己之私，這就是人欲；為義者，以天下國家為心，事事為天下國家，就是天理。臣三疏皆為天下國家、綱常名教，不曾為一己之功名爵祿，所以臣自信本心是無所為而為。」

崇禎帝仍然不停地追究為什麼陳新甲五月授職，劾疏直到簡用閣臣以後才上。

黃道周毫不示弱地說：「先時因有涉嫌疑而不可言，至簡用之後則不得不言。今日不言，無再言之日。況且高官厚爵，誰不樂得之，臣緘默數時，也可叨光冒得些許，臣何苦用自己之功名去作他人的話柄呢？所惜者，千古之綱常名教。臣哪裡有為一己私利之嫌？」轉而又說：「綱常名教，禮義廉恥，皆是根本上事。若無此根本，豈能做得事業？」

楊嗣昌忍不住出班爭辯：「綱常二字，不可不剖明。君為臣綱，父為子綱，君臣列在父子之首。臣入京，聞黃道周品行學術為人所宗，以為其必有持正之言，可以使臣回鄉完成守制之期。不料其疏中自稱不如鄭鄤，臣才為之歎息絕望。人說禽獸知母而不知父，鄭鄤杖母，禽獸不如。道周又不如鄭鄤，還講什麼綱常？」

黃道周說不如鄭鄤云云，是去年秋天在一份辭謝升任右諭德的奏疏中提到的，他自稱有「三罪、四恥、七不如」，其中的一不如就是「文章意氣，坎坷磊落，不如錢謙益、鄭鄤」。這句話正是讓崇禎帝感到深受刺激的，楊嗣昌才特意點出來給黃道周為難。

黃道周辯解說：「匡章棄於通國，孟子對其不失禮貌。孔子自雲：『辭命，吾不如宰予。』臣是說文章不如鄭鄤。」

崇禎帝說：「匡章是不受父親的喜愛，豈能與鄭鄤杖母相提並論？你說不如鄭鄤，就是朋比！」又問：「陳新甲諳練軍情，今日內外交訌，不得不用他。你說是走邪徑，難道楊嗣昌一薦他就是邪徑？」

黃道周說：「臣並不認識陳新甲，但人正則行皆正，心邪則徑皆邪。且奪情一事，嗣昌在邊疆則可，在中樞（兵部）則不可；在中樞猶可，在內閣則不可；使嗣昌一人為之猶可，又呼朋引伴使成一個奪情世界則更不可。臣不得不言。」

崇禎帝憤憤地說：「如今的人為達私欲，就在綱常名教上做文章。本來念你尚有操守，還要用你，誰知這樣偏矯恣肆。本當拿問，念你是講官，先起去候旨吧。」

黃道周依然執扭地說：「今日臣不盡言，是臣負陛下；陛下今日殺臣，是陛下負臣。」

崇禎帝說：「你這都是虛話，一生的學問，只學得了這佞口。」

黃道周卻還是言猶未盡：「臣還要將忠佞二字奏明。人臣在君父面前，如果獨立敢言的是佞，難道讒諂面諛的是忠嗎？敢爭是非、敢辨邪正的是佞，難道不敢爭是非、辨邪正，只是一味附和取悅者是忠嗎？忠佞不分，則邪正也不明。這是自古為政之大戒，望皇上體察。」這才一身正氣地退下[12]。

這君臣之間的一場辯論中，黃道周一直以正統理學衛道士自居，正氣凜然，毫無畏懼。而崇禎帝卻好像站在了綱常名教的對立面，成了接受批判的角色。他本來想讓理學名家當眾出醜，結果卻是自己被大大搶白了一番，相當惱火。而朝臣中的大多數人卻為黃道周犯顏直諫，讓皇帝理屈詞窮而大為歡欣鼓舞。這次召對之後，朝士們奔相走告，大有揚眉吐氣之感。崇禎帝明知這些情況，卻無法追究，只把黃道周降六級調外用，讓他到江西按察司做一個小小的九品照磨，而且把這筆仇恨暗暗記在了心裡。

關於是否款和清方這一無根的風波還沒有完全平息，帝國的安然盛世也還沒有真正安然過幾日，不提防漁洋鼙鼓又動地而起，清軍再次入塞了。

自從崇禎二年（1629年）第一次突襲北京以來，清王朝在皇太極的統治下，實力又有了突飛猛進的發展。皇太極姓愛新覺羅，是努爾哈赤的第八子，生於萬曆二十年（1592年）。清代史書說他三歲時就聰穎異常，「耳目所經，一聽不忘，一見即識」，顯然是誇大之詞[13]。但他確實是一個英勇的戰士和深謀遠略的政治家，從十幾歲上開始軍旅生涯，二十歲出頭就成為獨當一面的一軍統帥，後來成為權勢巨大的後金四大貝勒之一。天啟六年（1626年）努爾哈赤去世，皇太極經過一場兄弟間的激烈角逐繼承了父親的統治，成為後金第二位大汗，自稱「淑勒汗」（意為聰明汗）。為了最終入主中原，取明而代之，他在自己的統治時期十分注重政治和軍事建設，鞏固後方，增強國力，掃清周邊地區，逐漸養成了不可戰勝之勢。崇禎七年（1634年），皇太極親率大軍第三次征伐內蒙古察哈爾部，大獲全勝，接著頒布「欽定法令」，實現了對整個漠南蒙古的統治。同年，遣兵征黑龍江呼爾哈部，把黑龍江流域迤南的廣闊地區擴進了自己的版圖。崇禎九年（1636年），他率軍第二次入侵朝鮮，逼迫李朝國王定立城下之盟，從此這個世代忠於明王朝的藩屬成為清朝的屬國。在軍事上，八旗勁旅不斷擴充，而且利用大批投誠的明軍和蒙古部民建立了漢軍旗和蒙古旗，在軍備上則使用了很有威力的「紅衣大炮」。在政治上他漸次削弱了幾大貝勒分庭抗禮的權勢，實現了南面獨尊的獨裁統治。

崇禎九年（1636年）四月，皇太極在朝臣們的擁戴下，放棄傳統的大汗稱號，正式即皇帝位，成為清朝歷史上第一位皇帝，就是清太宗。即位後，宣布改元為崇德元年，改國號為大清，設六部、都察院等各衙門略如明制。到這個時候，山海關外的清王朝人口雖然不能與明朝相比，但領土的廣闊已經與明朝不相上下，部隊的戰鬥力則遠遠超過了明朝一方，而且體制粗具，國勢強盛，完全是一個可以與明朝相匹敵的大國。而明朝君臣卻還在為與其接觸談判有失國體國威而誇誇其談，真是如在夢中。

崇禎十一年（1638年）九月下旬，清朝以睿親王多爾袞為奉命大將軍，率左翼，貝勒岳托為揚武大將軍，率右翼，分別由牆子嶺（在今北京密雲縣西境）和青山口（在今河北撫寧縣北境）拆毀長城，第四次大舉進入內地。岳托的右翼清軍入牆子嶺後直逼密雲，明薊遼總督吳阿衡這天正帶著下屬為監視太監鄧希詔祝壽，大家喝得爛醉，聽到警報後才倉促應戰，大敗，吳阿衡和總兵吳國俊都醉醺醺地死於戰鬥中。清右翼軍在京東一帶等候左翼從遷安方向來會合，明廷這時聽到報警，京師再度進入戒嚴狀態。

崇禎帝和他的大臣們近年來經歷過好幾次清軍兵臨城下的驚險，總算有了一點兒經驗，不似最初那樣張惶失措。楊嗣昌雖然暗中抱怨朝廷不能早早採納自己議和的建議，以至於又一次遭到這樣的攻擊，但作為本兵，卻不能不趕忙調兵遣將，竭力支應。崇禎帝寄希望於這位幹練的兵部尚書，夢想著能取得比前幾次好得多的戰果，甚至是聚殲入犯之敵，因而對楊嗣昌的布置全部照章批准。於是速調遼東前鋒總兵祖大壽率部入衛，以山海關監軍太監高起潛帶關、寧兵一部為應援；命宣大總督盧象升為督師，統管各路兵馬，並率宣府、大同、山西各軍為左路，天津、青州、登州、萊州各軍為右路，夾擊清軍；以山東總兵劉澤清部由正面遏制清軍；京營各軍則加強京師的守城。

這樣的戰防安排大體上還算有章法，卻沒有考慮到清軍鐵騎剽悍的戰鬥力根本就不是腐敗的明軍所能抵擋的。況且清軍極其驕橫，進入平原地區後常常是分成數股疾馳電擊，到處攻城掠地，大肆擄掠，明軍以穩健遲緩的防禦為主的戰略對應，其實是防不勝防。清軍果然在京東地區集結後就分成八路，在西起太行山麓，東至大運河畔的一個寬大的正面上齊頭並進，向南攻掠過去。他們這次入塞，並沒有把威脅北京當作戰略要點，而是把目標放在了太行和運河之間的廣大平原地區。

盧象升在接到軍令後立即星夜趕來京師，屯兵於昌平，然後進京陛見皇帝。崇禎帝一向對盧象升印象極佳，此時正堪大用，十月初四日召對大臣的時候特別召見了他。崇禎帝問他對清作戰有什麼方略，他回答說：「陛下命臣為督師，臣只知有戰而已。」言外之意是反對與清軍和談。崇禎帝對此言卻感到莫名其妙。清兵再次來犯，他確實有些懊悔當初沒有聽從楊嗣昌的建議，但清朝大軍入塞之後，絲毫也沒有表現出想要以武力威脅進行談判的意思，此時即使想與清軍接觸也找不到門路，哪裡談得上和談講款呢？崇禎帝沉吟了一下才很不高興地對盧象升說：「朝廷本來沒有說要款和，那只不過是外朝在無端議論罷了。」

盧象升似乎不信，但也不便與皇帝深論此事，接著說：「敵人所重的，事事宜防。逼迫陵寢以震動人心，可慮也。趨近神京以撼動根本，可慮也。分兵出京畿之南，剽掠周圍州縣，斷我糧道，可慮也。

集中兵力以設防，則失城陷地必多；分兵四處對應，又力量單薄難以取勝。兵少則防守不嚴，軍糧不足則會生亂。這都是禦敵的困難。」[14]盧象升不愧是一個傑出的將領，所說的分合兩難問題，確是當時對清軍作戰的要害。崇禎帝也覺得有理，就命他與楊嗣昌共同討論，制定出可行的作戰方案。

楊嗣昌和盧象升可以算是當時明廷中兩個最傑出的軍事人才，一個長於戰略運籌，一個長於戰役指揮，如果兩個人能夠精誠合作，悉心安排，儘管困難重重，還是有可能在這次對清作戰中取得比前幾次好一點的結果。可惜兩個人都囿於朋黨之見，從一開始就相互猜忌甚深，只是互相拆臺，根本無合作可言。

盧象升一見到楊嗣昌就說：「公等堅意撫款，難道沒有聽說過，城下之盟，孔子在《春秋》裡也認為是可恥的嗎？象升受命督師，如果唯唯從命，袁崇煥的下場就是前車之鑑。閣下不想一想，孝服在身，又不能移孝作忠，奮身報國，將忠孝兩失，怎麼能還有面目活在人世呢？」

面對這樣激烈的言詞，楊嗣昌還是比較冷靜的，耐心地向盧象升解釋：「嗣昌並未言撫。」盧象升卻不信，質問道：「周元忠到彼處講款，數次來往，其事先由薊遼總督等人發起，最後受命於閣下，天下皆聞，誰可諱言？」[15]

周元忠是個算卦的瞎子，過去行走江湖，曾多次到過遼東，關門前線的將帥們苦於缺乏敵人的情報，就把他發展成一個眼線，以瞭解關外的情況。這件事，兵部知道，也很想通過這個難得的線索與清方取得某種接觸。但皇帝沒有批准和談，誰敢擅自談判？何況以一個無官無職的算命先生的身分，怎麼可能與清朝作正式接觸呢？這些政治和軍事的基本常識問題，到了明末的士大夫那裡，卻全是一團懵懂。兩方交戰，明王朝要靠一個瞎子供情報、通聯絡，已經十分可悲，而這種軍事機密還要被滿朝風傳，指摘非議，每戰必敗的原因由此可見一斑。

盧象升對楊嗣昌早有極深的成見，解釋是聽不進去的。楊嗣昌也十分惱火，說道：「閣下是要以尚方劍置我於死地了！」盧象升挖苦說：「既不去奔喪，又不能作戰，被殺的是我自己，哪裡還能殺人？」兩人不歡而散[16]。

盧象升並不是心地狹隘，不以大局為重的人，但多年積累的朋黨之見和傳統的意識形態枷鎖束縛了他，使他不能看清形勢，無法與楊嗣昌溝通。在回到昌平軍營後，他給楊嗣昌寫了一封略表歉意的信，說：「承蒙老年台（對楊的尊稱）眷顧，冒昧陳說，激烈忠懷，毫無隱諱。也是依仗老年台有聖賢之人品，不會怪我愚狂，因此情不自禁地剖心瀝膽相告。」[17]一位督師，一位本兵，是這次戰役中分主內外的兩大干城，畢竟還要合作。但楊嗣昌對盧象升的忌恨卻沒有因此減輕，盧象升對楊嗣昌的成見也依然存在，此後兵部和督師各行其是，戰局越來越壞。

清軍正在源源南下，目標顯然在京南的平原地區，楊嗣昌因而命盧象升調兵通州與高起潛統率的關甯軍團會合，以便向南機動對敵。但盧象升卻以為高起潛是楊嗣昌一派人，又是監軍大太監，合兵後必然被其掣肘，因而以京北敵軍甚多，京城、陵寢均需防護為由，拒不從命。將在外，君命有所不受，楊嗣昌對盧象升也沒有辦法，只得擬定，由盧象升統宣大之軍，高起潛統關寧之軍，各自分頭進剿。這時候，大股的清軍已經在攻打京南的良鄉、涿州等軍事要衝了。

高起潛在明末的太監中是一個特殊人物。他從崇禎五年（1632年）起作為監軍太監呂直的副手隨軍出征膠東，征討孔有德，不知為什麼博得了一個知兵善戰的名聲，以後就成了內監中最著名的軍事家。崇禎帝對他的軍事才能相當賞識，一直派他在遼東邊防要衝山海關擔任監軍太監，中間屢次裁撤內官監軍，唯有高起潛的關寧監軍保留不動。他在山海關任職時間長，又號稱很懂軍事，所負責任其實已經不僅僅是監視軍事調配和行動，而是儼然一方統帥，調兵遣將、指揮作戰，無所不為。這一次清軍入犯，他以太監的身分直接被任命為一路官軍的最高統帥，在明代的歷史上還是前所未有，也最遭朝士的非議。

但不論是被輿論看好的盧象升還是遭到鄙視的高起潛，在分頭進剿的時候，全都吃了敗仗。盧象升組織了一次對敵營的突襲，沒有成功；高起潛部則在盧溝橋一帶企圖阻擊清軍南下，同樣是大敗而歸。盧象升的宣大軍團和高起潛的關寧軍團在明軍中算是比較有戰鬥力的，也都有過與清軍作戰的經驗，所遇敵軍又是獨立分隊，人數並不太多，以全力對敵而不能取勝，實在是兩軍戰鬥素質相差太遠的結果。相比之下，這兩支部隊畢竟還敢於一戰，而內地來的各部隊被調到前線，則只會遠遠地觀望，或是望風而逃，連與清軍接觸一下都不敢。孫傳庭的西北悍軍在圍剿農民軍的時候打過不少次勝仗，十二月被調入京畿地區後，剛見到清軍馬隊的煙塵就嚇得屁滾尿流，全軍潰亂。主帥孫傳庭對這種情況都感到無法理解。這樣的局面，無論是勇敢的將領、幹練的本兵，還是自以為在運籌帷幄的崇禎帝本人，都沒有辦法挽回。

十一月裡，平原上好像到處都有清兵在活動。順天府的良鄉、涿州、霸州、文安等州縣相繼失陷；保定府北部的淶水、定興、新城等縣也被攻破。上旬，保定東南的高陽縣被圍，城中原任督師大學士孫承宗組織奮起守城，堅持了三天，終於城陷被殺。孫承宗一輩子主持對清用兵，頗有建樹，最後卻在自己的家鄉死於清兵之手，引起時人極大的感慨。在運河西側，河間府的阜城、故城，真定府的衡水、武邑、棗強等縣都被清軍一度攻占，運河上的重鎮德州報急。甚至京畿南端廣平府的雞澤、威縣也在這時失守了。清軍在方圓六、七百里的廣闊地區分頭作戰，各路明軍東遮西擋不得要領。朝廷每天都在接到各處失利的戰報，楊嗣昌對應無術，崇禎帝氣急敗壞，唯有再次調重兵來援。由於西北形勢安定，崇禎帝在十一月先是調陝西巡撫孫傳庭率所部入援，第二個月又命陝西總督洪承疇也來京畿援剿，全國精銳差不多都集中到了畿南地區。

崇禎帝對於盧象升在前線的無所作為大為失望，幾次想要對他進行撤換，卻沒有什麼合適的人選。十一月末，首席大學士劉宇亮在召對的時候主動提出要去出京督師。崇禎帝為此很高興，因為以首輔的崇高身分出任前敵總司令，至少能為朝廷立威，振奮士氣。崇禎帝要劉宇亮回去把這一請求寫成書面奏章，不知為什麼，劉宇亮的奏疏中卻變成了出城督察各軍。督察和督師的意義顯然完全不同，崇禎帝不由對文臣的狡猾更加厭惡，但在軍情緊急的時候也沒有辦法，只能命他出城去督察。這時候，孫傳庭部已經來到戰區，崇禎帝很想用他替換盧象升，還是楊嗣昌勸告說，「臨陣易帥，恐怕會影響用兵」[18]，才沒有實行。但為了表示他的極度不滿，在劉宇亮去督察的同時，崇禎帝還是宣布撤削了盧象升的兵部尚書銜，改為侍郎銜總督，仍然與高起潛戴罪夾剿。

其實這時候盧象升名為督師，實際上能統轄的只有自己的宣大軍團，而且這個軍團的兵力也越來越少。十一月，因陳新甲北上任職，兵部命盧象升分一部由陳新甲統率；十二月，大同方面有警報，兵部又命大同總兵王樸率部回防。這樣，盧象升部下本來的二萬多人只剩下了五千多，雖然多是百戰之兵，卻更難有所作為了。

負責夾剿的盧象升、高起潛兩部從來沒有形成夾剿之勢，只是從十一月以來一直不斷南進，在敵叢中周旋。盧象升在慶都（今河北完縣）等處與清軍交鋒過幾次，雙方互有殺傷。十二月上旬，盧、高兩部都到了河北南部的順德府（今邢臺）一帶，這裡正集結了大批清軍。連日作戰不利已經讓盧象升認識到，面前的清軍與他過去對付的農民軍大不相同，是很難戰勝的。再加上兵部不斷減少自己的人馬，皇帝又多次嚴旨切責，他深感悲憤而無奈，決心以死戰來報答皇上。

十一日，盧象升營於巨鹿縣賈莊，清晨誓師，他對將士們說：「我與你等俱受國恩，患不得死，不患不得生！」[19] 眾將士皆失聲而泣。盧象升率軍進至蒿水橋，遇到清軍，展開激戰。戰鬥一直持續到半夜，附近的清軍來援，把盧象升部包圍起來。盧象升卻只能孤軍作戰，親自揮刀衝入陣中，殺敵十餘人，身中兩箭兩刀，大呼道：「關羽斷頭，馬援裹屍，在此時矣！」最後墜馬遇害，其時年僅三十九歲。盧象升死得慷慨壯烈，為世人稱道，但他的犧牲卻沒有對整個戰局造成任何影響。在清方的史乘上，根本沒有把賈莊之戰當作一次重要的戰役，沒有做出任何記載。

自十二月起，清軍開始渡過運河，在山東西部活動，到這年年底，清軍的主力大部分已經進入山東，並且向濟南方向集結。楊嗣昌本來把山東的防禦重點放在德州，山東巡撫顏繼祖率軍移駐德州，濟南的防守相當空虛。清軍已經從德州以南的臨清和東昌（今聊城）一線渡河進入山東，情報不明的明廷卻來不及相機調動，駐防各地的明軍將帥們也只照兵部的命令固守自己的防區，絕不主動增援。崇禎十二年（1639年）正月初二日，清軍對濟南發起攻擊，只用半天工夫就攻克了這座魯中第一大都會。山東巡按御史宋學朱、山東布政使張秉文等幾十名官員和住在城裡的幾個宗室郡王都在城陷後被殺，德王朱由樞被活捉後俘虜到盛京去了。城中居民被殺的達到十三萬，全城被焚劫一空。

在崇禎帝即位以來，雖然軍事失利接連不斷，大小城池被清軍和農民軍攻陷了不知多少座，卻還從來沒有失陷過一座省城。親藩大批被殺，親王被俘，更是明代前所未有的噩耗。崇禎帝在聽到這些消息後，大驚失色，簡直不敢相信。但除了降旨痛罵諸臣僨事，甚至逮捕懲辦之外，他也只有到太廟去向祖宗彙報大難，並祈求列祖列宗保佑這個殘破不堪的帝國。

楊嗣昌在不斷的失敗中也已經完全喪失了信心。年前，他為了軍事接連失利而降三級，但仍任職內閣和兵部。濟南失陷後，他建議由洪承疇任薊遼總督，主持北線的對清作戰；由孫傳庭任總督漕運、山東、河北軍務，主持南線的對清作戰。但大將們都不敢再與清兵正面作戰，督察輔臣劉宇亮也移師到孫傳庭軍中，跟在清軍後面「收復失地」。好在大家都知道，清軍搶掠飽足後自會班師回朝。

正好在年初的時候，清軍右翼統帥岳托染上天花死了，其他將士們也因水土不服有不少感染天花死亡的。多爾袞不願再久住中原，決定撤軍。二月，清軍集結北上，經天津衛向東，三月，從青山口出塞，安全回到遼東。清軍這次遠征縱橫二千多里，先後敗明軍五十七陣，攻陷了五十幾座州縣和山東省城，殺明朝兩名總督和百餘名各級文武官員，俘獲人口牲畜共計四十六萬多，其中包括親王一名，郡王一名，掠奪白銀近百萬兩，其他各種財貨無數。

像以往歷次清軍入塞之後一樣，崇禎帝在軍警解除之後對失事諸臣進行了嚴厲的懲辦，由於這一次清軍為害最烈，這次的懲辦也比以往任何一次都更為嚴酷。到這種時候，崇禎帝才充分表現出他的精明能幹。他把文武諸臣的軍事過失分為五大類，分別是「守邊失機」、「殘破城邑」、「失陷藩封」、「失亡主帥」、「擁兵觀望」，統稱叫作「五大法案」。兵部和刑部通過認真審核，確定將薊鎮總監太監鄧希詔、分監太監孫茂霖、順天巡撫陳祖苞、保定巡撫張其平、山東巡撫顏繼祖、山東巡撫倪寵、薊鎮總兵官吳國俊和陳國威、援剿總兵官祖寬、李重鎮，以及副將以下直至州縣官員共三十六人一同判處死刑，立即執行；首席大學士劉宇亮以下等上百名大小官員被遣戍、削籍、罷官、降級。只有輔臣兵部尚書楊嗣昌仍然受到信任，沒有受到處分[20]。

這次規模宏大的集體死刑是在夏天執行的，幾十個人同時被處斬，又多是高官，吸引了大批觀眾。官員被皇帝斬首，照例在臨刑前都應該向著皇宮方面望闕謝恩。但這一次，有幾個被殺的人在刑前竟然破口大罵起來，而且罵的是當今的天子。由於語涉忌諱，文獻裡面沒有記錄他們都罵了些什麼，但這一事實本身在那個時代已經足以駭人聽聞了。這好像在表明，進入崇禎十二年（1639年）以後，不但崇禎皇帝的帝國已經開始在向著滅亡迅速滑行下去，他本人的威信也進入了一個空前的低谷時期。

1《孤兒籲天錄》，卷三。
2 見《清太宗文皇帝實錄》，中華書局《清實錄》本，卷二七，第二冊，第353頁。
3《十三經注疏》，下冊，中華書局1980年9月版，第2722頁。
4 見《國榷》，卷九六，第六冊，第5806頁。
5 見《國榷》，卷九六，第5816頁。
6 見邵廷寀，《東南紀事》，卷三，上海書店1982年9月版，第185頁。
7 見《國榷》，卷九六，第5814頁。

8 見《天府廣記》，卷三二，下冊，第 414 頁。
9 見《山書》，卷十一，第 261-262 頁。
10 見《春明夢餘錄》，卷二四，上冊，第 247 頁
11 見《明史》，卷二五五，第二二冊，第 6596 頁。
12 見《明文海》，卷六四，第一冊，第 571-576 頁。
13《清太宗文皇帝實錄》，卷一，第二冊，第 24 頁。
14 見《明史紀事本末》，補遺卷六，第四冊，第 1498 頁。
15 見《國榷》，卷九六，第六冊，第 5820 頁。
16 見《明史》，卷二六一，第二二冊，第 6762 頁。
17 見《盧象升疏牘》，卷十二，第 327 頁。
18 見《國榷》，卷九六，第六冊，第 5825 頁。
19 見《明季北略》，卷十四，上冊，第 246 頁。
20 見《國榷》卷九七，第六冊，第 5839 頁。

卷肆

烽火驚傳事日非

三十而立

按照傳統的計算方法，從崇禎十二年的新年開始，崇禎帝就算是三十歲了，照孔夫子的說法，就是進入了而立之年。但這樣一個對於崇禎帝的人生有著重要意義的新年，卻根本沒有過好。當時清軍正在畿輔、山東一帶橫行無阻，京師不能解除戒嚴，每天處於緊張的戒備狀態中，不論是宮廷裡還是百姓家，都沒有心思去熱熱鬧鬧地過年。因為處於軍事非常時期，崇禎帝下令免除了慣例中的新年朝賀典禮，只是在宮中按照家庭禮儀接受了嬪妃和太監們的拜年。但宮中人等都知道萬歲爺憂國憂民心情沉重，個個顯出一副心事重重的樣子，一點都沒有歡天喜地迎接新春的氣氛。

在崇禎帝登上皇位以來，像這樣淒淒慘慘戚戚的沉悶新歲朝賀已經有過好幾次了。國家好像總是處在危急險惡的情狀中，除了御極之初的那一段短暫時光，崇禎帝不記得自己有過真正的暢快和歡樂的時候。為了保持皇帝至高無上的尊嚴，他在朝臣面前總要做出精神抖擻、處亂不驚的樣子，但在內心深處卻感到萬分疲憊。十幾年來，他的生活單調枯燥，總是有開不完的御前會議，讀不完的奏章案卷，難得有休息的機會。大年初一這天，崇禎帝還得強打著精神按家禮給宮中的長輩拜年，居於首位的是住在慈甯宮中的神宗劉太妃。

劉太妃是萬曆帝的昭妃，是天啟、崇禎兩朝皇帝的庶祖母，在宮中輩分最高，而且因為天啟、崇禎兩朝宮中都沒有太后，她一直代掌著太后璽印，算是幾代嬪妃中的名義首腦。崇禎帝到劉太妃宮中行禮已畢，照例像家人那樣坐下來拉拉家常。他難得有這樣放鬆的機會，說了幾句話竟然就伏著案子睡著了。劉太妃不敢驚醒他，讓宮女給他蓋上點衣裳免得著涼，一宮上下和皇帝的侍從就屏聲靜氣在旁等候。崇禎帝一覺醒來，才覺得有些失禮，道歉說：「神宗時候天下平安無事，宮中安樂，那是太妃親眼見過的。如今卻苦於多難，連著兩夜批閱文書，沒有合眼。自以為才到壯年，還可以經受得住，誰知道體力也不爭氣，在太妃面前就這樣昏然不能自持。」[1] 老太太聽了，憶昔撫今，不由得流下淚來，覺得當今這位天子當得實在不容易。

與他的祖父、父親和哥哥相比，崇禎帝的確是太操勞了。當年萬曆帝幾十年不上朝，不召見朝臣，也很少閱讀公文；泰昌帝雖然只做了一個月的太平天子，卻也是朝朝樂舞、夜夜笙歌；天啟帝更是個作樂的能手，游苑圍獵、練武看戲，閑下來又做得一手好木匠活，製造了無數桌椅箱櫃和機巧玩具，從來不過問政務。崇禎帝卻沒有繼承這種家風，而是沒日沒夜把全部心思和精力都放在朝政上。讓他百思不得其解的是，這樣超常的勤勉從來都沒有得到應得的回報，國家的局面反而一天天呈現出江河日下的勢頭。

他在極度的勞累中苦苦熬過了進入而立之年的第一個春天，清軍總算席捲出塞，京畿地區又恢復了平靜。但他不敢稍有鬆懈，連忙與大臣們商討有關善後事宜。其中最要緊的，是如何整頓加強從山海關到甘肅的所謂九邊長城防線。清軍已經隨隨便便地從各長城要塞進出過四次了，而且給京畿附近地區造成的破壞越來越嚴重。如果不能亡羊補牢，建立一道堅實的防線，說不定哪一天清軍再進來的時候就會殘破神京，那種後果將不堪設想。他與心腹之臣楊嗣昌反復討論過這個問題，楊嗣昌認為唯一的辦法是在九邊各處要塞增練新兵，用強大的兵力來抵禦清軍不論從哪個方向的突然進犯。楊嗣昌大體上開列了一個單子：宣大總督所轄三鎮共需練兵十七萬多，陝西三邊總督所轄邊防五鎮共需練兵十五萬多，薊遼總督所轄五鎮共需練兵二十四萬餘，保定總督所轄四鎮共需練兵十五萬多，總計要訓練邊兵七十三萬有奇[2]。

如果真有了這樣一支人數眾多又訓練有素的邊防部隊，也許確實能夠抵擋住清軍的再次進犯。但要湊足這樣一支龐大的軍隊，需要大批招募新兵，增兵就要增餉，訓練和改善裝備也需要大量金錢，於是欲增兵而無餉這個老問題又擺在面前了。楊嗣昌初步測算，要完成這個增兵練兵計畫，至少每年要拿出四百多萬兩白銀的經費。這對於國庫極度空虛，財政瀕於崩潰的崇禎朝廷來說，真是一個天大的難題。

多少年來，崇禎帝總是在為兵力不足和糧餉缺乏這兩個相互矛盾的難題傷透腦筋，在想盡千般招法之後，最後又總是回到向百姓加派這個飲鴆止渴的老路上來。這一次，他還是想別開蹊徑，辟出一條新的財路。其實辦法也很簡單，就是把從百姓身上直接榨取改為從百官身上榨取，名曰捐助。

他深知文武百官、宗室貴戚乃至宮中的太監，人多腰纏萬貫，生活奢侈糜爛。當時的風俗，一個讀書人一旦中了進士，因為意味著當官發財，送喜報的人就都帶著棍棒傢伙進門，一面報喜一面把門窗打個稀爛，叫作「改換門庭」。跟著就有一批瓦匠、木匠前來，精雕細琢，整修一新。僅這「改換門庭」一項，就不知要花掉多少錢。官僚們平日裡的排場浪費更是難以計數述。宮中的大太監們靠著敲詐勒索和貪污皇家資產，個個都富埒王侯，在宮外有連屋接宇的大公館，城外有事先建造好的工程浩大的墳墓，家中姬妾成群、珍玩布列，窖裡藏的金銀數目也很可觀。明亡後，李自成在京中拷餉，從大太監王之心一人家裡，就搜出現銀十五萬兩，據說其家實有現銀三十萬兩，其他珍寶還不算在裡面[3]。

其實天下最大的富豪和最大的奢侈之源正是崇禎帝自己。他雖然生性儉省，但皇宮中包括他的家人以及宮女、太監在內的幾萬人的開支仍然大得驚人。由於內監們層層盤剝，無論什麼東西進入宮廷之後價格都會暴漲，而一向自以為很瞭解民間物價，很精於計算的崇禎帝最終還是要被蒙蔽。有一次袁貴妃添置了一個紫檀木紗櫥，管事太監報價七百兩，大約漲價幾十倍。但那太監卻說，本來需要一千兩的，我想方設法，為娘娘省了三百兩，請不要對皇上實說，怕是皇上再讓我用七百兩銀子製作就做不出來了。崇禎帝后來見了紗櫥，果然問到價格。袁貴妃回答用了一千兩。崇禎帝仔細觀察了一番才說：「很值！前些天皇后也用一千兩做了一個紗櫥，品質還不如這個。」[4]

幾萬人的超價高消費每年用掉大量國庫收入，但崇禎帝卻以為自己是自天地開闢以來最為節省儉樸的君主之一。自己身為九五之尊還處處節儉，官僚貴戚們卻那樣奢侈，他因此認為，從官僚貴戚身上榨取錢財以充實國庫實在是天經地義的事情。只是從他即位初年起就曾屢屢降旨要求臣僚自願捐獻，臣僚們卻一次次搪塞敷衍，從來沒有收到過什麼實效。這一次，他準備採取嚴厲手段，一定要把錢弄到手。為此，他與接替劉宇亮出任首輔的薛國觀進行了密商。

薛國觀也是沒做過翰林，由外僚進入內閣的，在朝士中口碑不佳。他為人陰險強悍，成為首輔後就一心與以東林黨人為代表的正統朝士們作對。崇禎帝要搜括臣僚，他覺得也不失為煞一煞朝臣銳氣的好機會，因而極表贊同，並積極為皇帝出謀劃策。他認為，朝臣貧富不一，總體來說油水不太大，重點應該是那些家資巨萬的皇親國戚們。而且一旦貴戚帶頭捐助，朝臣們也就不敢再頑強抵制。但對於那些貴戚，內閣是不好動手的，所以他對崇禎帝說：「在外群僚，臣等負責催捐；在內戚畹，則非皇上親自獨斷不可。」[5]

崇禎帝接受了這個建議，要先從貴戚下手。但貴戚們的吝嗇與他本人是一脈相承的，哪個人都不好說話。崇禎帝決定先抓一個典型，由點上突破，再擴展到全面。幾經斟酌，他選定了武清侯李國瑞家。

李國瑞是萬曆帝的生母孝定太后的侄孫，算是崇禎帝半遠不近的一個堂表叔，祖上靠著太后的勢力，聚斂了不少錢財，在京中戚畹中也算得上一個大戶。在崇禎十二年（1639年）之前，李國瑞與他的庶出哥哥李國臣為了財產上的事曾經鬧得不可開交，李國臣以為沒有分到應得的遺產，為了洩憤上告到朝廷說，父親留下了四十萬財產，按道理應分給他一半，他願意把這二十萬捐獻給國家以為軍資[6]。因為這本來是一件家務官司，又涉及嫡長子繼承權這樣一個傳統原則，崇禎帝最初駁回了李國臣的請求。但到這年春上，為了全面鋪開助捐活動，崇禎帝就舊事重提，不但要收受李國臣號稱屬於自己名下的二十萬，而且要把李國瑞的另外二十萬也一起拿過來，說是暫時借用，待國用充足後補還。

四十萬兩銀子是一個天大的數目，李國瑞當然心疼，就一面哭窮哀告，一面大張旗鼓地拆房賣地，又把家具器皿放在通衢大道上公開拍賣，表示自己的窮困，也故意讓皇帝面子上不好看。這個舉動還引起了全體貴戚們的恐慌。大家都知道，李國瑞之後，刀子就要割到自己頭上，因而也密謀串聯，共同想辦法對付皇上。周皇后的父親周奎是當今皇帝的老丈人，自然成為貴戚們的領袖，帶頭向崇禎帝進言，說李家確實窮，不要催逼太急，失去戚畹之心。崇禎帝一向堅決反對內戚干政，又明知道周奎是為了他們一夥的利益，不但不聽勸，反而更加嚴厲，降旨削奪了李國瑞的侯爵，並命令內官衙門按期追繳。李國瑞又氣又嚇，得了一場大病，竟然死了。

事情弄到這一步，朝中宮中都有了些不平的議論。不論是朝官還是宦官，都知道皇帝在突破了貴戚這一道關口之後，就要對自己下手，因而在輿論上一致同情李國瑞的不幸遭遇。皇親國戚們更是大為震驚，為了保護本集團的利益，以周奎為首的一些人暗中勾結宮女、宦官，可能還有嬪妃、皇后，進行了一次抵制皇帝的陰謀活動，而下手的對象，竟然是崇禎帝才只五歲的幼子朱慈煥。

崇禎帝雖然在國務活動中嚴刻狠毒，對於家庭和親人卻不乏人情味。他自幼失持，父親和生母都在早年去世，差不多是一個孤兒，就連西李選侍和東李選侍前後兩位養母也由於政治原因早早地就和他分手。這樣的身世使他對於母愛有一種深刻的渴求。這表現在他對碩果僅存的宮中長輩庶祖母昭妃劉老娘娘特別的尊重上，在劉老太妃年滿八十歲的時候（崇禎十三年正月）專門為她加封了「宣懿康惠皇太妃」的徽號[7]，還親率子女和后妃到慈甯宮去為太妃祝壽，行了四拜大禮。也表現在對生母劉氏的不盡思念上，不但追封生母為太后，恩封了母家世襲官爵，找人畫出了生母的遺容，而且在繁忙的政務之餘屢次想到生身的母親，痛不可支。崇禎十三年（1640年）七月，不知為了什麼樣的契機，崇禎帝突然因不能奉養生母而大為哀慟，決定要吃長齋，穿布衣，以示對母親在天之靈的紀念。內臣和朝臣為此多次勸諫，崇禎帝還是將近一年沒有動葷腥。後來還是劉太后的母親瀛國夫人進宮對他說，夢見了劉后，讓她勸皇上不可不進肉食，常言道「藥補不如肉補」，不要虧了身體[8]。他才遵照母命開齋。

他本來有六個兄弟、七個姐妹，但夭折的夭折，早逝的早逝，到他統治的中年只剩下了一個小妹妹樂安公主，下嫁給鞏永固。對這個胞妹和妹夫，他也很體貼很照顧，把他們當作重要的貼心人。

既無父母，終鮮兄弟，崇禎帝把渴望親人體貼的一腔情懷就注入到自己的家庭中。到三十歲的時候，他在立家方面倒是成果斐然，已經有了一個規模可觀的大家庭。與歷代帝王一樣，他擁有一大批妻妾。正式的髮妻周皇后之外，是從打信邸時期就跟在他身邊的田妃和袁妃，另外見諸記載的還有盧妃、陳妃等人，嬪、貴人以下還有多少，已無從考察，按一般規律總數應在百人之上。

小家碧玉出身的周皇后是那個時代典型的淑女形象，懂禮儀、守婦道，也善於處理家務紛爭。成為母儀天下的皇后之後，她住進象徵著天下女性最高地位的坤甯宮，總管起宮廷內政，寬嚴相濟，治理得居然井井有條。但她畢竟還是個年輕女子，時不時地會顯出一點任性，會為了一些雞毛蒜皮的小事與丈夫鬧上一點小脾氣。在這個偌大的帝國裡，敢和崇禎帝鬧脾氣的大概也就只有這位周皇后一個人。有好幾次，皇帝皇后像尋常百姓家的小夫妻那樣為了小事爭吵幾句，脾氣特大的崇禎帝自然不會示弱，周皇后也不屈服，恨恨地對著他連叫「信王！信王！」似乎是在提醒他當年的結髮情意，或許還有什麼閨中隱祕[9]。那位當年的信王也就拿她沒有辦法。鬧了又好，閨房之樂有甚於畫眉者，調調笑笑也是常事，調惱了，就又鬧。有一次崇禎帝見她身穿珍珠衫對鏡梳理，就從後面動手逗她。也許正趕上她的心情不好，不吃逗，很不耐煩地用手擋回去，卻差一點打在皇帝的臉上。崇禎帝火了，氣得推了她一把，把她推了一個跟斗。她的脾氣也不小，從此不再吃飯，進行絕食鬥爭。崇禎帝聽說了又連忙派人給她送禮物，問起居，兩個人才和好如初。總之一對結髮夫妻，吵吵鬧鬧免不了，內在的感情卻是深厚的。

崇禎帝對於皇后唯一嚴格禁止的，就是干涉政務。明朝對宮眷干政禁令森嚴，崇禎時期對此執行得更加嚴格，田貴妃以下是絕對不敢在言辭中稍涉政事的，崇禎帝堅持內外有別，也從不在內宮裡談論政事。周皇后由於地位特殊，偶爾會不小心說到一點稍關外朝的事情，但每一次都會碰上一鼻子灰。有一次崇禎帝批看新進士名錄，周后見到有自家的舊房客陳仁錫名在一甲，就指著說：「這是我家的探花郎啊！」崇禎帝為此極為不快，冷冷回道：「你家的探花離著入閣拜相還遠呢。」[10]周皇后只好顧左右而言他。

崇禎帝與周皇后的感情不薄，但最為寵愛的卻還是田貴妃。田妃祖籍是西安人，父親田弘遇是個武職的把總（級別在武職中是最低的，相當於連長），卻一直在揚州經商，家境相當富饒。她的生母早逝，田弘遇娶揚州一個歌舞伎為繼室。繼母就有意無意地按高級妓女的教育方法培養這位女兒。揚州在當時是能與南北二京鼎足而立的大都會，是全國的商業中心，鹽商巨賈薈萃，最為繁華，消費畸形發達，又尤以高級妓女聞名天下。揚州的妓家從各地選擇資質優秀的小女孩買回家裡，從小進行全面培養，謂之為「養瘦馬」，長成之後再向全國輸送。這樣就逐漸形成了一整套培養高級妓女的教育方法。揚州的高級妓女講究色藝雙絕，姿色還在其次，重要的是風度氣質以及相當高的藝術修養和文化素質。田家未必想把女兒培養成一個妓女，但無意中選擇的那套教育方式卻把她培養成比大家閨秀和小家碧玉的淑女們更有魅力的一個美人。

明代王室選擇后妃甚至宮女一向摒棄姿色超群的女孩子，為的是怕冶容誨淫，腐蝕了一幫龍子龍孫。因此田貴妃在容貌上大概也不過是中人之質，閨名叫作秀英，也相當俗氣[11]。但她的舉止嫻雅又多才多藝，平時靜默寡言，似有一股抹不去的淡淡哀愁，一入技藝場中卻又生龍活虎，琴棋書畫無所不通，蹴鞠騎乘無所不能。她的字宗法鐘、王，據說已臻能品之境，丹青潑墨也頗得名家筆意。最為出眾的還是她在音樂方面的造詣，她吹得一管好笛，崇禎帝稱讚她的笛曲有「裂石穿雲」的效果；撫琴更是她的一項絕技，聲遏行雲，繞梁三日。崇禎帝偏巧最喜歡琴曲的古雅，還自己作過五首琴曲，空閒時聽田妃演奏。有一次他對周後讚賞田妃的高超琴藝，言語間似乎還為皇后的不懂音律相當遺憾。周后很不高興地說：「妾出身儒家，只會桑蠶紡織而已。可不知田妃是從什麼地方學來的。」[12]多疑的崇禎帝才起了疑心，問田妃少年進宮，是從哪裡學來的如此技藝？田妃告訴是跟著母親學的，他又召其母進宮，讓母女二人合奏，果然極佳，才算釋然。此後田妃的母親就常被召入宮中獻藝，在后妃的親屬中，也只有她能夠經常入宮見到女兒。

田貴妃因為高雅的藝術氣質而特別得到崇禎帝的寵愛。她住在坤甯宮以東的承乾宮，就是民間所稱的東宮娘娘，在宮中地位僅次於周皇后。崇禎十四年（1641年）春，她被晉封為皇貴妃，在名分上也正式成為皇后的副手。與她同時入侍信邸的袁妃則受封貴妃，比她低了一個級別。但她卻不敢因此而恃寵恣肆，在宮中多年，從來小心謹慎。與皇帝下棋，她總能讓皇帝小勝一子兩子，憑這種駕馭局面的功夫，她的棋術至少要高出崇禎帝兩、三個段位，崇禎帝卻以為自己略高一籌。對於多少有點盛氣凌人的周皇后，她也盡量低聲下氣，以求和睦。唯有對家中那個商人出身的父親，她卻是鞭長莫及。田弘遇仗著女兒在宮中得寵，官封到左都督，在京城裡極為驕橫霸道。崇禎帝為此責備過田妃，田妃非常氣憤，找來父親說：「你們在外面犯事，已經風聞宮中了。如果皇上再來責問，我只有一死了之。」[13] 田家才稍許收斂了些。

周皇后雖然是恪守婦德的典範，對於這個頗有些狐媚惑主味道的田貴妃卻還是有點憤憤然，兩個人之間也少不了使臉色、生閒氣的時候。那一年新春正旦，天氣嚴寒，田妃依禮到坤甯宮朝拜皇后。周皇后卻故意怠慢，讓她在殿外廡簷下凍了許久才升座召她入宮，朝拜之後不發一言，就叫她退下了。而袁妃來拜賀的時候，周皇后卻很熱情地接待，笑語移時。田妃多次受到冷落，在崇禎帝面前難免流露出委屈。崇禎帝夾在愛妻寵妾之間，也只能勸了這個又安撫那個，盡量彌合。後來田妃採取以屈求伸的辦法，自己寫了書面檢討，自責對皇后不夠尊重，請求移居啟祥宮反省。崇禎帝見田妃有高姿態，正好讓一家人和氣，也就批准。但崇禎帝三個月沒有見到田妃，寢不安枕、食不甘味，脾氣也比平常更壞。周皇后是聰明人，知道這樣下去大家都不得安生，又主動出面做好人。一天與皇帝在永和門看花，她請求讓田妃一起來，崇禎帝賭氣沒有答應，她已經讓人把田妃迎來了。一家人這才又重歸於好。

這些小小的衝突構成寂寞宮廷生活中的一些花絮，稍微打破一點沉悶。但總起來講，崇禎帝的後宮中還是算是祥和靜謐，不像許多朝代那樣充滿了陰謀和血腥氣息。待到崇禎統治的中後期，國事維艱，皇帝終日操勞，愁雲滿面，很少有時間再與后妃們盤桓。后妃們也就知趣地不敢再生風波，惹閒氣。她們並不清楚外面到底發生了什麼情況，但從崇禎帝那日夜緊鎖的眉頭中能感受到形勢的嚴峻。她們只能小心翼翼地服侍好皇帝，養育好子女，祈望著國家能夠轉危為安。

許多記述都說崇禎帝不近女色，其實並不盡然。但他特別念舊，在眾多的妻妾中始終只注重與他共同患難的一后兩妃，卻是實情。宮中舊制，每天將晚時分，各宮都在門前掛起兩盞紅紗龍燈，皇帝臨幸某宮，那裡的宮燈就先行卸去，而後巡街的太監才通知各宮把龍燈摘了安寢。許多年裡，最先摘下宮燈的大多是坤寧、承乾、翊坤三宮的皇后、田妃和袁妃。有位住在承華宮的陳妃，進宮後數年只被「臨幸」了一次，門前的兩盞紅燈總是遲遲不能取下來。身邊一個太監見她終日愁眉不解，很奇怪地問她為什麼不樂。回答說：「人生天也不見，哪能快樂？」太監說：「抬頭不就能見到嗎？」那位陳娘娘只好罵他是呆子[14]。由於專注於一后兩妃，崇禎帝的子女也主要是當初信邸的三位故人所生。

后妃們總共為崇禎帝生下了七男六女，但宮中的嬰兒死亡率極高，到崇禎帝三十而立的時候，活在他身邊的只有四個兒子和二個女兒，幾乎都是周皇后和田貴妃生養的。周皇后最引為自豪的是她在崇禎二年（1629 年）就為皇帝生下了元子，在明代歷史上，正宮皇后產子還是第一次。崇禎帝對這個長子的出生也極為興奮，特別詔告天下：「以今年二月初四日第一子生，係皇后周氏出。中闈開塚胤之先，萬國愜元良之祝。」[15]為長子取名慈烺，並在第二年就冊立為皇太子。崇禎十一年（1638 年），太子十歲，正式出閣讀書，崇禎帝為他組織了一個陣容強大的教授班子，其中多是醇儒名士。這以後，他就常常帶著太子參加各種國務活動，並且教太子閱讀和批改奏章，一心一意要培養出一個德才兼備的英明之主。對於這位長子，他確實寄予了無限的希望。

周皇后的第二個兒子夭折，第三個兒子朱慈燦生於崇禎五年（1632 年），封為定王。田貴妃在崇禎六年（1633 年）為崇禎帝生了皇四子朱慈煥，封為永王；八年又生皇五子朱慈炤[16]。此外，還有周皇后生的大女兒長平公主和袁妃所生的小女兒昭仁公主。這些兒女個個家教良好，聰明可愛，崇禎帝對他們也都十分關心愛惜。

相比之下，才五歲的皇五子因為是幼子，又是愛妃田氏所生，崇禎帝對他又格外疼愛一些。但在這年春上，正當崇禎帝為了催追捐助而與貴戚們大動干戈的時候，皇五子卻得了一場大病，好像是痢疾，十分危險。宮外的戚畹們聽說了這個情況，決定通過這個孩子來震懾皇帝一下，就買通好宮中的太監宮女，在皇五子的身邊裝神弄鬼起來。他們讓一個老太太打扮得妖模怪樣，神祕兮兮地對這病中的小孩子說：「我是九蓮菩薩，皇上待外戚薄情，再不悛改，就讓他的兒子全都死掉！」[17]反復地說了好幾遍。

皇五子是個聰明孩子，在極度的驚恐中還是記下了老太太所說的全部內容，在崇禎帝來探視的時候原原本本對他講了一遍。崇禎帝聽了大驚。原來所謂九蓮菩薩，是宮中對坐在蓮花寶座上的觀世因菩薩的一種稱呼，當年萬曆帝的生母李太后曾在殿中供奉著一幅大士像，據說很有些靈驗。李太后死後宮中就傳說這位太后是九蓮菩薩轉世，上上下下都知道這種說法。李國瑞正是李太后的娘家侄孫，老太后的亡靈為了娘家的利益來向皇子討公道，於情於理都讓人不得不信。外戚們原來打算的也許就到此為止，但皇五子本來病得不輕，又受了驚嚇，沒幾天就死了。參加那次陰謀活動的人就乘機大造謠言，把九蓮菩薩的降臨描述得繪聲繪色。

喪失愛子讓崇禎帝心痛，也讓他心驚。田貴妃不久前剛生了一個皇七子，但在月子裡就夭折了，正在為之傷心，現在一個本來活蹦亂跳的皇五子又突然死去，不由得大為傷痛，為此還大病一場。崇禎帝以為五子的死與自己在朝中的行事有關，追悔莫及。為了安慰活人也撫慰亡靈，他特地追封這個五歲的孩子為「孺孝悼靈王」，仍不能盡意，又追贈了一個「通玄顯應真君」的奇怪稱號，顯然是為了紀念他在病中見到九蓮菩薩那件事。禮部認為本朝從來沒有追封皇子為「真君」這一類道號的，而且「玄感靈通，實為不可思議之事」[18]，據理反對，最後「真君」的封號才算取消了。

另一方面，崇禎帝又不得不去忙著亡羊補牢，以免厄運再降臨到其他幾個愛子身上。他對李國瑞進行了撫恤，把武清侯的爵位也還給了李家，那四十萬兩銀子當然不敢再要。一個武清侯的缺口沒攻下來，讓貴戚乃至朝臣認捐的事從此擱置不提。崇禎帝甚至還認為首輔薛國觀倡議剝削貴戚是導致愛子死亡的主要原因，從此在心中對薛國觀暗暗記下一筆仇恨。這個仇後來終於被他報了。

捐助軍餉的事情成為泡影，在繞了一個圈子之後，負擔還是要落在百姓頭上。輔臣兼兵部尚書楊嗣昌是只管兵餉不問其他的，為了加強訓練邊防軍再次提出加派。這時候一個副總兵楊德政又提出，為了對付流動作戰的農民軍，地方武裝也需要加強，各府、州、縣應加練民兵數百到一千名，這又需要一大批餉銀。崇禎帝覺得總之是非加派不可了，少加是加，多加也是加，不如一下子加足。就大筆一揮，同意把全部訓練邊兵、民兵的費用一齊加到掙扎在死亡邊緣的百姓身上，總數達七百三十多萬兩，稱作「練餉」。這樣一來，崇禎時期的加派總額已經達到每年一千六百九十多萬，已經超過了原來一千五百三十萬的正額稅收。民間流傳的政治諺語中於是又多了一條：「崇禎崇禎，年年重征。」（徵收雙倍賦稅）就是用年號的諧音點明瞭時代的特點。百姓們的褲帶越勒越緊，崇禎帝脖子上一條無形的絞索也就越勒越緊。至於公文紙面上那應該練出來的上百萬精銳邊兵和民兵，卻從來也沒有見到過。明軍在內外戰場上，仍然是接連不斷地慘敗。

皇五子因為活見鬼而死，還在宗教觀念上給崇禎帝一個巨大的震動。明朝宮廷是一個迷信的大本營，宮裡除了祭天地、社稷，祭祖宗，祭聖人等等這些正統的宗教活動之外，還有大批佛寺、道觀、喇嘛廟，以及源於民間的各式各樣的邪神淫祀，信仰之混沌，禮拜之雜亂，令人歎為觀止。這種混亂的信仰狀態正是中國古代民間宗教狀況的一個縮影，年長日久，已經成為宮廷生活的一個重要組成部分。崇禎帝自幼生長在這樣的環境中，耳濡目染，心靈深處也積累了一大堆奇奇怪怪的迷信和忌諱。但自從認真學習過儒家經典之後，他至少在理智上開始奉行孔夫子「敬鬼神而遠之」的古訓。對威嚴的昊天上帝他充滿了敬畏之心，但除了祭天地、祭祖宗等正統宗教儀式之外，對於那些不入經典的迷信活動他是很少參加的。對於佛教、道教，以及民間流行的形形色色的各式妖魔鬼怪，他好像也頗不以為然。在崇禎初年，他還下令對宮中的偶像進行過一次清理，除了幾座正式廟宇中的佛祖、道君和據說是在宮中兩次大火災中顯過靈的欽安殿玄武大帝等神靈之外，一律恭送宮外，後宮為此清靜了許多。

有一種說法認為，崇禎帝在宮中清理偶像，與他對西方天主教的崇奉有關。自萬曆年間義大利教士利瑪竇（Matthieu Ricci）來華之後，天主教士們在中國的活動的確相當活躍。一批信仰堅定又博學多才的教士們先後來到中國，排除萬難，在京師和各地建立了一些教堂，發展了一批信徒，也把西方天主教文化帶進了中國。傳教士們一方面在民間活動，到崇禎十二年左右已經發展了近四萬信徒；另一方面也注意在上層活動，不但廣泛地與士大夫交朋友，還把影響滲透到宮廷之中。

士大夫中最重要的一個人物是中國近代科學的先驅徐光啟，他從萬曆二十八年（1600年）結識利瑪竇，三十一年（1603年）受洗入教，以後一直為發展天主教的事業奔走呼籲，並且認真學習研究了西方教士們帶進來的西方科學知識，在數學、天文學、農學、水利學等方面成為中國歷史上第一個中西學貫通的大科學家。他的宦途生涯也還比較順利，萬曆三十二年（1604年）中進士，入翰林院，崇禎元年（1628年）起任禮部侍郎，充經筵講官，崇禎五年（1632年），七十一歲的他以禮部尚書入閣成為輔臣。

雖然徐光啟任大學士只一年多就因病逝世，但對於崇禎帝和崇禎宮廷接觸天主教卻有很大影響。在他的竭力推薦下，傳教士鄧玉函（Joannes Terrenz，瑞士人）、龍華民（Nicolaus Longobardi，義大利人）等人先後進京在朝廷供職，主要是參與製造火器和修訂曆法。後來龍華民、湯若望（Johann Adam Schall Von Bell，德國人）、羅雅谷（Jacobus Rho，義大利人）三個人都可以出入宮禁，就趁機在宮中發展教徒。崇禎三年（1630年），御馬監掌印太監龐天壽首先受洗入教，而後紮根串聯，太監、宮女，甚至嬪妃、皇室，都有人接受洗禮，到崇禎後期宮中的天主教徒已經有五百四十多人，還安排了一座聖堂，由湯若望多次主持彌撒[19]。

崇禎帝對天主教採取優容的態度，卻不見得有過對天主教的信仰和入教的衝動。他或許對聞所未聞的基督教義有過好奇，對莊嚴肅穆的彌撒儀式有過幾分欣賞，但那些充滿異國情調的遠方舶來文化對於一個天朝皇帝來說，畢竟是太奇特了一點。他真正關注的，主要還是這些黃髮拳拳的教士們帶來的西方科學技術知識。最吸引他的首先是西式火器，特別是所謂「紅夷大炮」（就是紅毛夷人——歐洲人的大炮，後來被訛稱為「紅衣大炮」），因為威力極大，可以在戰場上急用，所以一直由湯若望等人加緊督造。這種在當時很現代化的重武器真造出來了不少，但並沒有扭轉戰場上的敗局，反而被清軍和農民軍繳獲過去，成了他們攻城的利器。另外一個科技重點攻關項目則是對曆法的修訂。

天朝以農為本，又敬畏天命，要不違農時，洞察天象，都必須有一部精確的曆法。但明朝的官方天文曆法機構欽天監卻不是一個高水準的科學機關。明代制曆，以元朝郭守敬的「授時曆」（明朝稱「大統曆」）為本，參照阿拉伯「回回曆」。但兩種曆法都已年代久遠，積累誤差使得測算與實際相差甚遠，欽天監的天文官員們卻沒有人去鑽研修訂，一直將錯就錯。崇禎二年（1629年）五月朔日，日食，欽天監用「大統」、「回回」兩曆測算的時間方位各不相同，徐光啟用所謂西法也進行了預測，最後實地考察結果，徐光啟的測算準確無誤，欽天監的預測錯誤百出。崇禎帝感到了問題的嚴重性，決定澈底修訂曆法，命徐光啟主持。徐光啟提出以西法修曆，「令與中曆會通歸一」[20]。崇禎帝同意了徐光啟的提議，此後，西式曆法的編譯修訂工作一直在進行，崇禎六年（1633年）徐光啟病逝，其未竟之業由山東參議李天經繼承，至崇禎八年（1635年），共完成《崇禎曆書》一百三十七卷，全部告竣，其中包括托勒密《大至論》、哥白尼《天體運行論》等重要西方天文學著作的內容提要。

但這部新曆法並沒有來得及應用到編制曆書的實踐中去。由於國勢危急，政務紛亂如麻，直到崇禎十六年（1643年）七月，崇禎帝才下詔自明年起改用新法制曆，但第二年明朝即告滅亡。反而是清初的統治者繼承了這一項遺產，自康熙八年（1669年）起正式依西法制曆，直至末年。這部以西方幾何體系為基礎的曆法大典《崇禎曆書》（中國傳統曆法為代數體系），大概是崇禎帝在十七年統治中為歷史留下來的最重要的一份積極遺產了。

崇禎帝能寬容西方異教，接受西方新的科學技術體系，表明他在意識深處並不是一個抱殘守缺、頑固不化的人，也體現了他在統治前期有一種天命在我的自信。但隨著國家大勢的日益惡劣，他的這種自信卻一天天被消蝕掉了。皇五子的死對他精神上的衝擊遠遠超過了一般的失子之痛。他從這個事件中感覺到，一向以為是堅定站在自己一邊的天命，似乎正在遠遠離去。這以後，他變得越來越疑神疑鬼，而且病篤亂投醫，對於上至昊天上帝，下至狐仙鬼魅的一切超自然威力都表現出濃厚的興趣，恨不得一下子在冥冥中抓到幾位法力無邊的神怪，作為救命的稻草。

此後，他對於祭天地日月、祖宗聖人等等正統的典禮更加虔誠、更加殷勤，把一些多年停止實行的祭祀大典，例如上辛祈穀儀式等也悉數恢復。與此同時，對於扶乩請神、打醮祈禳一類活動也迷戀不疲。自崇禎十二年（1639年）起，宮裡宮外越來越烏煙瘴氣，崇禎帝親自參加了各種各樣的請神鬧劇，甚至想把天兵天將搬下凡間，替帝國剿平內外的戰亂。但這類鬧劇不但不可能產生什麼實際效果，就連心理上的安慰也做不到。這年年末，崇禎帝再一次懇請天神降臨，舉行了一次隆重的降神儀式，又是磕頭，又是祈禱，盡表哀衷。鬧了許久，扶乩的沙盤上才出現了「上帝」的批示：「天將皆已降生人間，無可應召者。」崇禎帝叩首再拜，問道：「天將降生，意欲何為？尚有未降生者否？」沙盤說：「只剩漢壽亭侯受明朝深恩，不肯下降，此外沒有留在天上者。」此後再怎麼問也不再回答，一片寂然[21]。所謂漢壽亭侯就是法力無邊的武聖關羽，他因為對明朝感情頗深而不肯下凡，那些感情不深的來到人間要做什麼，也就不言而喻。

在這次降神中到底是什麼人，為了什麼心理搗的鬼，不得而知。但它給崇禎帝心頭蒙上的陰影卻是無法抹去的。他不肯全信，又不敢不信，請神請來的是更大的迷亂和失望。到崇禎十四年（1641年），他甚至把全國最著名的大法師，江西龍虎山的張天師也搬請到京城，讓他設醮為國家消災祈福。這位天師道教首領在京師受到極隆重的禮遇，皇帝特命在靈濟宮設宴招待，派太監作為自己的代表主持。但這位張天師建壇打醮熱鬧了好一陣子，祈雨無效，祈雪無效，禳病無效，對中原和遼東的戰事更無效，崇禎帝才大失所望，把他打發回江西去了。

請神召鬼屢次不能見效，崇禎帝還懷疑到龍脈風水方面的原因。崇禎十四年（1641年）四月，他特召閣臣、勛戚和禮部主官在建極殿討論孝陵（太祖朱元璋的陵墓）風水問題，說孝陵關係重大，但聽說近年來在陵區開窯伐樹的事情很多，破壞了風水，影響到國運。禮部侍郎蔣德璟啟奏：「中國有三大幹龍，中幹旺氣在中都鳳陽，結為鳳陽祖陵；南幹旺氣在南京，結為鐘山孝陵；北幹旺氣在北京，結為天壽山長陵。這三大幹，本朝獨會其全，是萬世靈長之福。」[22] 崇禎帝聽說本朝的風水這樣好，才放下心來，但仍然派遣成國公朱純臣、新樂侯劉文炳和禮部尚書林欲楫到南京和鳳陽勘察，嚴禁開石灰窯破壞龍脈。既然風水無礙，那麼國運日衰的原因仍然在於天命。但他離知天命的年齡還差得很遠，只能繼續沉浸在無邊的迷惘中。

崇禎帝的而立之年倏忽之間就在昏昏亂亂中度過了，到年終歲末的時候，才正是他三十整壽的紀念日（實際上是二十九周歲）。因為臘月二十四日這天正巧是他的嫡母光宗郭皇后的祭日，禮部根據慣例確定每年臘月二十五日為萬歲節，天下共慶，崇禎帝雖然批准，卻從來沒有真正舉行過慶賀典禮。一方面因為國事繁重，他沒有這個心思；另一方面也因為年紀尚輕，過生日做壽算不上大吉大慶的喜事。但而立之年這個有紀念意義的整壽卻不能不重視一下了，於是他同意禮部的提請，在年關將近的二十五日接受了宮廷內外的朝賀。

朝賀這天正好是三九嚴寒時候，丹墀上結了厚厚的冰霜，賀壽的百官鬚眉上也都凝上一層冰碴兒。因為冷，群臣舞蹈叩拜得倒是更加起勁，山呼萬歲的祝福也喊得很響亮，但個個面皮僵滯，讓寶座上的崇禎帝看著並不舒服。首輔薛國觀和成國公朱純臣分別代表文武群臣進前致賀詞：「欽遇皇帝陛下聖誕之辰，謹率文武官僚敬祝萬歲壽！」[23] 聲音宏亮的贊禮官發出口令：「山呼！」於是群臣又一次拉著長聲高唱：「萬——歲——，萬——歲——，萬——萬——歲——」這種場面經得多了，這種聲音聽得多了，崇禎帝心中早已沒有了最初年代那種自我崇高的愉悅感。從這一天起，他就算進入了壯年，但前途卻顯得更加莫測。他甚至能預感到，今後的日子會更加艱難，身下的這個寶座也並不那麼穩固。

而立之年恰好是崇禎帝統治的一個轉捩點，此後的日子每況愈下，沒用幾年工夫，他的生命和他的統治就一起完結了。

1 見《綏寇紀略》，卷八，第218頁。
2 見《明通鑑》，卷八六，第八冊，第3318頁。
3 見《甲申核真略》，第12頁。
4 見楊士聰，《玉堂薈記》，卷上。
5 見《明史》，卷二五三，第二一冊，第6540頁。
6 見《明史》，卷二五三，第二一冊，第6540頁。
7 《山書》，卷十三，第317頁。
8 見《山書》，卷十三，第333頁。
9 《崇禎宮詞》注，第82頁。
10 見《罪惟錄》列傳卷之二，第二冊，第1185頁。
11 見《北遊錄》紀聞上，第324頁。
12 見饒智元，《明宮雜詠》注，北京古籍出版社《明宮詞》本，第296頁。
13 見《崇禎宮詞》注，第89頁。
14 見史夢蘭，《全史宮詞》注，北京古籍出版社《明宮詞》本，第214頁。
15 《明書》卷五五，第十冊，第1085頁。
16 按崇禎帝諸子之名，《明史》等書各載不一，此處主要依據孟森的考據結果，見孟森，《明清文史論著集刊》，上冊，第60-63頁；皇五子慈煥，見《國榷》卷九七，第六冊，第5836頁。

17 見《明史》，卷一二〇，第十二冊，第3658頁。
18《山書》，卷十三，第334頁。
19 見何其敏，《中國明代宗教史》，人民出版社1994年4月版，第102頁。
20 見梁家勉編著，《徐光啟年譜》，上海古籍出版社1981年4月版，第164頁。
21 見《烈皇小識》，卷六，第173頁。
22 見《天府廣記》，卷四十，下冊，第615頁。
23《明史》，卷五三，第五冊，第1349頁。

二 樞輔督師

崇禎十二年（1639年）四月，清兵入塞的軍警剛剛解除，崇禎帝和他的軍事大員們又不得不把注意力放到農民起義這個心腹之患上面了。這時候，大別山區的「革左五營」仍然不受招撫，中原各地的小股農民軍還在四處活動，而且已經受撫的張獻忠和羅汝才兩大農民軍主力也有蠢蠢欲動之勢。主管谷城和房縣等處的地方官員不斷地上報兩軍心懷叵測的情狀，說「張獻忠入據谷城，屢次不聽調遣，將要待民間田熟，分其夏秋之糧，稍不遂意，就會再起刀兵」；「羅汝才詭稱以所部屯田，並未讓部隊種地，這樣帶刀而耕，稍有不滿，就將重新起事，鋌而走險」[1]。

為此，楊嗣昌祕密建議趁張、羅兩部尚未動手，迅速調集兵力，以先發制人的手段扼殺這兩支農民軍。崇禎帝本來是一意招撫的，對進行這樣大的軍事行動並沒有什麼主見，但他也感到大患不除總不能心安，因此最後也同意了楊嗣昌的計畫。從四月下旬起，明廷開始調兵遣將，命入衛京師的甘肅總兵柴時華部和甯遠總兵祖大弼部南下湖廣，陝西總督鄭崇儉率陝軍出潼關趨襄陽、鄖陽，四川巡撫傅宗龍領川軍入鄖陽，再加上熊文燦直屬的大軍，對谷城、房縣一帶四面圍剿。

可惜楊嗣昌的如意算盤還只停留在紙面上，沒來得及實施，張獻忠和羅汝才就再次舉旗造反了。五月初九日，張獻忠在谷城起義，引軍向西。二十三日，羅汝才等部在房縣回應張獻忠，與張獻忠合兵攻打房縣。消息傳來，朝廷大驚，崇禎帝照例不顧當初正是他自己一意招撫的事實，嚴旨痛責熊文燦撫剿無策，命他戴罪立功。熊文燦好像也預感到將要大禍臨頭，連忙派總兵官左良玉率軍進剿，希望能僥倖一勝已塞罪責。

左良玉部是總理麾下最有戰鬥力的一支部隊，但深入房縣深山密林之中，地形生疏，輜重糧草又無法跟進，士氣相當低落。七月末，張獻忠、羅汝才在房縣西部的羅猴山設下埋伏，先故意佯敗兩陣，把左良玉誘至埋伏圈裡，然後突然發起攻擊。左良玉軍大亂，副總兵羅岱被殺，被殲滅的明軍達一萬多人。左良玉拼命突圍，身邊還剩下殘卒不到一千人，總兵官的關防印信也在慌亂中丟失。

官軍在羅猴山的慘敗使得崇禎帝澈底對熊文燦失望了。他先是罷去熊文燦的總理職務，不久又將其逮至京師問罪，最終判處死刑，斬首於西市。但除掉熊文燦之後，由誰來接任圍剿前線的總指揮，卻是一個棘手的問題。在聞名於世的幾名最優秀的統帥中，盧象升已死，洪承疇剛剛被任命為薊遼總督，擔負著防禦清兵的重任，無法抽調。另一個不久前才嶄露頭角的原任陝西巡撫孫傳庭，在西北的戰績雖然不錯，但為人頗為狷狂高傲，入衛京師被任命為負責南線的總督，就立即指摘楊嗣昌調配指揮失當，和兵部弄得關係十分緊張。後來，據說是因為上火耳朵聾了，大概主要還是為了對楊嗣昌不服氣，他數次上疏請求去職養病。楊嗣昌趁機攻擊他假託疾病，不願擔任保定總督這一危險的職務。崇禎帝最恨朝臣不肯效力，一怒之下把孫傳庭抓進了監獄。國無良將，又用人孔急，崇禎帝左右掂量，最後決定還是任用人才難得的楊嗣昌最為可靠。

楊嗣昌在張、羅復叛，左良玉失敗之後，接連上疏請罪，並主動停止了在內閣和兵部的公務。兵部尚書一職，已由他薦舉的前四川巡撫傅宗龍接替。八月二十二日，崇禎帝還在他的請罪疏上批旨，要他回內閣任職。但三天以後，二十五日，崇禎帝突然下了決心，在他的另一份請罪疏上批道：「輔臣屢疏請罪，更見誠懇。如今叛寇猖獗，總理革任，以輔臣才識過人，辦此事應付裕如，可星馳往代，速蕩妖氛，救民於水火。凱旋之日，優敘隆酬。」[2]不容他有任何商量和推託的餘地。

崇禎帝既不經過閣、部會議，又不與本人商量，就由中旨任命內閣輔臣去前線督師，朝臣們和楊嗣昌本人都感到有些意外。但楊嗣昌幾年來受皇帝的知遇之恩，一直充滿了感激涕零之情，目前皇帝需要他出朝督軍，以挽救國家的危難，他也只能竭盡全力，為皇帝效犬馬之勞。輔臣到前線督師是前所未有的大事，有關衙門連忙辦理敕書、印信、儀禮、軍需等各方面事宜，並議定，楊嗣昌以禮部兼兵部尚書、東閣大學士出任督師，一般人就稱作「督師部閣」或是「督師樞輔」（樞指樞臣，即兵部尚書）。

在即將啟行前，崇禎帝於九月初四日再次召見楊嗣昌，對他特別指示：「張獻忠曾驚祖陵，決不可赦，其餘剿撫互用。」[3] 其實挖了鳳陽祖陵的不見得是張獻忠部，而且崇禎帝自己也同意過對其招撫，這樣說不過是確定一個原則，重點打擊張獻忠，對農民軍其他各部可以區別對待。他還親筆寫了一首詩賜給楊嗣昌，作為臨別的勉勵：

鹽梅今暫作干城，上將威嚴細柳營。
一掃寇氛從此靖，還期教養遂民生。[4]

詩中用了好幾個典故。鹽和梅是古代兩種主要的調味品，商代高宗任命傅說為相，說他好像烹飪中的鹽和梅一般重要，後人就以鹽梅指代宰相。干是盾，盾牌和城池是古代的主要防禦設施，用來比作捍衛國家的將領。細柳營則是漢代名將周亞夫的營盤，他在平定吳楚七國之亂中起過重要作用。在崇禎帝的一生中，很少給其他朝臣賜過詩，這一次不但御筆親題，而且把楊嗣昌比作賢相、良將，寄予的重望溢於言表。楊嗣昌不但感恩戴德，而且深為能得到皇帝如此的寵信自豪。他出京之後就以御筆賜詩為標榜，豎起了「鹽梅上將」的大旗，所部親標也直稱「上將營」，真是八面威風。

楊嗣昌於九月初六日離京，在京的大小官員出城隆重送行。楊嗣昌也絲毫不敢怠慢，一路疾行，僅用二十多天就趕到了圍剿的大本營襄陽。下車伊始，他就立即召集所部文武官員會議軍事，一面著手整頓軍紀，一面加強襄陽的城防。根據崇禎帝的指示，他把圍剿重點放在對付張獻忠上，但認為以往分兵各進，很難給敵人以重創，因此決定在軍中設置大將，集中軍權。他在初到襄陽的時候就上疏建議任命左良玉為「平賊將軍」，「總統諸部，聽其指揮，共臣謀畫，轉行調度」。甚至把左良玉比作唐代平定藩鎮的名將李愬，說自己雖不敢以那時的良相裴度自居，左良玉卻與李愬相差不遠[5]。

楊嗣昌重用左良玉也是用心良苦。左良玉字昆山，山東臨清人，行伍出身，做過都司。崇禎初年關外大凌河被清軍圍困，在昌平督軍的兵部侍郎侯恂提拔他為副將帶兵馳援，大戰有功，成為著名的勇將。後來他率領昌平兵一部轉戰於河南、湖廣等地，專門對農民軍作戰，勝敗參半，但始終保持著一支頗具實力的隊伍。崇禎六年（1633年）他被提升為援剿總兵官，時年僅三十二歲[6]。部眾也由原先的二千人增加到萬餘人。當時在中原和西北與農民軍作戰的各鎮總兵官先後有幾十個，但大多碌碌無為，或是戰場失利被殺，或是被朝廷撤職懲辦，唯有左良玉一枝獨秀，始終保持著實力和體面。他驍勇體健，雖然不識字，卻很有心機，也很能團結手下的將士。朝廷的兵餉總是不足，他就隨處縱兵大掠，各地的百姓甚至鄉紳對於左軍都又恨又怕。當時民間口號說：「賊過如梳，兵過如篦。」左良玉軍所過之處，真是像用篦子梳頭一樣，把地方搶劫得乾乾淨淨。他也很懂得保存實力，遇到太強硬的敵人就遠遠避開，拒不執行上司的命令，督、撫和朝廷卻拿他沒有辦法。經過十來年的剿寇，他集中了一批強兵悍將，經常自行其是，實際上已經開始逐漸地軍閥化了。但在國難當頭的形勢下，朝廷急需用兵，根本不敢得罪這個有名望、有實力，又有些蠻不講理的大將軍。羅猴山慘敗，責任並不大的河南總兵張任學被撤職，而左良玉丟了關防，卻只被降三級，仍然留任總兵之職——崇禎帝對此人也不能不有幾分忌憚[7]。

左良玉桀驁不馴，為人卻很講義氣。侯恂是第一個把他由偏裨提拔為大將的人，他對侯恂就始終極為尊重。前兩年，侯恂在戶部尚書任上因為一宗錢糧失察案被罷官逮捕入獄，左良玉卻仍然與侯家保持密切的關係，行軍至侯恂的家鄉河南商丘的時候，也破例不搶掠騷擾。楊嗣昌就是根據左良玉的這些特點，決定委任他為平賊將軍。前次羅猴山之戰，左良玉丟了關防，正無法對朝廷交代，楊嗣昌不行追究，卻為他討得一顆在內府中封存多年的將軍印來。楊嗣昌以為，左良玉一定會為此感戴不盡，終生為自己賣命。只要左良玉俯首聽命，其他各營的將領更容易馴服。

楊嗣昌提拔一個武將做總統諸部的統帥，也是針對當時軍制的弊端而做的安排。明代重文輕武，指揮作戰的大帥全部任用文臣。一個不帶侍郎銜的巡撫通常本官是僉都御史，只有四品，但麾下往往是武職一品銜的總兵官們被呼來喝去，如同廝役走卒。文官大帥位尊權重，手下卻沒有自己的部隊。帶兵的將領們受制於督撫，雖是制度決定的，心中不見得都服氣。因而臨陣作戰時督撫大帥們經常指揮不靈。朝廷也並不真的重視這些沒有真正實力的光杆司令，輕易進退任免，被罷官殺頭的多是這一類總督、巡撫。將帥分離，權實不符，實在是造成明末各個戰場調度失機，指揮不力的一個重要原因。楊嗣昌要以武將統兵，就是想打破這種局面。

另一方面，明朝的軍事建制基於一種消極分散防禦的戰略，全國的軍隊分散在上百個司令部裡，統稱為「標」。每一位將帥，上至總督（包括總理、督師）、巡撫，下至總兵、獨立帶隊的副將甚至參將，都有一個自己的標，多則一、兩萬人，少則千數人，將帥們真正指揮得動的就是標下這支隊伍。這種分散建制使得那些號稱統軍十幾萬的大帥在組織大型戰役的時候，因為缺乏一個嚴密的分層指揮體系而八方掣肘，調度困難，更談不上在戰場上靈活機動地調動部隊。楊嗣昌似乎很想對這種建制方面的弊病進行一些改善，但因為涉及整個軍制問題，也只能暫時用在各標以上再設一位大將的方式來增強全軍的凝聚力。

楊嗣昌在軍中設置統兵大將，實際上已經包含著對於明末陳腐軍事制度進行改革的某種嘗試。但百年積弊，要改談何容易，何況楊嗣昌自己囿於時代的局限，對於應該有一種什麼樣的合理制度也並不清楚，因而他的這一努力後來並沒有產生什麼實際效用。將帥分離仍然嚴重，指揮照樣失靈，最後導致全面失敗。

崇禎帝對於楊嗣昌的各種請求差不多是言聽計從，立即批准任命左良玉為平賊將軍，把內府的大印派專員馳送前線。左良玉也確實頗為感奮，秣馬厲兵，準備對張獻忠大戰一場，以雪前仇。楊嗣昌則並不急於發兵，而是積極整頓部隊，調配力量，囤糧輸餉，鞏固後方，準備蓄力而發，一舉取勝。這年年末，他在楚、豫、川、陝各省四處張榜，上面刻印著張獻忠的頭像，榜文是一首《西江月》：

> 此是谷城叛賊，而今狗命垂亡。興安、平利走四方，四下天兵趕上。
> 逃去改名換姓，單身黑夜逃藏。軍民人等綁來降，玉帶錦衣升賞。

下書賞格：「能擒張獻忠者賞萬金，爵通侯。」[8]

這當然是一種政治攻勢，但據說榜文張出後不久，就有人在楊嗣昌行轅的大門上貼了「有斬閣部來降者賞銀三錢」的傳單，弄得楊嗣昌疑神疑鬼，以為身邊盡是農民軍的奸細[9]。

楊嗣昌在做好了充分的準備工作之後，於崇禎十三年（1640年）閏正月正式對張獻忠部發起圍剿。這時張獻忠所部為了避免與明軍正面衝突，已經轉移到川、陝交界一帶的山區。楊嗣昌命陝西總督鄭崇儉率陝軍由漢中的西鄉入川，從農民軍背後追剿；命左良玉率湖廣方面的主力駐紮在興安（今安康）、平利一線，等著張獻忠回竄入陝後迎頭痛擊。左良玉卻不同意楊嗣昌的部署，認為張獻忠如果不北上陝西而是西進成都平原，局面將無法控制。他向楊嗣昌申報了自己的意見之後，不待命令，就自行入川，與陝軍協同進剿去了。

二月初七日，明軍在四川太平（今萬源）縣瑪瑙山與張獻忠部遭遇。農民軍據守山頭，明軍分三路進攻。這一次明軍養精蓄銳多時，以逸攻勞，大獲全勝，擊殺農民軍三千多人，張獻忠的軍師潘獨鼇和妻妾數人被俘，張獻忠親自用的「天賜飛刀」大刀也被繳獲[10]。一些跟隨張獻忠的小股農民軍投降。緊接著這次勝利，明軍又在寒溪寺、木瓜溪等地連打了幾個勝仗。張獻忠屢受重創，處境十分危急，只得進入深山，迂回避敵。

瑪瑙山之捷是幾年來明軍對付農民軍的戰爭中少有的勝利，能取得這樣的勝利未嘗不是因為楊嗣昌集中兵力蓄銳而發的戰略部署正確。但這次勝利卻成了明軍內部失和、自我摩擦碰撞的新起點。瑪瑙山戰役之後，左良玉極為得意，以為此次大功是因為不聽楊嗣昌的調度自行其是才取得的，從此不把督師放在眼裡。楊嗣昌想趁著張獻忠處境困難，乘勝窮追，澈底殲滅張獻忠部，多次命左良玉進山搜剿。左良玉這時卻帶兵回到湖廣的竹溪休整起來。楊嗣昌多次傳檄嚴令，左良玉一概不聽。有一種說法認為，張獻忠曾派人到左良玉營中勸說：「獻忠在，故公見重於朝廷。公聽任所部燒殺劫掠，閣部（楊嗣昌）猜忌專橫，無獻忠則公之滅亡亦不久矣！」[11] 左良玉為了自重而給張獻忠留一條生路的可能性也是存在的。

楊嗣昌並不是很有氣量的人，對左良玉的傲慢不馴非常憤怒，一度奏報朝廷要解除他的平賊將軍職務，改由陝西總兵賀人龍擔任。崇禎帝仍然完全聽從楊嗣昌的安排，很快下了命令。但左良玉的實力和威望畢竟不是賀人龍所能比的，楊嗣昌猶豫了一番，又請朝廷收回了成命，仍用左良玉。這樣一來，左良玉的怨氣更大，而賀人龍因為平賊將軍得而復失，也對督師十分不滿。此後，楊嗣昌不但調不動左良玉，連陝軍也不服從命令了。張獻忠就趁著明軍統帥部裡一團混亂，無人圍追堵截，悄悄率軍返回到湖廣的興山、房縣一帶，不久又與羅汝才部會合了。

儘管明軍營壘已經在四分五裂，遠在京城的崇禎帝對於楊嗣昌最初的成功還是很滿意的。在他的一生中，真正能做到用人不疑，大概只有這一次。楊嗣昌的所有作戰方案，他都原樣批准；楊嗣昌請兵請餉，他責成兵部、戶部盡力快速籌辦；楊嗣昌要任用或罷免文武大員，他也一概照辦，甚至楊嗣昌在任用大將時出爾反爾，形同遊戲，也沒有惹得他像往常那樣大發脾氣。

朝臣們在楊嗣昌督師親赴前線之後，出於一種對大臣身臨戰陣的尊重，也停止了對他的各種攻擊。只有兵部因為要與這位在外的樞輔不斷地打交道，不免發生一些齟齬。楊嗣昌不斷有兵餉方面的要求，兵部很難全部滿足，而且有些事情是有制度成例的，兵部也不願隨意改動，破壞了規矩。崇禎十二年（1639年）底，楊嗣昌疏劾兵部不任職守，妨害閫剿大計。兵部尚書傅宗龍雖然是楊嗣昌推薦上來的，卻對他的以勢壓人很不服氣，就回了一本，說楊嗣昌「徒耗國家軍資，不能立功報效，並以勢欺淩朝廷大臣」[12]。崇禎帝對傅宗龍在關鍵時刻不能與督師同舟共濟非常惱火，正巧兵部又在遼東用人的問題上有一個失誤，就以怠忽職守、戲視封疆的罪名把他逮進監獄。刑部擬罪遣戍，崇禎帝不肯，大有置之死地之勢。傅宗龍在獄裡待了近兩年，後來才再次被起用為陝西總督。

罷免傅宗龍後，崇禎帝任用楊嗣昌一直極力推薦的陳新甲為兵部尚書。陳新甲是舉人出身，在明代歷史上以舉人而任尚書的只有寥寥數人，因而正牌進士們很不服氣。但陳新甲確實是個幹才，思路又與楊嗣昌相近，因而在本兵任上對楊嗣昌給予了很大的支持。

有皇帝全心全意的信任，有兵部盡心竭力的配合，又有閣部督師的巨大權威，楊嗣昌本該乘勝而進，不斷擴大戰果，但由於指揮運轉不靈，戰場上的形勢卻是每況愈下。

崇禎十三年（1640年）秋天，張獻忠和羅汝才從川楚邊界再次流入四川，楊嗣昌命四川巡撫邵捷春率川軍在夔州（今奉節）至大寧（今巫溪）一線進行阻截。邵捷春是一個不錯的行政長官，在四川主政頗有官聲；同時卻是一個很糟糕的軍事統帥，把四川的軍務搞得亂七八糟。川軍各級將領吃空額侵吞軍餉，各部缺員嚴重，而且軍械敝破，士卒饑疲，又乏於訓練，戰鬥力極差。邵捷春手下較能作戰的只有女將秦良玉手下的石砫土司兵和副總兵張令所部，其中尤以秦良玉的部隊最為著名。

秦良玉是石砫宣撫司（在今石柱）的女土司，從萬曆中年開始帶兵為明王朝效力，參加過平播、援遼、平奢崇明等歷次大戰事，所部號稱「白杆兵」，軍紀嚴明，悍勇敢戰。因為秦良玉是歷史上少有的女將，特別引人注目，所以提起她和她的白杆兵，天下幾乎無人不知無人不曉。就連崇禎帝本人也抑制不住對這位被民間傳頌成穆桂英、花木蘭般人物的好奇心，在執政初期特地召見了秦良玉一次，還事先寫了詩賜給她。詩中一聯是「試看他年麟閣上，丹青先畫美人圖」[13]。他以為既然是花木蘭、穆桂英，自是英姿颯爽，才用了漢代在麒麟閣繪像紀念功臣的典故。誰知見面一看，竟是個年過六旬的小老太太，大失所望。此時，秦良玉的銳氣更大不如從前，而以勇武聞名的老將張令已經七十歲出頭。邵捷春靠著一個老頭子和一個老太太扼守要衝，實在有些勉為其難。

九月，張獻忠和羅汝才的農民軍突擊大寧境內的要衝竹菌坪，秦良玉和張令率部阻截。張令中箭陣亡，所部潰敗；秦良玉的白杆兵負隅死戰，幾乎全軍覆沒。老太太帶著少數殘卒逃回老家，從此固守鄉土，不再出兵作戰。秦、張兩部失利後，其餘川軍更加不堪一擊。張獻忠和羅汝才經達州、巴州（今巴中）一路向西，於十一月中旬渡過嘉陵江，攻克了川北重鎮劍州（今劍閣）和梓潼，轉而向南直逼成都。

張獻忠、羅汝才流動入川，造成明朝上下一片混亂。楊嗣昌不得不離開襄陽大本營，於八月起親自入川追剿。但他的行營和本標輜重沉冗、人員龐雜，在四川泥濘的山道上進展遲緩，根本追不上迅疾如雷電的農民軍，在各處負責堵截的川軍又無力抵擋。農民軍在四川長驅直入，如過無人之境，編了個歌謠說：「前有邵巡撫（邵捷春），常來團轉舞；後有廖參軍（四川監軍道廖大亨），不戰隨我行；好個楊閣部，離我三天路。」[14] 楊嗣昌一面抱怨川軍無能，「蜀兵之脆，將領之愚，至不堪言」[15]，一面急調湖廣、陝西各路部隊入川。但左良玉抱定了不損失自己實力的主意，對接連八次命令拒不執行，後來乾脆帶上部隊進入陝西興安（今安康），遠遠地避開農民軍。陝西的賀人龍等部也拖拖拉拉，不想入川作戰。最後被逼無奈終於入川，打了幾次敗仗，就再也不敢與農民軍正面接觸。而朝廷中四川籍的官員和四川的地方官卻為了張獻忠的這次入川大肆詆毀楊嗣昌，說他為了保護自己的家鄉（楊為武陵人，明代屬湖廣省）故意驅敵入蜀，以鄰為壑。

楊嗣昌連日在山間奔波，得到的卻只有前線不斷失利的壞消息和四川官紳的惡言惡語，真是氣急敗壞。他把失敗歸罪於川、陝等處的官軍，攻劾他們堵剿不力。崇禎帝為此把邵捷春逮捕治罪，最後斬首於西市。陝西總督鄭崇儉被革職，後來也被問成死罪。但就在明朝方面一團混亂的時候，張獻忠和羅汝才卻連克什邡、隆昌等川中、川南州縣，於十二月初攻陷了川南的重要城市瀘州。接著又返師向北，破仁壽，逼成都，陷德陽，繞道川北東渡嘉陵江，在崇禎十四年（1641 年）初拿下巴州、通江，最後沿著長江北岸勝利出川，重新回到湖北。

張獻忠、羅汝才部在四川千里大遊行，攻克十幾座州縣，隊伍日益壯大。楊嗣昌憚精竭慮調兵遣將，圍追堵截，最後損兵折將，一無結果。造成這種局面，除了諸多客觀因素，所謂大勢所趨之外，也有楊嗣昌個人主觀方面的原因。鄖陽撫治王鼇永曾經上疏論楊嗣昌說：「嗣昌用兵經年，不能蕩平賊寇，並非謀慮之不長，正因其操心之太苦。天下事，總挈其大綱則易，事事用心則難。何況賊情瞬息萬變，今數千里征伐機宜，一切盡出嗣昌一人之手，文牒往返，動輒旬月，號令與事機違背，無怪乎戰敗之報屢聞。……臣以為嗣昌之統馭諸將，不必人人授以機宜，只需核其機宜是否確當，執其要領，去其繁瑣，決策奇謀以制勝。何至於遷延歲月，勞師糜餉？」[16]

王鼇永對楊嗣昌的評論還是公允而有見地的。在自以為是、事必躬親這方面，楊嗣昌確實與崇禎帝有許多相似之處。他在明末諸臣中的確特別聰明幹練，但這種聰明幹練也正是造成千里轉戰，調度失靈，將帥不和，軍心渙散的重要原因。崇禎帝總是喜歡那些在某些方面和自己有內在一致性的臣子，對於這個楊嗣昌又難得信任到了實處，當然聽不進王鼇永一類的話，因而降旨對他進行申飭，仍然鼓勵楊嗣昌繼續我行我素。楊嗣昌也聽不進別人的意見，仍然事無巨細一管到底。到崇禎十四年（1641 年）春天，戰局終於到了無可收拾的地步。

當楊嗣昌正跟在張獻忠、羅汝才的後面於四川進行千里遊行的時候，另一支農民軍在沉寂了兩年多之後，又突然出現在河南地區。那就是李自成的部隊。

李自成部自崇禎十一年（1638年）初潛伏於川、陝、鄂邊界山區，一直沒有動靜，明朝官方一般都認為這股農民已經徹底被殲滅，朝野中也流傳著李自成已死的消息。但到了崇禎十三年（1640年）冬季，李自成所部卻奇跡般地再現，在河南西南部的淅川、內鄉驃馳而過。最初到河南，李自成的隊伍不過千餘人，但河南各處的饑民和一些小股的起義者風聞景從，使得李自成部在幾個月裡就發展到數萬人。這年十二月，李自成攻破了魯山、郟縣、伊陽（今汝陽）、宜陽、永寧（今洛寧）等縣，把整個豫西地區攪得天翻地覆。

張獻忠和李自成的農民軍由一度瀕臨被剿殺的邊緣突然之間迅猛壯大起來，是與當時的社會局勢密切相關的。從崇禎初年就沒有停止過的自然災害持續了十幾年，在崇禎十二、三年間勢頭更加猛烈，旱災、水災、蝗災，鋪天蓋地。崇禎帝在崇禎十三年（1640年）五月的一道上諭中也不能不承認：「近來直省各處告饑，而畿輔（今河北）、山東、河南、山西、陝西等地，近聞茹土食菜，人民並無菜色，甚至剜肉炊骨。」[17]就連一向號稱富庶，比較風調雨順的江南地區也發生了少見的大旱災，許多地方因為無水而不能插秧，米價騰漲。當地的官員卻借著救濟災荒巧立名目，肆意勒索，有些人反而發了大財。一位知縣很得意地對人說：「幸好有這次大災呀！」[18]而饑饉的情況又以河南最為嚴重，原任南京兵部尚書呂維祺記載當時情況說：「今流亡滿道，屍骨盈野。陰風起處鬼火熒熒，深山林莽饑民嘯聚。有全家投環自盡者，有全村封門逃亡者，有一日投河溺死數百者，有食雁屎、蠶屎者，有食荊子、蒺藜者，有食土石者，有如鬼形而呻吟者，有僵仆於道而不能言語者，有集數千數百人於城隅大道揭竿而起者。」[19]

大饑荒本來已經令人觸目驚心，明廷一加再加的「三餉」加派更加重了災情的慘痛。崇禎十二年（1639年）新增加的「練餉」一次就達七百三十萬兩，崇禎年間三次大加派，這一次所加最多。而連年在死亡線上掙扎的饑民們在這樣敲骨吸髓的苛剝面前，實在更沒有一絲活路了，除餓死甚至被吃掉的之外，只好逃亡。河南的一個知縣統計本縣崇禎十四年（1641年）的戶口情況：原編戶一萬零三十五戶，死絕者八千零二十八戶；原編人丁二萬零三百二十五丁，逃亡死亡者一萬八千四百五十丁。戶數僅存原額的百分之二十，丁數僅存百分之九[20]。但到處都是餓殍遍地，逃亡出去還是沒有活路，強悍者於是嘯聚山林，做了「強盜」。這些遍布於中原的饑民、流民和「盜賊」就成了大股農民義軍可靠的兵源。

崇禎帝和楊嗣昌們為平定流寇而增兵加餉，而增兵加餉的結果反而為農民軍提供了源源不絕的有生力量，農民軍愈盛而加餉愈多，加餉更多而農民軍更盛。崇禎君臣們在這個無法擺脫的怪圈裡旋轉了十幾年，終於國破身亡，臨了還要說什麼「君非亡國之君」。在政治大局方面的愚蠢和短視，明王朝的統治者們大同小異，並沒有什麼根本性的區別。

崇禎十四年（1641年）春，楊嗣昌還在從四川急忙趕回湖廣的路上，以張獻忠和李自成為首的農民軍卻已經由守勢轉為攻勢，分別在湖廣和河南給了楊嗣昌致命的打擊。

這年正月十九日，李自成部數萬人開始圍攻豫東重鎮洛陽。洛陽不但是歷代古都，聚集著中原精華，而且是控制關中和襄、鄖兩個方向戰守的軍事要衝，在政治上、軍事上和經濟上都有著極其重要的地位。此外，洛陽又是明宗室福王朱常洵的駐地。這個朱常洵就是萬曆帝和鄭貴妃生的兒子，萬曆帝曾經為了想要改立他為太子與朝臣們鬧得不可開交，後來改嗣的計畫雖然失敗，萬曆帝卻給了這個分封在洛陽的寶貝兒子一筆巨大的財產，其中僅土地一項就達二萬頃，此外還有大量的鹽稅、商稅的常年收入。這個福王號稱富甲天下，而且與當今天子支脈最近。他是崇禎帝的嫡親叔父，又是嫡親叔父中最年長的一個，因而在幾十位宗室親王中地位最為尊貴。由於有這樣一位親王住在城裡，洛陽的政治意義更是超出尋常。

但洛陽的守備卻並不特別出眾。這裡有一個總兵官王紹禹率部鎮守，但因為多年沒有受到過軍事衝擊，缺糧缺餉，軍心渙散。住在洛陽的呂維祺建議福王拿出王府的錢財用作軍餉，一面維持守城，一面速調省裡的部隊救援。但朱常洵與他的父親萬曆帝和侄子崇禎帝一樣，是個一毛不拔的守財奴，寧死也不肯出錢餉軍。守城的官兵對福王的吝嗇極為憤怒不平，見到農民軍兵臨城下，一部分人放棄守備，開城投降。二十日晚，守城官兵起義；二十一日晨，李自成部占領洛陽全城。福王朱常洵和世子朱由崧慌忙出逃，朱常洵被農民軍搜獲，朱由崧尋機逃脫，後來成為南明的弘光皇帝。

李自成在福王宮中審訊福王。福王拼命磕頭求饒，李自成卻對他說：「你身為親王，富甲天下，正當如此饑荒，卻不肯分發一分一毫財產賑濟百姓，你是個奴才。」[21]命令先打他四十大板，然後梟首示眾。還把這個肥胖不堪的福王身上的肥肉割下來和著鹿肉用大鍋煮了，一同下酒，號稱「福祿酒」。原南京兵部尚書呂維祺也在城陷後被殺。

李自成攻克洛陽，占據福王府後，把王府中大批的糧食、物資和銀錢發放給附近的饑民，用以賑災。各地的百姓聽到消息紛紛趕來洛陽，官道上絡繹如流水，日夜不絕。這一舉動不但暫時緩解了洛陽地區人民的饑荒，而且使得李自成部在河南人民中擁有了極高的威望。此後的兩、三年間，李自成的農民軍長期在河南活動，所到之處一呼百應，明朝的官軍只能望風而逃。

李自成陷洛陽、戕福藩的消息還沒有傳到楊嗣昌的耳朵裡，張獻忠攻下襄陽的報告卻先來了。張獻忠率部進入湖廣後，在正月裡先攻占了興山縣，聽說襄陽城防空虛，就帶領輕騎奔馳三百里趕到襄陽附近。他派人假冒官兵先混入城中，在二月初四日夜裡舉火為號，裡應外合，趁著襄陽守軍大亂，突襲成功，占領了這座圍剿農民軍的大本營。

襄陽也住著一位宗室親王，襄王朱翊銘，按輩分是崇禎帝的族祖，同樣被農民軍活捉。張獻忠對待這位親王與李自成對待福王略有不同。他把襄王帶到襄王宮裡，給他斟了一杯酒，對他說：「我要斬楊嗣昌的頭，但楊嗣昌遠在四川，今天只好借親王的頭來讓楊嗣昌以失陷藩封之罪伏法。親王還是努力喝了這杯酒。」[22]襄王的下場當然還是被斬首，襄藩宗支中的貴陽王朱常法等也一起被殺。

張獻忠在襄陽同樣開倉放糧，賑濟饑民，發放的賑災銀達五十萬兩，數額遠遠超過崇禎王朝任何一次大規模的賑災活動。張獻忠的這一舉動同樣取得了湖廣廣大百姓的誠心擁護，為他後來轉戰大江南北，建立「大西」政權打下了基礎。

李自成攻克洛陽和張獻忠攻克襄陽，標誌著明末農民戰爭發展進入了一個新的階段。在此之前，農民軍儘管攻城掠地，給明王朝極大的打擊，但在總體上是處於守勢，流動作戰本身就有避敵鋒芒的意圖。明廷也還能組織起幾次略見成效的圍剿活動，迫使農民武裝一度處於極其不利的局面中。但自從崇禎十四年（1641年）春季起，明官軍與農民義軍的攻防態勢發生了根本性變化。這以後，明軍只能在各處勉強支應，李自成、張獻忠等部則不斷發動猛烈攻勢。明王朝這樣勉強支應了三年，被掏空了根基的大廈終於倒塌下來，而一些有識之士早在崇禎十四年就已經看到這種必然的結局了。

洛陽、襄陽兩城的失陷和福王、襄王兩藩的被殺，也標誌著楊嗣昌督師圍剿的澈底失敗。他是在匆匆趕回湖廣之後才接連聽到這兩個如同炸雷一般的消息的，到這時候，他完全絕望了。幾個月在四川奔馳於軍旅之中，早已使他疲憊不堪，出川時已是重病在身。他回到湖廣後乘船先順江來到荊州（今江陵），住在郊外的沙頭市（今沙市），本來想休養一下再圖進剿，但立刻就聽到襄陽傳來的噩耗。他做過兵部尚書，深知失陷藩封對自己來說意味著什麼。何況督師一年多來，勞師耗餉，流寇反而大熾，這本身也足以置任何一位軍事統帥於死地了。他又為沒能平定內亂，不能報效給自己極其特殊恩寵的皇帝而痛心。他在寫給湖廣巡撫宋一鶴的信中沉痛而又無奈地說：「天降奇禍，突中襄藩。僕嘔血傷心，束身俟死，無他說矣。」[23] 一切都已無望，只有以一死來報皇恩了。

緊接著傳來洛陽的消息，對他又是一次巨大的打擊。三月初一日，他死在沙頭市的行轅裡，時年五十四歲。對於他的死，人們傳說不一。有人說他是在聽到連陷兩藩的消息後服毒或是上吊而死的，但他的兒子楊松山和督師時的主要助手監軍萬元吉卻堅持說是死於疾病。但不論是不是自殺，正是張獻忠和李自成的軍事勝利要了他的命，這一點當是無疑的。

楊嗣昌雖然死了，但從來對他心懷成見的朝臣們還是一直揪住不放。早在他的死訊傳到京城之前，兵科都給事中張縉彥就以陷城失藩的罪名攻劾他。崇禎帝對自己最信任的楊嗣昌這樣壞了大事也很憤怒，降旨「自督師以下，調度失宜，巧言善欺」，讓有關部門依法議罪。這下，朝臣得到了機會，以吏部尚書李日宣、左都御史王道直等大僚為首的一批文臣紛紛上疏要求撤銷楊嗣昌督師的職務，追究他的責任，其中猶以言官們最為活躍。但直到這時候，崇禎帝對楊嗣昌的信任還是沒有完全衰退。也許還因為楊嗣昌出京督師是由他特命的，也要顧及自己的面子，因而他一反常態，沒有懲辦失事的楊嗣昌，反而對其大為袒護。他為這件事特意召六部、九卿、科道等官員進入乾清宮，很不高興地對群臣說：「楊嗣昌是朕特簡任用的，用兵沒有成效，朕自會鑑裁。何況他尚有可取之才，你們見到朕有議罪之旨，就一起排擊，紛紜不已。如果真是出於忠君正直，為何不在張縉彥糾劾之前就提出來呢？這次暫不深究，各疏留中，告訴你們知道。」[24] 朝臣才不好意思再多說。

不久，楊嗣昌的死訊也傳來了。不論是自殺還是病故，楊嗣昌的死都讓崇禎帝感到十分震驚和痛心。朝臣們卻不肯善罷甘休，又一次發起了對楊嗣昌的攻擊高潮，交章論列，連篇累牘。崇禎帝似乎也覺得，殺過那麼多失事大臣，對於已經死了的楊嗣昌仍然一意袒護，好像有失公平，就再一次決定讓九卿大臣會議定罪。朝臣們認為，楊嗣昌倡議加派，致使天下民窮財盡，奔走為盜；而且失事封疆，匿罪飾功，應當按照嘉靖間仇鸞故事，以「失陷城塞律」論斬，戮屍[25]。

崇禎帝卻又猶豫起來。他對楊嗣昌的感情畢竟不同於一般，喪失這個唯一能夠依賴和信任的股肱大臣給他帶來了極大的傷感，甚至在夢境中都不能抹去這個身影。就在朝臣們吵嚷著要對楊嗣昌進行惡毒的身後懲罰的時候，他夢見了楊嗣昌跪在廷前叩首為自己申冤。楊嗣昌說：「臣鞠躬盡瘁，死而後已。但諸臣不公不平，連章詆毀，故爾歸來向皇上訴說。」崇禎帝在夢中還問訊了朝臣攻擊楊嗣昌的一些具體問題，楊嗣昌也都一一否認了[26]。這個夢當然是崇禎帝心理情感的一種折射，但在當時的認識水準下，卻更加堅定了崇禎帝不再制裁楊嗣昌的決心。他對大臣們講述了這個夢，神情十分慘澹，同時宣布：「故輔楊嗣昌奉命督剿，無守城專責，而且對偽裝入城、乘夜偷襲均再三嚴申軍令，地方官員卻置若罔聞。待違令致使城陷，又全部歸罪於督輔，不是持平之論。況且嗣昌身臨前線兩年，屢著捷功，盡瘁身亡，勤勞難泯。」[27]昭雪了對他的議罪，賜祭一壇，讓其家人歸葬於故里武陵。

後來張獻忠攻破武陵，命人掘開了楊嗣昌的墳墓，把他的屍體又千刀萬刃砍殺了一遍。這從另一個側面表明，楊嗣昌當初給予農民軍的打擊確實是很沉重的。

楊嗣昌之後，負責對農民軍作戰的統帥仍稱作督師，首先接任他的是陝西總督丁啟睿。但丁啟睿是個平庸無謀的人，中原形勢又在急轉直下，督師所能起的作用只不過是領著親標四處救急而已，而且哪裡的急都救不了。

朝中已無楊嗣昌，再也沒有一個能組織起對農民軍進行大戰役的戰略人才了。

1 見《平寇志》，卷三，第63頁。
2 見《楊文弱先生集》，卷三五。
3《楊文弱先生集》，卷四四。
4《平寇志》，卷三，第69頁。
5 見《楊文弱先生集》，卷三五。
6 見《綏寇紀略》，卷十一，第302頁。
7 見《流寇志》，卷四，第302頁。
8 談遷，《北遊錄》，紀聞上，中華書局1960年4月版，第328頁；李馥榮，《灩澦囊》，卷一。
9《灩澦囊》，卷一。

10 見《綏寇紀略》，卷七，第 181 頁。
11 轉引自顧誠，《明末農民戰爭史》，中國社會科學出版社 1984 年 10 月版，第 126 頁。
12 見《明史》，卷二六二，第二二冊，第 6778 頁。
13 抱陽生編，《甲申朝事小紀》，三編卷三，下冊，書目文獻出版社 1987 年 3 月版，第 537 頁。
14 《灩澦囊》，卷一。
15 《楊文弱先生集》，卷四一。
16 見《明通鑑》，卷八七，第八冊，第 3345 頁。
17 見《國榷》，卷九七，第 5864 頁。
18 見《烈皇小識》，卷七，第 189 頁。
19 見呂維祺，《明德先生文集》，卷十二。
20 轉引自《明末農民戰爭史》，第 128 頁。
21 見徐樹丕，《小識錄》，卷二。
22 見《流寇志》，卷五，第 74 頁。
23 《楊文弱先生集》，卷五三。
24 見《三垣筆記》，第 198 頁。
25 見《明季北略》，卷十七，上冊，第 301 頁。
26 見《三垣筆記》，第 208 頁。
27 見《懷陵流寇始終錄》，卷十六，第四冊，第 674 頁。

三 江南復社

在崇禎帝的皇帝生涯中，已經遇到過三次使他深受刺激的大事件。第一次是崇禎二年（1629年）後金軍兵臨京城，那讓他頭一次感受到了危亡在即的恐懼；第二次是崇禎八年（1635年）鳳陽祖陵被農民軍焚毀，他從中體驗到上天的寵眷正在悄悄轉移；第三次就是崇禎十四年（1641年）初福、襄兩藩的被難，自己的親叔父和族祖的性命都保不住了，這讓他隱約中感覺到了一種大勢去矣的不祥之兆。

在聽到福王被殺的驚人消息之後，他大病了一場。按他自己的說法，是「積勞成疾，諸證（症）交侵」[1]，最為嚴重的是下肢一度出現麻痺，竟然很多天無法直立行走。福王是在萬曆四十二年（1614年）之國去了洛陽的，當時崇禎帝年齡還太小，因此對這個叔父完全沒有具體印象。出於一種傷感和懷念的心理，他叫人找來一個在宮中服役多年的老宮女，向她詢問舊時福王的一些情況。老宮女說：「當時萬曆爺對福王特別疼愛，福王之國時已經出了宮門，又召回來三次，還對他說：過三年就要回來朝見。萬曆爺還扳著手指頭計算：三年是一千天，恐怕父皇等不到那時候了，可怎麼辦？」宮女長年閉鎖深宮，並不知外面的情況，又說：「萬曆爺臨終的時候還對鄭老娘娘不斷詢問河南福王的近況。不知道現在福王殿下怎麼樣了？」[2]福王卻已經被人吃掉了，崇禎帝只能流著淚歎息而已。

與過去幾次在受到嚴重驚嚇後的反應有所不同，這一次他沒有失去理智一般地對責任者大肆懲辦。責任最重大的楊嗣昌已經得到了寬容，其餘如兵部尚書陳新甲、陝西總督丁啟睿、湖廣巡撫宋一鶴等間接相關人員也都沒有被追究，主管洛陽、襄陽等地軍務的河南巡撫李仙風和鄖陽撫治袁繼咸都以失陷藩封罪被逮治，李仙風事先畏罪自殺，而袁繼咸卻只被定罪為遣戍。崇禎帝能對這件事實行冷處理，除了有包庇楊嗣昌的意思之外，也表明在大驚大恐之後，他反而比較冷靜了。

像每一次受到刺激之後一樣，他又想到了要奮然振作一番。但還是與每一次要振作的時候一樣，他首先痛感到佐輔的庸碌無力。二月二十四日，他帶著病召見了一次朝臣。因為病體沉重不能上朝，也不能在平臺召對，這次召對破例改在乾清宮寢殿的東暖閣裡舉行。他有氣無力地對朝臣們說：「朕御極天下已經十四年了，國家多事，又饑荒不斷，人皆相食，實在是太可憐了。最近流寇又攻陷洛陽，福王遇害。連親叔父都保不住，都是朕的失德所致，真是慚愧得要死啊！」說著說著不禁流下淚來，而且越哭越覺悲痛，最後竟然失聲大慟，涕泗縱橫。這是他頭一次在召對朝臣的時候公然泣不成聲，而且從此哭開了頭，以後就常有對著群臣哭天抹淚的事情發生。但廷臣們眼看著皇帝因為憂國而大病纏身，因為傷心而涕淚交流，竟然無言可對，想不出半個救國圖強的良策。為了安慰皇帝，首輔范復粹只是一再說：「這是氣數，氣數！崇禎帝只好很不高興地回了他一句：「這也說不得是氣數。就是氣數，也要靠人力來挽回呀。」[3] 大臣們於是又對以無限延長的沉默。

自從溫體仁回鄉之後，輔臣已經換過好幾撥，首輔也先後用過張至發、劉宇亮、薛國觀、范復粹四個人，卻沒有一個是得心應手的，更不用說什麼經邦治國的王佐之才。崇禎帝的本意是很想讓楊嗣昌來做首輔的，但為了剿平匪患卻不得不讓他出京督師，最後終致身敗名裂。他為楊嗣昌惋惜，也為自己惋惜，因為仔細掂量了一番之後，在朝臣中竟然再找不出一個可以讓他信賴的輔佐人才。國難思忠臣，他於是回憶起原來曾在身邊任事的幾位大臣。比較能幹一點的韓爌、孫承宗以及溫體仁都已經死了，似乎只有一度特別得到他賞識的原任首輔周延儒還算差強人意。看來，為了這個殘破不堪的國家，也只有重新起用周延儒了。

就在崇禎帝為了選用新的首輔而大傷腦筋的時候，一個有力的「院外活動集團」也正為了周延儒的起復而奔波忙碌，這個集團就是朝野聞名的江南復社。

明朝末年，各地的士人有一種結社的風氣。最初結社無非是為了論文與交友兩個目的。論文就是討論八股文章的做法，以便應付科舉考試；交友的目的則是要擴大社會關係網，仍然是為了科場順利，鵬程萬里。所以總起來說，結社是士子們為了走向宦途所做的一種準備工作，由於當時的士階層實際上是一個把做官當成生命歸宿和出發點的特殊職業集團，學而優則仕是他們的全部生活內容和賴以實現自我的基本手段，這個結社就有了無比重大的意義。在天啟到崇禎年間，各直省幾乎是無處無社，文明繁華之地的社團更是接州連邑，至今知名可考的也還有數十個之多。

結社多了，就漸漸出現了專吃結社飯的人，也就是所謂社團活動家。在天啟崇禎之間，最著名也最有活動成效的社團活動家就是太倉的張溥。張溥字天如，出身於世家，伯父張翊之做過工部尚書。但他是婢女所生，子以母賤，在家裡沒有地位。小時候，伯父的家奴欺負他，他恨恨地咬破手指在牆上寫了「不報仇奴，非人子也」八個大字。那家奴見到卻嘲笑他說：「塌蒲屨兒（方言，指婢女之子）何能為？」[4]他只能飲泣含恨，發憤讀書，晝夜不輟。但書讀了許多，科舉功名上卻一直沒有什麼進步，年近三十歲了仍然只是一個秀才。自天啟年間起他開始把主要精力放在結社活動方面，先是與同鄉好友張采和常熟楊彝等人在蘇州拂水山房社的基礎上辦起了一個應社，而後又把江南有影響的匡社、復社等合併起來，到崇禎初年正式成為一個規模龐大的社團，仍叫復社，取《易經》中「剝（卦）」盡「復（卦）」來，復興天下的意思。

復社的宗旨之一是要復興古文。張溥在文章上主張復古，而且要一直復到《六經》、《論語》、《孟子》那裡去，比起前後七子的「文必漢魏」又倒退了一大步。但復古文實際上是要復古文中的精神，也就是《六經》、《論》、《孟》中的禮制規範和道德情操。因而，在復社的《盟詞》（也就是會規）中就明確寫了：「毋蹈匪彝，毋讀非聖書，毋違老成人，毋矜己長，毋形彼短，毋巧言亂政，毋幹進辱身。」[5]一系列的道德信條。這在當時雖然世風日下，而學者們卻極喜歡理學高調的形勢下，是很有吸引力的。

張溥本人就是一個活動家，在他麾下又有幾個特別善於奔走的人物。如吳江孫淳，本是小復社的發起人，進入大復社之後奔走於大江南北，結識學者名流、高官顯宦，為復社的擴大發展做出了很大的貢獻。當時人說他是「案頭一部《漢書》，袖中一封薦書（推薦信），逢人便說『我哩天如天如（張溥）』」[6]。在這些活動家們的大力活動下，復社的影響日增，隊伍日大，松江的幾社、浙西的聞社、浙東的超社、江北的南社、江西的則社、湖廣的質社、河南的端社、山東的邑社，還有一些名目繁多的小社，都彙集到復社中來，才子名士多成了復社中的社友。後人記錄復社同仁名單，數得出來的就有二千多個，這在當時實在是個了不起的數字。

張溥不愧是個領袖之才，人員多了，地域又分散廣大，他就以州縣為單位分別設立支部，指定社長，負責發展組織、指揮行動、通訊聯絡。又以評選文章的方式把社員的文章習作結集出版，名曰《國表社集》，點評出自張溥和他的幾個密友及得意門生之手。這《國表社集》先後出版了四期，可以看作是復社的機關刊物。

崇禎二年（1629年），張溥在吳江的尹山召開了復社第一次大會。各地名流和普通學子爭先恐後而至，南直各郡及浙、贛、楚、豫等各省都來了人。大會之後復社的影響更遍及福建、廣東、山西、陝西等邊遠省份，當地的士人們也紛紛寄來自己的文章，表示要參加復社活動。此後，崇禎三年（1630年）在南京，崇禎六年（1633年）在蘇州虎丘，又舉行了第二次和第三次復社大會，出席的人員更多，影響更大。虎丘大會來人有幾千，以至於虎丘大雄寶殿的主會場根本站不開，外面生公台、千人石等處都坐滿了人，在外面看熱鬧的人更是擁擠不堪。

這時候的復社，有宗旨、有章程、有組織、有刊物、有社團大會，儼然是一個近代政黨的雛形。在當時的社會條件下，出現這樣一個組織未嘗不是一種進步的徵兆，但如果站在明王朝專制統治的立場上來看，這卻無疑是一股很危險的政治力量。因為它在體制外形成一種巨大的勢力，固有的政治格局勢必會受到某種衝擊。

復社是未出仕學人的社團，本來集結的目的就在於以團體優勢順利通過各級科舉考試。在社勢大漲之後，張溥等領袖人物也確實把主要精力放在科考方面，一面切磋八股制藝，一面與從中央到地方主持學政和考政的官員聲氣勾通。官員們或是愛惜復社中人才濟濟，或是忧於復社的聲勢浩大，希望通過籠絡來培植自己的勢力，再加上纏三纏四的親朋故舊關係，大多會對復中人另眼相看，給予特別的照顧。崇禎三年（1630年）在南京舉行第二次復社大會的時候正值江南鄉試，許多南京籍生員和南京國子監的監生、貢生都趁勢參加了考試。當時的主考官姜曰廣正是對復社極愛惜極護持的，一大批復社成員就都在這次鄉試中高中，其中也包括張溥本人和他的好朋友或得意門生楊廷樞、陳子龍、吳偉業、吳昌時等人。其他各省復社成員在秋闈中得中舉人的也有數十人。其後不久，這批新中的舉人裡面又有不少人成了進士，正式進入宦途。這種立竿見影的效果更使得莘莘學子對復社趨之若鶩。

隨著復社勢力和影響的增大，張溥和他的主要助手們的聲望也如日中天，很有些不可一世的樣子。他們不但終於都自己金榜高魁，而且對於東南地區一般士子的前途命運都能施加非同尋常的影響。被他們器中並且予以推薦的，往往連試連捷，而復社以外的人卻不免命途多舛。出於景仰和畏懼，江南學子們已經不敢直呼張溥等人的名字，只稱他為天如先生，或是稱之為西張先生，稱復社的另一位領袖人物張采為南張先生（因為他們的故里一在太倉邑西，一在邑南），甚至學著孔廟裡的格局，把幾位社裡的骨幹前輩稱作「四配」，把張溥的一些得意弟子稱作「十哲」。太倉張天如，儼然就是一位當代的聖人夫子[7]。

科場得意之後，張溥們不免要脅復社之勢，把注意力逐漸轉移到政治方面。他們大都出身於江南世家，與東林黨人本來就有著千絲萬縷的聯繫，再加上在道德文章方面的講求也多與東林一致，因而在政治立場上，復社一直是東林的堅決支持者。復社成員中也有不少人根本就是著名東林黨人的子弟，如黃尊素之子黃宗羲、魏大中之子魏學濂、周順昌之子周茂蘭等等。這些人的加入更使得復社的政治立場十分鮮明，當時有人就稱復社為「小東林」[8]。

復社在江南把持選政，幾乎掌握了士子們窮達進退的命運，自然使社內人受益匪淺，卻也招來社外士人的忌恨；他們激烈擁護東林黨人的政治立場也使得官僚中與東林作對的人對他們側目而視。因此，自崇禎初年起，攻訐復社的事件就屢有發生，到崇禎九、十年間，這種攻訐形成了一次高潮。

崇禎九年（1636年）底，太倉有個叫陸文聲的監生，上疏訐告張溥、張采，說「風俗敗壞都源於士子，而張溥、張采實為壞風俗之盟主，倡立復社，以亂天下」[9]。這陸文聲本來與二張同里，很想加入復社以便求取功名。但張溥不喜歡他的人品，拒不接納，因而才和他結下了仇怨。陸文聲的訐狀送到朝廷，立即引起了崇禎帝的重視。他憑直覺感到，這樣一個民間社團可能會不利於自己的獨裁統治，於是命南京的提學御史倪元珙嚴加察核。倪元珙卻是東林一脈的人，有意保護復社，調查後回奏說：「諸生誦法孔子，引其徒眾談經講學，互相切磋，文章必學先正，品行必效賢良，實非樹黨營私。」[10]崇禎帝面對這個報告，一時很有些拿不定主意。

陸文聲訐告的事件還沒有處理完，又有一個丁憂在籍的蘇州推官叫周之夔的，穿著一身孝服千里迢迢從家鄉福建跑到京城裡來，首告張溥、張采結社樹黨，譏刺時政，簡直大有造反之勢。這周之夔原本是張溥的老相識，而且也是復社中人，但因為在《國表社集》第二集中選他的文章的時候，張溥沒給他好的批語，於是和張溥鬧翻了，才一不做二不休，專與復社作對。他是從復社裡面反叛出來的，熟悉內幕，身分又是朝廷命官，告發復社的反響自然比陸文聲更大。周之夔很有些潑皮脾氣，不但向朝廷上疏告訐，還在京師大肆活動，用黃紙寫成大字報，說張溥、張采湊了幾萬兩銀子送到京裡，由復社的後臺黃道周和復社成員陳子龍、吳偉業等人做內應，給東廠、錦衣衛送禮消災[11]。他還把大字報貼在背上每天在長安街上遊行，一見到達官貴人路過就湊過去讓他們看。一時間復社的事情成了京中的大新聞，一些對復社有成見、有仇恨的士人乘機騰造蜚語，有人還匿名書寫了《復社十大罪》的傳單，到處散發。

但復社在朝中有東林一黨做靠山，本身的成員中也有不少已經在朝中為官的，譬如張溥的大弟子吳偉業就以一甲第二名的身分做著翰林院編修，雖然權力不大，地位卻是相當顯要。有了這些人努力救護，復社雖然幾度危乎其危，卻始終沒有遭到制裁。崇禎帝對於這些滿口都是孔學聖道的士人糾集在一起，到底會造成什麼危害，一直沒有弄明白，也不願貿然下手得罪太多的官僚紳士。這個案件因此就拖了下來，幾年都沒有了結，而復社卻也一直安然無恙。

然而崇禎十年（1637年）的這場大風波，卻使得復社的骨幹們更加感到參預政治，發展政治實力的重要性和迫切性。這以後，儘管復社結黨一案還懸在半空，他們結黨干政，大造輿論的活動卻更加積極起來。到崇禎十四年（1641年）之前，他們幹出了兩件引人注目的大事。一件是在崇禎十一年（1638年）的七月，復社中的一夥年輕人在南京發表了一份討伐閹黨分子阮大鋮的《留都防亂公揭》。

阮大鋮是安徽桐城人，為人張狂無忌，曾在書室裡自題一聯：「無子一身輕，有官萬事足。」[12]極為驚世駭俗。他本來也是東林中的一員，在魏忠賢得勢之初卻因為與左光鬥等人鬧意氣，投入了閹黨麾下。他最初為魏忠賢出過一些力，但終因是東林舊人，並沒有真正得到魏忠賢的信任，在朝中混不下去，告病回家了。崇禎初年定「逆案」的時候，他卻沒有因為在魏忠賢手下服務時間不長而被漏網，被安排在「交結近侍又次等」一類中，處以徒刑三年，但可以交納贖金免於服刑，回家做了老百姓。阮大鋮是個不甘寂寞的人，在家鄉仍然暗中把持操縱，組織起以皖人為核心的「中江社」，以擴大自己的影響。後來農民軍幾次進入安徽，他為了避難逃到南京，在這個明朝第二政治中心又結交官紳，大為活躍，很想再度入朝為官，有一番作為。當時天下戰亂頻繁，他就到處大談行兵布陣，想以懂軍事的名聲得到朝廷重視。

南京是復社的重要基地之一，許多復社青年或是在此長期寓居，或是不時到這裡走動。這些青年對於阮大鋮的肆無忌憚十分反感，阮大鋮卻對他們很巴結。他主動為復社四公子之一的侯朝宗（侯恂之子）與江南名妓李香君撮合牽線，還請復社諸公子到家裡飲酒看戲（他有個很有水準的家庭戲班，專排他自己創作的傳奇劇本，在當時的南京頗負盛名）。但復社公子們喝了酒，看了戲，卻當面把阮大鋮挖苦痛罵一番。而且，為此還提高了警惕，以為阮大鋮這樣的舉動明明是為了翻案在做準備。幾個復社青年名士於是會集在一起，作了一篇大文章，對阮大鋮進行了一番痛快淋漓的揭露，文章就叫作《留都防亂公揭》，留都指南京。

《公揭》揭露阮大鋮「獻策於魏忠賢，傾殘善類」，「逆案」既定之後，仍在家鄉納賄關說，把持官府，以至於民間相傳，「殺了阮大鋮，安慶始得寧」。及至逃竄南京，每日以「翻案」、「起用」惑人耳目，自稱與閹黨原任內閣大學士馮銓能通宮中內線，以恫嚇官紳。甚至假借傳奇名目，「誹謗聖君，譏刺當世」。文中說：「陪京乃祖宗根本重地，而使梟獍之人，日聚無賴，招納亡命，晝夜賭博，目今闖、獻作亂，萬一伏間於內，釀禍蕭牆，天下事將未可知，此不可不急為預防也。」[13]

這篇揭露阮大鋮的檄文稍微有點小題大做的味道，但其核心是「閹黨」翻案的問題，卻正是當時的一大政治關節點。自「逆案」制定之後，身羅案中卻不服氣又不甘寂寞的幾個人確實一直在謀求為自己翻案，重新走上政治舞臺。閹黨中原來任過尚書的霍維華、呂純如等人都曾托人薦舉有軍事才能，希圖能借著兵荒馬亂的時機得到任用；馮銓、阮大鋮之流也四下活動，買通關節，並且一直與朝廷內外保持著密切的聯繫。但崇禎帝對自己親手定下的欽案卻始終持一種斬釘截鐵的態度，每一次有人保舉逆案中人員知兵可用，都被他嚴厲地拒絕了。吏部尚書張捷為此還丟了官。甚至他最信任的楊嗣昌為郭鞏的誤入逆案申冤，他也絕不考慮一點寬容的餘地。呂純如被納入「逆案」本來就很冤枉，崇禎帝自己也瞭解一些情況，但他堅持「逆案」一律不准翻，就是冤枉也只好忍著，叫作「不可開此端」[14]。對於崇禎帝來講，「逆案」是他順應天命人心，代天行道的一面旗幟，因此不容有絲毫觸動。由於有崇禎帝的堅定立場，閹黨的翻案活動並不十分猖獗，幾次小試受挫，也就偃旗息鼓，不敢再明目張膽地四處張揚。

而在東林派的官紳士子看來，閹黨的翻案活動卻是與朝中反東林派的政治陰謀緊密聯繫在一起的。他們對這種翻案活動特別警惕，每提及朝政的敗弊和國事的隱患必以閹黨翻案作為例證。自從崇禎三年（1630年）左右東林黨人在朝中失勢以後，殘餘的東林勢力就把對翻案風予以迎頭痛擊當成了自我標榜忠君持正，從而挽回政治優勢的一項綱領性政治戰略，盡一切可能在反對翻案的問題上大做文章。因為在反對翻案的問題上他們與皇帝保持著高度的一致，東林黨人在十來年間唯一一件幹的比較順利的政治大業也正是頂住了翻案之風。這成功又使得他們對所有的翻案意圖特別敏感，整個崇禎時期東林黨人反擊翻案風的運動從來沒有停息。

復社在政治上與東林黨人保持一致，對「閹黨」的翻案活動也同樣敏感。阮大鋮詩文都寫得不錯，又行事誇誕，在社會上很有些影響，不甘寂寞也是有名的。這次復社貴公子們抓住阮大鋮的翻案企圖對他進行猛烈攻擊，正合了東林黨人的政治戰略，也確實收到一種轟動性的效應。政治傳單式的《留都防亂公揭》被大量印製，廣為散發，不但在南京，而且在全國範圍內引起很大的反響。人們又回憶起魏忠賢專權時的劣政，也記起了閹黨助紂為虐的種種罪行，街頭巷尾到處都在議論聲討妄圖翻案的阮大鬍子。甚至連戲班子也不再上演阮大鋮寫的傳奇，所謂「梨園弟子覘人意，隊隊停歌《燕子箋》」（《燕子箋》是阮大鋮傳奇的代表作）[15]。阮大鋮則狼狽不堪，一面也寫了一張揭貼《酬誣瑣言》作為回答，一面到處托人向復社諸公子解釋求情，自然遭到的全是痛詆。他可憐兮兮地對人說：「陳貞慧、吳應箕（都是首倡《留都防亂公揭》者）這些人跟我有什麼怨仇，一定要殺了我才甘心呀！」[16]絮絮叨叨，聲淚俱下。他不敢再住在南京城裡招搖，只好遷居到南郊的牛首山，隱居起來。

復社進行的另一項重大活動雖然不如攻擊阮大鋮那樣有聲有色，淋漓痛快，對朝廷政治的影響卻更直接、更深遠。在崇禎十三年（1640年），復社人士與朝中的東林黨人密切合作，扳倒了內閣首輔薛國觀。

從朝中的派別體系上看，薛國觀屬於公開與東林黨人對著幹的那一類人。也正因為他敢於公開和東林對著幹，才受到溫體仁的推薦，得到崇禎帝的賞識。東林黨人對於有這樣一個對立面的首輔當國當然很不能滿意，受到連帶，復社中人也感到非常壓抑。這種壓抑有時候是很實際的。復社中的大活動家，張溥的得意弟子吳昌時得中進士後任行人司行人，曆俸年滿應考選升職。吳昌時以復社幹將的身分交結各方面的重要朝臣，與曹化淳等親東林派的大太監也往來密切，本來想要得到一個給事中的位置。他為此還特地拜訪過薛國觀，希望薛國觀能高抬貴手，讓自己得到一個好的職務。薛國觀表面上很好說話，一口答應下來，實際上卻對復社人士絲毫不留情面。考選結果，吳昌時只被任命了一個沒有什麼實權的禮部主事。吳昌時為此恨得咬牙切齒，復社中其他人也痛感不把薛國觀搞掉，換上一個自己人充任首輔，政治前途將永遠黑暗。

正值薛國觀為了武清侯李國瑞捐助國庫和皇五子夭折的事失去了崇禎帝的歡心，地位岌岌可危，吳昌時等人就在朝中策動了一個不大不小的倒薛運動。以復社成員為主進行的這次活動和以往東林黨人在朝中的行事不同，東林以正直自詡，就是在攻擊政敵的時候大體也是直來直去地公然上疏甚至在御前當面指斥，而吳昌時卻寧願走陰柔的路數。吳昌時竭力與宮中太監和東廠首領結交，說了許多好話，送了許多厚禮，然後囑託宮內太監和東廠人員在皇帝面前不斷透露不利於薛國觀的消息。

東廠本來就對薛國觀很不感興趣，因為有一次崇禎帝在召對時問起朝臣貪污的情況，薛國觀曾對崇禎帝說：「如果東廠、錦衣衛的主管得力，朝臣們怎麼敢如此妄為？」[17] 站在一旁的總督東廠太監王德化當時嚇得出了一身冷汗，把衣服都濕透了。崇禎帝並沒有為此追究東廠的主管，東廠卻從此記下了薛國觀的仇，總想尋機進行報復。

有了皇家特務機構的配合，復社倒薛的活動進行得十分順利。東廠先是密報：前兩年因貪污案被抓進監獄的原任大理寺丞史䇲為了免受嚴懲，曾運送大批資財進京，放在薛國觀家中，一部分送給薛國觀本人，一部分求他分送有關人員。但史䇲的案子一直拖著沒有了結，他就在獄中死了，那筆錢財就全被薛國觀吞沒。不久後東廠又報告說：丁憂在家的刑部侍郎蔡奕琛輦金入都行賄薛國觀，結黨營私。薛國觀在明末官僚中其實還是比較清廉的，這兩個報告所說的情況相當可疑。

崇禎帝還記得薛國觀確實曾為史𡖾開脫過罪責，也極力說過蔡奕琛的好話，正好與密報中的情況對上號。他從來不能原諒朝臣的貪賄與結黨，對於首輔的這些所作所為更是氣惱異常，再加上愛子夭逝那筆舊帳，他終於不能再容忍薛國觀待在自己身邊充任首輔了。崇禎十三年（1640年）六月，他為了內閣一次技術性的失誤發出上諭說：「輔臣薛國觀大負委任，命五府、六部、都察院、通政使司、大理寺堂上官、六科、十三道掌印官看議具奏。」[18]大臣和科道官員們一時摸不著頭腦，不知道皇帝到底對薛國觀是個什麼態度，只是議了一個模棱兩可的處理意見。唯有刑科給事中袁愷在吳昌時的指點下，沒有在會議疏上具名，而是另上了一疏，指責吏部尚書傅永淳徇私袒護，卻沒有說清楚袒護些什麼。崇禎帝很討厭朝臣們的圓滑，把袁愷的奏本摜到地上說：「這叫什麼糾疏！」也懶得再和大臣們繞圈子，直接下令讓薛國觀退休離職回家了。

薛國觀雖然退出了政治舞臺，但復社中人、東廠太監和崇禎帝本人都沒有就此善罷甘休，還要抓住這只落水狗痛打不放。東廠的番役加緊對薛國觀的偵察，發現薛的親信內閣中書王陛彥仍然與他往來密切。他們還向崇禎帝彙報說，薛國觀出都時帶走的銀錢裝載了滿滿一列車隊[19]。崇禎帝為了敲詐皇親國戚，把一個寶貝兒子也賠上了，聽說薛國觀居然富可敵國，不由得怒從心頭起，惡向膽邊生，立即下令把王陛彥抓起來嚴刑拷問。東廠的審訊本領是第一流的，很快就得到了詳實的口供，招出薛國觀貪污納賄事件多起，牽連到的大臣小臣包括現任吏部尚書傅永淳、吏部侍郎林棟隆、左副都御史葉有聲、通政使李夢辰、原任刑部侍郎蔡奕琛，以及刑部主事朱永佑等十一人，他們分別被革職或是逮捕問罪。這些人都是與東林黨人對立的，因而不難看出復社人士在其中所起的作用。

薛國觀的案件中其實有許多疑點，王陛彥在嚴刑之下也還是招不清楚。到了十月，案子未結，崇禎帝突然下了一道特旨：「王陛彥著即會官斬決。」[20]由皇帝親自裁決判處死刑，這在幾百年中都是沒有過先例的，但皇帝是金口玉言，刑部只能會同有關部門執行。緊接著，又有旨將薛國觀逮至京師提問。對於一個卸職的首輔來說，這在明代是極少有過的嚴厲處治。薛國觀是山西韓城人，接到凶訊後故意拖延了很久，希望皇帝的怒氣能漸漸消了，但最後還是不得不跟著押解的緹騎上路，不知道到底會有什麼樣的大禍降臨到自己的頭上。

復社在倒薛事件中所起的作用，儘管比較隱晦，還是在朝野中傳說開了。東林一脈為之額手相慶，東林的反對派則恨恨不已。復社既然已經深入到政治鬥爭的核心，也就一不做二不休，進一步要推上一個自己的代表出任首輔。遠在太倉的張溥和他的助手們經過仔細研究之後，覺得最合適的人選還是原先做過首輔的周延儒。

周延儒在東林黨中本來有不少朋友，只是為了那次會推沒有入選，才與溫體仁聯起手來與東林黨人撕破了臉。後來他自己也受溫體仁排擠，為了利害相關，也站在了反對溫體仁而與東林黨人比較一致的立場。他幾年休閒，住在家鄉宜興，左鄰右舍盡是東林巨魁，交往過從也很不少。表面看來，大家已經盡去前嫌，重新成了好朋友。復社中決策層以為，全力推舉周延儒，既可以使之成為自己的政治代言人，又不會引起反對派太大的警覺，而且由於周延儒的資歷不同尋常，一入閣必任首輔，比起其他人來少了許多麻煩。

決策已定，復社人士們就四處活動，不但找到了在朝在野的東林骨幹如錢謙益、侯恂等人，而且還找了著名的閹黨人物馮銓和阮大鋮。要運動出一位首輔出山，是一個很不小的工程，既需要人事方面的通暢，又需要使用大筆資金。在籌集資金方面，復社採取了招股的辦法，一股一萬兩，待到事情成功後分別給予回報。錢謙益為了復出，侯恂為了脫罪，馮銓和阮大鋮不敢奢望再出山做官，但想舉薦自己的好朋友在朝中做代理人，都各認了一股。加上其他方面七湊八湊，最後湊齊了六萬兩活動經費，全部運到京裡行賄。這筆在當時接近天文數字的資金當然起了極大的作用。在人事方面，主要靠吳昌時在京城活動。張溥把全部計畫和給京中要人的七封求援信交給幹練僕人王成送到北京，為了機密起見，信件先讓王成背誦熟了，再剪成指甲大小的碎片，摻雜在一床破棉絮裡，到吳昌時在京城的寓所裡再用蓑衣裱法重新裱貼起來，送給受信人。

吳昌時因為與太監們關係密切，對宮中情況十分瞭解，也頗能在無形之中對崇禎帝施加影響，號稱是「一時手操朝柄，呼吸通於帝座」[21]；因為剛剛剷除過一個堂堂首輔，公卿臣僚們也不敢不對其另眼相看。加上有六萬兩銀子做後盾，在一番活動之後，竟然真的奏效。崇禎帝不知從什麼時候起，開始思念起當年的首輔，朝臣們也似乎在無意中常常提到周延儒的忠誠與精幹。到了崇禎十四年（1641年）二月，一切都是水到渠成，崇禎帝在國事日益艱難，身邊輔佐乏人的情況下，終於「宸綱獨斷」，決定重新任用幾位過去的閣臣，召原任輔臣周延儒、賀逢聖、張至發進京入閣佐理政務。其中張至發大概知道一點其中的內幕，覺得附驥於周延儒頗為無趣，託病沒有來京。周延儒和賀逢聖則是受命即發，分別在這年九月來到京城任職。

崇禎帝對於人才的渴望還不僅僅表現在召回故輔這一個方面，這年五月，他又想出一個開設特科以搜羅人才的辦法。他對戶、兵兩部上諭說：「天下之大，人才之盛，難道竟沒有明習心計、經理儲輸，可以既不專事苛剝小民，又能使國用充實的人才嗎？難道也沒有謀略超群、勇武過人，或是沉識而出奇制勝，或是驍忞而陷陣摧鋒，如同古代所謂智將、勇將的人才嗎？朕夜臥不寧，旦夕思慮，竟然沒有遇到一個這樣的人才，或許是求才之術還不完備吧？如今欲特開科目，一是裕國足民科，一是奇謀異勇科，使海內人士有所追求，展示才品。」[22]他還要有關部門制定出切實可行的詳細方案。

這雖是崇禎帝的一番苦心，卻完全是夢想，即使真有幾個如他所說的天才出現，也無法挽回財政的窘迫和軍事的接連慘敗。何況，哪裡有什麼天才，在一片混亂的政局中又能有什麼招致天才的辦法呢？他的空想當然不被朝臣們看好，就拖延了下去，兩個特科一直沒有真的開設，人才自然也難進入他的彀中。好在就是這個時候，遲遲延延的薛國觀終於到京了。積極的網羅人才雖然難有作為，消極的重典懲貪、震懾群臣卻是可以做到的。薛國觀是七月裡進京的，崇禎帝決心對這位首輔大開殺戒，以儆效尤。

在明代歷史上，內閣輔臣被殺的只有兩個先例，一次是天順年間的王文，那是因為英宗復辟，需要殺幾個大臣使朝廷震悚屈服；另一次是嘉靖年間的夏言，是死在極殘忍狠毒剛愎自用的嘉靖皇帝和陰險刻薄的輔臣嚴嵩手中。兩個人後來都被平反翻案了，此後內閣大學士即使犯罪，一般也會得到比較寬大的處理。薛國觀鑑於有這樣的慣例，加以自覺並沒有什麼太了不起的罪行，沒有想到會被處死。初到京城，他沒有被收入監獄，而是被軟禁在自己在京的宅邸裡，這也使他比較放心。

但到八月初八日這天晚上，他已經睡下了，傳旨的錦衣衛官員和武士突然來臨。他見到詔使都是穿的紅袍，大驚失色，倉皇中找不到自己的便帽，只好把僕人的帽子戴在頭上接旨。聽到聖旨宣布賜他自盡，他伏在地上已經起不來了，只是昏昏沉沉地念叨著：「是吳昌時殺我，是吳昌時殺我！」後來他神氣稍定，聽到詔旨中還有抄家籍沒一條，又對傳詔的人說：「太幸運了，不籍沒我，哪會知道我的清貧呢？」[23]然後才無可奈何地在屋樑上吊死了。死後整整兩天，崇禎帝才想起下令准其家人收斂，薛國觀的屍體也就在屋樑上懸掛了兩天。薛國觀死後被坐以贓銀五萬兩，抄沒了他的家。但只抄出積財六百多兩，再就是一所祖宅而已[24]。許多人都覺得薛國觀雖然不算什麼好人，但罰非其罪，那情狀實在是很慘的。

一個月之後，周延儒進京任首輔。一個堅定反對東林和復社的首輔的被殺與一個被復社一手推出的首輔的任職，標誌著東林黨人在政治上大復興的開始。在這以後不太長的一段時間裡，東林黨人大為意氣風發起來。

周延儒還是很講信譽的，入閣後就一改前幾任首輔的做法，努力勸說崇禎帝任用東林，推行新政。崇禎帝對於幾年不見的周延儒也很有些一往情深，第一次召見的時候，就握住他的手殷殷問候，賜宴的時候還親自做主人參加（楊嗣昌出征時也沒有得到過這樣的優遇）。回到宮裡，崇禎帝仍然非常興奮，對身邊的內侍說：「還是他！」[25]就好像迷路的商旅突然見到了一匹識途的老馬，下一步如何行動總算有了依靠。

這匹老馬給崇禎帝開的藥方其實並不算新鮮，無非是多少年來東林黨人一直在呼籲、在努力爭取的幾項大政。周延儒在再次入閣後首先提出，寬免民間多年積累下來的拖欠錢糧，並且免除戰亂和大災地區今明兩年的現稅；作為江南士紳的代表人物，他還請求暫緩大水成災的江南和浙北蘇州、松江、常州、嘉興、湖州五府的秋糧，改為明年夏季補足。崇禎帝對這些建議都一一批准了。這些措施雖然不可能根本上解決民間餓殍遍野的慘痛，但畢竟是一種寬解人民災難的「德政」，至於進一步增大的財政虧空如何填補，周延儒和他的東林後臺們卻暫時想不出什麼好辦法。

另一項重要舉措是限制廠、衛權力。周延儒提出，廠、衛四出偵緝造成人心惶惶，並且製造了大量冤假錯案，請罷除廠、衛輯事制度，廠、衛只接受處理皇帝指定辦理的欽辦要案。這個做法得到了京城全體官紳和市民的熱烈擁護，因為從此免除了總是壓在心頭的一重特務統治的陰影。但東廠和錦衣衛的上下人等卻因此失去了大部分權力和可觀的經濟收入，對周延儒和他背後的政治勢力恨之入骨。

最關鍵的一項新政還在於人事方面。周延儒很講信義，當政之後就根據復社開的單子，一面推薦東林骨幹擔任要職，一面解救正在待罪獄中的東林黨人。出過一萬兩銀子的大股東侯恂不久後被釋放出獄，重新安排了職務。另一個著名的東林理學大師黃道周的案子也在周延儒的勸解下得到了讓東林黨人比較滿意的了結。

黃道周在崇禎十一年（1638年）被貶到江西之後，本來已經脫離了朝廷的是是非非，但崇禎帝對於這個敢於肆無忌憚地當面頂撞自己的人卻一直不能忘懷，心中的一口毒氣也始終沒有消釋。崇禎十三年（1640年）初，江西巡撫解學龍按例薦舉所部官員，列黃道周為一等，並大加推獎。崇禎帝得知了這個情況，一下子記起了舊仇，突然以黨邪亂政的罪名將黃道周和解學龍同時罷官削籍，命逮至京師下刑部獄。兩個人被押解進京後，先是被廷杖八十，而後由刑部嚴刑拷問，追查黨羽。黃道周和解學龍只能交代出一些平時交往較多的好朋友，於是翰林院編修黃文煥、吏部主事陳天定、中書舍人文震亨等一批在京官員也被牽連入獄。戶部主事葉廷秀上疏論救，被廷杖一百，削籍，系獄。刑部尚書李覺斯因為擬罪偏輕，被罷職除名。一時間，解學龍薦舉黃道周這樣一個無所謂罪行的案件竟成了牽扯面極廣，讓朝野官紳人人自危的一件大案。

周延儒入值後，崇禎帝為了這個拖了一年多的大案諮詢過他，他趁機為黃道周說了不少好話，崇禎帝漸漸有些回心轉意。接替李覺斯任刑部尚書的劉澤深受到周延儒指點，在這時上疏論黃道周案，認為解學龍和黃道周定罪永戍已經是最高懲罰，再重就是死刑了，但從來沒有律條標明因為建言之罪而處死刑的。疏中說：「陛下所懷疑的是朋黨。然朋黨必見諸行事，黃道周抗疏只是空言，一兩個知交好友都因之被罷斥，哪裡見到所謂朋黨，用得著為此動用朝廷大法嗎？」[26]仍以李覺斯主持擬定的永戍作為結案。這一次崇禎帝批准了刑部的定案，黃道周和解學龍分別被遣戍。第二年，崇帝有一次慨歎人才的缺乏和時世的艱難，對周延儒說：「怎樣才能得到像岳飛那樣的人才呢？」周延儒趁機回答：「岳飛雖是名將，但其破金兵的事，史書上也有許多溢美之處。就像黃道周的為人，將來傳之史冊，也不免會寫上：『其不被任用，天下惜之！』」這番話讓崇禎帝默然良久，最後同意免除黃道周之罪，恢復其少詹事故官[27]。

另一件拖得更久的案件，就是復社集眾結社案，也在周延儒手中了結了。復社為了周延儒的再相出力最多，當然要收回立竿見影的效果。在周延儒主政後不久，御史金毓峒等人再論復社事，希望朝廷鼓勵學子聚會講學，切磋聖道。周延儒為皇帝擬旨：「朝廷不以語言文字罪人。」[28]復社從此取得了合法地位。可惜到這時候，復社的領袖人物張溥已經病逝，群龍無首的復社再也沒有什麼大的作為了。

一批東林黨人被解救，另一批東林黨人紛紛登上顯要之職。在周延儒的推薦下，在崇禎十四年（1641年）末到十五年（1642年）初，東林要人鄭三俊、劉宗周、范景文、倪元璐、李邦華、徐石麒、張國維等人或起自廢籍，或得到提升，先後出任六部尚書、侍郎和都察院主官，朝廷中東林布滿九列，幾乎成了他們的一統天下。東林人等也興奮得摩拳擦掌，想要趁此良機，大幹出一番事業來。

但所謂良機其實只是一座可望而不可即的海市蜃樓，天下事已大壞，朝廷政局已大壞，要力挽狂瀾已經絕無可能。周延儒被推舉上臺的方式本身就標誌著東林黨人對自己政治原則的背叛和東林政治的腐敗。閹黨的大股東們在周延儒上臺後得到的實惠不多，只有一個阮大鋮的密友馬世英被從廢籍起用為鳳陽總督，閹黨為此對東林黨人以及周延儒本人都更加懷恨在心。作了大官的東林黨人和氣焰沖天的復社人士沿著通關節、走內線的路子走下去，一向標榜的廉潔清正之風也幾乎蕩然無存。最為怪異的是，剔除了廠、衛偵緝的劣政之後，反而給官僚們肆意營私大開了方便之門。在崇禎朝的最後一段日子裡，朝政的腐敗，官員的貪黷賄賂、推諉責任、黨同伐異，都到了無以復加的程度。

身居首輔的周延儒本人正是這種腐敗政治的代表。他是個極聰明又極圓滑的人，從來以原則性不強著稱，重情面而少爭執。對於求他辦事求他通融的人，只要能幫忙他就盡量幫忙，送他多少賄賂都不拒絕，給的少也不嫌棄，門人親故做中間人扣下賄賂中的一部分甚至大部分，他也從不過問。這種寬鬆的態度造成天下官紳競相到輔臣門下營求私利的局面，他的親信和門客乘機大發橫財，相府門前車水馬龍，比集市廟會還要熱鬧。因為聰明圓滑，他一度很得崇禎帝的歡心。崇禎十四年（1641年）十月孟冬祭祀祖廟，正趕上一個風和日麗的好天氣，因為此前幾年的大祭祀總是氣候惡劣，不是陰霾蔽日就是狂風驟起，崇禎帝大為高興，對侍從們說：「周閣老畢竟是有福的人啊！」[29]但僅僅靠著聰明圓滑卻無法改變帝國江河日下的命運，就在周延儒以及東林諸臣與崇禎帝度過那一段親密無間的蜜月的時候，中原和遼東兩方面的戰局都在急劇地惡化著，而這種險惡的局勢又勢必要打破那段卿卿我我的甜蜜時光。

在中原，李自成部自破洛陽之後軍勢大盛，緊接著又包圍了河南省城開封。明廷調左良玉部和保定總督楊文岳部火速增援，李自成才被迫撤軍。到這年七月，羅汝才因為與張獻忠不和，率部與李自成會合，李、羅聯軍更加強大。九月，才被從監獄中釋放出來擔任陝西總督不久的傅宗龍，率所部陝軍與楊文岳的保定軍虎大威部集結在項城附近，準備與農民軍進行決戰，結果中計陷入埋伏，幾位總兵帶兵逃竄，只剩兩位總督和他們的本標營兵被重重圍困在項城孟家莊。楊文岳後來逃出了重圍，傅宗龍則堅守待援。援兵卻不敢與農民軍作戰，傳宗龍內無糧草外無救兵，宰食光了馬匹之後，靠吃戰場上的死屍充饑，最後在突圍時被俘獲，在項城縣城門外被農民軍殺死。

項城大捷之後，李自成開始自稱「闖王」，成為農民義軍中勢力最強、影響最大的一支隊伍。十一月，李自成攻克南陽，處死明宗室唐王朱聿鏌，橫掃豫西南、豫中各州縣。十二月，李自成和羅汝才第二次圍攻開封。河南全省支離破碎，黃河以南地區的州縣「父母官」或是被殺，或是棄印逃亡，新被任命的全都畏縮不敢赴任，已經沒有幾個州縣真正在明王朝的統治之下了。

中原的心腹之患越釀越烈，與此同時，山海關外的所謂肩臂之患也絲毫沒有平緩的趨勢。從這一年的夏季起，清軍在關外發起了新的一輪攻勢，崇禎帝和他的大臣們都不得不心事重重地把目光聚集在遼東的戰場上——遼東吃緊，十萬火急！

1《山書》，卷十四，第347頁。
2 見程嗣章，《明宮詞一百首》注，北京古籍出版社《明宮詞》本，第157頁。
3 見《思陵典禮紀》，卷二，第29頁。
4《復社紀略》，卷一，第174頁。
5《復社紀略》，卷一，第181頁。
6 陳去病，《五石脂》。
7 見《復社紀略》，卷二，第207頁。
8 王應奎，《柳南隨筆》，卷二，中華書局1983年10月版，第30頁。
9 見萬斯同，《明史稿》，卷二八六下。
10 見楊彝，《復社事實》。

11 見陳子龍，《陳忠裕公年譜》。
12 夏完淳，《續倖存錄》，上海書店《明季稗史初編》本，第325頁。
13 見吳應箕、陳貞慧，《留都防亂公揭》。
14 見《烈皇小識》，卷三，第88頁。
15 吳翌鳳，《鐙窗叢錄》卷一。
16 見陳貞慧，《書事七則》。
17 見《明史》，卷二五三，第二一冊，第6539頁。
18 見《山書》，卷十三，第331頁。
19 見《烈皇小識》卷六，第178頁。
20 《烈皇小識》，卷六，第178頁。
21 杜登春，《社事始末》。
22 見《山書》，卷十四，第360頁。
23 見葉夢珠，《閱世編》，卷十，上海古籍出版社1981年6月版，第219頁。
24 見《北遊錄》，紀聞上，第325頁。
25 《三垣筆記》，第180頁。
26 見《明史》，卷二五五，第22冊，第6599頁。
27 見《東林始末》，第54頁。
28 《山書》，卷十，第223頁。
29 見《烈皇小識》，卷七，第187頁。

四 松山敗績

自天啟二年（1622年）明軍在廣甯（今遼寧北鎮）戰役失敗後，清軍與明軍對峙的前線大致在錦州一線，這種格局保持了近二十年。天啟六年（1626年）和七年（1627年），努爾哈赤和皇太極父子兩次率大軍突擊錦州、寧遠（今遼寧興城），企圖拔除明軍在關外的據點，但兩次都遭到頑強抵禦，結果是無功而返。崇禎四年（1631年）八月，皇太極集中兵力圍攻剛剛修復的大凌河城（今遼寧錦縣），圍了整整兩個多月，守城總兵祖大壽被迫投降。奪取大凌河是清太宗繼位之後十幾年來在遼河以西地區唯一的一大軍事推進，大凌河以西四十里處就是明軍山海關外的前鋒堡壘錦州。此後十年間這座堡壘一直屹立在遼東前哨上，在其身後是松山、杏山、塔山一連串堅實的小城堡，再後則是關門外的重鎮寧遠。自錦州至寧遠五座連成一線的城池，依山傍海，是明軍在遼東防線上的防禦重點。清軍幾次入塞，在畿輔一帶如入無人之境，但進出中原卻不得不繞過山海關防線，取道北京北面的長城各關口。有甯錦諸城在，山海關就堅如磐石；山海關牢固，清軍通向中原的道路就不能暢通，取明而代之的戰略意圖就無法順利實現。因此，清太宗皇太極對明作戰的基本戰略，一方面是不斷派兵深入中原撼動明朝根基，另一方面就是要拔除遼東的一串明軍據點，首先是拔除寧遠以東的四座堡壘。

崇禎十三年（1640年）三月，清太宗為了奪取錦州等城，派遣和碩鄭親王濟爾哈朗等人率軍在義州（今遼寧義縣）駐紮屯田，先在錦州周邊建立起一個堅實的軍事基礎。等到屯田築城粗具規模之後，清軍開始由遠及近地逐漸實行對錦州城的包圍，先是掃清了錦州城周邊的一些小堡壘。到崇禎十四年（1641年）春，清軍完成了堅實的包圍，在錦州四面各設八座大營，繞營有一圈深壕，沿壕築垛口，各營之間又有長壕連通，邏卒探哨巡視不絕。以一種類似堅強防禦體系的工事進行圍攻，反映出清太宗的軍事天才和誓死拿下錦州的決心。

守衛錦州的是清軍的老對頭祖大壽。他在崇禎四年（1631年）被迫降清後，以搬取家小，充作內應為名騙取清太宗的信任，回到錦州，但立即重新報效於明王朝。明廷對他也仍然依重，讓他帶兵防守錦州重鎮。因為有過一次假投降的歷史，祖大壽抵抗清軍圍攻是很堅決的，錦州城的防禦設施很好，存糧也比較充實，他的戰術是憑城死守，靜待援軍。

此時負責對清作戰的最高軍事統帥是堪稱將才的薊遼總督洪承疇。在得到清軍圍困錦州的消息後，他立即意識到一場大決戰即將來臨。既然清軍的目標是對準錦州乃至寧遠的，唯一的對策只有集中兵力在錦州一帶與清軍進行一番大戰，才能保住關外的各個堡壘。自從萬曆四十七年（1619年）薩爾滸決戰以來，明軍實際上從來沒有主動與清軍進行過大規模會戰，到底有多少取勝的把握，洪承疇胸無成算。但敵軍逼到面前，也只有迎敵一戰了。洪承疇一面先派小股部隊沿海岸抵近錦州，騷擾敵軍以緩和錦州被圍的勢態，一面親自統率山海關附近的各路官軍出關進駐到甯遠，隨時準備對清軍進攻。因為仍然感到兵力不足，他還上報朝廷，要求把京畿附近的幾支部隊火速調至寧遠。

當洪承疇正在寧遠集結兵力的時候，錦州的守城局勢卻越來越嚴峻了。三月下旬，駐守在錦州外城的蒙古軍將領諾木齊、吳巴什暗中與濟爾哈朗聯絡，準備獻城投降。祖大壽發現了這個情況，正要捕殺兩個蒙古將領，蒙軍卻先動了手。祖大壽的親信部隊和蒙古族部隊在錦州的內外城之間進行了一場大戰，清軍趁機攀城而上，把祖大壽部逼進了內城。外城被清軍占領，錦州的城防更顯得岌岌可危了。但是祖大壽還是決意固守。五月，他派人溜出圍城向洪承疇報告說，城中的糧草還能堅持半年，希望援軍不要輕舉急戰，要用戰車步步為營，穩健推進[1]。

山海關外的緊張局勢使得崇禎帝也緊張起來，但他從來對軍事一竅不通，對於到底如何組織這次重大軍事行動完全沒有主見。五月十八日，他在中極殿召見了兵部尚書陳新甲，問他應該如何決策，如何安排。陳新甲幾個月來一直為寧遠方面調兵輸餉，很想打一個漂亮仗，煞一煞清軍的銳氣。他向崇禎帝報告說，現在洪承疇在甯遠已經集中了甯遠總兵吳三桂、前屯衛總兵王廷臣、山海關總兵馬科、玉田總兵曹變蛟、薊鎮總兵白廣恩、密雲總兵唐通、宣府總兵楊國柱、大同總兵王樸共八鎮兵馬十三萬人，軍糧軍餉也即將運齊。陳新甲以為，明軍集如此雄厚的兵力在錦州一帶的山海之間狹窄地帶與清軍進行決戰，可以避敵鐵騎奔馳之長，是多年來沒有過的極好時機，又有洪承疇沉勇機智進行指揮，正可望取得一次大捷。為此他建議以松山為中樞，分兵四路，一路出塔山經大勝堡攻敵西北；一路出杏山繞過錦州由北面進攻；一路出松山渡小凌河阻敵東側；一路作為主力直接由松山攻敵南翼。四路合圍，聚殲敵寇[2]。

陳新甲號稱幹練知兵，但這個作戰計畫卻很有些紙上談兵的味道。他對兵力對比和地理形勢的判斷都是正確的，卻沒有考慮到明軍戰鬥力極差這個關鍵因素。將領懦弱腐敗，兵卒士氣低落，器械破敗，軍政紊亂，這好不容易湊在一起的十三萬大軍能夠集合起來嚇一嚇敵人已經很不錯了，想要分進合擊大獲全勝簡直是在做夢。洪承疇身在前線，很瞭解自己部隊的這些痼疾，因而一直反對兵部異想天開的作戰計畫。但崇禎帝聽了陳新甲的一番侃侃而談卻十分開心。多年來只是不斷接到失利的戰報，很少能聽到奏捷的聲音，如果能在遼東前線一銼敵鋒，不但可以出出多次被清兵橫掃京畿的惡氣，也可以乘勝抽調兵馬到中原圍剿流賊。這樣的前景不正是他多年來夢寐以求的嗎？

為了這樣美好的前景，他在原則上全力支持陳新甲的方案。但多年的統治經驗使得他不像崇禎初年那樣急躁和自以為是了，他希望兵部還是能多考慮前方統帥的意見，盡量做到中樞和前線協調一致。陳新甲於是在這次召見後又與內閣幾位輔臣以及兵部侍郎吳甡、前兵部尚書傅宗龍一起商議，最後決定派遣兵部職方郎中張若麒到寧遠軍前作為特派員瞭解情況，參預決策。後來又增派了一個前綏德知縣馬紹愉，以兵部職方司主事的身分到軍前贊畫機務。

從這年夏初起，明軍幾鎮官兵先後開出山海關，在松山一帶集結，並且在松山附近與清軍進行了幾次小規模的接觸，在石門地區還取得了小小的勝利。洪承疇對這點有限的勝利並不抱樂觀態度，仍然堅持持久戰的方針，在給朝廷的報告中說：「久持松山、杏山以資轉運糧餉，而且錦州城守頗堅，不易被攻破。若敵軍再過今秋，不但其國內無以為繼，就是朝鮮供應的糧餉也不能保障。這就是可以堅守而後再戰的策略。今兵部尚書議戰，臣豈敢遷延不前，只是怕糧餉運輸困難，鞭長莫及。事關國體，不如稍待，使敵人自困，較為有利。」[3] 但已經到達關外前線的張若麒卻被幾次小勝仗衝昏了頭腦，以為可以迅速進軍，一舉大敗清兵。他在向兵部和皇帝遞送的祕密報告中痛陳機不可失，希望朝廷立即下令進行決戰。

本來就傾向於速戰速決的崇禎帝這時候再也沉不住氣了，他渴望多年的大捷既然唾手可得，當然不能再作拖延。七月，他密敕洪承疇火速進軍援救錦州，伺機重創敵軍。陳新甲也在給洪承疇的書信中通報近來有清軍再欲由京城以北的長城諸口入塞的消息，威脅說：「閣下督關門一年，費餉數十萬，如果錦州之圍未解，內地又遭困擾，不入山海則內地空虛，若撤兵遼西則無功而返，怎能對得起皇上，又如何向文武百官解釋呢？」[4] 在這樣急於星火的催逼之下，洪承疇只能全軍出動，志在決戰了。

七月二十六日，洪承疇在寧遠誓師。率本營標兵和馬科等部魚貫東行。但他沒有按陳新甲的方案分兵四路，而是把全部力量集中起來，保持著整體優勢。全軍的糧草輜重則屯集於杏山和塔山之間的筆架山，正好處在寧遠與錦州中間的位置。洪承疇這樣的安排顯然還是從持重方面考慮的，雖然擺出了進攻的姿態，卻還是先求自身的穩固，確立一個糧餉充實、隊伍整齊的不敗之勢。二十九日，洪承疇和他的全部軍隊抵達了離錦州只有十幾里路程的松山，當天夜裡就搶占了離錦州五、六里的乳峰山西側，在那裡紮下大營。清軍的主力正在乳峰山東側。

八月最初的幾天，明清兩軍以乳峰山為爭奪重點，進行了幾次激戰。由於明軍在兵力上占有優勢，洪承疇指揮得當，雖然雙方各有損失，明軍宣府總兵楊國柱陣亡，但在總的形勢上清軍較為不利。初二日，明軍奪取了清軍正紅、鑲紅和鑲藍三旗的陣地。祖大壽見援軍大至，也分兵三路出城突圍，闖過了兩道防線之後在第三道防線上受阻，只得退回錦州。清軍在受挫後採取守勢，死守營壘不再出戰，同時向瀋陽的清太宗急報求援。張若麒立即向朝廷上報了大捷的佳音，崇禎帝見報大喜，更加緊催促洪承疇乘勝急進，務求痛殲。

洪承疇在初戰有所收穫之後卻更加謹慎小心。在軍前贊畫的馬紹愉建議趁著敵人援軍還沒有到來之前全力組織進攻，他沒有採納，仍然以堅固對堅固，用營壘與清軍對峙。他在乳峰山和松山之間結起七座大營，掘壕設壘，並且命騎兵分駐於大營的東、北、西三面，成為一個鞏固的防禦體系。但不知為什麼，他對於自己的防衛措施卻也有一個致命的疏忽。在錦、松、杏、塔這道生命線北側有一條長嶺山脈，不十分險峻，騎兵完全有可能繞山路而過，包抄到松山以西，切斷明軍的補給線。大同監軍張鬥曾提出分兵一支駐紮在長嶺，防止敵人繞道包抄。洪承疇卻傲慢地說：「我做了十二年總督，你們這些書生懂得什麼！」[5] 拒不接受張鬥的意見，長嶺方面一直沒有設防。這一致命的疏忽最後終於產生了致命的後果。

清太宗在接到錦州方面的戰報後，立即決定親率大軍馳援，並且打算借此機會一舉消滅明朝在山海關一帶的主力部隊。他調集各部兵馬會集於瀋陽，本來準備十一日出發，但因為鼻子出血嚴重，拖了幾天。到十四日，他的鼻衄還沒有完全恢復，就帶病出征了。在臨行前他召集貴族和大臣，很興奮地說：「朕只是怕敵人聽說朕將親征，會倉促逃竄。倘若上天眷佑，敵兵不逃，朕一定讓爾等大破此敵，如同縱犬逐獸，易如拾取，不會過於勞苦。朕所定攻戰機宜，爾等慎無違誤，勉力識之。」[6] 然後先帶三千精騎，晝夜兼程趕向錦州。

熟知寧錦一帶地理形勢的清太宗果然沿著長嶺山脈繞到了洪承疇的背後，在十九日，於松山西側的戚家堡紮營。第二天就命令士兵在明軍身後挖掘了三道深八尺、寬丈餘的大壕，對洪承疇的十三萬大軍實行了反包圍，並且切斷了明軍的糧草補給線。同時，他還派其弟多羅武英郡王阿濟格率軍攻擊筆架山，奪取了明軍屯集在那裡的十二堆糧食。

清太宗這幾個有力的軍事行動使得本來還算有一點士氣的明軍一下子蒙了頭，將士們人心惶惶，戰鬥意志立時下降到冰點。洪承疇好像也沒想到清軍的援師來得這樣快，而且一來就繞到自己的背後，只得集中全力先對付身後之敵，希望能重新打通運輸線，奪回軍糧。二十一日，明軍對清太宗的營地發起攻擊，雖然兵力占優勢，卻沒有取勝，有些將領見到清軍中大張黃蓋（一種標誌皇帝身分的傘狀儀仗），知道是清太宗來到軍中，竟然還沒有交鋒就潰退下來。

當天夜裡，明軍召開緊急軍事會議，討論下一步的作戰方向。因為軍中存糧頂多夠維持三天，多數將領都主張先撤回寧遠，再圖長策。張若麒和馬紹愉也同意這個意見。其實即使決意撤兵，也必須先突破清軍在西側的戰線，因而總難免要有一番大戰。洪承疇此時並不以為自己已經全然陷入困境，所以鼓勵諸將說：「諸位立誓報效朝廷，目前正是機會。雖然糧盡被圍，應告明吏卒，守亦死，不戰亦死，若戰或可求生。我決心孤注一擲，明日望諸君盡全力破敵。」[7] 決定第二天傾全軍進行一場決戰。

由於明軍在西線的局部上兵力具有絕對優勢，進行有組織的決戰，至少能夠比較順利地突破清軍的包圍。但多年來習慣於各行其是又怯懦已極的明軍大將們已無心作戰，只想著趕快逃回寧遠的大本營。在軍事會議剛剛結束之後，大同總兵王樸就不打招呼，帶著自己的隊伍逃跑了。王樸帶頭一逃，其他幾位總兵也不敢怠慢，爭先恐後地沿著海岸向西奔逃。清軍卻早有準備，在明軍的歸路上設置下幾道封鎖線，以逸待勞截殺明軍。明軍在黑夜中毫無秩序地潰奔，人馬自相踐踏，兵器丟了滿地，已經毫無戰鬥力可言，被清兵殺死的，被自己人踩死的，被逼入海中淹死的不計其數。總算是明軍人數太多，清兵屠殺不盡，還是逃脫了一些人。幾個總兵官王樸、吳三桂、白廣恩、唐通、馬科和接替楊國柱主持本鎮軍務的李輔明都帶著殘兵沖出了重圍，但王樸、吳三桂等人在從杏山向寧遠撤退的時候又遭到清軍的阻擊，兵士死傷散亡，幾乎都成了光杆司令。據清方統計，在短短幾天時間裡，清軍共殲滅明軍五萬三千七百八十三名，繳獲了大批的馬匹和甲冑等軍事物資[8]。

在明軍自我造成的一片慌亂中，洪承疇的軍令不再起作用，只能望著逃兵捶胸頓足。好在玉田總兵曹變蛟和前屯衛總兵王廷臣以及遼東巡撫邱民仰還沒有逃走，洪承疇指揮著這幾部人馬撤入松山城中，以一萬人固守，兩萬人乘夜衝擊敵陣。兩軍在尖石山地區作戰，明軍獲勝。但天時不利，清軍撤退後漲了大潮，把紮營在海邊的明軍全部淹沒，逃出來的官兵又遭清軍截殺，最後只有幾百人回到了松山城裡。洪承疇一下由兵力的優勢變為絕對劣勢，只得固守松山，等著下一批援軍的到來。

兩個盛氣如虹的兵部代表張若麒和馬紹愉在全軍大潰退的時候也慌了手腳，逃到小凌河口搭乘海船回到了寧遠。喘息初定就向朝廷彙報洪承疇指揮失度，導致大敗，以此來逃脫罪責。

朝廷接到松山慘敗的戰報後，除了大驚失色，已經不知道該做出如何反應。經過了這樣長期醞釀，調集如此眾多的軍隊和糧餉，又有著那樣巨大勝利希望的一次決戰，竟然就這樣莫名其妙地變成了全面的失敗，崇禎帝為此感到震驚，也更加懷疑天命是否已經真的轉移。極度的灰心使他幾乎提不起精神來處理棘手的遼東軍事問題，因而我們看到，在最需要採取緊急措施對慘敗後的遼東局勢進行調整的時候，崇禎君臣們卻表現出令人不解的動作遲緩、麻木不仁。

被圍困的孤城由原來的一個變成了兩個，被圍困的大員由原來的一個總兵擴大成三個總兵和一位總督、一位巡撫。緊接著，杏山和塔山也都被清軍分割包圍起來，山海關外的最後一道屏障甯遠城完全暴露在清軍面前。山海關防線兵力不足，士氣低落，又沒有主帥，已經到了崩潰的邊緣。這時候，當務之急是設法重新組織援軍，先救出錦州、松山等處的被圍將士，同時要重新安排山海關——寧遠的防衛，這兩項任務都應該是十萬火急的。但在八月松山戰役之後的幾個月裡，不論是崇禎帝、內閣輔臣還是兵部的陳新甲，都沒有在這兩個方面提出什麼積極的動議。

九、十月間，為了臨時解決山海關防線沒有軍事統帥的實際問題，崇禎帝先後任命楊繩武為薊遼總督、葉廷桂為遼東巡撫，替代被圍困在松山的洪承疇和邱民仰。但這兩位新督、撫才力威望都很平常，要收拾殘局實屬不易。所以崇禎帝還根據兵部的建議，給吳三桂加升提督職銜，讓他「收拾殘敗」，總統各鎮殘兵，成為武職的軍事統帥，並要求他「上緊整頓，徐圖再舉」[9]。但這個臨時的緊急處置又在朝中引起了許多議論，許多人認為六鎮總兵一起逃跑，理應治以重罪，現在吳三桂反而得到提升，於法於理都說不過去。但崇禎帝從來對於手握實際兵權的總兵官們不敢過於嚴苛，何況吳三桂出自遼東軍事世家，手下的家丁故部訓練有素，是明軍中少有的精銳部隊之一，在前方軍情孔急的情況下更不能得罪。就是其他幾位逃跑的總兵，朝廷也一概沒有處理，唯一例外的是帶頭先逃的王樸，因為影響太壞，而且他已經成了沒有實力的光杆總兵，被逮捕進行審問，到第二年被斬首。

朝廷不顧廷臣議論紛紛，任命吳三桂為臨時軍事統帥，要他「徐圖再舉」。至於如何再舉，崇禎君臣們卻一直沒有想出一個可行的辦法。崇禎帝為遼東的軍事問題召開過幾次御前會議進行討論，兵部只是強調「寧遠現在有兵三萬，巡撫、總兵都很得力」[10]，寧遠的防務可保無虞。而對於如何解救松、錦四城的圍困卻根本不提具體意見，好像那是一個應該由總督、巡撫們自己見機而行的小問題。兵部對這個棘手的大事避而不談，剛剛復職不久的首輔周延儒和他的內閣同僚們就更不願攬進來。周延儒初回內閣的時候，有一位關心國事的老將軍曾拜見他，對他說：「相公入朝，願首先以松山為急務，那是關係到國家安危的，松錦一失將無所措手足。」[11]但圓滑的周延儒見到事已大壞，此前的布置又與自己無關，就寧願縮起頭來不置一言。至於國家大勢如何，那自有皇帝去安排。

崇禎帝卻根本不知道應該怎樣做出安排。大臣們提不出辦法，關外的軍事部署也就無限期地被擱置下來，沒有人總理其責，也沒有任何調集部隊支援松、錦的計畫，只是聽任洪承疇和祖大壽等人的一、兩萬人馬被分割在四座孤城中自生自滅。

松、錦四城被圍困的明軍眼巴巴地企盼著援軍的到來，卻總也盼不到，守城越來越困難。松山城坐落在一塊四周突起的凹地上，全城面積只有零點一平方公里左右，城牆也不堅固。洪承疇帶領著一萬多明軍駐紮在這個狹窄的小城中，糧草殆盡，火藥缺乏，要長期堅守幾乎是不可能的。清太宗似乎料定了明朝不會再派出大批援軍，在九月裡就回瀋陽去了，留下杜度、多鐸、阿濟格等諸王主理軍務，並且制定了圍而不攻，靜等城中糧盡自潰的方針。洪承疇也逐漸明白朝廷大概不會派出援軍了，曾經先後五次組織強行突圍，但都沒有成功。天氣一天比一天寒冷，城中將士們的心也慢慢涼透了，大家都知道城破只是早晚的事情，眼下不過挨一天算一天罷了。從崇禎十四年（1641年）冬到十五年（1642年）春，不論是明廷還是被圍的明軍，實際上只是在靜靜等待著松、錦四城被最後攻破的那一天。有了這樣的心理準備，大家反而不急不躁，變得極有耐心起來。

就這樣一直拖到年末，在軍事事務方面負有主要責任的兵部尚書陳新甲走投無路，終於又想起了嘗試過幾次卻從來沒有成功過的「款和」政策。據前方來的戰報說，遼東大雪深丈餘，清軍寒冷缺糧，想要和談。從清朝方面的史料來看，這完全是明朝上下一廂情願的誤傳，但這種誤傳卻提醒了陳新甲。儘管此前袁崇煥和楊嗣昌曾先後提出對清用「款」的策略，都遭到了皇帝和朝臣的一致否決，但在目前這樣嚴重的軍事危機面前，又根本沒有辦法調兵遣將，唯一可以試一試的也只有和談一途了。

其實在更早些時候，前兵部尚書傅宗龍從獄中釋放出來出任陝西總督，行前就曾與陳新甲議論過對清媾和的問題，傅宗龍離京前又對大學士謝升談及此事。到崇禎十五年（1642年）正月，謝升感到掃平遼東已經絕無希望，在召對時祕密向崇禎帝彙報了陳新甲的提議。自袁崇煥以通款的罪名被殺，楊嗣昌因提倡媾和遭到朝野上下同聲痛罵之後，與清方和談已經成了崇禎朝議論國事的一個禁區，主戰派高舉夷夏之別的旗幟，慷慨激昂卻拿不出什麼可行的對策；而一些對國家形勢有比較清醒認識的人明知盡可能與清方媾和是暫時擺脫危機的一個辦法，卻不敢公然提出來，怕被人指為通敵的漢奸。崇禎帝自己也深受著輿論和傳統觀念的制約，生怕擔當一個向夷狄屈服的千古罪名。但到了崇禎十五年（1642年）初，險惡的形勢卻逼迫著他不得不考慮這一「下策」了。

崇禎帝立即為此事召見了陳新甲，而且表面上擺出一副絕不向「韃虜」屈服的姿態，對陳新甲切責一番。但陳新甲和謝升卻都明白，皇帝進行這次祕密召見本身就意味著他已經對議和的事情感興趣。因而陳新甲一面謝罪一面申述自己的理由，謝升也在旁邊極力勸說：「如果對方真肯議和，和局還是有利。」[12] 崇禎帝沉思半晌，才終於表示同意陳新甲的建議，但要求陳新甲一定要機密行事，一切都要暗中進行，千萬不能讓朝臣們聽到風聲。

但無所不知的言官們還是聽到了風聲。有幾位御史、給事中去向謝升詢問有關情況，謝升對他們說：「皇上力主議和，諸位請一定不要多說。」言官們卻為這些話立刻上章彈劾謝升，說他「昌言於眾，以暴揚皇上之過，大不敬，無人臣禮。」[13] 崇禎帝為此也十分惱怒。他對於與清方和談本來就羞羞答答，很不願意讓人知道，很怕被人議論成昏君誤國，謝升卻一下子把事情攪得滿城風雨。按照他一貫的脾氣，謝升弄不好就有不測之災。好在當時他正在一意更始維新，多日來對朝臣的態度出奇地和緩，這一次也只是對謝升大大責備了一番，最後僅僅削籍為民了事。但對於事件中涉及的議和問題，他卻一直支支吾吾，顧左右而言他，始終沒有表明態度。

身為一國之君，對這樣一個事關國家安危的重大問題如此遮遮掩掩，反映了崇禎帝性格方面的致命弱點。而對這一重大決策的這種態度，又從根本上決定了議和不可能取得成功。但從這年年初開始，與清方的和談還是極其機密地進行了，一切重大事宜都是由崇禎帝親自籌畫決定的，具體安排執行的則是陳新甲。

正月，崇禎帝暗中委派原來在遼東軍前贊畫軍務的主事馬紹愉為對清和談的特使，晉升為兵部職方郎中，特賜二品服飾（郎中官只四品），到關外進行談判。馬紹愉輕車簡從，主要助手只有那個無官無職但過去曾與清方多次打過交道的算命瞎子周元忠，一個被除名的舉人叫朱良才，再加上由參將李御蘭和周維墉帶領的一支小小保衛部隊，悄悄地出了山海關。當時松、錦諸城被圍，只有塔山緊靠寧遠，與後方的通路還沒有完全斷絕，馬紹愉一行就進駐到塔山，通知清方有特使前來談判。清朝方面一直很重視利用談判取得政治成果，但在圍城將要奏效的時候卻不願意因為談判而貽誤軍機，所以對馬紹愉的使團只是虛與委蛇，派出的代表一個是錦衣少年，一個是鬚髮皆白的老者，比起明朝代表團的陣容也強不了多少。

兩個代表團在塔山附近的高臺堡會面，雙方表面上都很禮貌，馬紹愉還以主人的身分大排酒宴招待清使。但在吃喝之後，清方使節卻不願談實際問題，而是首先希望見到明朝皇帝的敕書，以證明明方誠意。明朝因為從來不和夷狄藩屬談判，沒有經驗，馬紹愉出京時並沒有帶敕書，只得趕忙向京中請示。崇禎帝已經決心和談，就破例給清朝寫了一份敕書，但仍然不能放下天朝的架子。敕書中說：「朕聽說瀋陽有罷兵息民之美意，但向來沿邊督撫沒有奏聞。……使朕不能以開誠之心，懷柔遠人，如我祖宗朝恩義聯絡之舊約。」[14] 總而言之是表示了對一個野蠻的屬國寬大為懷。至於所謂「撫賞」，也就是對清方的經濟贖買，崇禎帝同意每年支付四十七萬兩，也算是挖心割肉，下了狠心。

清方代表把崇禎帝的敕書送回瀋陽給太宗過目，不久有話回來，說敕書與早年明朝諸帝頒發給女真各部首領的封贈敕書樣式不一，用印不符，認為是邊關大臣偽造的，對敕書中的用語也非常不滿。談判為此暫時中斷，馬紹愉只得如實向崇禎帝彙報。其實這不過是清方有意拖延的一種伎倆而已，因為時間已到二月，天氣較暖，清軍已經準備對松、錦諸城發起總攻，收取勝利果實了。

明廷在年初祕密進行談判的同時，也曾屢次督促新任薊遼總督趙志完率關門附近各鎮兵馬援救困在松山的洪承疇。但由於根本沒有做出嚴密的部署，各鎮將領又都畏葸不前，救援只是一句空話。洪承疇等人在松山、錦州等幾座孤城裡困守到二月，已經彈盡糧絕，毫無鬥志。二月十八日夜間，洪承疇部下的副將夏成德暗中投降了清朝，作為內應，接引清兵登上松山城。城中大亂，幾位大帥各自逃命，但一個也沒有逃掉，統統被俘獲。清軍將巡撫邱民仰，總兵曹變蛟、王廷臣殺死，把洪承疇押解回盛京（瀋陽）。而後，又把松山城夷為平地。

松山失陷，錦州的守軍失去了最後一點希望，再也無心固守了。三月初八日，祖大壽開城第二次投降了清朝，錦州終於落入清軍之手。其後，清軍又在四月初九日用紅衣大炮轟開了塔山，殲滅城中守軍七千餘人。二十一日，炮轟杏山，明守軍六千八百餘人全部投降。在短短兩個多月的時間裡，寧遠以東的四座城池全部落入清軍的手中。至此，歷時將近一年的松錦戰役算是最後結束了。

明軍在松錦戰役中的澈底失敗，是萬曆末年薩爾滸之戰後對清作戰最大的一次慘敗。在這次戰役之後，明朝在遼東邊防的精銳幾乎喪失殆盡，山海關門也更加孤立空虛。明王朝已經完全失去了在山海關一線與清軍相持抗衡的能力，將來如何防禦清兵對關門的進犯，成了一個根本沒有辦法解決的難題。

洪承疇被俘虜到瀋陽之後，本來是下定決心以一死來報效皇恩的，一連絕食數日，對來勸降的一律痛罵不止。後來清內祕書院大學士範文程出面勸降，他仍然破口大罵，但範文程只是好言安慰，並且和他談古論今。談話之後範文程向清太宗報告說：「洪承疇不會死的。我與他交談時梁上偶有灰塵落到他的衣服上，他立刻就把灰拂掉。連衣服都還愛惜，何況生命呢？」[15] 此後太宗就派人輪番勸降，還親自去探視，把自己的貂裘送給他穿。洪承疇熱愛生命同時又深受感動，也許在松山被圍的六個月裡還深刻反思過，感到明王朝的滅亡已成定局，而清王朝卻正是天命所歸。在這種情況下，他最後終於投降了清朝。有一種說法，說太宗曾命愛妾莊妃親自給洪承疇送去參湯，才打動了他。那是小說家言，不足為據。但太宗對於洪承疇確實十分珍視，在他投降後賞賜了大批珍寶，並在宮中演出歌舞百戲為他壓驚慶賀。諸將以為這樣對一個戰俘優待得過分了，清太宗問他們：「我們櫛風沐雨，是為了什麼？」眾人說：「當然是想得中原！」太宗說：「比如行人，你們都是瞎子，現在得到一個引路人，我怎麼能不高興呢？」[16]

洪承疇在清朝入關以後真的成了一個得力的引路人，在為清朝鎮壓各路農民軍和南明抗清力量中立下了汗馬功勞。

清朝多了一個得力的引路人，而明朝卻失去了一位得力的統帥。在明朝的重臣中，能像洪承疇那樣有謀略、有膽識，又有威信的帥才實在屈指可數。松山陷落的消息剛剛傳到京城的時候，都傳說洪承疇已經以身殉職，崇禎帝深為痛悼。他特別器重過的軍事統帥人才，楊嗣昌、盧象升，還有這個洪承疇，竟然全部謝世而去，誰還能為他支應眼前這個殘破的局面呢？痛心之極，他命令在城中大擺祭壇祭奠洪承疇以及邱民仰等人，還決定親自到祭壇前表示哀悼。但不久卻傳來消息說洪承疇並沒有死，已經被清軍帶到了瀋陽；後來又有情報說，洪承疇已經投降了清朝！這對崇禎帝又是一個沉重的打擊。自己一向信任器重的股肱大臣居然投降了敵國，這不但是國家和朝廷的恥辱，也使他本人臉面無光。

在崇禎帝統治的最後一段時期，他的雙重人格似乎也發展到極致，經常是一時暴戾狠毒得出奇，一時又溫柔和緩得反常。在洪承疇的問題上，他正好表現出溫和的一面，只是停止了祭奠活動，卻沒有按照朝臣們提出的辦法，依慣例逮捕嚴懲洪承疇的全部家屬。對於這個反常的舉措，他後來頗有些自我解嘲地說：「我是要讓洪承疇去做王猛般的人物啊！」王猛是東晉時期前秦苻堅的主要謀臣，因為原是晉朝的子民，曾經勸阻苻堅不要南向攻晉。可惜洪承疇不是王猛。即便真有王猛，在明清之間的戰局中又能起什麼作用呢？崇禎帝的思路有些天真，也有些奇怪，但他在末年的思路大體都是如此。

兵部的官員們在一番驚慌失措之後，卻不敢奢望因為有了一個投降敵人的「王猛」就可以高枕無憂。連下松、錦四城之後，清軍主力班師回到瀋陽，山海關外的戰局暫時和緩下來。陳新甲竭力主張利用這個戰爭的間歇期繼續與清方進行談判，爭取通過一定程度的妥協來換取一段時間的和平，以便對遼東防務進行新的調整。崇禎帝雖然有依靠「王猛」的幻想，卻也不能不去面對無情的現實，只得同意再次進行談判的嘗試。

一直逗留在甯遠的馬紹愉使團接到新的指令，立即與清方聯絡。清朝當局在戰場上取得巨大勝利之後，仍然不願意放過在談判桌上再撈取好處的機會，因此表現出很高的姿態，同意馬紹愉到盛京來。這年五月，馬紹愉一行來到清朝的盛京瀋陽。清方按照對待大國使節的禮節接待了馬紹愉，諸王、貝勒和主要大臣多次設宴招待，清太宗還親自接見了他，並且與他商談了議定和約的一些原則性問題。表面看來，清方並不反對通過和談達成和平，但在議和的具體條件方面雙方卻不太容易取得一致意見。清朝以戰勝國的姿態，要求明方每年交納高額歲幣，停止對清朝的敵視態度，這些條件明朝還可以勉強接受；但清朝同時要求明方承認雙方的國家關係是一種兩大帝國間的平等關係，這個要求儘管合情合理，對於崇禎帝來說卻萬難接受了。

長期以來，明帝國一直自認為是高居於萬邦之上的天朝，明朝皇帝自認為是君臨天下的萬邦之主，從來也不認為自己與邊外的「夷狄之邦」是平等的。何況夷夏之辨還是一項基本的儒家理性原則，與「韃虜」講平等就意味著喪失原則。崇禎帝對於與清方談判本身就理不直、氣不壯，在這樣有關君主尊嚴和國家尊嚴的原則性問題上，當然不敢隨意做出讓步。何況，朝臣們還是多少聽到了一點資訊，都在紛紛攻擊陳新甲，說是「堂堂天朝，何至講款」[17]？崇禎帝就這個問題訊問首輔周延儒，周延儒由於害怕皇帝將來改變主意會卸罪於自己，竟然一言不發。明朝君臣的態度如此，和談的成敗自然可以推斷出來。

在另一方面，清朝對於這次談判也並沒有多少誠意。清朝統治者早已經制定了入關伐明最終奪取中原的既定目標，這一次願意與明朝談判，無非是在戰爭的間歇時期不想錯過一次在外交上取得利益的機會，本來不抱有太大希望，也沒有特別認真對待。對於取明而代之的大方略，清太宗曾經有過一個很生動的表述：「取燕京如伐大樹，須先從兩旁斫削，則大樹自撲。……今明國精兵已盡，我兵四圍縱略，彼國勢日衰，我兵力日強，從此燕京可得矣。」[18]既然有這樣的方針，和談無論如何也只是一種權宜之計，不過是從兩旁砍斫明朝這棵大樹的手段之一罷了。

一方礙於天朝的體制而扭扭捏捏，另一方因為有既定目標而漫不經心，兩方面的和談當然很難取得實質性的成果。馬紹愉在瀋陽滯留多日，接連不斷地向陳新甲彙報談判的情況，陳新甲密報崇禎帝，崇禎帝再向馬紹愉發出指示，兩邊的資訊往返多達數十次，卻一直毫無結果。馬拉松式的談判一直拖到六月，因為不可能談出什麼結果，馬紹愉使團只得撤回到寧遠，但繼續與清方保持著接觸，並不時把清方的意圖報告給兵部和皇帝本人。這段時間，明清雙方之間處於一種不戰不和的膠著狀態中。直到七月間，一個偶然事件才把這種狀態打破了。

這年七月裡，兵部尚書陳新甲接到馬紹愉的一份關於對清談判問題的祕密報告，一時不當心隨手放在書几上。他家的僕人以為是邊關來的塘報，就送到了通政使司抄發各衙門。朝臣們一直在關心著對清和談的事而不知其內幕情況，忽然見到了這份明發「密報」，大為震驚也大為興奮。言官們開始慷慨陳辭，據理力爭款和的不可行，同時猛烈攻擊陳新甲主款誤國。

這次陰錯陽差的大揭祕使得崇禎帝處於十分尷尬的境地。言官們明知和談有皇帝在後面做主，卻把火力全部集中在陳新甲身上，用語嚴厲尖銳，其中表現的對皇帝的態度也是不言而喻的。崇禎帝在和談問題上一直不敢理直氣壯，就是怕朝臣因此看輕了自己，而這一次陳新甲的不小心卻使他成了眾矢之的，被放在要遭千夫所指的位置上。他的氣急敗壞是可想而知的，卻又幾乎無從發洩，只能一腔的怨毒都傾注到陳新甲的頭上。

他在言官攻擊陳新甲的奏疏上批旨，要陳新甲自陳回奏。陳新甲卻以為和談大事本來都由皇帝主持，自己並沒有什麼責任，因而在回奏中非常委屈地為自己大擺功勞，說某事某事，「人以為大功，而實臣之大罪」[19]，一連列舉了十來項之多。這種不願為皇帝承擔責任的態度讓崇禎帝更為光火，月末，陳新甲終於以弄不清的含糊罪名被抓進了監獄。這實際上是一個無法審理的案子，但刑部主管侍郎東林黨人徐石麒恰好是一個堅定的反對和談派，一向痛恨陳新甲，因而入之以重罪。崇禎帝惱羞成怒，又需要一個替罪羊為自己頂罵名，因而也動了殺心。首輔周延儒等人多次營救，引用律條說：「依據國法，敵兵不臨京城，不當殺大司馬（兵部尚書）。」崇禎帝卻回答：「別的不說，陳新甲任兵部期間，宗室親王、郡王被流賊屠戮的有七人之多，難道不有甚於敵兵臨城嗎？」[20]

洛陽、襄陽等處失陷，福王、襄王等親藩遇難，都是一年以前的事情，如果以為兵部尚書有責任，早就應該處理，何必要等到和談的情況敗露之後呢？崇禎帝的這個藉口連最糊塗的人也不能相信。但在朝臣群起反對和談，皇帝又決心殺人洩憤的形勢下，陳新甲還是被判處了死刑，並且在九月就被處決。擔任談判代表的職方司郎中馬紹愉不久也被削籍。陳新甲事件發生以後，對清方的和談也就澈底中斷，沒有人再敢提起與清方談判。直到兩年後明朝覆滅，南明弘光政權才又派出使團乞求和平。但那個時候，已經占領北京，正要席捲中原的清王朝已不屑於與殘破的南明小朝廷和談了。

明清間本來沒有什麼成功希望的和平談判因為一次技術性的小事故而最終流產，說明瞭談判本身基礎的脆弱可憐。但停止和談接觸，對於明王朝來說，不但意味著失去了通過政治方式爭取暫時和平的最後一線機會，而且也失去了通過接觸瞭解敵情的唯一管道。這以後，崇禎帝和他的朝臣們只能在一片黑暗中提心吊膽地等待著不知何時就會降臨到頭上的沉重打擊。緊張，惶惑，又無可奈何。

矗立了近三百年的帝國大廈風雨飄搖，距離一朝傾覆的日子不遠了。

1 見《國榷》，卷九七，第六冊，第5897頁。
2 見《明史紀事本末》補遺卷五，第四冊，第1481頁。
3 見《明史紀事本末》，補遺卷五，第四冊，第1481-1482頁。
4 見《國榷》，卷九七，第六冊，第5898頁。
5 見《國榷》，卷九七，第六冊，第5903頁。
6 見《清太宗文皇帝實錄》，卷五七，第二冊，第771頁。
7 見《國榷》，卷九七，第六冊，第5904頁。
8 見《清太宗文皇帝實錄》，卷五七，第二冊，第776頁。

9 見《明清史料》（乙編），中央研究院歷史語言天空所 1935 年鉛印本，第四本，第 328 頁。

10 見《國榷》，卷九七，第六冊，第 5908 頁。

11 見《明史紀事本末補遺》，卷五，第四冊，第 1484 頁。

12 見計六奇，《明季南略》，卷二，中華書局 1984 年 12 月版，第 141 頁。

13《烈皇小識》，卷七，197 頁。

14《國榷》，卷九八，第六冊，第 5913 頁。

15 見《清史稿》，卷二三七，第三一冊，中華書局 1977 年 12 月版，第 9467 頁。

16 見《嘯亭雜錄》，卷一，第 2-3 頁。

17《國榷》，卷九八，第六冊，第 5928 頁。

18《清太宗文皇帝實錄》，卷六二，第二冊，第 852 頁。

19《三朝野記》，卷七，第 171 頁。

20 見《流寇志》，卷六，第 95 頁。

卷伍

生於末世運偏消

一 絕處圖強

在風雨飄搖中，崇禎帝迎來了他即位後第十五個新年。

天下形勢大壞，而且比以往任何時候都壞。李自成和羅汝才的農民軍正在圍攻河南省城開封，從南陽調來救援的明軍還沒有接近開封城就全部投降，城裡的官兵只能憑藉城池的堅固死守。洪承疇正率所部殘兵株守在松山、錦州等幾座孤城中，只等著清軍最後總攻破城。全國性的大饑荒還在不斷蔓延，河南、山東方面傳來的消息說，各地都在以人肉為糧，至親好友都不敢輕易相互看望，怕被對方吃掉。饑民們為了填飽肚子鋌而走險，人心思亂，一首讓統治者聽了毛骨悚然的民謠在到處傳唱：「吃他娘，喝他娘，大家開門納闖王，闖王來時不納糧。」「國家的財政情況繼續惡化，接二連三的加派抵消不了連年用兵的巨大軍費開支，國庫已經徹底空虛，到崇禎十四年（1641 年）底，戶部能夠直接支配的銀兩所剩無幾。但不論朝中還是地方上的文武官員們卻絲毫也沒有表現出要振作起來復興圖強的意向，文官們一如既往地貪污納賄、榨取錢財，而且為了各自的利益相互勾結、相互排擠、相互咬噬，把朝廷攪得天翻地覆；各地握有重兵的大將們則把軍隊當成了自己的私人財產，常常為了保存實力而臨陣脫逃或是根本不聽調遣。

崇禎帝已經做了十五年皇帝，而且十五年來他真可謂殫精竭慮，朝乾夕惕。得到的卻是這樣一個結果，他感到悲憤、沮喪，甚至非常委屈。他哀歎時運的不濟，痛恨朝臣的腐敗無能，但身為帝國的最高統治者，他卻不能不獨自挑起挽救危亡的重擔。在新年伊始的時候，他再一次下定了奮發圖強的決心，要通過不懈的努力來改變命運，改變帝國的面貌。

為了表現出更始維新的氣象，崇禎帝在接受了崇禎十五年（1642年）的新年朝拜之後特地在皇極殿召見了內閣的全體成員。周延儒、賀逢聖、張四知、魏炤乘、謝升、陳演六人在殿簷下行過叩拜禮之後，崇禎帝吩咐他們在殿內西側排班。因為根據朝儀文臣通常都是在東側朝見，周延儒等人一時有些摸不清皇帝的意思。後來才知道，皇帝讓他們在西側召對，是按照民間把家庭教師稱作「西席」的慣例，以示對閣臣的尊重。這次召見的形式的確是史無前例的，崇禎帝走下寶座，面向西站著對閣臣們很客氣地說：「古來的聖明帝王都崇尚師道，至今天子稱講官為先生，仍然是自古尊師的遺意。卿等就是朕的老師，今天正旦的日子，應當行禮為敬，就教於各位先生。」說罷躬身向閣臣們拱手一揖。

閣臣們哪裡見過皇帝向臣子作揖的，全都受寵若驚，感動得淚流滿面，只能跪伏叩頭不已。

崇禎帝接著說：「經書上說『修身也，尊賢也，敬大臣也，體群臣也。』今天朕行此禮，本來也不過分。自古君臣志同道合，天下沒有不能平治的。今後執掌政務，在各部院；主持決斷，在朕自身；調和於其間的就靠各位了。」[2]

當天，崇禎帝又正式發出了成文的上諭，檢討自己「深慚德行淺薄，才識庸常，恐忝居君師之位」，並且對閣臣們寄予重托，說是「今而後，道德惟諸先生訓誨之，政務惟諸先生匡贊之；調和燮理，奠安宗社，萬民惟諸先生是賴」[3]。

皇帝在大年初一的這一番舉動，在朝中引起了強烈反響。閣臣們由於受到皇帝的禮遇而感激涕零，而沾沾自喜。其他的大臣小臣中也頗有一些人以為皇帝這一番表態標誌著今後的一番振作，很有些興高采烈。許多人上疏表達了自己的欣喜之情和對未來的樂觀態度，有人甚至說，今年元旦之日適逢瑞雪，京城的米價因而下浮，這正是皇上銳意圖強的精神感動了上蒼，是太平盛世將要出現的兆頭。

這年的正月，由於皇帝異乎尋常的舉動，也由於新春佳節歡樂氣氛的感染，京城裡一直彌漫著一股相當盲目的樂觀主義情緒。正月十一日深夜，崇禎帝到城南的天壇主持了例行的祈穀禮（原禮久廢，上年始恢復）。正值這天又下起了鵝毛大雪，「瑞雪兆豐年」這句諺語正好給皇帝親臨祈禱豐收的祈穀禮做了注腳，讓朝臣們感到上天好像真是又在重新垂青於這個搖搖欲墜的王朝了。當天晚上，天壇裡萬燈齊明，映照著一天的雪片，銀光灼灼，崇禎帝身著素服，踏雪步入祈穀壇，對著昊天上帝的神主行了二十四拜的莊嚴大禮。在肅穆的鼓樂聲中，每一個參加禮拜的人都感受到一種與蒼天神聖無比近切的神祕體驗，感到一股油然而生的自信。

皇帝、臣子，以至於京城的百姓們，似乎都把重建太平盛世的信心建立在神的佑護上。一個已經有二百多年歷史的盛朝是不應該這樣沒來由地削弱下去以至消亡的，一個仰承天眷的聖明天子也不應該毫無道理地失去上天的寵信。

接下來的元宵節也過得紅火非常。一年一度的東華門外燈市顯得特別熱鬧，八方商販畢集，擺攤的，挑擔的，出售各種古董玉器、書貼字畫、彩燈香燭、煙花鞭炮、時鮮蔬果、日用雜物；賣小吃的擺出來熱切糕、艾窩窩、爆肚、炒肝、羊頭肉。京城裡上至達官貴人，下至販夫走卒，甚至十里八鄉的農民，都趕來燈市湊熱鬧，人頭攢動，擁擠不堪。正月十五這天晚上，宮中還放了煙火。內官監火藥房製作的花卉煙火堪稱一絕，點燃以後有蘭、蕙、梅、菊、木樨、水仙各種樣式，哧哧地升上夜空，嘭嘭地炸開，閃爍如生。崇禎帝特別喜歡水仙，就讓多放，一時金盞銀盤漫天飄曳，只是沒有那股襲人的幽香。

二月裡，崇禎帝又按照古禮，親自參加了為振興農業而舉行的耕籍儀式。這耕籍大典也是多年擱置不行，幾代皇帝都忘了自己還有帶頭春耕為天下作則的義務，崇禎帝即位以後因為政務繁忙，也只在崇禎七年（1634年）舉行過一次籍田典禮。現在要振興國家，首先要以農為本，耕籍的典禮不能不用心恢復。

耕籍儀式是在先農壇舉行的，祭壇上用黃色綢緞架起幄帳，帳中供奉著先農神的牌位。崇禎帝按照周代的儀禮換上了皮弁和絳紗祭服，在先農牌位前恭恭敬敬地揖拜，而後再更換翼善冠和黃袍，來到名義上專門由天子耕作的御田，親自操作。天子的耕田儀式熱鬧得如同一場大戲。在御田四周，國家歌舞團教坊司的優伶們扮作農人模樣，衣飾燦然，載歌載舞，忸怩作態，裝作在春耕中酒足飯飽心滿意足的樣子。合唱隊在琴瑟聲中高唱著不知從什麼時候傳下來的《禾歌》，還有人打扮成各路天神，翩翩起舞。兩個所謂的老農為皇帝牽牛，另外兩個人為皇帝扶犁，崇禎帝則右手執鞭，左手秉耒，裝模作樣地耕完了一壟田地，再由順天府尹代皇帝在壟中撒下穀種。皇帝的儀式完成之後，周延儒等內閣大學士、吏部尚書李日宣等各部尚書、定國公徐允禎等勳臣又照樣耕作了一壟，典禮才告結束。而後是擺酒設宴，全體參加儀式的成員大嚼痛飲一番。

崇禎帝對於這次耕籍禮並不滿意。因為整個典禮像是民間的一場社戲，相當粗俗，而且鼓樂歌舞都是亂糟糟的，顯然沒有經過嚴格的訓練。在這場典禮中他絲毫也沒有找到在祭天、祈穀中那種超凡入聖的感覺，只是覺得亂哄哄的，非常無聊。他為此對禮部提出了批評，說教坊司扮演的黃童白叟鼓腹謳歌，過於俚俗粗鄙，祭樂舞容也不像樣子，禮部連忙提出了今後的改進辦法[4]。這一場多少有些無趣的鬧劇也使得崇禎帝稍稍清醒了一些，天道遠，人道彌，依賴神靈的佑護畢竟是不大靠得住的事情，真要復興國運還需要靠自己的努力。

春天很快過去了，上天確實並沒有顯露出特別垂佑的跡象。黃河流域和畿輔地區都發生了嚴重的春旱，收成無望；江淮地區的旱情也在蔓延，有些地方因為缺水根本不能插秧，只好把水田改作旱田。中原和西北地方已經饑餓了十幾年的百姓們紛紛參加暴動，就連一向治安比較穩定的南直隸（今江蘇、安徽）和浙江也出現了饑民揭竿而起的事件。在饑民的呼應下，李自成等部的農民軍的攻勢更猛。一月間，陝西三邊總督汪喬年率三萬大軍出潼關進入河南剿殺李自成農民軍。汪喬年這次出師頗為躊躇滿志，因為在不久前他剛剛指示米脂知縣邊大綬把李自成的祖墳掘毀，破壞了李家的風水。他在聽到邊大綬報來的喜訊時高興地說：「知闖墓已伐，可以制賊死命。」[5] 以為此戰必勝。可惜最後被治死命的卻是他自己。二月，兩軍在襄城激戰，汪喬年部幾乎被全殲，他本人被生擒後殺掉。三月，李自成部又攻克了豫東的大批城鎮。張獻忠部則在皖北一帶活動，於四月攻占舒城，並改舒城為得勝州，設立六部尚書等官職。豫、皖兩地的民眾對農民軍熱情歡迎，許多地方的百姓刑羊載酒犒勞農民軍。

四月裡，松錦之戰終於有了大結局，松、錦、塔、杏四城全被清軍占領。這雖是意料之中的結果，但敗訊初聞，還是讓崇禎帝感到一種不寒而慄的震驚。震驚之餘他唯一的辦法是向內閣和全體朝臣發布了一道上諭，再一次宣布要「治理維新，廓然更始」。在這道上諭中他作了少有的自我批評，說自己「求治之心雖然殷切，實施政令卻不得要領」。所以「雖有深切憂民之心，卻不能將恩德普施於天下。致使村社凋敝，災害頻仍，兵火縱橫，中原塗炭……這些全是朕德化不敷，聲靈不振所致」。為了彌補這些過錯，他決定再一次下詔罪己。但接受了以往的教訓，他也提出了「空言無補」，覺得應該在罪己詔書中提出一些切實可行的能夠解決問題的措施。至於如何解決問題，他已經想不出什麼特別有效的辦法了，因此他要求各部門的大臣、小臣，「凡有可以利民之事，救時之方，裨助政治之規條，彌補朝廷之缺失者，須實實開列項款，送內閣匯奏」。他表示要把其中確有意義的內容采入到自己的罪己詔書中，並且見諸實施[6]。

皇帝在這道上諭中所表達的急於求治的誠意和深切的自責精神是前所未有的，由於上諭是公開向群臣發表的，而且通過邸報很快就傳遍了天下，因而確實在一部分臣民中引起了一些震動。但這種震動和崇禎帝本來希望的某種戲劇性效果比起來就遠遠不夠了。一些朝臣上疏說了些感動激奮的話，一些朝臣對朝廷面臨的嚴峻問題提出了些應急的辦法。但那些辦法仍然是迂闊無用的居多，切實可行的極少，因而朝廷的大事還是在一天天壞下去。

陝西總督汪喬年在襄城被俘身亡後，一直作為圍剿農民軍的主力之一的西北軍沒有了統帥。崇禎帝在認真斟酌了可能的人選之後，決定重新任用原陝西巡撫孫傳庭。

孫傳庭自崇禎九年（1636年）出任陝西巡撫起開始主持一方的圍剿，而且表現出不同尋常的幹才。但這位能幹的統帥又是一個極其傲慢自負的人，也是少數敢於抵制崇禎帝的自作聰明的大臣之一，因而很不討崇禎帝的喜歡。為此他付出了代價，崇禎十二年（1639年）先是被撤職，而後又被逮捕，關在刑部的天牢中，一關就是兩年多。直到崇禎十四年（1641年）末，首輔周延儒幾次提出孫傳庭人才難得，希望皇帝能赦免孫傳庭委以重任。崇禎帝也感到幾個堪為任用的軍事人才如楊嗣昌、洪承疇、傅宗龍等人死的死，被困孤城的被困孤城，也確實亟須像孫傳庭這樣的人，因而將他開釋，起用為兵部侍郎。他還在文華殿召見了孫傳庭，向他訊問平定內亂的方略。孫傳庭對於天下大計從來有一套自己的見解，對皇帝侃侃而談。大概是因為在獄中關得久了，不瞭解天下大事已經敗壞到何等地步，也不知道農民軍的實力已經遠遠超過當初，他還在皇帝面前誇下海口說，只要有五千精兵，就足以破賊。崇禎帝是第一次單獨召見孫傳庭，很有些相見恨晚的感覺，立即命他率領京營部隊前去解救正在被圍困的開封。李自成卻已經自解開封之圍，轉而攻打堰城、襄城，消滅了汪喬年部。在這種情況下，也只有一個孫傳庭最合適擔當陝西總督的重任了。

這時候在中原對付農民軍的名義統帥是七省督師丁啟睿，但此公庸碌無能，任職以來毫無作為。崇禎帝任用孫傳庭，實在是把他當成圍剿農民軍的中堅人物。孫傳庭對於皇帝的信任也頗為感動，入潼關後就召集西北諸將，殺了頗有實力但一直不服從調遣的總兵官賀人龍，把賀部萬餘人全部收作自己的標兵。各路將領震懾於孫傳庭的威嚴和名望，一時都還馴順，陝西軍團成為當時帝國唯一一支有強大戰鬥力而又聽從朝廷調遣的主力部隊。崇禎帝對孫傳庭的表現也十分滿意，多次降諭嘉獎，並且把一舉殲滅農民軍主力的夢想全都寄託在孫傳庭身上。

在布置圍剿的人事安排的同時，對清朝的和談也有氣無力地繼續著，這至少給了崇禎帝一點虛幻的安全感。驚魂稍安，他又集中精神全力搶修帝國朝廷這只千瘡百孔的破船。在發布「治理維新」上諭之後的四、五月間，他接連召見群臣，對各方面的政務進行商討，提出新的要求。

對付內亂與外患需要大批精兵，就要整頓部隊，操練士卒。在這個問題上，他首先想到了京營的禁軍，在召集有關官員會議時提出從京營中選拔出五萬精兵，重新編營操練。主管京營的兵部侍郎吳甡說：京營本來就應該是精兵強將，由於承平日久才出現老弱病殘充斥、不堪一擊的現狀，與其重新立營，不如就在京營中裁汰老弱，選練精壯。他還提出了任用得力將領、對士卒進行考核選拔等具體辦法。崇禎帝聽了很高興，同意讓吳甡照此辦理[7]。但這次訓練京營的計畫後來還是成了一紙空文，到第二年吳甡本人被任命為督師，想要集中三萬人馬，京營卻還是無有可用之兵。

對於讓崇禎帝頭疼了十幾年的財政問題，由於天下民力已竭，開源大體無望，他只能再從節流方面想辦法。他針對各地簿籍上有兵額而調用時卻沒有兵的情況，要求戶、兵兩部對各處兵丁人數進行徹底清核，以後一律按實有人數支取糧餉，以節約開支。他還要求各地將向來拖欠中央的應繳錢糧迅速結算交清，要戶部拿出具體辦法。但在朝政一片混亂的情況下，崇禎帝的這兩個措施同樣沒有被執行，財政狀況依然在急劇惡化。

除了練兵、理財這樣的重大機宜之外，崇禎帝的「新政」還包括一些不太重要卻也能顯示少許新氣象的方面。他要求刑部及各地方官對於全國的在押囚犯進行一次大清理，對那些案情可疑或是情有可憫的案犯或取保假釋，或減刑免刑；對於追贓的犯罪官員，大部分可以查明寬免，或全豁，或減半。為了表示朝廷的恩典和對人才的渴求，他還決定增加了各地鄉試中舉的名額，兩京十三省共計增額一百二十二名。此外，還做了一些禮制方面的改革，均屬無關痛癢。

崇禎帝的一番維新儘管迂闊缺乏實效，卻也表現出他對於時局的一種緊迫感。他的心比天高，也隱約感到了一種亡國在即的恐懼，可惜他的治國能力實在平庸，雖然著急，雖然努力，卻不得其法，終究挽救不了土崩瓦解的局面。中原戰場的局勢在加劇惡化。五月間，李自成部第三次圍攻開封，明督師丁啟睿統率各路官軍計十八萬前來援救，但在朱仙鎮遇到農民軍就不戰而潰。其後，李自成部死死圍住開封這座孤城達數月之久，明廷卻再也調集不起一支像樣的部隊來救援解圍了。開封城中以河南巡撫高明衡為首的守軍依靠著城牆堅固殊死抵抗。不久城中糧絕，居民們靠吃牛皮、皮膠、藥材、水草、紙張、馬糞挨延時日，最後竟發展到吃死人甚至殺活人吃，餓死的人不下數十萬[8]。這座中州古都危在旦夕。

但面對著中原殘破的危局，朝中大臣們卻手足失措、毫無對策。復任首輔之職的周延儒把大批的東林志士引入朝中，崇禎帝本來對這些號稱忠貞，把過去的執政者批得體無完膚的忠臣義士們抱著很大的希望。但重新得勢的東林黨人在應付國家大難的時候，卻與他們的對立面沒有什麼兩樣。同樣是不思進取，同樣是消極推諉，同樣是不知所措。開封形勢吃緊，許多河南籍的官員敦促內閣快想辦法調兵解圍。周延儒卻說：有什麼辦法呢，只好放棄開封了。人們對這種回答覺得簡直不可思議，開封又不是邊疆城鎮，放棄了也只是縮小一點疆土，放棄開封就意味著放棄河南、放棄中原，允許一個反叛的國中之國存在。再發展下去，又會意味著什麼呢？

當然就意味著亡國。這種亡國在即的不祥之感在朝臣中不動聲色地蔓延著，人們還不敢公然點破，也不願意承認國破家亡的大難就在眼前，但許多人都能感受到帝國的頭頂上籠罩著的那片濃重險惡的陰雲。與周延儒一同被召還入閣的大學士賀逢聖，因為痛感回天無術，在這年六月乞請退休養病，得到批准。在臨行前崇禎帝最後一次召見了他，並且破格賜宴。在召見的時候，賀逢聖似乎是預感到這就是最後的訣別，突然間放聲大哭不止，也不說話，只是跪在地上連連叩頭達數十次，哭聲震撼殿宇。崇禎帝和其他大臣們都被他哭得莫名其妙，同時不知為什麼也被感染得悲從中來，不由得也跟著抹起眼淚，最後終於發展成一曲君臣集體慟哭的大合唱，場面蔚為壯觀。哭夠了才想起，竟然不知道為的是什麼[9]。

在賀逢聖離開內閣之前，大學士中謝升因為洩露對清和談機密被削籍，魏照乘、張四知也先後引疾罷去，閣臣中辦事的實際上只剩下首輔周延儒和陳演兩個人。五月，周延儒和陳演就請求再補充幾位閣員，正忙於更始維新的崇禎帝於是依照舊例要求由朝臣會推。像以往多次發生過的那樣，這次會推又推出了一場大風波。

會推由吏部尚書李日宣主持，第一次推舉了吏部侍郎蔣德璟等十三人。崇禎帝以為推舉的人太少了選擇餘地不大，要朝臣再多推舉幾個人。於是會推又加了十個人，其中包括副都御史房可壯、工部侍郎宋玫和大理寺卿張三謨。儘管在崇禎時期入閣為相是件很艱難的事，大多數人都沒得到什麼好下場，但朝中的許多大臣對於躋身於相位的極大榮耀還是頗為垂涎，在會推前後有不少人在為自己或為別人積極活動。經過一番活動終於在兩次推舉中列了名的自然皆大歡喜，而那些花了錢費了力卻還是沒有被提名的則憤憤不已，就有人製造流言，聳動視聽。還有些人對被推舉的人素有仇隙，因而也想不平則鳴。所以像每一次會推閣臣之後一樣，朝廷中人言鼎沸，關於會推過程中營私舞弊的傳說不脛而走，其中有真的，有假的，也有半真半假的，而這些流言通過皇家的各種職業或者業餘的密探很快又傳進宮中，傳到崇禎帝的耳朵裡。

傳說最多的是後來推舉的房可壯、宋玫和張三謨三個人。這三個人都屬於東林一派，平時有不少政敵，有人就說此次會推全是由這三人暗中主使，行賄受賄，連通關節，種種不法。而這種說法又不是全然沒有根據，宋玫就確實請人打著首輔周延儒的牌子大肆活動過。偏巧次輔陳演因為一個親戚的升遷問題求助過房可壯，而房可壯卻沒有買他的帳，為此對房可壯銜恨入骨。有一次崇禎帝遊西苑（今中南海和北海）的時候召見輔臣，而周延儒恰巧因病沒有去，陳演就趁機把會推的弊端攻擊了一番。內有東廠情報，外有輔臣陳言，崇禎帝確信這次會推又是一次結黨營私的陰謀[10]。

自這年新春以來，崇禎帝表現出歷來少有的好脾氣，對朝臣的態度相當溫和，在處理謝升洩密事件和洪承疇投敵事件時也頗為寬容仁厚。在他統治的後期，凡是心態較為積極，想要奮發振作一番的時候，一般都會顯得比通常寬厚，也比較能聽進不同意見。但這種心態很難保持長久，進取毫無成效，形勢仍然越來越壞，他就會由積極的進取變為消沉、破罐子破摔，積鬱在心底的刻毒就又會發散出來。將近半年的毫無成效的奮發圖強，將近半年的寬和容忍，已經超出了他的心理極限，在這個盛夏時節，他借著這次會推舞弊事件，把對國事的失望和對朝臣的怨恨一起化作一股怒火，伴著高溫酷暑傾瀉出來。

六月十九日，他因為毒火攻心得了熱病，但還是帶病躺在床上在德政殿召見了全體被推舉的人員，分別進行談話。因為對房可壯、宋玫和張三謨有成見在先，召對時的氣氛很緊張。宋玫本來是有備而來的，對皇帝大談了一番九邊形勢和禦敵方略，卻被崇禎帝斥責為虛誇浮躁[11]。當天夜裡，宮中傳出旨來，任命蔣德璟、黃景昉、吳甡為禮部尚書兼東閣大學士，三人全是第一次會推中提名的。旨中同時還指責吏部在會推中濫舉多人，要吏部明白回奏。

吏部在回奏中堅持自己是按章秉公行事，至於舉薦過多則是遵從皇上的旨意。這就有點揭短的意思，更激起了崇禎帝的憤怒。二十三日，他自己的病情好轉，再次在中左門平臺召見內閣和部院大臣。也許是為了讓兒子們見識一下朝臣的陰險和狡詐，這次召見他特地帶上了太子和另外兩個兒子定王、永王。他把吏部尚書李日宣召喚到跟前，聲色俱厲地說：「用人是治國的要害，用人不當，吏部不能逃脫責任。如今天下動盪，而各地督、撫卻不斷更易，國家怎麼能夠有治平的希望呢？記得兩年前曾經面諭諸臣，有人甯背君父不背私交，寧損公務不破情面。而今還是這樣只講情面，哪能濟事？前者會推閣臣，何等重大，怎麼也徇情濫舉，任意誇揚呢？」

李日宣卻十分執拗，不肯承認有徇私的事。崇禎帝又把在會推中負有重責的吏科都給事中章正宸和河南道掌道御史張瑄召來痛責，兩個人同樣不屈。李日宣還說：「臣事皇上十三年，精白一心，若有一絲徇私背公，今日文武諸臣俱在，皇上可一一詢問，廷臣可一一參奏。」[12]弄得崇禎帝竟一時無話可講。冷場了好一陣，崇禎帝才命錦衣衛把李日宣、章正宸、張瑄和房可壯、宋玫、張三謨全部拿下，送刑部問罪。六個人不久都受到制裁，李日宣等三人戍邊，房可壯等三人革職為民。

俗話說吃一塹，長一智。崇禎帝自登基以來，發生過那麼多次會推閣臣的風波，而且每一次的基本模式又全都一樣，但他顯然沒有從中總結出什麼有教益的經驗和教訓。每一次都是群臣競進相互傾軋，每一次都是他自作聰明大破情面朋黨，最終卻不免落入另一些情面朋黨的套中。在每一次風波之後，朝臣的結黨營私並沒有稍許收斂，而君臣之間的隔閡和隱含的敵意卻在加深。在半年來的一意維新中，他的脾氣剛剛有點好轉，這一次卻又故態復萌了，幾番振作剛剛在人們心中煽起的一點熱情也從此冷卻下來。

會推風波給朝中君臣帶來的不愉快還沒有來得及被時間沖淡，一個個喪氣的事件又接踵而來。七月中旬，崇禎帝一直鍾愛的田貴妃病故，引起了崇禎帝極大的悲痛。田貴妃身體本來瘦弱，自前年幼子悼靈王死後就一直鬱鬱不樂，病不離身，這年入夏以後竟然一病不起。崇禎帝心中最喜歡的女人還是田貴妃，因而對她的病非常惦記，不但吩咐宮中御醫悉心調治，還親自在宮中各處廟宇的神面前恭敬禱祝，為她祈福。但田貴妃的病還是一天比一天嚴重，那一天崇禎帝正在一處殿堂行香為她祈禱，承乾宮裡突然傳來消息，說娘娘情況不妙。崇禎帝連忙趕到承乾宮的時候，田貴妃已經玉殞香消，兩個人竟然沒有來得及作最後的永訣。崇禎帝望著這位陪伴了自己十幾年的愛妾的遺體，忍不住放聲大哭，把對田妃的傷悼和多年來壓抑在心底的委屈、怨恨都化作滂沱涕淚。

極度的悲痛幾乎又使他大病一場。但在依照儀禮輟朝三日之後，他還是強打著精神恢復了正常的政務活動。首先，處理田貴妃的後事就是一項重大政務。禮部和司禮監根據皇帝的意願安排了隆重的喪禮，還為田貴妃擬定了一套高貴美麗的謚號，叫作「恭淑端慧靜懷貴妃」[13]。工部和內官監星夜組織人力為貴妃修造墳墓，地點選在昌平皇陵區域內的銀泉山，施工雖然倉促，但按照皇貴妃的規格，墓壙、墓園都還算寬敞精緻，崇禎帝基本滿意。他當然做夢也不會想到，田貴妃的這座墳墓將來就是他自己的長眠之地。

京中的士大夫們對於宮中這位幾乎專寵的田娘娘早有耳聞，因而對她的盛年早逝也大都唏噓不已。直到兩年以後，國破家亡，明朝的遺臣們回想起田貴妃的早亡，才又慨歎她的死與其說是不幸，不如說是萬幸。詩人吳偉業在他那首著名的《永和宮詞》中追詠此事，也情不自禁地吟出「倖免玉環逢喪亂，不須銅雀怨興亡」這樣的詩句[14]，慶幸她沒有像唐代的楊貴妃那樣在喪亂中慘遭殺害，也沒有像曹魏末代后妃那樣成為亡國臣妾。比起在兩年後倉促自盡的周皇后，她畢竟是壽終正寢的。

不知是出於怎樣一種心理，在田貴妃死後不久，一向在生活上比較嚴於律己、疏於聲色的崇禎帝忽然提出要增選一批宮嬪，還提出要求，「良家子女年十四以上、十六以下，必德性純良，家族清白，容貌端潔者，方許與選。」[15]朝臣們對此頗不以為然，覺得國難當前，萬機待理，皇帝卻忽然把心思放在女色上，實在是有失為君之德。閣部大臣和言官們一面委婉地勸誡，一面故意拖延，從秋天拖到第二年春天，崇禎帝不好意思為這件事與朝臣翻臉，最後只得不了了之。

有一種說法認為，崇禎帝這次選嬪，其實是專為田貴妃的妹妹而發。田妃這個小妹據說叫田淑英，相貌氣質都與姐姐接近，當年曾經進宮，很得崇禎帝的歡喜。他還把一枝花插在小姑娘的頭上，並半開玩笑地說：「這是我家的人了。」[16]如果真是為了這個緣故，那麼這次選嬪主要還是體現了一種對田貴妃的思念。當然也不能排除他在多年的振作、失敗，終致心力交瘁之後，一時產生了自暴自棄的心理。歷史上陳後主、隋煬帝、李後主一類亡國之君，不就是置國家大難於不顧，縱情於聲色的嗎？但他又終歸不願意做一個亡國之君，因而自暴自棄發洩了一番之後，他只好再重新振作起來，投入到無止無休的煩亂政務之中。

緊接著就出了陳新甲洩露和談機密的事，於是陳新甲倒了大黴，崇禎帝自己也更加鬱鬱不樂。到了九月，中原的戰局又有新的發展。開封守軍被李自成圍困了四個月，內無糧草，外無救兵，竟然想出一條「奇計」，要掘開黃河大堤水淹農民軍。高明衡和巡按御史嚴京雲組織人力挖掘朱家寨口大堤，農民軍得知消息，移營高阜，反過來也派人挖掘馬家口大堤以灌開封守軍。當時秋高水急，九月十五日夜，洶湧的黃水決堤而出，整個開封城全被淹沒，城內外居民淹死無數，農民軍也有一萬餘人在洪水中遇難，開封城中只有高明衡等一批高級官僚和周王的家眷乘船逃生。

大水後，開封這座有過數百年繁榮的中州古城變作了一片汪洋，明廷也失去了在中原地區對抗農民軍的最後一個堡壘。這時候，對於崇禎帝來講，唯一可恃之軍只有陝西的孫傳庭部了。但孫傳庭蒞任才只半年，實力薄弱，一貫的戰略思路是擁兵拒守陝西，不願出潼關作戰。早在六月間，開封被圍，崇禎帝多次催促孫傳庭赴援，孫傳庭強調兵餉不足，無法出關作戰。崇禎帝回想起當初廷對的時候孫傳庭誇下的海口，指責他說：「原議練兵五千可以破賊，何以又說需練兵二萬，兵餉百萬？」催促他「但有一月兵餉，便當卷甲出關，共圖掃蕩殲敵。」[17]孫傳庭無奈，只得於九月出兵，但進入潼關的時候，開封已經被水淹沒。李自成部撤離開封後，揮軍向西，也決心一舉殲滅明軍中最後一股強敵。

十月初，兩軍大戰於河南中部的郟縣。最初農民軍進入了明軍的埋伏圈裡，失利戰敗。但明軍為了搶奪農民軍的輜重自己亂作一團，周邊的農民軍羅汝才部趁機衝擊明軍，明軍大潰，農民軍反敗為勝，斬殺明軍數千名。孫傳庭在郟縣一戰中大傷元氣，只得退回潼關。李自成乘勝再一次攻占洛陽以及周圍州縣，在河南省黃河以南的廣大地區站穩了腳跟。至此，明廷對於中原一帶聲勢浩大的農民義軍，不但毫無辦法去剿除殲滅，就連正面與之對抗的實力也沒有了，只能眼看著它的力量不斷壯大。

一心想在旁側砍斫明王朝這棵大樹的清朝統治者也十分關心中原的形勢，就在明王朝被農民軍的攻勢打得透不過氣來的時候，又發動了新的一輪「從兩旁斫削」的行動。十月，清太宗派多羅饒余貝勒阿巴泰為奉命大將軍，再一次統率八旗勁旅出兵征明。清太宗充分注意到農民軍這股勢力，在阿巴泰等人出發前特別叮囑：「如遇流寇，要對他們說：你等為明朝政治紊亂，激而成變。我前來征討，也正為此。」他要求軍士要善待農民軍，不可與農民軍結下仇怨，如果對方願意派使者或有書信交送，一定要妥為接洽[18]。

阿巴泰的十萬大軍在十一月上旬分左右兩翼分別由撫寧北面的界嶺口和薊州北面的黃崖口攻入長城，接著輕易地拿下了遷安、三河、薊州等重鎮。這是清軍第五次進入內地，第四次兵臨京師城下。明朝為了防範清兵，此前在山海關至北京一線設置了遼東、山海、昌平、保定四個總督，甯遠、永平、順天、密雲、天津、保定六個巡撫，甯遠、山海、中協、西協、昌平、通州、天津、保定八個總兵官，大帥如雲，防兵如蟻。但由於事權不一，將帥怯懦，士氣低落，這些分屬於督標、撫標、鎮標的明軍根本無法有效地調集起來對付清軍。各路兵馬或是沒遇見敵軍就先行逃竄；或是故意避開敵軍的正面攻勢，遠遠地逗留觀望；或是保持距離跟在敵軍屁股後面，充當清軍的收容隊。因而清軍這次入關最為輕鬆，幾乎從來沒有遇到過任何抵抗。

清兵臨城的時候，崇禎帝和他的朝臣們又一次大為恐慌，一面下詔要各路部隊勤王入衛，一面臨時抱佛腳，緊急推舉堪任大將的人才。只是這時候，京城周圍根本就沒有能夠起作用的援兵，朝中也再沒有可以任用的軍事人才了。好在清軍只是從京城邊上擦身而過，就向京南一帶進軍，崇禎帝這才鬆了一口氣。

但這接連不斷的打擊和失敗還是讓崇禎帝感到了極大的沮喪。早在四月他就提出過要第二次下詔罪己，以邀民心，以邀天眷，但一直沒有實行。到了中原殘破，清兵橫行，朝政紊亂，財匱民饑的閏十一月，他在極其無奈的情況下終於第二次頒發了罪己詔書。由於第一次罪己其實只是以上諭的形式下發的，這也可以說是他第一次正式以詔告天下的方式公開罪己自責。

詔書中說：「近來災害頻仍，干戈擾攘。醒來就想到禍亂，日夜不能安寧。這實在都是朕的無德所致啊！罪在朕自身，不敢自我寬容。自今日為始，朕敬於宮中默告上帝，修省戴罪視事。務期殲胡平寇，以贖罪責。」在這一套聽起來沉痛深刻其實毫無實質性內容的自我批評之後，詔書中又對朝臣的「挾私偏執、更端爭勝」種種情弊大加撻伐了一番，最後要求群臣「各知勉勵，無負朕罪己求言、克艱圖治至意」[19]。

他已經沒有能力控制這個局面，只好希望百姓們能振作起來，群臣能振作起來，也希望蒼天能振作起來，重新福佑他的王朝。但還沒等群臣們真的振作，他的自尊心卻已經因為公開罪己而遭受了破壞性的打擊，難以自拔了。像六年前第一次罪己之後的情況一樣，他再一次陷入自責——憤懣——發洩的泥潭中，顧不上國勢的衰微，顧不上軍情的急迫，只有一種懲治朝臣以挽回心理平衡的衝動。

這一次最先撞到他槍口上的是兩個下級官員，禮科給事中姜埰和行人司副熊開元。

姜埰見到皇帝在罪己詔中號召群臣直言國是，又見到詔書中指責言官「挾私偏執、更端爭勝」，「或代人規卸，或為人出豁，種種情弊，難以枚舉」，因而上疏表示了自己的不同意見。他認為皇帝對言官的指責實在是言過其實了，所以在疏中說：「若說『為他人關說解脫罪責』，怎敢說絕對沒有這種事？臣獨輾轉而不得其解的，是皇上瞭解了哪些情況才這樣說？」接著又告誡皇帝，不應該聽信流言蜚語，鉗制言官之口[20]。

姜埰的奏章口氣比較強硬，有幾處詰駁問難，簡直是在與皇帝辯論。正有一肚子邪火沒處發洩的崇禎帝見到如此不恭敬的本章，立時火冒三丈，當即命令：「姜埰革了職，錦衣衛拿去北鎮撫司著實打問。」姜埰於是被錦衣衛抓入詔獄，嚴刑拷打逼供，追查背後的同謀和主使。

熊開元的問題比較複雜一些。這位老兄是天啟五年（1625年）的進士，釋褐近二十年，資格很老，但仕途不順，幾經升降，直到此時還只是一個從七品的小京官。他為了宦途前程曾經拜會過首輔周延儒，請求周延儒施加影響給他一些特別照顧。但那天恰巧周延儒有急事，只是禮貌性地見了他一面，沒聽他說明情況就把他客客氣氣地請了出去。這件事使他大為光火，決定不惜代價參劾周延儒一下。

正巧崇禎帝下罪己詔並徵求朝臣和平民直言，熊開元就在會極門報名，要對皇帝陳述有關事宜。崇禎帝第二天就在文昭閣接見了熊開元，但因為內閣的大學士們一直都在皇帝的身邊，熊開元臨陣膽怯，沒有敢攻擊周延儒，只是對當時的軍事形勢發表了一點不著邊際的議論就告退了。但他既然已經下了決心，不狠狠咬上周延儒一口心中總不痛快，所以過了十來天，又再一次請求召見。

崇禎帝這一次是在德政殿召見他，輔臣仍然陪伴在身旁。他只得說：「《周易》中言，『君不密則失臣，臣不密則失身』，請輔臣們暫時退避一下。」周延儒等人趕快請求回避，崇禎帝卻不允許。熊開元只好硬著頭皮說：「陛下登基以來，輔臣用過數十人。陛下以為是賢人，陛下左右以為是賢人，但群臣和天下人未必以為是賢人。輔臣是天子的心膂股肱，而輕易任用，致使庸人在高位，相繼為奸，因此才天災人禍沒有止境。等到言官揭發其罪狀，再誅殺斥退，卻已經無補於事了。」

崇禎帝覺得這番空論中必然暗有所指，就一再要他言明。他卻一面否認，一面用眼睛瞟著周延儒。周延儒這才知道熊開元原來是為著自己而來的，立即表示自己昏聵無能，請求罷免。崇禎帝卻對面前這個小人物的畏畏縮縮、吞吞吐吐很有些反感，仍然堅持讓他當面啟奏。熊開元卻正話反說：「陛下要大小臣工不時面奏，而讓輔臣不離左右，誰敢提出不同意見為自己招禍呢？何況當年的輔臣，繁刑厚斂，屏棄忠良，因而賢人君子攻擊他；而今輔臣奉行德意，釋放積囚，豁免欠賦，起用廢籍，賢人君子都是他引用的，即使心中偶有不平，也只好私下裡慨歎一下而已。」[21]

崇禎帝見他明明要攻擊的是周延儒，說出話來卻陰陽怪氣小人氣十足，非常惱怒，厲聲讓他明言所指。熊開元卻一直遮遮掩掩、指桑罵槐。崇禎帝不願聽他混扯，命他退下把要說的話寫在本章裡奏上。

但周延儒畢竟勢力龐大。熊開元在這次被召見後聽到了許多好友同鄉的勸告，都以為周延儒在歷屆首相中還算是寬和老成的，攻劾周延儒絕非明智之舉。本來就首鼠兩端猶豫不決的熊開元因此銳氣全無，在補奏的本章中只是把召對時說過的話又複述了一遍，「只就臣次第所奏，恭列上聞，臣奏云……」

正在為清軍的兵臨城下而焦慮煩躁，又為罪己自責而悒悒不樂的崇禎帝見到熊開元這樣一份毫無內容的補牘，覺得簡直是在被這個小人耍弄，大怒，立刻派錦衣衛把熊開元抓起來，送北鎮撫司嚴刑拷問。

姜埰和熊開元在朝中不過是兩個小人物，所謂「罪狀」也不過是在皇帝徵求直言的情況下說了幾句不相干的話，並非在重大國策上與皇帝及首腦集團有什麼根本性抵牾，卻被皇帝當作國家大敵，巨奸大惡，送進最黑暗的錦衣衛鎮撫司獄中嚴刑逼供。朝臣對皇帝這種沒來由的暴怒議論紛紛，也頗為姜、熊二人不平。周延儒由於熊開元的入獄是為攻劾自己而起，更是深感不安。在閏十一月二十九日的一次御前會議上，言官和部、閣大臣們相繼為姜埰和熊開元開脫申辯。以道學而名滿天下的左都御史劉宗周說的最為懇切：「朝廷待言官自有體制，言官進言，可用則用之，不可用則置之，即使有應得之罪，也應敕下法司，據情節定罪。如今熊開元、姜埰狂躁無知，不能無罪。但目前皇上急切求言，而二臣因進言下詔獄，於聖政國體大有傷害，恐非皇上求言的本意。臣願皇上俯念時事艱危，放開如天一般寬宏的度量，以開闢諸臣諍諫之路。」

但崇禎帝聽了這番話卻覺得極為刺耳，以為明明是在譏諷自己度量狹窄，濫用私刑。他大發雷霆，強詞奪理地說：「三法司、錦衣衛都是朝廷的衙門，有什麼公私之分？你說言官自有體制，難道貪贓壞法、欺君罔上、混亂紀綱的，通通都不該問罪嗎？」「熊開元這疏，定有人主使，想來這背後主使的人就是劉宗周！」[22]

閣臣周延儒、蔣德璟、吳甡，兵部尚書張國維、侍郎馮元飆，刑部尚書徐石麒，工部尚書范景文，都察院僉都御史金光辰以及五府的勛戚武臣一起為劉宗周申辯，甚至痛哭濕了衣袖。崇禎帝卻愈發惱火，堅持要大行處治。在這次不歡而散的召對之後，崇禎帝發旨將劉宗周革職下刑部議罪。內閣對此進行了堅決的抵制，扣住中旨不發，聯名懇請皇帝收回成命。崇禎帝臨御以來還很少遇到過這樣的抵制，又不想與朝臣鬧到勢如水火的地步，只好改令將劉宗周罷斥為民。徐石麒和金光辰也為了這個案件分別被罷免和降級調用。

大臣們能在抗爭中倖免於難，崇禎帝在與朝臣的衝突中不斷升騰的一股惡氣只有發洩在倒楣的姜埰和熊開元身上。在二十九日召對過後的當日，他向錦衣衛指揮使駱養性發出了一道密旨：「取熊開元、姜埰畢命，以病故報聞。」[23]駱養性見到密旨，大驚失色。錦衣衛歷來是皇帝施行暴政的得力工具，在明朝歷史上為皇帝祕密處決過不知多少人。但那些助紂為虐的錦衣衛主管們卻大都沒有什麼好下場，遠的不講，天啟時期主持錦衣衛的「五虎」就為了私刑殺人全部被處決了。何況駱養性與熊開元是同鄉，本來有些交情，而且這件事已經鬧得滿朝風雨，匆匆把兩個人殺害了，朝臣追究起來，算是誰的責任呢？駱養性為此與同事們商量，決定拒不執行皇帝的密旨，還有意把密旨的內容向朝臣透露出去。但是為了應付皇帝，鎮撫司還是對姜埰和熊開元用了毒刑。據熊開元自己記述，第二天十二月初一日，「先拶一百敲，又一夾打五十棍，掠至垂斃，始還獄。初二日，又一夾打五十棍，複去衣打四十棍，自分死矣！」[24]

因為言官們開始為皇帝下旨密裁的事議論紛紛，周延儒等閣臣又一再力爭，到初四這天，崇禎帝才決定將姜、熊二人轉交刑部議處，但殺兩人以洩憤的心情卻還是沒有消除。刑部奏上的獄詞顯然在避重就輕，他嚴責刑部「不審不招」，「欺藐玩徇」，並在十一日下令對姜、熊二人在午門外施行廷杖，各杖一百，杖後仍送鎮撫司拷問。

對於刑傷在身，已經氣息奄奄的姜埰和熊開元來說，廷杖一百幾乎是必死無疑的事情。幸虧監刑和行刑的司禮太監和錦衣衛官員怕打死了人引起朝臣的集體抗議，在廷杖的時候手下留情，兩個人才算保住了性命。即使如此，姜埰被打了一百大杖之後已經氣如遊絲，不省人事。他的弟弟姜垓也在京為官，趕來用嘴含了人尿灌他，才終於蘇醒過來。

姜埰和熊開元的事件折騰了整整一個月，崇禎帝通過對兩個小人物大動干戈，總算找回了一點心理平衡。姜埰和熊開元都僥倖保住了性命，又在監獄裡住了一年多，到崇禎十七年（1644年）初才被分別遣戍到宣州和杭州，但兩個人都沒來得及抵達戍所，就聽到了北京陷落的消息，不久後又都得到了福王弘光政權的赦免。

通過這個事件，朝中的大小臣工們卻對皇帝和政局更加失望了。如果說以前他們對於皇帝的批評還只限於「嚴極切峻」、「太過聰明」，到這時候則分明感到了他的褊狹殘酷和不負責任。崇禎帝威信急劇下降的一個重要標誌就是他一心想殺掉兩個小臣卻最終不能如願以償，這在數年以前是不可思議的。只是朝臣表現出的對皇帝的抵制，絕非積極意義上的對於專制皇權的某種制衡，而是一種消極的人心瓦解。

1《甲申朝事小紀》，初編卷五，上冊，第119頁。
2 見《烈皇小識》，卷七，第196頁。
3 見《山書》，卷十五，第377頁。
4 見《山書》，卷十五，第386頁。
5 邊大綬，《虎口餘生紀》，上海書店1982年4月版，第128頁。
6 見《山書》，卷十五，第393頁。
7 見《三垣筆記》，第172頁。
8 見白愚，《汴圍濕襟錄》，上海書店《虎中餘生紀》本，第65頁。
9 見《三朝野記》，卷七，第161頁。
10 見《國榷》，卷九八，第6冊，第5934頁。
11 見《明史》，卷二六七，第22冊，第6880頁。
12 見《春明夢餘錄》，卷二四，上冊，第254頁。
13《山書》，卷十六，406頁。
14《吳梅村全集》，上冊，上海古籍出版社1990年12月版，53頁。
15《山書》，卷十六，第407頁。
16 見《烈皇小識》，卷七，第199頁。
17 見《國榷》，卷九八，第六冊，5929頁。
18 見《清太宗文皇帝實錄》，卷六三，第二冊，第865頁。
19 見《國榷》，卷九八，第六冊，第5950頁；《山書》，卷十六，第430頁。
20 見《山書》，卷十六，第430頁。
21 見《明史》，卷二五八，第二二冊，第6670頁。
22 見《山書》，卷十六，第432頁。
23《三朝野記》，卷七，第175頁。
24 見熊開元，《熊魚山先生文集》，卷下。

二 土崩瓦解

進入崇禎十六年（1643 年）以後，這個王朝大勢已去的徵兆越來越明顯了。

在內地橫行無阻的清軍於上年末連下山東州縣，並且攻陷了魯王居住的兗州，魯王朱以派及東陵王、陽信王、東原王、安邱王等一批郡王被殺的被殺，自盡的自盡。年初，清軍分兵兩路，一路略東南，圍攻屬於南京直轄的海州（今連雲港）、豐縣、沛縣等地；一路渡黃河向北，再次蹂躪魯西、魯北地區。奉命征討清軍的各路兵馬或是藉口糧餉不足，或是藉口修城築壘，全部在遠離清軍的地方觀望。負有守土之責的地方官更抵抗不住強悍的清軍，只好要麼帶上細軟逃跑，要麼獻地迎降。清軍雖然沒有遇到什麼像樣的抵抗，幾個月來畢竟鞍馬勞頓，於是趁著春至草肥，竟然在山東各地牧馬歇兵，安安穩穩地休整起來。直到四月才載著大批戰利品悠然北返。最可驚怪的是明朝朝廷對於將帥們的逗留怯戰，竟也眼睜睜地聽之任之，毫無辦法。

農民軍在中原一帶的攻勢更讓人心驚肉跳。李自成部在河南大敗明軍之後開始向自古兵家必爭之地的荊襄地區進軍，十二月初不費吹灰之力就占領了襄陽，十幾天以後又占領荊州。崇禎十六年（1643年）新年，李自成農民軍攻克了湖廣的承天府（今湖北鐘祥），不久又攻占漢陽，離湖廣省城武昌只有一江之隔。此時，以李自成為首的農民軍大體已經占有河南、湖廣兩省十來個府的全部州縣，根據地連成一片。這年春天，李自成改襄陽為襄京昌義府，正式建立了自己的政權，李自成稱「奉天倡義文武大元帥」[1]，以牛金星為丞相，下設吏、戶、禮、兵、刑、工六政府，在地方上設防御使，所轄府、州、縣分別設府尹、州牧、縣令。這時候的李自成農民軍，早已不是明廷所謂的「流寇」、「盜賊」，而成為一個地域廣闊，軍力強盛的儼然敵國。

農民軍的另一支主力張獻忠部在崇禎十四年（1641年）八月信陽失利後一度蟄伏休整，沒有什麼大的軍事行動。但從崇禎十五年（1642年）夏季起，又在安徽一帶活躍起來，五月攻克廬州（今合肥），七月在六安大敗明軍黃得功、劉良佐部。崇禎十六年（1643年）初，張獻忠又率部西進湖廣，連下黃梅、廣濟、蘄州、蘄水各州縣和黃州府（今湖北黃岡），眼看就要沿江而上，襲擊武昌。

在兩支農民大軍的夾擊之下，長江中游一帶的明朝地方政權猶如摧枯拉朽一樣地被一一拔除，像幾年前那樣憑城抵抗的地方官員已成鳳毛麟角，倒是帶頭開城投降的官員士紳大大增多。這也反映了一種社會思潮的變化，本來在明朝士大夫中極為流行的忠君氣節，隨著國勢的日趨衰落和對朝廷的日益失望，逐漸被消磨得所剩無幾；而順應天命準備改朝換代的意識卻在許多士大夫中慢慢滋生。到了明王朝臨近滅亡的時候，在李自成和張獻忠的麾下已經聚集起包括明朝原任中央和地方官僚以及舉人、生員等相當一批舊王朝知識份子。

北京的崇禎帝對於農民軍的節節勝利卻是一籌莫展。各軍失利、各地失陷的急報頻頻傳來，但調集軍隊進剿的諭旨卻形同虛文，根本不起作用。當時明朝在長江中游一帶最有實力的軍事集團是平賊將軍、援剿總兵官左良玉所部。按照兵部的冊籍，左良玉部只有二萬五千人，在一鎮所統轄的兵馬中已算是數額極多了。但由於左良玉在多年和農民軍的周旋中善於保存實力，又努力招降納叛擴充隊伍，這時候的實際兵力已經達到二十萬人。這不但遠遠超出了一般總兵轄軍的數量，而且比任何一個相當於戰區司令的督師或總督所能實際調遣的兵力也要多得多。江河日下的明王朝還有這樣一支由一個將領統一率領又頗具戰鬥力的大部隊，本來應該是一件幸事。可惜的是，這支部隊在長期的爭戰中早已充分軍閥化了，成了左良玉的私人資本，根本不聽朝廷調遣。

由於朝廷供應的糧餉不足十分之一，左良玉軍長期以來靠搜括掠搶來維持，因而走到哪裡都被當地人民恨之入骨。左軍殘害鄉民甚於賊匪，對此朝廷並不是不知道，但從來是一眼開一眼閉，很少過問。皇帝和大臣們所希望的無非是這支不費朝廷太多糧餉的大部隊能夠在關鍵時刻抵禦住農民軍的衝擊，為朝廷效力。但真到大敵當前的時候，左良玉卻慣於坐視不顧或不戰而逃。當初開封被圍，朝廷為了能利用左良玉的兵力，特地從監獄裡釋放了早年曾賞識提拔左良玉，對左良玉有大恩的原任戶部尚書侯恂，任命他為兵部右侍郎兼右僉都御史總督保定、山東、河北軍務，統轄各鎮援剿官兵，以為左良玉總會比較聽話一點。但侯恂檄調左良玉部北上援救開封，左良玉卻只派了五千人前往，同時以糧餉不繼的理由要脅朝廷，主力部隊始終沒有離開自己的據點襄陽。李自成軍南下襄陽，左良玉稍稍抵擋了一下，又把襄陽附近焚搶一空，然後率軍向東逃竄。這支惡劣甚於土匪的二十萬大軍先逃到武昌，又順江向東而下。武昌居民在蛇山上見到左軍東去，歡呼「左軍過矣！」慶賀更生[2]。

逃離了襄陽據點的左良玉軍真成了一批無所顧忌的匪徒，不但所過之處燒殺掠搶，甚至公然攻打閉門不納的州縣，完全變作了一夥反叛。三月，左軍已經到達蕪湖附近，聲言要到南京籌措軍餉，嚇得南京陪都政府亂作一團，急忙派兵陳師江上，準備防禦左軍。後來還是正在湖口的新任左都御史李邦華對左良玉反復勸誘，又讓安慶巡撫拿出十五萬兩庫銀作為軍餉，左良玉才讓部卒們稍微安定了一點，駐軍於安慶、池州一線。

對於左良玉軍的這次變亂，崇禎君臣們竟然連聲討的勇氣都沒有了。李邦華到京後向崇禎帝建議把變亂之罪推到左良玉的一個下級部將王允成的身上，因為此人所部劫掠州縣最為猖獗。崇禎帝深知這個左良玉還要依為干城，不能惹；而且實力雄厚，也惹不起。只得忍氣對左良玉「戢服變亂」嘉獎了一番，要他把「首惡」王允成斬首以維護朝廷的面子[3]。左良玉卻連這點面子也不給，仍然把王允成留在軍中，繼續我行我素。

不但無力對付境外的敵人和境內的叛亂者，而且無力對付自己營壘內部的軍閥勢力，這是一個政權行將崩潰的重要標誌之一。左良玉只是明末軍閥中最有代表性的一個罷了，其他各處握有實力的總兵們，如甯遠的吳三桂、山東的劉澤清等人實際上都已經成為一方的軍閥。朝廷對他們只能小心籠絡，而他們對朝廷則要根據自己的利益情況決定態度。

崇禎帝自己也弄不清楚，從什麼時候起堂堂的天子朝廷竟墮落到要看幾個粗鄙武夫的眼色行事了。但為了大局，眼色仍然要看。這是一種十分痛苦的無奈，崇禎帝所能想出來的唯一辦法，就是從朝廷派遣有威信、有膽略的得力大臣到前線督師，切實轄制諸軍，與「流寇」進行一番決戰。可是自從楊嗣昌故去，洪承疇陷於清朝，這樣的得力大臣實在太難尋覓了。崇禎帝把朝中大員們扳著指頭算了一遍，覺得只有內閣大學士吳甡還算差強人意。吳甡是萬曆四十一年（1613年）的進士，做過河南、陝西的巡按御史和山西巡撫，在任期間正值「流賊」蜂起的時候，他辦事較為得力，朝野口碑多認為他是剿「賊」的幹練之才。正是由於有這方面的才能，他自崇禎十一年（1638年）起被任用為兵部侍郎，對於全國的軍事形勢和各部隊情況十分熟悉。上一年崇禎帝特地提升他為輔臣，主要也是為了在內閣中有一個通曉軍事的顧問。比起楊嗣昌、洪承疇來，吳甡雖然要遜色一籌，但論資歷、地位、威望和能力，他也要算一個不可多得的人選了。

這年三月，襄陽、荊州等地接連失陷和左良玉部作亂的消息相繼傳來，崇禎帝決定由吳甡以輔臣的身分前往湖廣督師。他在召對廷臣的時候流著淚對吳甡說：「卿多年在匪患猖獗之地任職，有戰守韜略，可去湖廣為朕督師。」[4] 此前，除了崇禎初年的孫承宗和後來的楊嗣昌以外，督師大臣一般頂多掛兵部尚書銜，很少由內閣大學士直接擔任，這次任命閣臣督師，崇禎帝是相當鄭重的。

但吳甡對於這個任命卻十分不情願。他知道如今天下大勢已去，官軍很難節制，而「流寇」則根本沒有可能剿滅。既然註定了不可能成功，出去督師就等於出去送死，不是死在農民軍的手裡就是失敗後被皇帝處死，或是像楊嗣昌那樣死得不明不白，死後還要留下一世的罵名。但身為大臣，他又不能不為君王效命，強不可為而為之。他在接受任命後提出：一要有精兵三萬由自己親自統轄；二應先沿運河南下到南京，再相機溯江而上，進可討賊，退可保衛南都及江南富饒之區。

吳甡提出這兩點，從當時的實際情況來看，不能說沒有一定道理。但在崇禎帝看來，這卻是吳甡有意避重就輕，推諉遷延的藉口。他在與閣臣們面議此事的時候很不高興地說：「京畿正在對韃虜用兵，三萬精兵哪能倉促間集中起來？何況南京遠在下游，何至於現在就去退守？」吳甡回答說：「左良玉驕橫跋扈，當年楊嗣昌督師，連下十道號令，他一兵不發。臣才能不如楊嗣昌，而左良玉目前勢力又大於當年。臣手中無兵，不能節制，只會損害朝廷威嚴。由襄陽順流而下，極易攻至南京，因而應該兼顧，並非退守。」[5] 崇禎帝對吳甡所說也無法駁斥，只得先讓兵部速議發兵，但心中卻對這個吳甡極為不滿。國事危急，竟然連大臣也不用命了，這讓他心裡一陣陣地怒火中燒。

好在另一位輔臣在此時表現出了良好的素質，崇禎帝的心情才好了一點。

這另一位輔臣就是首席大學士周延儒。四月初，清軍在山東等地飽掠一番之後準備回師關外，再一次路經京師附近。儘管皇帝和朝臣都知道清兵這次抵近京城大概只是過路，卻還是不免緊張起來。一向精明的周延儒深知清兵帶著大批俘獲的人口輜重，肯定無心再戰，主持這次京師防衛的軍務決不會吃什麼大虧，而且只要把清兵安安穩穩地送出長城以外，就可收到驅除敵寇、捍衛朝廷的大功。他同樣深知，皇帝正為吳甡受命後拖拖拉拉不肯離京而惱怒，很需要在輔臣中有一個勇於任事的榜樣。為此，他在四月初四日自請出京督師禦敵。在明代歷史上還從來沒有過首輔親自統兵作戰的先例，崇禎帝對於周延儒這一別出心裁的申請果然非常滿意，非常高興，覺得畢竟是自己最信任的股肱大臣，在危急時刻能為自己分憂解難，所以立即就批准了周延儒的請求。

周延儒這一次出兵真是雷厲風行，在皇帝批准的第二天，不再進行任何準備就帶著少量京營官兵出了城。這時候京畿地區仍然有三、四個總督，五、六個巡撫，七、八個總兵，大帥如雲，兵力也有十多萬人。但各路統帥都抱定了不與敵人接觸的方針，只是從旁觀望或徐徐尾隨，因而根本無仗可打。周延儒明知這些情況，卻也打定了多一事不如少一事的主意，以為清軍反正早晚要出邊回國，因而每天只是與幕僚們飲酒歡會，並不把軍事形勢放在心上。他的如意算盤果然打得不錯。清軍急著回家，不想再打硬仗，既然沒有人阻截，就直奔京師以東的長城而來，把那一帶的長城拆出了許多口子，悠然揚長而去。周延儒對於官場上和戰場上的訣竅倒都非常熟悉，把各路官軍抓獲的散兵游勇和一些無辜的流民斬首充數，向皇帝報捷說與敵人交戰斬獲百餘人，現已將敵軍驅逐出邊外。於是大獲全勝。

崇禎帝對於首輔督師旗開得勝真的很高興，因為這些年來勝利的捷報畢竟是太少了。他一次又一次地對周延儒予以嘉獎，特賜金幣，等他班師回朝之後又晉升為中極殿大學士、太師。這後一項晉封在明代太過隆重了，文臣中得到過太師銜的只有萬曆時期的張居正一人，周延儒堅持辭免，獲准。對比之下，崇禎帝於對吳甡更加深了痛恨，在周延儒回朝後不久就降旨切責吳甡遷延逗留，令他停止入直內閣。吳甡只得上疏謝罪，並且請求辭去職務。這個請求立即得到批准。

這一幕輔臣督師的鬧劇至此並沒有結束。周延儒剛回到京城，就有言官彈劾他故意縱敵出關，「狡詐欺君，喪師辱國」[6]。崇禎帝開始還不大相信，但後來錦衣衛的密探又把在周延儒軍中打探到的情況密報上來，無非說他怎樣悠遊京郊，不理軍務；怎樣殺良冒功，怯懦不戰。崇禎帝這才大怒，甚至悲從中來，感到自首輔以下的文武大臣全都這樣蒙混欺騙，全都對天下大壞的形勢如此不負責任，要挽狂瀾於既倒真是毫無希望可言。

五月裡，新任保定巡撫徐標進京入對，向皇帝報告了一路的見聞：「臣自江淮來，途經數千里，見到城陷處固蕩然一空，就是沒有被攻陷的城市，也僅存四壁城隍。物力已盡，蹂躪無餘，蓬蒿滿路，雞犬無音，路上竟沒有遇到過一個耕田的人。皇上幾乎沒有人民，沒有土地了，如何還能達到天下大治呢？」這一番悲觀的實況和悲觀的論調讓崇禎帝更為悲觀，只能流著眼淚說：「都是諸臣不實心任事，才到這步田地呀！」[7]

這確實是他的心裡話。多年以來他一直認為是朝臣們的結黨營私和敷衍塞責壞了國家的大事，此前兩位輔臣督師的種種表現更證明瞭朝臣們的狡黠無能與可恥可恨。出於這種怨恨，他在這個月罷免了周延儒，但還為周延儒留了一點面子，准許他「乘傳而歸」，就是回家路上由國家驛站提供交通食宿。在此前後，他還罷免了近來辦事不力的吏部尚書鄭三俊、戶部尚書傅淑訓和兵部尚書張國維。但在這種危亡的時刻大批更換重臣對於國事到底能有什麼補益呢？連他自己也弄不清楚。

清軍出塞之後，京畿附近至少暫時平靜了。而且由於清太宗皇太極於這年八月突然病逝，清朝方面忙著處理自己內部的權力再分配，一時無暇顧及關內，整個的對清戰事竟有將近一年的安定局面。但已經分崩離析的明王朝卻沒有能力利用這個時機來振興自強了。

湖廣方面的戰局還在惡化。五月初，張獻忠攻克了武昌，把楚王朱華奎扔到長江裡淹死，退職大學士賀逢聖投水自盡。這是農民軍自起義以來占領的第一座省城，張獻忠改武昌府為天授府，當作自己的首都，自稱「西王」，設五府、六部及總督、巡撫，正式建立了大西政權。李自成則在自己統轄的廣大地區加強政權建設，剷除殘餘的官軍和團丁武裝。

朝政也在繼續惡化。周延儒罷相後，陳演繼任為首輔，而這位崇禎朝最後一任首輔卻無疑是歷任首輔中最庸碌無能的一個。他主政以後的主要興趣好像是集中在煽動言官們追究周延儒的過失、罪責上，而且真的煽動起一個不小的運動。一些趨炎附勢、唯恐天下不亂的言官們也為有機會投井下石而摩拳擦掌、興奮不已。

似乎是禍不單行，京城中從這年二月起又流行起瘟疫。這是一次惡性的傳染病，來勢猛烈，有些家庭剛剛發現有人染病，沒有幾天工夫一家人就死得精光。這樣厲害的瘟疫在京城的歷史上聞所未聞，引起市民的極大恐慌。由於城外清軍還在活動，想逃到郊外躲避瘟神都不行，城裡的居民只能燒香祈禱，求菩薩保佑。江西的張天師這時候正在京城，崇禎帝急忙命他建壇設醮，祈禳瘟疫。但這位有一千多年傳統的道教領袖的法力看來並不怎麼樣，連日燒符念咒，疫情卻沒有絲毫減退。老百姓只能用一些土辦法來自我保護，每到夜間鄰裡們就組織起來敲鑼打鼓整夜地折騰，說是為了驅除厲鬼。連夜的鑼鼓喧天吵得深宮裡的皇帝后妃們都不能安眠，但在這種疫癘橫行、人心大亂的情況下，根本無法下令禁止。

清兵退出塞外後，一些有能力的人家開始逃離，其他大部分人仍然戰戰兢兢地生活在恐怖之中。整個夏季京城中病死的人無數，一些全家死絕的沒有人幫助埋葬，屍體就在屋裡腐敗發臭。極度的恐怖感和悲觀絕望的情緒釀造出大量的流言蜚語。有人傳說：皇上夢見一個神人遞給他一張白紙，上面只寫著一個「有」字。市井間解釋說，「有」字是半個「大」和半個「明」的結合，「大不成大，明不成明」，豈不是大明將亡的徵兆[8]！還有人傳說：皇宮裡有一間長年封閉的小屋，祖上傳下來的禁令不許開封。一天皇上興起，非要打開看看裡面到底有什麼東西。太監們苦勸不成，只得打開。結果裡面只有一個小匣，小匣裡面有兩幅畫，一幅畫著七個身穿朝服的官員，上面寫著四個字「官多法亂」；另一幅畫著幾個人隔河對泣，上面也是四個字「軍民號泣」。人們說這是當年劉伯溫留下來的鎮宮之物，一旦現露出來，畫中的內容就要變成現實，仍然是亡國之兆[9]。

在民間流傳更多的是關於鬼魅橫行的說法，不少人一口咬定在大白天親眼見到鬼。狡猾的宦官們還要趁機漁利，負責收繳城門關稅和市場經營稅的太監們把稅收裝進自己的腰包，然後向上司彙報說白天收到的錢到晚間點數的時候發現都變成了陰間用的紙錢。這種說法一傳開，市井更為恐慌，做小買賣的生意人只好在小攤小鋪前面放上一個水盆，讓顧客把銅錢放進水裡，以識別真假。——堂堂的天子之都，完全成了人鬼混淆的世界。

在沒完沒了的天災和人禍的打擊下，崇禎帝的自信心已經喪失殆盡。長期以來，他一直為著到底誰是造成天下大亂的罪魁禍首這個問題而困惑。在一般情況下，他當然更願意把罪責全推給無能而邪惡的朝臣，因而不論是降旨切責還是召對痛斥，他總是反復強調「諸臣負朕」，「朝臣皆不實心用事」一類的話。但在內心深處，他又不能不為自己是否真的失德於天下而焦灼不安。他畢竟是帝國的君主，而且深信那一套受命於天、代天行道的傳統儒家理論。如果說種種人禍還可以勉強推到群臣身上，那麼連年的水旱蟲災，山崩地震，以及當前京師這場瘟疫的流行，卻可能是上天垂象示警，用災變來表示對於君主失德的不滿。而所謂失德，也許真像有些臣子在私下裡甚至公開表示過的，就是他多年來用人不淑、行政乖張、自作聰明、果於殺戮。他不敢在心中正視這一點，當然更不會公開承認這些，但隱隱約約地還是總會有一些自責自怨的情緒。正是在這種情緒的支配下，他才會在痛責、罷黜、懲辦、殺戮朝臣的同時，又不時地想起要下詔罪己。自從崇禎十五年（1642年）閏十一月第二次發布罪己詔書以後，他降諭自責和下詔向上天和天下百姓認錯的頻率大大加快了。

這年六月十三日，崇禎帝第三次發布了罪己詔書。詔書對國事的慘痛描述相當具體，說是「逆胡（指清軍）蜂擁闌入內地，京畿、山東成為一片廢墟」；「流賊接連攻陷藩王封地，數次驚擾皇陵，河南、湖廣江北地區大半受到摧殘」；「加以天災不斷出現，蝗旱頻仍，而貪官汙吏一意搜括，橫徵暴斂，不顧民間凋疲。致使兵災禍亂聯翩，邊境腹地交困；老弱死於溝壑，丁壯亡於干戈。萬姓何辜，遭此異慘！」但說到自己的「罪行」卻還是空洞的一句話，「皆朕不德所致也」。至於罪己後的改進措施，這一次總算有了一點具體內容，除了在此前已經免除的河南省失陷地區五年來拖欠的賦稅錢糧外（其實這一地區都由李自成控制著，朝廷即使想收錢糧也收不到），「直隸各省在兵亂中殘破的府、衛、州、縣，自崇禎十六年為始，一切三餉加派各項錢糧，免征二年；其未經殘破而村落荒蕪可憐者，各撫、按分別速奏，酌量減緩。」[10]

在帝國全面崩潰的形勢下，減免部分地區的三餉加派，已是杯水車薪，無濟於事。而這一舉措卻使得早已支應計拙的國家財政雪上加霜，國庫無銀，各路兵馬卻急需糧餉，戶部用盡心機，還是無法籌措。於是，有人提出用發行紙幣，也就是錢鈔的辦法。罪己詔剛剛發布，桐城一個叫蔣臣的秀才進京建言，說是國初實行鈔法，因而國用充足，只要恢復舊制，每年印製錢鈔三千萬貫，朝廷就可以憑空收入白銀三千萬兩，既不必加派擾民，又可以充實軍餉。這一套驚人的經濟學理論居然打動了戶、工兩部的大員和崇禎帝本人，崇禎帝立即命太監主持設立了內寶鈔局專司印鈔，晝夜趕制，印出一部分就在京城募商發賣，每貫面值一兩，只收九錢七分。可是京城的商人們聽說朝廷要用紙幣換取銀子，紛紛停業逃跑，沒有一個主動購買的。閣臣在討論此事的時候說：「商民再愚蠢，誰會用一兩銀子買一張紙呢？」崇禎帝卻不解地問：「為什麼高皇帝（朱元璋）的時候就能實行？」閣臣也弄不清楚，只好回答：「高皇帝似乎也只是承元朝舊制，當時只用作賞賜和一部分官俸，連兵餉也不曾用過。」崇禎帝還是垂涎於那每年三千萬兩的收入，執意要實行，要求用嚴刑峻法來推廣[11]。

由於閣臣的抵制，嚴刑峻法一直沒有制定出來，發行的錢鈔也就沒有收回一兩銀子，但印製的成本卻用了不少。寶鈔局提出，制鈔需要桑條二百萬斤，照例應由北直、山東、河南、浙江等地交納，於是一大批太監出京催辦，攪得各處雞犬不寧；又需要三千名工匠，得在京城附近徵募，京畿地區也為此一片大亂。國庫有限的資金填到印鈔的無底洞中，卻毫無收益，朝臣中不少人為此提出反對意見。由於崇禎帝堅持要靠印製紙幣發財，制鈔的工程一直沒有停止；由於朝臣阻擱和商民無人回應，錢鈔一張也沒有實際發行。直到第二年北京陷落，王朝覆滅，那一大堆沒用的廢紙才毀於兵燹之中，完成了它的歷史使命。

在崇禎帝執政的最後一、兩年裡，他一直處在對朝臣的刻毒怨恨和對自己懷疑、自責兩種情緒中。兩種情緒交替在他身上起作用，就表現為一時對朝臣痛下毒手，一時態度又相當溫和謙虛。這種雙重人格交替呈現的情況不但使得群臣總是摸不著頭腦，因而更無實心侍奉這位喜怒無常的君主，也加深了他本人的心理苦痛。刻毒的報復引起進一步的自責，自責刺傷了自尊心，又導致更刻毒的報復。惡性循環，他的心中永無寧日。

像以往幾次一樣，第三次下詔罪己之後，他心中的憤怨又化作了一股痛擊朝臣的激情。正巧有人為他發難，六月裡，有個叫雷祚的山東武德兵備僉事疏劾薊遼督師范志完畏縮縱敵、縱兵淫掠，附帶著攻擊兵部主官「木偶昏貪，聽司官吏書作弊」[12]。崇禎帝在下罪己詔後的第五天，也就是六月十七日見到這份奏疏，當天就召雷祚進京回話，第二天就下令逮捕范志完，並命法司擬議對已經被罷免的原兵部尚書張國維和原戶部尚書李待問、傅淑訓的處罰。

七月初，崇禎帝親自審訊了被押解至京的范志完，雷祚也趕到京城參加對質。范志完對所有的指控全部矢口否認，並且說：「雷祚是原輔臣吳甡的死黨，是吳甡讓他參臣。朝臣一半是周延儒之黨，一半是吳甡之黨，兩家不和，因此連累及於臣。」他知道皇帝平生最恨朝臣結黨，這樣說是想以此轉移視線，挽救自己。但崇禎帝現在要做的卻是殺人出氣，根本不聽他辯解，只是把他痛斥了一番就算結案。最後他又想起與范志完一起主持對清作戰的還有個薊州總督趙光抃，說是「趙光抃也逗留縱敵，只懲治范志完一人，他怎麼能服氣？」[13]於是降旨把趙光抃也逮捕，與范志完一同處理。

其實趙光抃在當時的督撫大臣中還算比較好的，雖然胸無大略，對清軍作戰也毫無成績，但總算能約束自己的部隊，不至於到處燒殺搶掠。雷祚攻劾范志完的時候，還順便稱讚了趙光抃，用他的兵不擾民與范志完對比。沒想到皇帝一心辦人，把本來沒事的趙光抃也牽連了進去。到這年十一月，范志完、趙光抃一起被押赴西市斬首。

范志完所說的朋黨云云雖然沒有救了他自己的命，卻還是勾起了崇禎帝對於兩位前輔臣的痛恨。當初兩人罷官而去的時候正好趕上他的心中自責多於刻毒，因而都能全身而退，現在換了一種心境，才覺得不嚴懲不足以平心中之憤。正在這時候，兵科給事中郝上疏攻劾吏部文選郎中吳昌時，而且矛頭直指原任首輔周延儒，說吳昌時「竊權附勢，納賄行私，為周延儒幹子。內閣票擬事關機密，而昌時事事先知」，說周延儒「多欲則不剛直，有用而無體，智足以掩過而忠不足以謀國」，是「天下之罪人」[14]。緊接著，一批御史、給事中紛紛論劾吳昌時和周延儒，御史蔣拱宸還揭發吳昌時勾結內監，直接在皇帝身邊做手腳。

吳昌時是復社的第一號政治活動家，極善於鑽營，當初周延儒再次出山全是靠他一手操辦，在京中宮裡宮外關係又極多，自然是周延儒的頭號心腹。但他在周延儒再次出任首輔一年多之後，仍然只是一個沒有實權的禮部儀制司主事，心中頗為不平。崇禎十六年（1643年）三月，在周延儒和東林黨一派的吏部尚書鄭三俊的聯合支持下，吳昌時才調任吏部文選主事，代理郎中事，掌握了文官銓選的大權。一朝權在手，他不由得得意忘形起來，在京都的官場上頻繁活動，徇私受賄，一面為朋友同黨安排好職位，一面對結過夙仇的人痛下狠手。

在吳昌時代理文選郎中的當月，正值例行的科道外轉，就是在給事中和御史中挑出幾個人出京作地方官。科道出京照例是要升官的，但通常還是被認為是很吃虧的事，因為給事、御史不但在京中頗有勢力，而且隨時可能升為京卿，前程無量，而一入外官之流，遠離朝廷，前途就十分暗淡了。何況此時正是天下多事之秋，外轉為地方官，天知道會落個什麼下場。因此科道們全都不想被外轉出去。按慣例，每次科道外轉都是給事中一人，御史兩人，但這一次吳昌時偏要殺一殺言官們的威風，一下子外轉了四個給事中和六個御史。大多數言官為此相當憤慨，但當時吳昌時的後臺太硬，只得隱忍。

隨著周延儒罷相和鄭三俊去職，陳演等人又正在煽動一起摧毀周延儒在朝勢力的風潮，言官們的積怨終於爆發出來。再加上吳昌時平日招搖太甚，得罪的人很多，才有了這次對他的集中攻訐。明朝的官僚向來彼此撕咬不休，但許多人共同攻擊一個郎中級的小臣的事件卻極為少見。崇禎帝正在邪火上撞的時候，見到劾書上有同首輔勾結操縱朝政、與宦官暗通聲氣及洩露機密等重大內容，立即對這宗案件表現出異常的關注。

崇禎帝執政從來有一個保守機密慎之又慎的原則，最忌諱宮中與外間，內閣與部僚互通消息。平日裡有關重大事宜的本章發往內閣，他都是親自密封在黃絹小匣中，親筆在封條上寫好「某日某時送閣」；內閣票擬之後，原本章連同票簽再放在原來的小匣裡，由閣臣密封「某日某時某臣等謹封」，再由他親自啟封[15]。這一套煩瑣的辦法，就是怕內臣或是中書一類辦事人員有意無意瞭解了機密，洩露出去。而這個膽大妄為的吳昌時竟然既勾通內閣又勾通太監，覬覦大密，暗操朝政，這還了得？為了不讓手眼通天的吳昌時得到消息，他沒有把攻擊吳昌時的劾疏發往內閣，因為怕內官見了也會走漏風聲，劾疏就一直裝在自己的袖子裡，趁著身邊沒人才親自批旨：立即將吳昌時除名，聽候審判[16]。

崇禎帝在處理吳昌時案時表現出的極度小心謹慎，實在有點疑神疑鬼，小題大做。但他自己卻真是很鄭重其事的。他平時親自批的御旨，字都是真草相間，唯獨這一次批旨全用楷書，無形中也反映出他當時的心態。皇帝如此鄭重，這樣如臨大敵，吳昌時要想躲過這場災難已經不可能了。七月二十四日，崇禎帝再次在中左門平臺上升堂斷案，親自審訊吳昌時。

這次審訊一派殺氣騰騰，內閣、五府、六部大臣以及京卿、科道官員全部被召入，崇禎帝身著素服角帶，更是一副要殺人的氣勢，太子和定王也隨侍在身旁。在此之前，錦衣衛密探已經向皇帝報告了周延儒與吳昌時狼狽為奸、納賄營私的種種劣跡，團在崇禎帝身邊的大太監們也摸准了他的脈，用真真假假的「事實」向周延儒大潑髒水，因此他在心裡早已拿定了主意，審訊不過是為了要要威風、出出惡氣。

沒想到，吳昌時卻是個硬骨頭，對於所有指控一一辯解。崇禎帝特別痛恨吳昌時罪款中的「通內」，因為宦官內臣是他自己的家奴，卻被朝臣中的小人利用，實在是情理難容。但吳昌時卻說：「祖宗之法，交結內侍者斬。此法最為森嚴，臣雖不才，哪裡敢觸犯？」崇禎帝喊來揭發吳昌時通內的御史蔣拱宸，要他當面對質。誰知蔣拱宸已經被周圍的氣氛和吳昌時的強硬態度嚇破了膽，伏在地上渾身哆嗦，一句話也說不出來。崇禎帝被氣得幾乎也要發抖，只能大罵吳昌時欺瞞狡辯。吳昌時仍是不屈不撓，說：「如果皇上一定要以通內之罪坐臣，臣怎敢違抗聖意？處罰自當由臣承受，但要違心屈招，臣實不能。」

氣昏了頭的崇禎帝命宦官對吳昌時用刑。閣臣蔣德璟、魏藻德抗議道：「朝廷殿陛之間，向來沒有用刑的先例。請將吳昌時發送法司審問。」崇禎帝說：「這樣的奸黨，神通廣大，若離開此地，誰還敢按法律對他勘問？」兩個閣臣仍然說：「在殿陛用刑，實為三百年來未有之事！」崇禎帝恨恨地說：

「吳昌時這廝也是三百年來未有之人！」[17] 閣臣無話可說，只能看著太監們在堂皇的丹陛上動刑。吳昌時被上了夾棍猛敲，不多時兩條腿就都被夾斷，人也昏死過去。朝廷中的文武大臣們從來沒見過這樣的場面，一個個面如死灰。崇禎帝發洩了一通，也覺得頗為無趣，這才收場。當天，他又命錦衣衛迅速派人到周延儒和吳甡的家鄉，將兩人提解到京，聽候發落。周延儒是在吳昌時案中受到牽連的，提解進京還勉強說得通，吳甡與此案毫無關係，也被提解，理由就只有崇禎帝自己知道了。總之是出於聖命，錦衣衛立即執行。

吳昌時被人抬到錦衣衛獄中，後來又多次受刑，始終沒有招供。但在十一月裡，他還是與范志完、趙光汴等人一起被處決了。

惡氣出罷，還是要回到險惡的時局中來。處治過兩起大案之後，崇禎帝的心中漸漸平靜，又想起了自己君臨天下的責任。在九月和十月，他幾次發表上諭，再次宣布今後要浣衣減膳，以示節儉，與臣民共度艱難。當然也不能只是他自己節儉，他同時敕令天下不論官紳士民都要節省，並嚴禁官紳用黃藍絹蓋，士子用紅紫衣履，庶民百姓用錦繡絲苧、金玉珠翠衣飾[18]。

在國家面臨危亡的時候宣導勤儉，即便是身體力行，大概也已經沒有什麼實際意義。但這畢竟體現了他的一種努力，希望能從這些細微處感動自己的臣民，也感動冥冥中的昊天上帝。上帝卻不那麼容易被感動，這年秋冬之際，中原的戰局又進一步惡化了。

吳甡被罷免後，崇禎帝只能把督師的重任交給唯一一個還敢於和農民軍作戰的軍事統帥，陝西總督孫傳庭。五、六月間，孫傳庭加兵部尚書銜，改稱督師，管轄的範圍包括陝西、河南、四川、山西、湖廣、貴州及江南、江北各路兵馬，負責統一指揮剿平農民軍。但事實上孫傳庭所能統轄的部隊只有集結在關中一帶他自己的陝西軍團，其他各地或是早已無兵可言，或是根本不會聽從遠在西北的督師的調遣。而自從上一年郟縣慘敗後，孫傳庭儘管在關中努力擴軍屯田，所部兵力還是不足十萬人，在關中自保還可以維持，進入中原與農民軍正面抗爭卻顯得力量不足。

崇禎帝任命孫傳庭為督師卻是幻想著以他的部隊為主力，在中原戰局中出現一個轉折，因而一面給他加銜加職，一面催促他出潼關作戰。朝臣中一部分人對於讓孫傳庭部出關作戰頗有異議，在一次廷對中兵部侍郎張鳳翔就很懇切地指出：「孫傳庭所有皆天下精兵良將，皇上只有此一副家當，不可輕動。」[19]孫傳庭本人也很清楚，出關與農民軍正面作戰，前途暗淡，凶多吉少。但被內外交困的形勢弄得心憂如焚的崇禎帝頭腦中已經沒有了清楚的思路，又從來都不瞭解官軍和農民軍兩方面的實際狀況，只是一味地要求速勝，所以三番五次嚴旨督促孫傳庭出關。孫傳庭被逼得沒有辦法，慨歎說：「我明知出戰未必能勝，但也許可以僥倖成功。大丈夫豈能再被逮去面對獄吏呢？」[20]決定八月初出兵。

孫傳庭軍最初進展順利，八月上旬恢復了豫西重鎮洛陽，又攻下汝州（今臨汝）、寶豐等州縣。崇禎帝聞訊大喜，高興地對朝臣說：「賊滅亡在旦夕！」同時開始安排善後事宜了[21]。但李自成其實是把主力放在郟縣、襄城一線，誘敵深入，準備以逸待勞。九月中旬，連日疲於奔波的孫傳庭軍又來到一年前剛吃過大敗仗的郟縣，已經人困馬乏，加上秋雨滂沱，道路泥濘，糧草運輸跟不上，全軍處於饑餓狀態。李自成趁這個時機發起攻擊，官兵潰敗，損失四萬餘人。孫傳庭只好收拾殘部逃回關中。李自成軍卻乘勝而進，趁孫傳庭喘息未定，直逼潼關。十月初六日，農民軍猛攻潼關，孫傳庭部下大將高傑和白廣恩率部逃竄，潼關被攻破，孫傳庭死於混戰中。

孫傳庭部被殲滅和潼關的陷落，標誌著明王朝鎮壓農民起義軍事行動的徹底失敗。這以後，李自成軍在陝西勢如破竹，十一日占領西安。十一月，克延安、榆林、寧夏，十二月，克甘州，陝西這個包括當時整個西北地方的明朝最大行省幾乎全部落入李自成農民軍的掌握之中。與此同時，張獻忠的大西軍則活躍在湖廣南部和江西一帶，連克岳州（今岳陽）、長沙、衡州（今衡陽）、袁州（今宜春）、吉安、常德等名城，湘江、贛水之濱，全成為農民軍的天下。

一個又一個的重大失敗讓崇禎帝蒙了頭，除去嚴令懲治那些失利的軍事首領和地方官之外，他想不出任何積極的對策。正是在這個晦氣的時刻，晦氣的原任首輔周延儒被錦衣衛緹騎押解到京。他是十一月二十五日來到京城的，暫時被羈押在崇文門外下頭條巷弄的關帝廟裡。他已經預感到這次被逮來京凶多吉少，但也幻想著皇帝能夠看在他兩任首輔，多年顧問於身邊的情分上，對他寬大處理。崇禎帝本來對如何處理周延儒以及吳甡並無確定想法，但隨著壞消息的不斷傳來，他的心情越來越惡劣，對於兩位有罪的前輔臣也就越想要嚴懲不貸。吳甡是先進京的，正好在周延儒入京的前一天受到正式處分，與妻子一同發往金齒衛充軍。金齒在今雲南的保山，遙距京師萬里，算是極邊，又是煙瘴之地，流戍到那裡也算極重的刑罰了。但比起周延儒來，吳甡還是幸運的。

三法司依旨議罪，提出的處理意見與吳甡相同，以「受財枉法」的罪名，判處「發煙瘴地面充軍終身，妻子一同解往。」崇禎帝卻批旨道：「周延儒機械欺蔽，比匿容私，濫用匪人，封疆已誤，前屢旨已明，這所擬豈足蔽辜？姑念首輔一品大臣，著錦衣衛會同法司官，於寓所敕令自裁，准其棺殮回籍。」[22]所謂機械，古代是說巧詐的意思，而這一點正是崇禎帝一向深惡痛絕的。他在與閣臣們談起周延儒的事情時就說過：「朕恨他太使乖巧。」蔣德璟把這話告訴了周延儒，周延儒無可奈何地說：「侍奉這樣的英主，不乖巧能行嗎？」[23]這就是崇禎朝臣子的悲劇，不乖巧的早都因為強項忤旨而獲罪了，乖巧得太過了頭卻也難逃殺身之禍。

十二月初五日深夜，錦衣衛首腦駱養性帶人與傳旨的太監一起來到關帝廟。周延儒從床上爬起來倉皇接旨。傳旨的太監十分陰毒，念到「姑念首輔一品大臣」處，故意停下來不往下讀。周延儒以為是從寬發落了，喜極謝恩，卻又聽到「敕令自裁」四個字，一時把持不住，竟然拔腿要逃。逃當然是逃不掉的，死卻又不願死，駱養性一再催促，周延儒一再拖延，直到四更時候，駱養性才讓衛卒強行把周延儒吊在房梁上。名為自裁，實際同於絞刑。但在氣絕之後過了一、兩個時辰，周延儒的屍身卻還是溫熱柔軟。駱養性生怕出現死而復生的情況，自己的麻煩就大了，於是命人用長釘釘進周延儒的頭顱裡，才放了心。周延儒死的時候，只有五十一歲。

周延儒到底是一代狀元，在臨死前的最後時刻還寫了一首絕命詩：

恩深慚報淺，主聖作臣忠。
國法冰霜勁，皇仁覆載洪。
可憐惟赤子，宜慎是黃封。
替獻今何及，留章達聖聰。[24]

大概是方寸已亂，詩寫得一點也不好，但對於崇禎帝的忠貞卻表達得極清楚。在他看來，皇帝是英明聖主，而自己也是赤膽忠臣，對於忠臣來說，冰霜雨露莫非天恩，要他自殺也是皇恩浩蕩。他所掛念的，除了未成年的幼子之外，就只有當年皇帝親筆寫給他的那些密諭是否能妥善保管不致流散出去。而滿腔忠言卻已經沒有機會向皇帝當面訴說了，只好留下詩章獻給皇帝。

周延儒哀婉的絕命詩並沒有感動皇帝，卻令朝中的大臣們不禁有兔死狐悲之感。殺戮輔臣，在整個明朝的歷史上只有王文、夏言和薛國觀、周延儒四例，其中兩起都是發生在崇禎時期，而且兩人都是首輔，僅僅這一個事實就充分說明瞭崇禎帝對於朝臣的殘酷無情。除輔臣之外，崇禎帝直接殺害的大臣總共有六部尚書四人，督師、總督七人，巡撫十一人，其他侍郎以下文官和總兵、副將等武職以及畏罪自殺的人數多得難以統計。更多的人被頻繁罷免、削籍、流放充軍或是投入監獄，許多人死於戍所或獄中。崇禎帝對於臣子的這種殘忍嚴厲的態度並沒有激發起群臣勵精圖治的精神，卻造成了人人惶恐，眾叛親離的局面。到了末年，大臣們都把兵部堂官、督師、總督、巡撫這些顯要的職位看作畏途，想方設法地避免。孫傳庭死後，朝廷補選陝西總督，由於人人規避，竟然選不出來。崇禎帝氣憤地質問：「獲罪諸臣，廷臣多以知兵保舉，被赦免破格起用。為何要推選督、撫，就一個可用之人都沒有了呢？」[25]在任兵部尚書馮元飆也算是後期東林黨人中名高位重的中堅人物，但為了逃離這個危險的職位，竟在朝房裡當眾裝作有病暈倒，為自己退職養病造輿論，連家裡人都嘲笑他身為九卿卻玩弄這種小人的詭計。

文臣逃避責任，武將不聽調遣，財匱餉乏，山河破碎，等在崇禎帝面前的只有亡國一條道路了。只是這亡國的速度比所有人預想的都要快得多。

1《明末農民起義史料》，第412頁。
2《綏寇紀略》，卷十一，第307頁。
3 見《綏寇紀略》，卷十一，第308頁。
4 見《明史》，卷二五二，第二一冊，第6523頁。
5 見《綏寇紀略》，補遺上，第384頁。
6《國榷》，卷九九，第5977頁。
7 見《流寇志》，卷七，第111頁。
8 見《崇禎宮詞》注，第97頁。
9 見《崇禎宮詞》注，第92頁。
10 見《國榷》，卷九九，第六冊，第5980頁。
11 見《山書》，卷十七，第460-461頁。
12 見《山書》，卷十七，第464頁。
13《山書》，卷十七，第465頁。
14 見《國榷》，卷九九，第6冊，第5982頁。

15 見《三垣筆記》，第206頁。
16《三垣筆記》，第70頁。
17《烈皇小識》，卷八，第215頁。
18 見《國榷》，卷九九，第六冊，第5998頁。
19 見《懷陵流寇始終錄》，卷十六，第四冊，第674頁。
20 見《平寇志》，卷七，第148頁。
21 孫之騄，《二申野錄》，卷八。
22 佚名，《崇禎長編》，卷一，上海書店1982年3月版，第50頁。
23 見《烈皇小識》，卷八，第217頁。
24《三垣筆記》，第214頁。
25 見《山書》，卷十七，第471頁。

三 煤山慘霧

崇禎十七年（1644年）的新年，是崇禎帝一生中所過的最後一個新年，也是他一生中所過的最晦暗、最死氣沉沉的一個新年。

在大年三十晚上，崇禎帝還強作歡顏在後宮裡與周皇后、袁貴妃以及兒女們一起吃了辭歲的年夜飯。宮裡也一直在燃放著爆竹煙火，氣氛還算熱烈。但他與后妃和太子守歲到了子時，領著太子一同到太極殿準備接受臣子們的朝賀時，卻發現官員們都還沒有到，只有剛剛入閣一個多月的內閣大學士李建泰踉踉蹌蹌地趕了來。由於元旦子時的早朝歷來是大朝會中最隆重最意義重大的，從來沒有、也不可能發生過集體遲到的現象。這一次出現這種情況，如果不是宮中的報時系統出了問題，把時辰報早了；就一定是京師四城的報時系統出了問題，把時辰報晚了。但崇禎帝當時沒有想到這些，只是覺得近來朝臣們越來越渙散不負責任，全沒有臣子的樣子，甚至到了全不把大朝會放在心上的地步，因而非常氣惱，乾脆下令取消了這次朝賀。

大概因為正是大年初一的喜慶日子，崇禎帝覺得不便深究群臣的這次集體犯規，所以在發了一頓火宣布撤銷早朝之後，也就回他的後宮去了，只是一直鬱鬱不樂的心情更加沉重。而那些稍後趕來參加朝會的群臣們在宮門聽說這次早朝免了，同樣感到摸不著頭腦。大家只覺得，一年之計在於春，在春正月的第一天就無緣無故地停止朝見，怎麼看也不像個國家吉祥之兆。

接下來的白天是個大風揚塵的陰霾天氣，整天狂風怒號，竟如同夜晚一般，宮裡宮外的人們只好點著燈燭過年，讓人心中更覺得不痛快。直到下午的申時（四、五點鐘），陰霾才算過去，但仍是陰沉沉的見不到太陽。這個年過得完全是不見天日。

但在同一天，西北的古都西安卻是熱火朝天。這天凌晨，李自成在西安接受了他的文武百官的朝賀，並且宣布：建立自己的王朝，國號大順，改元為永昌元年[1]。李自成在這天還宣布，改西安府為長安府，稱西京；追尊其曾祖以下為皇帝，冊封妻高氏為皇后；定官制，封功臣。至此，李自成的農民軍已經建立了一個體制完備的政權，下一步，就是要推翻明王朝，完成統一天下的大事業了。

這時候，大順政權的戰略目標已經很明確，就是要以主力分進合擊，掃蕩華北，攻克北京。因而在正月初八日，年還沒有過完，李自成就親率主力由西安出發，不久後渡過黃河，向著明王朝的老巢北京一路攻殺過來。在過黃河到達晉南之後，大順軍分作兩大部分。一為偏師，由制將軍劉芳亮統率，沿黃河北岸一帶跨過太行山轉而向北，攻略潞安（今山西長治）、彰德（今河南安陽）、廣平（今河北邯鄲）、順德（今河北邢臺）、真定（今河北正定）、保定一線，自南面進逼北京。另一路為主力，李自成親自統轄，沿晉中谷地向北，出大同、宣府，由西北直撲明朝的京城。兩路大軍號稱百萬之眾，軍容整齊，所向披靡。

崇禎帝和他的朝廷也是在正月裡聽到大順建國和李自成發兵的消息的。儘管幾年來風雨飄搖，崇禎君臣們已經對各式各樣的軍事警報聽得太多，但這一次，仍然感到了形勢的嚴峻和緊迫。崇禎帝深知，李自成部經過多年的歷練發展，實力已非當年可比，這一次的進軍看起來是衝著北京來的，如果沒有一番大振作，滅頂之災恐怕是在所難免了。為此，他在正月十一日召見內閣成員的時候悲憤交加，對大學士們說：「朕非亡國之君，事事皆亡國之象。祖宗櫛風沐雨得來的天下，一朝喪失，有什麼面目見列祖列宗於地下！朕要親自率師出兵，決一死戰，就是死在沙場也沒什麼，只是死不瞑目呀。」說罷竟放聲痛哭起來[2]。

幾位閣臣還從來沒有見過這樣悲壯的情景，也是第一次聽到皇上提到「亡國」兩個字，一時慌了手腳，一面勸慰，一面表示願意代皇帝督師出征。陳演作為首輔自然要帶頭，先請帶兵禦敵。崇禎帝卻說他是四川人，不熟悉北方情況，不同意他去。蔣德暻、魏藻德等人請行也沒有得到批准。最後大學士李建泰要求說：「臣家在曲沃，願出家財作為軍餉，不用國家出資，請讓臣率軍出征。」崇禎帝此時正為拿不出軍餉而頭疼，聽到這話大為歡欣，於是轉悲為喜，連連誇獎李建泰是忠臣，並且說：「卿若出行，朕定要仿照古代推轂之禮為卿送行。」[3]

但李建泰其實只是一個極平庸的官僚，而且又從來沒有軍事方面的經驗，不僅無法與歷來帶著閣銜出征的孫承宗、楊嗣昌相比擬，就是比起前年統兵出京的周延儒也還遠遠不如。靠這樣一位督師就能挽救大明王朝的危亡？崇禎帝心裡其實並沒有底，不過是病篤亂投醫罷了。所以李建泰出師的問題又耽擱了十來天才最後確定下來，這期間，崇禎帝一直在考慮其他的禦敵之策。

他心裡最願意執行的一個方案是遷都江南。

明代建國的時候本來建都在南京，後來成祖靖難成功，卻不願離開自己的老根據地北平（就是北京），所以在政權穩定之後仍然回到北方，以北平為北京，但在很長時間裡北京在名義上只是陪都，稱為「行在」，正式的首都還是南京。直到宣德年間，南北兩京的地位才顛倒過來，北京成為了正式的京師，而南京反而成了陪都。但由於歷史的原因，陪都南京一直保留著皇宮和一整套政府班子，有五府、六部和各院、寺、科、司，甚至宦官的二十四衙門都一應俱全。各部門的長官和屬員在名義上與北京各官是平級的，只是沒有實權，管轄範圍僅限於南直隸地區。

明代在南京保持一套虛擬的政府班子，本來也有預防突然事變的意思。此時北方大部分地區頻遭兵燹，已經殘破得幾乎無法收拾，而長江以南卻還基本上保持著比較穩定的局面，因而遷都南京確實是暫時躲避危險，再從長計議的最佳策略。這裡面的道理，就連從來不過問政事的周皇后都很明白。據說一次見到崇禎帝為國事危急悶悶不樂，她就提起過：「我們在南京還有一個家。」[4] 其實崇禎帝自己對於這個道理更清楚，而且早在崇禎十四、五年間就已經與首輔周延儒祕密商議過南遷的問題。但舉朝撤離北京，不論表面上說得怎樣冠冕堂皇，具體做出怎樣的安排，實際上都意味著要最後放棄北京和北方廣大地區，下一步大概只能在江南偏安一隅。那樣的話雖然算不上亡國，但導致一個一統天下成為半壁山河，卻也有點像歷史上晉代的惠帝、宋代的徽宗，難免要耽誤國昏君的名聲。自以為是聖賢之君而且極重視自己臉面的崇禎帝因而在這個問題上又一直極為慎重。他希望最好是能有一個有威望的大臣出面力主南遷，而自己則最後在群臣的極力勸說之下「不得已」而為之。至少可以保住一點面子。

在這個問題上，崇禎帝的心態多少有點像在對清媾和問題上的心態，內心極想，卻不願露出形跡，因而在醞釀的時候極其機密，到後來卻多半不會有什麼結果。最倒楣的常常是參與了機密的人，一旦稍有洩露，就會被當作遮羞和洩憤的犧牲品。當年陳新甲為洩露和款的天機而被殺，周延儒之死很可能也與密商南遷的事情露了風有些關係。

出於這樣的心理，在崇禎十七年（1644 年）初，關於南遷的討論也進行得極其詭祕。正月初三日，宮裡城裡都還在忙著過年，崇禎帝悄悄地把詹事府左中允李明睿召進宮來，在德政殿裡祕密召見。李明睿只是個不起眼的文學侍從之臣，這次能夠受到特別召見，是因為他一直主張「南遷圖存」。他在年前曾上疏提出過這個問題，由於人微言輕，並沒有引起強烈反響。崇禎帝在召見李明睿的時候把左右人等完全摒退，又再三四顧無人之後，才仔細訊問了關於南遷的設想。並且對他說：「朕早已有南遷之意，但無人贊襄，才拖到今日。你的意見同朕一致，朕決心已定。但諸臣都不同意，怎麼辦？你現在要保守祕密。」[5] 崇禎帝與李明睿談了很長時間，中間還在文昭閣賜宴賜茶，茶飯後召入再談，詳細地商量了南遷的具體路線、沿途護衛、餉銀以及留守等諸方面的事宜，直到天黑才讓李明睿出宮。

從這次極不平常的召見中可以看出，崇禎帝當時在內心裡確實已經決定了舉朝南遷，但出於名聲和面子的考慮，他卻遲遲沒有把這個問題提到桌面上來和群臣進行討論，他所希望的由閣部重臣首先提請南遷的情況也一直沒有發生，因而一拖再拖，所謂南遷圖存終於成為泡影。而在這時候，崇禎帝再想要找一個如楊嗣昌、周延儒那樣可以說說心裡話的股肱大臣也已經沒有了。

既然暫時不能棄城逃跑，就只有盡最大努力加強京城的守備。京城的常備衛戍部隊是所謂的「京營」，是一支腐敗已極的部隊，平時鬧餉生事，戰時不堪一擊。數年來清兵幾次威脅京師，真正的保衛力量主要都是靠著各路勤王部隊。這一次大順軍可能不久就要兵臨城下，調軍入衛的事當然應該早做安排。可是京城以外的北方各路兵馬要在沿途抵禦大順軍，不可能事先龜縮到天子腳下，南方的部隊又遠水不解近渴，崇禎帝能想到的只有山海關外面的甯遠總兵吳三桂部。

吳三桂出身將門，其父吳襄、舅父祖大壽都是關外著名的將領，他以大將子弟從戎，人稱精明深沉，勇武敢戰，不到三十歲就身任專閫大帥。他所率的四萬精兵在關外的歷次對清作戰中表現也是比較突出的，雖然在松錦戰役中有過不光彩的逃跑歷史，仍然被一致認為是關門最有戰鬥力的勁旅。在京師危急的時候，調吳三桂部入衛雖然未必真能擋住大順軍的幾十萬雄師，卻能給弱不禁風的朝廷增加一點信心。問題在於，抽調吳三桂軍入京，就必須放棄關外碩果僅存的寧遠城，而且山海關的防禦也會因此大為空虛，清軍一旦乘虛而入，後果同樣不堪設想。這樣拆東牆補西牆的辦法，同樣使崇禎帝和他的朝臣們兩面為難。

為了解救眼前之急，崇禎帝還是在正月十九日的一次召對中首先提出了調吳三桂軍入關的問題。但這一次與歷來一樣，他仍然不想自己擔負棄關外之地和造成關門空虛的責任，因而只是提出由吳三桂帶精兵五千前往山西助剿，說是關外餘兵尚多，不致造成山海關邊防的破壞。同時，他又對閣臣們說：「此等重大軍機，應行與否，原應先生們主持擔任，未可推諉，延緩誤事。」還是要大臣們承擔責任[6]。

大臣們卻早已從歷史的經驗中得知，一旦主動承擔了調邊兵入關的謀畫，將來追究起棄關外之地和山海關殘破的責任來，皇上大概又要尋找替罪羊，那就是殺身之禍。因而大家一口咬定，就是不同意，任憑皇帝自己做主。首輔陳演代表大臣們說：皇上要調吳三桂精兵入關，確為滅寇良策。但山海關和寧遠迫近京城，關係重大，為有吳軍，清兵才不能長驅直入，若一旦調去，其他各處未必能夠支撐得住。萬一有了差錯，臣等萬死也不足以承其責任。此事關係安危大計，臣等密議多時，不敢輕易以封疆為嘗試，伏乞皇上聖裁。兵部尚書張彥縉更明確指出，調不調吳三桂，實際上是棄不棄寧遠的問題。

崇禎帝無法向朝臣推卸責任，只得反復向朝臣解釋說：「放棄寧遠，退守山海關，雖屬下策，實在是不得已而為之。」[7]但陳演等大臣們為了慎重其事，其實是要澈底推脫責任，仍然提出茲事體大，要由九卿科道會議討論，再後來還提出要諮詢各地督撫的意見，即使放棄寧遠，也要妥善安排寧遠撤兵後山海關的防禦和關外軍民的安置。因而調動吳三桂部的事情同樣一拖再拖，直到三月初還沒有正式定下來。

南遷不行，調兵也定不下來，剩下來唯一的招法只有派遣大臣出征迎敵了。李建泰經過幾天的籌劃，勉強拼湊了一支五百人的軍隊，因為事先說好了不要戶部糧餉，也就不攜軍糧輜重，整裝待發。正月二十日，崇禎帝正式任命李建泰以輔臣督師，加兵部尚書銜，「代朕親征」，並任命了李建泰薦舉的原御史衛楨固等人為該部監軍、中軍副將等職。但對於這支形同玩笑的部隊如何行止，怎樣迎敵，以及如何調度其他各軍在何處組織戰役等等，朝廷都是一片茫然，只是大概確定了一下李建泰部出京後向南運動，因為當時估計李自成軍主力可能是要從京南真定、保定一路向北進攻。

李建泰正式出師的日子選定在正月二十六日。此前，大順軍已經在二十三日占領了平陽府（今山西臨汾），李建泰的家鄉曲沃也陷入大順軍之手，他的所謂「家財」已經全部化為烏有，但消息還沒有傳到京城。

崇禎帝為李建泰的出征舉行了最隆重的「遣將禮」。在這天清晨先派駙馬萬煒到太廟祭告了祖先，而後親自在正陽門（俗稱前門）行禮。從紫禁城的午門直至正陽門外東西兩側都布滿了衛士和旌旗儀仗，場面壯麗莊嚴。內閣、六部、五府、都察院等衙門的文武大臣侍立在兩旁，崇禎帝端坐中央，對李建泰說了許多慰勞嘉獎的話。而後設宴，崇禎帝親手為李建泰酌酒三杯，並把盛酒的金杯賜給他。酒後，崇禎帝當席親筆撰寫《欽賜督輔手敕》，用印後鄭重地交給李建泰。敕書中授予李建泰在外對於各級文武官員自行誅殺賞罰和一切機宜自行調度的莫大權力，並說：「願卿早蕩妖氛，旋師奏凱，晉爵鼎彝銘功。朕仍親迎宴賞，共用太平。」都是一派夢話[8]。宴罷，內官在鼓樂聲中為李建泰披紅簪花，迎出尚方寶劍。李建泰叩首再拜，下了城樓帶上一行人馬啟行。崇禎帝一直在城樓上目送著李建泰的隊伍走遠了，才擺駕回宮。

李建泰這次出征，儀式之隆重在崇禎一朝是史無前例的。但以李建泰之庸才，帶領著五百零散人馬，想要挽狂瀾於既倒，實在不啻於癡人說夢。一番煞有介事的隆重不過是自欺欺人，給自己壯壯膽子罷了。李建泰帶的一隊殘兵也確實絲毫無所作為，剛剛出城就先受到缺糧的威脅，後來不得不在各處「就地籌糧」，實際上就是縱兵劫掠，沒有平「賊」，自己先成了賊。到了三月初，聽說劉芳亮部已經占領了廣平，離自己只有咫尺之遙，李建泰連忙率部向北逃竄，縮守保定不敢出頭，最後終於向大順軍投降了。

情勢已經危急到無以復加，而慣於無事生非的朝臣們卻還在朝中醞釀新的是非。正月裡，給事中光時亨、王言上疏，認為國事壞到這種地步，絕非皇上的責任，都是由於任事諸臣「奸深啟釁，苛刻相因」的結果。要挽回天怒人怨，只能對這些「奸人」大加撻伐。因而他們建議：將十六年來誤國諸奸，詳開姓名，欽定一案，詔告中外，使天下曉知禍亂來由，「諸奸之罪案明，而陛下之聖德益彰。」[9]崇禎初年定過一個「逆案」，已經攪得朝廷紛紛擾擾，現在如果真的實行這個維護皇帝面子，打擊歷任朝臣的建議，再定一個大案，不知又要生出多少風波。好在當時形勢太緊迫，連熱衷興大案的崇禎帝也沒有精力再考慮這方面的事情了。

這時候，大順農民武裝正在勝利進軍。二月初六日，李自成率軍來到太原城下，城中明軍勉強抵抗了兩天，不支，城陷。李自成在太原稍事休整，準備繼續揮師向北。

崇禎帝相繼聽到平陽、太原失陷的消息，更加惶惶不可終日。二月十二日，他特地召見了吳三桂的父親吳襄和戶部、兵部堂官，再次討論放棄寧遠，調兵入衛的問題。吳襄是多年統兵關外的老將，家資田產都在關外，因而堅決表示「祖宗之地尺寸不可棄。」崇禎帝關心的卻是吳三桂的部隊到底管不管用的問題。他問吳襄：「賊勢甚為緊迫，你兒子的方略足以制平嗎？」

吳襄出身行武，不免有些大話炎炎，說道：「臣揣測賊占據陝西、山西，未必來攻京城，即使來也要先遣一部試一試。如果逆闖（李自成）自來送死，臣子必能生擒獻於陛下。」

崇禎帝當然不會那麼天真，說李闖已有百萬之眾，哪有那麼容易對付的。又問吳三桂到底有多少兵力。

吳襄說，按兵冊應有八萬，但實際上只有三萬餘人。崇禎帝問：這三萬人都驍勇善戰嗎？吳襄說：「若三萬人都是戰士，平賊早就大功告成了，真能作戰的只有三千人而已。」

崇禎帝大為失望：「三千人怎麼擋賊百萬之眾。」

吳襄說：「此三千人不是普通戰士，而是臣襄之子，臣子之兄弟。臣自受國恩以來，自己食粗糲，而三千戰士都吃細酒肥羊；自己衣粗布，而三千戰士都穿綾羅綢緞，因而能為臣效死。」[10]

這個老頭子的一番信口開河的謊言和大話，竟然很讓崇禎帝動心。他倒真希望吳三桂是能讓帝國起死回生的活神仙。但問到讓吳三桂入關需要多少糧餉的時候，吳襄的回答卻讓他大吃一驚。吳襄告訴他，部隊在關外的莊田要賠償，十幾個月的欠餉要補足，關外的六百萬百姓（其實只有十來萬人）要安插，算起來至少需要一百萬兩銀子。

竟然要這麼多銀子，此事只能暫緩了。

在萬般無奈之中，崇禎帝於二月十三日這天第四次下了罪己詔。但直到這時候，他的罪己詔仍是空話連篇，文過飾非，名曰罪己，不知罪誰。他在罪己詔中抽象地承認國難當頭，民不聊生，「罪在朕躬，誰受其咎！」同時又拐彎抹角地指責「大臣不法」，「小臣不廉」，「言官首鼠而議不清，武將驕懦而功不舉」，總之一切過錯都應該歸咎於文武百官。唯有「要惜人才以培元氣，守舊制以息紛囂」兩句話，似乎還對多年來濫殺濫黜大臣和進行的那些徒勞無益的改革有些反省[11]。但事已至此，不要說他已慣用多年的統治方式很難更改，即便是改了，其實也已經無濟於事。

這樣一個又空洞又虛偽的罪己詔自然對於國事毫無補益。在崇禎帝的罪己詔頒布之後沒幾天，二月十六日，李自成又率部由太原出發了，而且在出發後也發布了一道詔書。詔書列舉明朝的種種暴政，「獄中囚犯累累，士人不思忠義報國；賦役征斂重重，百姓企盼推翻暴政。蒼天不仁，致萬民輾轉於災難。」詔書還要求明朝君臣「體念天地祖宗，審時度勢」，及早投降，這樣還可以「如杞如宋，享祀永延」，就是能夠保留一個爵位封號[12]。這個詔書，實際上就是一份以勝利者姿態發出的勸降最後通牒。

李自成的這份詔書，明朝的臣子們大概是沒有勇氣拿給崇禎帝看的。以崇禎帝的性格，他也決不會向「反賊」投降。但最後通牒的出現卻反映了崇禎王朝實在已經大事不妙。而這時候，崇禎帝還在抓耳撓腮地想法子應付殘局。

殘局處處需要應付，卻處處應付不過來。南遷沒人應答，守城又沒有勇武的將士，即使有了兵，還沒有足夠的糧餉。吳襄提出的一百萬讓他心驚，卻也提醒他眼前籌餉實在是一個大問題。沒有餉，堅守京師只是一句空話。自二月中旬起，他屢次提出軍餉問題，要諸臣想辦法解決。諸臣有什麼辦法，這時由於連年用兵，江南提解錢糧又因為軍情緊急運不過來，戶部庫存只剩下四十餘萬兩[13]，臣子們眼睛盯著的只有屬於皇帝私人財產的內帑。崇禎帝卻是至死也不肯自己出錢的，他向大臣們哭窮說「內帑業已用盡」[14]。大臣們不信，反復懇請，左都御史李邦華甚至明確地指出：「社稷已經危傾，皇上還吝惜那些身外之物嗎？皮之不存，毛將焉附！」[15]崇禎帝卻假作沒有聽到，直到最後也沒有拿出自己的內帑。大順軍占領北京後，從皇宮中各內庫共搜出白銀三千七百多萬兩，還沒有算上黃金和其他各種珍寶。

外帑沒有錢，內帑又不願出，崇禎帝只好再次拿出了強迫勛戚、宦官和朝臣捐金助餉的老辦法。勳臣和內外官員們見皇帝自己一文錢不想往外拿，自然也沒有捐錢的積極性，相互推諉，死磨硬抗。直到三月初，農民軍已經快要兵臨城下了，崇禎帝密諭他的老丈人嘉定伯周奎，要他捐銀十萬兩，在勛戚中帶個頭。周奎卻說：老臣哪裡有那麼多錢？咬緊牙關只認捐一萬兩。崇禎帝以為一萬太少，把數額提到兩萬。周奎不能再還價，就派人進宮向女兒求援。周皇后暗中給家裡送去了五千兩，周奎從中扣下了二千兩，以三千兩交差，以後就拖著不再拿錢。後來大順軍進京，從周奎家抄出的現銀就有五十三萬兩。大宦官們個個富可敵國，此時也紛紛裝窮，有的在院門外貼上「此房急賣」的招貼，有的把珍寶古玩送到市場出售，一時雞飛狗跳，亂七八糟[16]。相對於勛戚和宦官來講比較「窮困」的在京官僚們更捨不得出錢，所捐不過幾十兩，百兒八十兩而已，崇禎帝嫌少，開始按衙門，後來按官員籍貫，分省硬行攤派，最終還是所得無幾。一番混亂之後，捐出的餉銀才不過二十多萬兩，杯水車薪，無濟於事。

籌不到餉，無法增兵，只得加強對現有部隊的監督統轄。這時明朝在山西、京南的兵力並不算太少，但因為一直採取分散株守孤城的戰略，很容易被各個擊破，再加上士氣低落，將領們都感到大勢已去，因而多數明朝守軍要麼望風歸降，要麼不堪一擊，與大順軍稍一接觸即作鳥獸散。對於這種狀況，朝臣們根本想不出什麼好辦法，崇禎帝在軍事上相當低能，也從來沒有想到過在戰略上做出什麼改進。唯一有意義的一個建議來自被奪職的前陝西總督余應桂，他上言說：賊號稱百萬，非天下全力剿之不可。請調左良玉、吳三桂及高傑、唐通、周遇吉、黃得功等眾將，齊赴軍前，會師真定、保定之間，以為決戰之計[17]。但這個建議卻沒有被理睬。

崇禎帝想不出什麼戰略上的安排，唯一的辦法就是加強對各部的監視。二月二十日，他再次任命了一批太監到各處監軍，高起潛總監（山海）關、薊（州）、甯遠，盧惟甯總監通（州）、德（州）、臨（清）、（天）津，方正化總監真定、保定，杜勛總監宣府，楊茂林監視大同……受命之前，他對這些大太監們諄諄囑咐，一副把身家性命都託付出去的樣子。太監們也頗為激昂慷慨，似乎抱定了捐軀報國的決心。但文臣武臣們對於情勢危急中又大用太監，分散事權，卻是極為不滿。兵部抗議說：如此政出多門，必定會使各處長官和將領無所措手足，請求收回成命。崇禎帝照例堅持自己的決定[18]。但靠幾個太監監軍當然不可能真正增加部隊的戰鬥力，後來這些太監絕大多數都帶頭投降了大順軍。

崇禎帝在他最後的日子裡還最後一次調整了內閣班子。正月二十七日，因為李建泰出征，內閣裡只有四相，他任命工部尚書范景文、禮部侍郎邱瑜入閣參預機務。但以陳演為首的這個內閣庸庸碌碌，實在是崇禎朝歷屆內閣班子中最不中用的，正趕上這種最危險最緊急的局勢，既拿不出任何可行的辦法，又不敢擔當責任。直到眼看京城就要不保，首輔陳演為了怕日後要擔罪責，主動提出退休養病。崇禎帝曾經很信任陳演，但今年以來陳演遇事退縮，處處都不能體量聖心，讓他大為失望，所以立即就批准了陳演的辭呈。向皇帝辭行的時候，陳演自己承認沒有佐理皇帝辦好事情，致使國難當頭。崇禎帝也很氣惱，說：「你就是死了也抵不了誤國之罪！」[19]陳演唯唯而退，後沒來得及離京，終於落到了大順軍手中。另一位輔臣蔣德璟在三月初也被罷免。在明朝的最後十來天，首輔是崇禎十三年（1640年）的進士魏藻德。那是崇禎帝親自面試所取的門生，又是他一手迅速提拔起來的。由這樣一位崇禎帝親手培養的首輔伴隨著他終結自己的王朝，倒是頗有象徵意味。

二月裡，京城的官僚們個個都成了驚弓之鳥，但大禍臨頭的時候卻又不敢各自投林，因為皇帝明令不許在職官員和他們的家眷逃離京師。頭腦靈活的就想辦法爭取出外公幹，以便因「公」逃亡。但想要因公出逃也不容易。最後一位首輔魏藻德就自請出京去督催糧餉，崇禎帝卻批旨說：「警報正急，已有旨留卿佐理機務，兵餉且不必催。」還是不放他走[20]。不能跑又想不出回天的辦法，大家就在一片恐怖中煎熬。京城裡還在不斷出現兇惡的徵兆，朝臣們議論起來就會膽戰心驚。二月初八學宮祭孔，大學士魏藻德主祭。典禮前本來天氣晴和，但正要行禮的時候卻突然刮起了狂風，學宮中松檜怒號，殿堂裡的燈燭全被吹滅，連行禮的儀仗隊伍都被大風吹散了。等了半天，狂風不歇，典禮只好暫停。官員們就傳說：這是孔夫子在天之靈不願接受明朝的祭享了！聖人的垂眷都已經轉移，帝國的命運還有什麼希望呢？[21]有人已經在暗自盤算，怎樣順應天命，去做大順朝的開國元勳了。

明朝君臣亂作一團，李自成的大軍卻在日益逼近。二月二十一、二十二兩日，大順軍在甯武遇到明山西總兵官周遇吉十分頑強的抵抗。周遇吉雖然勇武善戰，卻終因寡不敵眾，最後城破巷戰而死。甯武之後，大順軍基本上沒有再遇到像樣的抵抗，大部分明軍將領都是在李自成的人馬還沒有到達的時候就提前派人接款請降了。

甯武失陷和周遇吉全軍覆沒的消息給了崇禎帝更加沉重的打擊。這時候，他總算弄清楚了李自成的軍事意圖，知道大順軍的主力必定是要經大同、宣府，由西北方向進攻京城。按照這條路線和大順軍的推進速度算來，兵臨城下只是個把月的事情了。二月末，完全沒有了主意的崇禎帝屢次召集同樣完全沒有主意的群臣，商量對策。群臣或講幾句毫無意義的空話，或乾脆緘口不言，竟然沒有一個人拿出一條具體意見。

這樣空泛地議來議去，最後才又重新提起南遷的話題來。一直主張南遷的李明睿在私下裡與一些重臣交換過意見，大約也暗中透露了一點皇帝矚意南逃的資訊。比較有責任感的左都御史李邦華以為皇帝是社稷的象徵，自然不能怕死逃跑，但為了保險起見，應該先讓太子到南京躲避一下，萬一北京不存，南京還有個主宰。在廷議中，李邦華把這個建議說出來；李明睿也再次申明了請崇禎帝「南征」的意見。反對崇禎帝南遷的人很多，無非是怕南遷後北京守不住，皇帝必然要治罪主張南遷的人，許多人還害怕皇帝逃了，自己被留下來守城，那也是九死一生。至於讓太子去南京監國，多數人倒是覺得有道理，因而一時閣臣、部臣都附和李邦華的意見。

但這個意見卻是崇禎帝最不願意聽到的。因為讓太子南遷，等於承認京師已危如累卵，而自己卻只有以身殉國一個無可選擇的下場，李邦華就明說是「在皇上惟有堅持效死勿去之義」[22]。在崇禎帝看來，李邦華和其他大臣們的這種說法實在可惡之極，自古以來只有忠臣一心殉國殉主的，哪有逼著皇帝去殉國的道理呢？翻遍史籍竟然找不出一個類似的例子。另外還有一個擔心，就算最後北京能夠守住，如果有權臣在南京擁戴太子登基，像當年唐肅宗在武靈遙尊玄宗為太上皇那樣，豈不同樣等於是丟了天下？其實在殿上就有個給事中光時亨大聲說過：「奉太子往江南，諸臣想要幹什麼，難道要效唐肅宗武靈故事嗎？」[23]但崇禎帝對於大臣們那些冠冕堂皇的論調，卻沒法正面駁斥。他的虛榮使他無法向朝臣表示自己的真實意圖，更不好意思不顧群臣反對當機立斷地決定南逃，只能訕訕地說：「朕經營天下十幾年尚不能濟事，哥兒們孩子家做得甚事？先生們早講戰守之策，此外不必再言。」[24]所謂死要面子，崇禎帝真是實行得澈底。

仍然不能逃，到二十八日，崇禎帝只得詔天下兵馬都來勤王。但這時候，李自成的部隊已經快要到大同，而京師周圍一帶的許多軍隊已經變作大順旗號了。

大順軍主力於三月初一日抵大同，大同總兵官姜瓖和總督太監杜勛以城降。這時候整個雁北地區和宣府一帶民心所向全在大順軍，各路官兵也早打好了投降的主意。駐軍陽和（今山西陽高）的宣大總督王繼謨見部下都在祕密籌畫迎降，打算帶上百餘親丁逃回京城，但走到天城衛（今山西天鎮）又被親丁把餉銀好馬都搶走迎降去了。他在給朝廷的報告中哀歎：「看此時候，無一兵一將一民不反面向賊。」[25]沒過多久，走投無路的王繼謨自己也只好「反面向賊」，向大順軍投降了。大順軍到達陽和時，明朝陽和兵備道於重華到十裡以外郊迎，民眾簞食壺漿於道。宣府總兵官王承胤也早早派人到大同聯絡投降，並且接應農民軍的先頭部隊潛入宣府。

明王朝京師西北方面的通信系統這時候全部癱瘓，朝廷上根本弄不清作為京城重要門戶的大同、宣府一帶的情況如何。得到的都是各種傳聞，有的說大同還正被圍城，也有的說連宣府都已經被攻破了，甚至還有特別樂觀的消息說李自成掃平全晉後已率軍南返！崇禎帝被各種各樣的消息攪得頭昏腦漲，總感覺是死亡之劍已經懸在了頭頂上，就是不知道什麼時候才會掉下來。

三月初四日，崇禎帝在平臺召對群臣，又一次提出南遷的事。因為剛剛收到還在京南地區徘徊的李建泰的奏章，也是請朝廷南遷。大臣們既已抱定主意，說來說去還是那一套。崇禎帝大概也感覺到，此時就是決定南逃，可能都來不及了，於是憤怒地說了一句硬氣的話：「國君死社稷，朕還能往哪裡去呢！」從此君臣們都不再提皇帝和太子南遷的事。對於如何作戰，如何守城等項具體問題，大臣小臣全都默不作聲。崇禎帝恨恨地說了聲：「朕非亡國之君，諸臣盡亡國之臣爾！」[26]拂袖而去。這已經是朝臣們第二次聽皇上說到亡國了，不禁都有些神色黯然。

這天總還是有點積極的行動，崇禎帝在當日詔封吳三桂、唐通、左良玉、黃得功等四位比較有實力的總兵分別為伯爵，其他在各處掌握兵權的總兵官們也都升了級。這雖然有明顯的諂媚軍閥之嫌，畢竟是大難臨頭，不得不然。封爵升官的目的當然是想讓武將們為自己拼命，所以在封爵的同時，崇禎帝命薊鎮總兵唐通和山東總兵劉澤清立即率所部進京勤王。初六日，崇禎帝終於顧不上關外的得失和自己的面子問題，下令放棄寧遠，命薊遼總督王永吉和吳三桂統兵入衛京師。但為時已晚，大順軍正好在這一天占領宣府，離京城只有四、五百里的路程了。

距離京師最近的唐通最先率部來到北京，實際上他也是唯一一位趕上了勤王的將領。初七日，他帶的八千名士兵屯軍在齊化門（即朝陽門）外，並且立即陛見了皇帝。崇禎帝總算見到了一支救兵，歡喜異常，又是賜宴，又是賞銀，說了許多嘉獎的話，賞給唐通白銀四十兩，其所部兵丁每人銀五錢。崇禎帝本來的意思是要讓唐通部駐紮在北京城外抵禦敵軍，還派了太監杜之秩作為唐通部的監軍。但唐通為此大為惱火，對人說：「皇上晉我太師，封我伯爵，卻又讓內官在我頭上節制我，我還比不上一個奴才呢！」於是上疏說兵少不便於平地野戰，應去居庸關設險待敵。而後也不等朝廷批復，竟自帶上隊伍走了[27]。

當年京師第一次戒嚴的時候，袁崇煥率部千里馳援，兵力雄厚，卻不能不時時處處震懾於朝廷的威嚴，生死予奪聽憑天子之命。而現在，一個只有八千人馬的小小總兵官就如此驕橫跋扈，崇禎帝追今撫昔，真是不勝感慨。但事急從權，因為還要用這些武將，也就無可奈何。他只希望唐通能在居庸關擋住李自成軍，至少能抵擋一些時日，以便更多的勤王之師趕到。

但其他的勤王部隊卻一直不見來到。山東的劉澤清接到詔令後謊稱自己騎馬摔傷了腿，拒不赴京，後來在臨清大肆搶掠一番反而率部南逃了。吳三桂在關外有許多軍民需要安置，拉家帶口又行動遲緩，直到三月十六日才入山海關，京城已經無救。

三月中旬，京中已是一片大亂。許多住在京城但不在現任上的官員和大批官員的家眷不顧禁令紛紛出城向南方避難，普通的士民工商也不乏出逃的，城門口大小車輛擁擠不堪。崇禎帝怕大批逃亡擾亂軍心民心，更怕大順軍的奸細大量混進城裡，所以決定關閉城門，不許隨便出入，有些城門甚至用磚土堵了起來。他還上諭兵部：「敢有論言惑眾及私發家眷出城者，擒治。」[28]但除了這些措施之外，也就再別無長策。他仍然在不停的召對朝臣，但每次都照例毫無結果，想到命運的不濟和朝臣的可恨，他也每每不禁悲從中來，接連幾日都是痛哭著回宮的。

十五日，前幾天還表示過忠心耿耿的唐通和他的監軍太監杜之秩在居庸關向大順軍投降，京師西北的最後一道屏障不復存在。這一天，大順軍權將軍劉宗敏已經把檄文送到了京城，說是「定於十八日入城。」[29]朝廷連忙把京師主力部隊「三大營」安紮在齊化門外，準備在城東迎敵，城西則拒守。但京營總督襄城伯李國楨對如何守城毫無定見，只是坐在城樓上，凡事都聽提督太監王承恩的指揮。守城的士兵大多都是京師豪門子弟僱傭貧民替代的，既無鬥志又乏訓練，加上缺糧缺餉，士氣低落已極。

十六日，崇禎帝仍然按照原來的排程召見了在京考選的地方官員。城外軍情急如星火，照道理是應該停止這些不急之務，但早朝的時候群臣相顧不發一語，他自己也不知該做什麼事情，與其枯坐焦心，不如有點事幹。但在召見的時候考選官員們已經察覺出皇上的表現頗為異常。他對被召見的人又提出如何籌軍餉，如何安人心這些老問題，卻無法集中精力聽官員們的絮叨，一會兒左顧右盼，一會兒無緣無故地笑笑，一會兒又親手磨墨、斟茶，完全沒有了往常那副莊重嚴峻的樣子。這次召見差不多用了一整天的時間，直到一個太監送進一份密件，崇禎帝看過之後，面色大變，丟下召見的官員們急匆匆地走了。有人說那份密件報告昌平失守，但昌平那天實際上還沒有失守，只是過居庸關之後都是平川，通往京城不一定非經昌平不可，大順軍的先頭部隊在十六日已經到達京郊。估計密報所說的就是京城附近發現大順軍的消息[30]。

當天夜裡，崇禎帝徹夜不眠。他繞著宮殿狂奔長號，又是頓足捶胸，又是悲泣歎息，又是大叫：「內外諸臣誤我，誤我！」已經陷入了半瘋狂狀態[31]。而這時候內外諸臣卻大多已經做好了開城投降的準備。司禮太監曹化淳、兵部尚書張縉彥等人擬了一個開城投降的公約，宮中朝中的許多大太監、大官僚都在上面簽了一個「知」字。當然唯有崇禎帝不知[32]。

十七日早朝，崇禎帝再一次與群臣討論如何應付危難，再一次當眾落淚，諸臣也再一次跟著哭天抹淚了一番。有人提出起用閹黨中的人才馮銓、霍維華、楊維垣等人。且不說可用不可用，幾個人都遠在外地，起用了對於守城也毫無用處。崇禎帝聽著這些廢話實在心煩，懶得說話，用手指在桌案上寫下了「文臣個個可殺」幾個字，讓身邊的司禮太監王之心看了看，又抹了去[33]。他實在想把這些昏庸怯懦的朝臣們殺個痛快，可是在這旦夕間就要覆亡的時刻，他其實連殺人的能力也沒有了，只能等著大順軍來完成這一遺願。

上午，寥寥無幾的幾個大臣心急火燎地守在宮門外等待消息，一面議論著形勢。有人說只能聽天由命，也有人強打精神說城池堅固，守幾個月沒有問題。突然間負責守城的襄城伯李國楨獨自騎馬趕來，衣冠不整，面色倉皇。崇禎帝忙宣他入殿，問他守城情況如何。李國楨趴在地上哭著說：「守城的軍隊都不服從命令了！都躺在城上，用鞭子打起來一個，另一個又躺下。怎麼辦呢？」崇禎帝也哭，說：「諸臣誤朕到了如此地步！」於是殿裡的文武大臣和太監們都跟著一起慟哭起來，聲徹殿宇，外面都聽得清清楚楚[34]。

崇禎帝打發走了文武大臣，又召集太監，要太監們去武裝守城。太監們嘩亂一片，直到傍晚才組織起來幾千人的一支隊伍，分了皇上臨時拿出來的二十萬兩銀子，亂哄哄地到各城去了。這時候，大順軍已經把北京城團團圍住，齊化門外的「三大營」不戰而潰，平則門（今阜成門）和彰義門（今廣安門）等處都遭到猛烈攻擊。四處火光沖天，炮聲動地。

在又一個不眠之夜裡，崇禎帝明明白白地想到了死。人生自古誰無死？但是作為一代「英主」，卻這樣狼狽不堪地「以身殉國」，實在心有不甘。只是逃已無路，守又無策，奈何？十八日清晨，他最後一次召對閣臣，垂頭喪氣地說：「不如大家一起在奉先殿完事（自殺）。」[35]閣臣中竟沒有一個回應。奉先殿是宮內供奉祖宗牌位的地方，面對著列祖列宗毅然投繯，還是很有些悲壯的。但這個最後的打算也沒有實現——他還是渴望著能有最後一線生機。

他在這天又下了最後一道「罪己詔」，宣布停止遼餉等一切新舊加派，可惜這一「德政」來得太晚了。詔書還宣布「赦免」一切從賊人員，只有李自成不赦，官民有擒之者封世侯[36]。這種癡人說夢般的最後「振作」當然不會帶來生機。

這天上午出了一件意想不到的事情。在大同投降大順軍的總監太監杜勛受李自成的派遣，坐著大筐被吊進城裡，要與崇禎帝進行談判。這正是最後一線生機，崇禎帝連忙召見。但杜勛傳達的意思很簡單：李自成軍聲勢浩大，已無可抵禦，唯一的生路只有崇禎帝自動「遜位」，其實就是投降，讓位，讓李自成堂皇而又名正言順地登基即位[37]。這樣的生機對於崇禎帝來講未免有些太難堪了，但畢竟是一種選擇。他還在猶豫，希望能有一個比較體面一點的投降方式，因而談判一直拖到晚上。李自成已經不願再拖，當晚對各門大舉進攻，負責守衛彰義門的太監曹化淳開城門迎降，外城陷落，內城的失陷也近在眼前。

在最後關頭，崇禎帝還是決定既不投降又不「殉國」，而是冒險衝一下，爭取逃出重圍。他頒布了親征詔書，號稱要御駕親征，蕩平逆賊，實際上就是率軍逃跑的意思。但這時候他已經沒辦法組織起一支部隊了，他要內監召京營護駕，內監對他說：「京營都已潰散，哪裡還有兵！皇上自己想辦法逃吧。」深夜時分，他找到皇親駙馬都尉鞏永固和新樂侯劉文炳，要他們召集家丁護駕出逃。鞏永固哭著說：「祖制親臣家不能藏片甲，臣等哪裡有什麼家丁！所有的家人不會作戰，哪能禦敵！」[38]實在沒辦法，崇禎帝只好手持三眼洋槍，帶上一夥太監像沒頭蒼蠅似的衝出了紫禁城，先後到了齊化門和安定門，看沒有突圍的可能，才又沮喪回宮。

大勢已去，大勢已去！他讓宮中臨時備下酒宴，召來妻妾子女，闔家舉行了最後的晚餐。當初第一天進宮當皇帝，他正是由吩咐鴻臚寺預備酒食這件事，第一次體驗到君臨天下的威嚴和快意。而今備下的這頓酒飯，卻只能用來和家人與人世訣別了。一家人哭哭啼啼地痛飲一番，直到杯盤狼藉，他才拔出寶劍，兇狠狠地對家人說：「事已至此，可以死了！」周皇后哭著對他說：「妾侍奉陛下十八年，卻不聽我的一句勸告，及早南遷，才會有今天呀！」與幾個兒女灑淚相別，才回到自己的坤甯宮懸樑自盡。崇禎帝看著妻子搖搖晃晃地掛在房梁上，連聲說好，又對兩個號啕不止的女兒說：「誰讓你們不幸生在我家！」隨即他揮劍殺死了幼女昭仁公主，長女樂安公主用手擋劍，右手被斬斷，流血昏倒在地。袁貴妃自經的時候繩索斷了，跌了下來，崇禎帝也上去補了三劍，卻沒有擊中要害。他乘著酒力，又殺了幾個嬪妃。昔日一派肅穆的內宮血流遍地，成了一個刑場[39]。各宮的宮女們此時紛紛逃出宮門，卻不知回家的道路，到處訊問。城中官民見到這種情形，都知道宮中已經大事不好。

皇宮裡三個皇子嚇得不知所措，崇禎帝讓太監帶他們先逃到宮外在成國公朱純臣等人的家中躲起來，還諄諄囑咐說：「你們今天是太子，明天就是平民了，在亂離之中要隱姓埋名，不露行跡。見到老年人叫他老翁，見到年輕的叫他叔叔伯伯。萬一保住性命，報了父母之仇，不要忘了今天的教訓。」[40]他還發了最後一道諭旨，要文武百官都到太子行在（即朱純臣家）集合，一切聽朱純臣指揮。但這道諭旨送到內閣的時候，內閣中已沒有閣臣值班，太監把諭旨放在內閣，回來報告皇帝，皇帝卻已經不在宮中了。

歪脖子樹

一場大屠殺之後，三更已過，已是十九日的凌晨。崇禎帝踉踉蹌蹌地奔出了玄武門（今神武門），爬上了紫禁城北面的煤山（今景山）。這裡是京城裡的制高點，這兩天來他也曾幾次登到山頂觀察四周城守的形勢。在臨死之前再一次到這裡來，說明他在朦朧中還是存在著一絲幻想，希望能在這裡看到上天突降奇跡。但這兩天一直是淒風苦雨的天氣，夜深霧濃，四周漆黑一片，只聽得到有隆隆炮聲傳來，也辨不出方向。他在風雨中清醒了一點，才明白，奇跡是不可能發生了。再看看身邊，隨從而來的竟然只有一個親信太監王承恩，眾叛親離，還有什麼希望呢？

在出宮之前他已經事先寫好了遺詔，由於心意已亂，只寫了一句話：「朕已喪天下，不敢下見先人，亦不敢終於正寢。」到了最後時刻，他的頭腦似乎又清醒了一些，覺得有些言猶未盡。於是他弄破手指，又在衣襟上寫上：「朕誤聽文官言，致失天下，任賊碎裂朕屍，但弗傷我百姓。」[41]這是他最後一次把罪責推給別人，把面子留給自己。

一切結束，他與王承恩一起在壽皇亭旁吊死了，時為崇禎十七年三月十九日（1644年4月25日），他的實足年齡只有三十三歲。

城外，大順軍攻城的大炮聲響得正急。

1 見錢䡆，《甲申傳信錄》，卷六，上海書店1982年1月版，第113頁。
2 《三垣筆記》，第221頁。
3 見《明史》，卷二五三，第二一冊，第6549頁。
4 見顧宗泰，《勝國宮闈詞》注，北京古籍出版社《明宮詞》本，第128頁
5 《流寇志》，卷九，第136頁。
6 見蔣德璟，《愨書》，卷十一。
7 見劉健，《庭聞錄》，卷一，上海書店本1985年7月版，第4頁。
8 佚名，《崇禎長編》，卷二，第89頁。
9 見《天府廣記》，卷十三，上冊，第167-168頁。
10 見《綏寇紀略》，補遺上，第396-397頁。
11 見《懷陵流寇始終錄》，卷十七，第四冊，第724-725頁。
12 見《明末農民戰爭史》，第215頁。
13 見《甲申核真略》，第34頁。
14 見《天府廣記》，卷三四，下冊，第484頁。
15 見李邦華，《皇明李忠文先生集》，卷六。
16 見《明季北略》，卷二十，下冊，第445-446頁。
17 見《明季北略》，卷二十，下冊，第435頁。
18 見《懷陵流寇始終錄》，卷十七，第四冊，第713頁。
19 見《春明夢餘錄》，卷二四，上冊，第248頁。
20 佚名，《崇禎長編》，卷二，第106頁。
21 見《思陵典禮紀》，卷三，第40頁。
22 見《皇明李忠文先生集》，卷六。
23 見《烈皇小識》，卷八，第228頁。
24 見《綏寇紀略》，補遺中。

25 見《明末農民起義史料》，第 451 頁。
26 見《流寇志》，卷九，第 150 頁。
27 見李長祥，《天問閣集》，卷上。
28 見《明季北略》，卷二十，下冊，第 447 頁。
29 見《明季北略》，卷二十，下冊，第 449 頁。
30 劉尚友，《定思小記》，浙江古籍出版社《甲申核真略》本，第 68 頁；《明季北略》，卷二十，下冊，第 450 頁。
31 張正聲，《二素紀事》。
32 見《懷陵流寇始終錄》，卷十七，第四冊，第 730 頁。
33 見《烈皇小識》，卷八，232 頁。
34 見《明季北略》，卷二十，下冊，第 451 頁。
35 見《明季北略》，卷二十，下冊，第 452 頁。
36 見趙世錦，《甲申紀事》，中華書局 1959 年 12 月版，第 8 頁。
37 見《流寇志》，卷九，第 157 頁。
38 見《甲申傳信錄》，卷三，第 38 頁。
39 見《三垣筆記》，第 227 頁；《明季北略》，卷二十，下冊，第 454 頁。
40 見戴名世，《弘光朝偽東宮偽後及黨禍紀略》，上海書店《東林始末》本，第 274-275 頁。
41《三垣筆記》，第 229 頁。

四 遺胤餘波

大順軍是在三月十九日清晨進入北京內城的，各門守城的太監和官兵全部停止了抵抗，繳械投降了。明朝的大小官員們有十幾人在城破的當天自殺身亡，絕大多數則戰戰兢兢地躲在家裡，等待著新王朝的處置。京城裡的百姓則家家戶戶都在自己門前設立香案，供上了寫著「大順永昌皇帝萬歲，萬萬歲」字樣的牌位，許多人還在帽子上貼上「順民」兩個字[1]。反正不論是哪朝哪代，天下都少不了順民。

京城的陷落和崇禎皇帝的自殺標誌著已有二百七十多年歷史的明王朝壽終正寢，但在大順軍剛剛進入北京的兩、三天裡，人們都還不知道崇禎帝的下落。當時城裡有許多傳聞，或者說崇禎帝已經在破城之前奪門出逃，現在正在南行路上；或者說他出宮藏匿在百姓人家。大順軍在宮中找不到崇禎帝的蹤跡，也一面派將領率軍南下追擊，一面發出告示：「主上救民水火，克破京城。其崇禎逃出紫禁城外，有能出首者，賞黃金千兩；隱匿者誅全家。」[2]

直到二十二日，才在煤山發現了崇禎帝的屍體。大順政權把崇禎帝的屍體拖下山去，與周皇后的屍體一起陳放在東華門外。故明官員和京城百姓聽說後有去觀望的，見到屍身以髮覆面，一隻腳赤足，一隻腳穿著襪子，衣衫零亂，情狀頗慘。一帝一后陳屍當道，很不雅觀，明朝的兵部主事劉養貞自己出錢買了兩副柳木薄棺，草草地把屍體裝殮起來。李自成出於安定民心的考慮，覺得總是要把前朝皇帝安葬了為好，因而在二十五日拿出品質較好的紅漆棺和黑漆棺各一具，重新裝殮了崇禎帝、后，並且命令順天府擇日將崇禎帝、後下葬在昌平銀泉山原來埋葬田貴妃的墓壙裡。

按一般習慣，一個皇帝即位後就開始為自己營造陵墓。但崇禎初年御用堪輿學家在天壽山明陵地區踏遍群山，竟沒有找到一個風水好的地方，因此為崇禎帝修建陵墓的事情一直拖下來。四年前龍虎山的張天師終於在薊州附近找到一塊風水寶地，但經推算必須到甲申年（即崇禎十七年）以後動工才吉利[3]。因而崇禎帝始終沒來得及為自己建陵，最後只能與田貴妃擠在一起。下葬是在四月初三日，因為有棺無槨，負責監葬的大順禮政府主事許作梅臨時決定把田貴妃的棺材從原來的木槨中取出，用它裝了崇禎帝的棺材，葬事草草結束[4]。

雖然是亡國之君，他畢竟曾經做過十七年大明皇帝，因而在身後免不了還要享受一些哀榮。大順政權儘管在《永昌元年詔書》中說過「君非甚暗」，其實對這個已成政治僵屍的明朝皇帝並不感興趣，再加上當時要建設政權鞏固政權，還要對付各處明朝殘兵，根本顧不上給前朝皇帝加謚號一類無聊的事情。但一個月之後，政局又發生了翻天覆地的變化。四月初，擁有重兵的明平西伯吳三桂與關外的清軍聯盟，在中旬和大順軍進行了一場大戰。李自成軍大敗，先是撤回京城，又於四月三十日撤離北京。五月初二日，清攝政王多爾袞率領著清軍不費吹灰之力就占領了無人管理的北京城，儼然以中華帝國的新主宰自居了。

作為一個傑出的政治家，多爾袞深知自己以關外少數民族的身分入主中原，更需要廣泛地收買人心，因而在剛剛入關的時候就打出了「除暴救民，滅流賊以安天下」的旗號[5]。在占據北京的當天，多爾袞又傳令，自初六日起，為崇禎帝設位哭臨三天。設位就需要有一個稱號，就需要定立謚號，清禮部侍郎楊汝成以典禮浩繁為由，要求明朝故官一起參預。明朝故官推舉當初一直主張南遷而始終沒有南遷成的原左中允李明睿，清朝立即任命李明睿為禮部侍郎。李明睿還託病不想參加，多爾袞說：「明天就要令京城官民人等哭臨，無神主，何以哭臨？無謚號，何以題神主？」李明睿只得痛哭從命。當即在朝房中和眾人議定：以「懷」為崇禎帝廟號，以「端」為謚號，合稱「懷宗端皇帝」[6]。

根據謚法，「懷」表示「執義揚善」和「慈仁短折」，「端」表示立身嚴正，「內外賓服」。李明睿等人為崇禎帝制定的這第一套廟號謚號，多少反映了明朝遺臣對於他的某種評價以及對於他以身殉國的哀悼和懷念。但根據歷史上的慣例，一個亡國之君只能期望由後來的朝代贈予一個謚號，卻不應該再得到廟號，因為國祚已絕，宗廟不存，亡國之君根本沒有了在宗廟中接受祭祀的資格，當然也就沒有資格取得一個廟號。例如元末順帝，明朝謚其為「順」，卻不為其設立廟號。大約在最初，滿洲貴族對於中原的一套繁文縟節還不十分清楚，因而讓明朝的遺臣鑽了空子。多年之後，清順治帝已諳熟中原文化，特降旨取消了崇禎帝的廟號，並改謚號為「莊烈愍」，此後清代官書，概以「莊烈帝」或是「愍帝」稱呼崇禎帝。

北京被李自成攻陷和崇禎帝自殺身亡的準確消息是四月初才傳到南京的，明朝南京大臣們在大悲大慟之中連忙籌備擁立新君。各派政治勢力緊張地爭鬥廝殺了一個來月，最後定立福王朱由崧為帝，改元弘光，就是通常所謂「南明」的第一個政權。弘光帝於五月十五日登基，登基後立即就降旨為崇禎帝議上廟謚。六月十五日，謚號議定，全稱為「紹天繹道，剛明恪儉，揆文奮武，敦仁懋孝烈皇帝」，廟號「思宗」[7]。廟號、謚號用「思」、用「烈」，特別突出對崇禎帝「殺身成仁」的痛悼。後來有人提出，「思」字曾經是蜀漢後主劉禪死後的謚號，用「思」來稱崇禎帝極為不妥，建議改定，朝臣們又反復磋商了很久，最後改定廟號為「毅」，因而南明人士和以明朝遺民自居者多稱崇禎帝為「毅宗」或是「烈皇帝」。只是對於清朝統治者來說，這一套廟謚是偽朝所定的偽號，屬於非法，因而敢用的人越來越少，後來幾乎失傳。在下一年，清順治二年（1645年），弘光政權被清軍摧毀，黃道周、鄭芝龍等又以唐王朱聿鍵為帝，建立第二個南明政權「隆武」。隆武君臣在清兵壓境，大難臨頭的環境下，不知為什麼又想起來為崇禎帝再設置一套光榮稱號，遂改廟號「威宗」，稱作「威宗烈皇帝」[8]，但這種稱呼應用的時間更短，範圍更窄，知道的人也極少了。

由於亡國和時勢的混亂，崇禎帝倒成了明朝諸帝中得到過廟號、謚號最多的一個。即使如此，有些明朝的遺老遺少仍然覺得所有這些廟號、謚號都未能確切表達對於崇禎帝的褒彰和緬懷。曾經在崇禎朝做過一個月大學士的文震孟的兒子文秉就爭辯道：「先帝（指崇禎帝）俟兩宮畢命後，始自為計，義也；初擬從權，徐圖後舉，既慨然知天命之不可爭，不難身殉以謝天下，智也；業已身殉矣，猶曰『因失江山，不敢終於正寢』，禮也；從容殉難，合乎大道，仁也。夫當變起蕭牆，禍介俄頃，而仁、義、禮、智俱全而無失焉，可不謂正乎？按謚法：殺身成仁曰『烈』，臨難不屈曰『正』。愚意修史者當具疏特請，更上先帝謚號曰『烈宗正皇帝』。」[9]

文秉的看法在當時很有代表性，遺民們出於亡國的慘痛和對故國深刻的懷念，對於作為故國標誌的最後一個皇帝難免要表現出特別的熱情。何況「自古艱難唯一死」，崇禎帝畢竟是殺身殉國了，那死就被看作壯烈非凡，是合乎大道的「仁」，甚至連在死前逼殺后妃也成了「義」，不爭天命也成了「智」，臨死前的一句激憤之言也成了「禮」，仁義禮智俱全，簡直是獨立於天地之間，垂則於千秋萬代。清初著名的嶺南詩人屈大鈞寫詩追思歌頌崇禎帝：

> 先帝宵衣久，憂勤為萬方；捐軀酬赤子，披髮見高皇；
> 風雨迷神路，山河盡國殤；御袍留血詔，哀痛何能忘？
> ……[10]

詩中就把崇禎帝塑造成了個為國為民不惜獻出生命的聖君。但相比之下，不論清朝還是南明，為崇禎帝定的廟號和謚號卻太普通，太一般了。至於崇禎帝在自己的統治時期慳吝成性苛刻加派，自作聰明虐殺大臣，遇事不決貽誤時機，馭人乏術渙散朝政，最後終於導致滅亡，遺民們就全部委之於「天命」，不願去做痛苦而且難堪的回想了。

崇禎帝死後那麼長時間，仍然引得明清雙方的君臣為了他的稱呼問題而議論爭辯，大傷腦筋。這從另一個角度說明在古代的君主專制制度中，一個皇帝，不論生前還是死後，能給社會造成的巨大影響。但與崇禎帝的幾個兒子在後來的歷史中有意無意掀起的政治波瀾相比，幾個不同謚號挑起的爭論就顯得微不足道了。

崇禎帝先後共有七子六女，其中第二子、第五子、第六子、第七子和四個女兒都幼年夭折，到甲申之變的時候還活著的有十六歲的太子朱慈烺，十三歲的三子定王朱慈燦，十二歲的四子永王朱慈煥，以及長平公主和昭仁公主兩個女兒。儘管同為皇帝親生的金枝玉葉，在危急時刻不同的性別卻有著絕不相同的命運。女性是要清白的，因而崇禎帝殘忍地用劍砍死了幼女昭仁公主，斫傷長女長平公主。長平公主被砍斷手臂，卻僥倖沒有死。李自成進宮後，見到奄奄一息的長平公主和同樣是被崇禎帝砍傷的袁貴妃，覺得很可憐，就讓人把她們各自送到本宮調養。袁氏後來輾轉流落民間，到清初北方局勢平定後才被京南雄縣的地方官發現，送交給清廷。清王朝對這位前朝貴妃並不重視，交發有關部門「恩養」。袁妃又過了幾年才死在北京。長平公主後來則被送到外祖父周奎的家中，數月之後傷勢才逐漸好了[11]。

三個皇子的經歷卻要比公主複雜得多。三月十九日那天凌晨，太子和兩個弟弟隨著太監倉皇出逃，但都沒有逃脫掉。三兄弟本來是分別出逃的，但引導的太監們見到大勢去矣，無處可逃，也不敢隱匿皇子，於是或把他們棄置在街巷上不顧，或是直接向大順軍出首把他們獻給大順軍，因而在十九日當天三兄弟就全部落入大順政權的手中，又聚在了一起。當時三個人都換上了民間的破舊衣服，帽子上也貼著「順民」兩個字，嚇得要命。李自成要他們不必害怕，把他們交劉宗敏營內看管。三位殿下對新的身分卻很難一下適應，談起李自成和大順軍的時候，仍然按照當初在宮裡慣用的稱呼，叫作「賊」。原任大學士邱瑜聽到了很擔心，悄悄用筆在手上寫了：「今後勿言『賊』字。」讓幾位皇子千萬不可口無遮攔[12]。

李自成對崇禎帝的幾個兒子還是很寬厚的，進入北京幾天以後，封太子為宋王，定王、永王二兄弟也改封為公爵。從政治的角度來看，這三個男孩子是一宗很重要的戰利品，對於安撫民心，招降故明官員，乃至於平定天下，都能起到積極作用。當然也有消極的作用。大順軍占領北京後多次發現傳單，聲稱大明氣數未盡，「將立東宮為皇帝，改元『義興』元年」，就把太子當作反對大順政權的旗幟[13]。

到四月份，山海關的吳三桂公然打出了對抗大順政權的旗號，擊敗了大順軍的唐通部。李自成、劉宗敏在十三日率領大軍出京征討吳三桂，在出行的隊伍中也帶上了太子三兄弟，還有吳三桂的父親吳襄等人。李自成帶上這幾個人出征作戰，顯然是把他們當作人質。吳襄是吳三桂的父親自不必說，太子朱慈烺三兄弟作為故明遺胤，有著重大的政治象徵意義，由於吳三桂在討伐李自成的檄文中發誓要「克復神京，奠安宗社，乾坤再整，日月重光」[14]，表現出對於明朝無比忠心，因而李自成希望用太子們證明他對於故明的寬仁態度，也想利用太子最後一次要脅吳三桂投降就範。

但這次出征卻成為大順軍失敗的起點。在山海關外的大戰中，李自成沒有想到吳三桂已經與清軍聯盟，因而在突然遭到清軍衝擊的時候大驚逃竄，導致全軍的大潰敗。李自成帶著敗軍一路向北京撤退，為了緩解吳軍和清軍的追擊，特派人到吳三桂軍中議和。吳三桂當即表示：只要能歸還太子和二王，迅速離開京師，就可以暫時罷兵，卻沒有提出交還其父吳襄作為交換條件。這表明當時太子的價值之大。以吳三桂的如意算盤，掌握住太子，在驅除李自成之後擁戴太子即位恢復明王朝，他本人將建立不世之功，同時也將擁有超乎尋常的地位和權力[15]。李自成已經同意了吳三桂的議和條件，但清軍統帥多爾衮卻對這些絲毫不感興趣，逼迫吳三桂繼續窮追不捨。李自成大怒，在永平附近殺了吳襄，並把吳襄的首級挑在竹竿上示眾，卻沒有傷害太子三兄弟，一直帶著他們撤回北京。

李自成在四月二十六日回到北京，二十九日在武英殿正式舉行了即皇帝位的典禮，當天夜裡下令放火焚燒了宮殿，三十日清晨又挾著太子和二王撤離北京。自闖王進京至離京，前後四十餘天，太子和兩個弟弟一直在大順軍的掌握之中。這段日子他們過得相當狼狽，卻沒有受到什麼傷害，只是亂離中隨著軍旅東西奔波，身體的勞累和心中的惶恐都是他們從來沒有體驗過的。

撤離北京之後的大順軍完全亂了陣腳，接連在慶都（今河北望都）、真定等地戰敗，隊伍散亂，軍心搖動，軍中輜重都顧不上收拾，經常散落在荒路田野裡，對那些隨軍看押著的故明太子等人更是無暇多顧。民間傳說都認為太子和他的兩個弟弟已經死於亂軍之中，南京弘光政權還正式為三兄弟定了謚號，進行了祭奠。但實際上，朱慈烺三兄弟竟然在這種混亂之中，分別逃脫出來，各奔東西，自謀生路。

在三兄弟中，十六歲的太子朱慈烺運氣最差，他在逃離大順軍營之後又被一支不知名的什麼隊伍抓到。但這一次他把自己的太子身分隱瞞得很嚴，抓他的人只是把他當成一個臨時夫役，讓他打草餵馬。又過了兩個月，他才再次逃亡。不知是出於什麼樣的想法，他在得到自由之後回到了清朝統治下的北京[16]。有人傳說，這位太子先是在一個窮苦人家或是一個尼庵寄居下來，觀察時局並且打聽家中倖存親人的下落。他聽說外祖父周奎一家都還平安無事，而妹妹長平公主也沒有死，現在就養在周奎家。他還聽說清朝為他的父親補行了哭臨禮，還給予了廟號謚號。這些情況大概使他誤以為清朝也會給他相當的禮遇，至少也應該像大順政權那樣封一個王吧。於是在十一月間，他投奔到外祖父周奎家，不再隱藏著自己的身分。

周奎和他的兒子周繹都是膽小怕事的勢利小人，初見太子出現，一時不知所措，就把他接進府裡，還按照明代的規矩對他行了君臣大禮。在周府養傷的長平公主見到失散了半年多的大哥，不由百感交集，兩個人相擁抱頭痛哭。太子在周府住了兩天，風聲傳了出去，鄰近的許多居民送來酒食禮品表示慰問。這下子周奎和周繹坐不住了，但也不知應該如何處理，只好請來現在在清宮中服務的前明太監商議。商議的結果是留太子在府，凶多吉少，必須趕快驅逐。於是就由周繹出面，勸太子離去自謀生路，而且千萬不要說明自己是崇禎太子。太子終究有些太子脾氣，對外公、舅舅這種不客氣也不講君臣大義的行為十分氣憤，竟擰著不走。周繹於是乎詈罵、推搡，甚至動手打了太子。太子更加憤怒，在周家大門外爭吵不休，驚街動巷，連負責地方治安的巡捕也知道了。事已至此，周奎只得正式向官府舉報。

崇禎太子已有多日下落不明，如今突然再現，引起了相當的轟動。特別是一些入仕清朝的漢族官員，大多懷著一種很微妙的心理，希望這出現的真是崇禎太子，而且希望清朝能夠善意地對待崇禎太子。吏部侍郎沈惟炳在奏章中就明確表示：「如其真也，是先帝之所默擁也。清朝寬仁厚德，加意先朝，上謚發喪，備極隆盛。今日命將出征，代先帝除凶伐暴，又何嫌何疑於其子，不以備三恪之後祀，為先帝存此一線哉？」[17]用的雖是虛擬語氣，意思其實是肯定的，認為崇禎太子遭逢喪亂而仍能存活，實屬大幸，一定是崇禎帝的在天之靈保佑的結果。他還以為，清朝已經表現了對故明的寬仁厚德，入關建國都是代崇禎帝除凶伐暴，沒有必要擔心太子的出現會造成不利於清朝的影響。這是給清朝統治者一點寬慰，希望他們不要為此緊張。

但攝政王多爾袞為此事還真有些緊張了。他明知清朝作為一個關外少數民族入主中原本來就有許多難以克服的困難，而這時候南京的弘光政權又以正統的姿態成為各地抗清運動的核心，在這種情況下，一個前朝名正言順的太子昭然存於世上，就是留下了一個巨大的隱患。在任何一個時刻，任何一個人物想要起事作亂，都可以打上擁戴崇禎太子的旗號，而這個旗號必定會有巨大的號召力。由於有這種擔心，清朝的統治者絕不能讓一個明朝的太子留在世上。但他們不願正面做這件事，害怕留下一個「不寬仁」的千古罵名，於是導演了一幕認證真偽的鬧劇。

其實太子出宮還不到一年，京城裡有許多熟悉他的人，其中還包括他的親妹妹和長期在他身邊侍奉的太監，要認證真假並不困難。但清廷早已拘定了以真為偽的決心，而且把這個決心表達得十分明確，一件簡單的事情就變得非常複雜。太子被關押起來，先由親屬認證。周奎和周繹都一口咬定太子是假的，長平公主先說是真的，被周奎打了一記耳光後，才哭哭啼啼不敢再講話。原來太子親隨太監中有堅持太子是真的，隨後都被處死，剩下的自然不敢放肆，也都異口同聲說太子是偽冒。甚至教過太子讀書的原明內閣大學士謝升也堅持說這個太子不是真的。太子對他說：謝先生，某年某月，先生講書時說過某事，現在還記得嗎？謝升實在無法回答，只得作了一揖，赧然退下。

一些漢族官員對這種指鹿為馬的行徑非常憤慨，接連上章爭辯。民間百姓也果真以這位太子為旗號

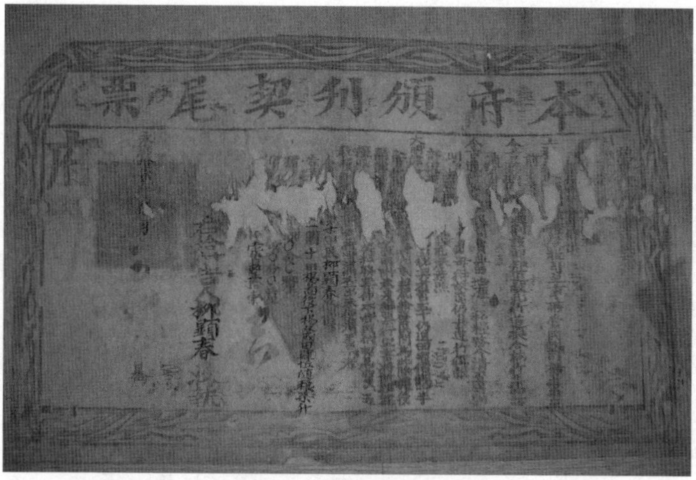

南明永曆政權頒發契尾

造起反來，山東東阿縣民祁八、秀才楊鳳鳴等人聚眾起義，給清朝官員發出通牒說：「你們速放還我太子，否則要把你們殺光。」[18] 這種情況反而使清廷更加緊張，就對反叛和堅持太子是真的朝臣士民一律無情打擊。祁八的暴動很快就被鎮壓了；在這年年末朝中又處決了十五個堅持太子是真太子的官員和普通百姓。所謂的偽太子也在結案後被處死。高壓之下，一場風波才算平息。而可憐的太子朱慈烺雖然逃過了幾次兵難，卻最終沒有躲過清朝統治者的屠刀。

長平公主為此事受了很大的刺激，本來重傷未愈的身體更加不堪。她也再不願意住在無情無義的外公家裡了。在清順治二年（1645年）初，她上書給清朝皇帝，請求允許她削髮出家。清廷卻不同意，而是要早在崇禎年間已經與公主定親的周世顯把公主娶回家去。周世顯家尊旨把這位前明公主娶到家裡，公主的身體卻每況愈下，才一年工夫，就在哀怨中死去。

在一個男性中心的社會裡，勝朝女性遺嗣的生死已經無關大局。但崇禎帝的兒子們不論生死，卻還在產生著巨大影響，時時製造出大大小小的政治震盪。清順治二年（1645年，南明弘光元年）初，北京的太子事件剛剛平靜下來，南京卻又冒出來一個「崇禎太子」，事情更曲折，對政局的影響也更大。

還是前一年冬天，南京鴻臚寺少卿高夢箕的僕人穆虎從北方南下，在路上遇到一個少年，自稱是東宮太子。穆虎不敢怠慢，把他一路帶到南京。高夢箕開始還不大相信，與他交談，聽他大談宮中軼事，還是分辨不出真偽。問到崇禎帝、後的情況，那位元「太子」就號啕大哭，問到北京陷落後的情況，他說李自成把他當成兒子一樣，待他很好。高夢箕本來想要報告朝廷，但想到現在太子的堂叔福王已經作了皇帝，可能會做出不利於太子的事情來，就把他祕密送到杭州自己侄子高成的家中。但這位「太子」很不老實，常常酣飲狂呼，說些無法無天的大話。如此一來，祕密保不住了，高夢箕又把他轉移到金華府的江浦，但仍然是流言騰起。高夢箕無奈，只得在這年正月報告朝廷[19]。

弘光帝聽到這個消息也著實吃驚不小，因為崇禎帝的親兒子來到南方，對於他剛剛登上的皇帝寶座實在是太大的威脅。所以他一聽到消息就召親近大臣到內殿說：「太子若是真的，將把朕放在什麼位置呢？卿等一定要仔細地查問。」[20]明確暗示大臣們要查出一個假太子來。但南京政府畢竟是明朝的政府，對於太子的事比北京方面慎重小心得多。弘光帝派太監把那個少年從浙江帶到南京，委派了大學士馬士英、王鐸、蔡奕琛以及勛戚朱國弼等人召集府部大小九卿科道講讀官，對其辨別真偽。這次參加辨認的官員中有不少人見過太子，其中劉宗正、李景濂還做過太子的講官，這些人見到那個少年後都說不是太子。辨認時還問了少年一些宮中情況，回答中也有許多錯誤。但那少年態度相當倨傲，朝臣們因為事關重大，全都緘口不言，一時無法定案。最後還是大學士王鐸大聲說了一個字：「假！」就昂然而去，才算打破僵局，諸臣共同認定這個南來「太子」是個假的。

在隨後的審問中，那少年承認自己是駙馬王昺的侄孫，叫王之明，家住保定府高陽縣，因時局變幻，太子不知下落，才起意冒太子之名，希冀富貴。事已至此，應該可以結案，為了防止民間誤傳，弘光帝還特地傳各省的提塘官（負責通信聯絡的駐京官員）和南京的市民代表旁聽審訊，並且把審訊記錄刊刻出來頒行天下。但民間和各地的官員對於這個結果還是大為懷疑，各式各樣的流言傳遍大江南北。特別是一些手握重兵的駐鎮大將，認定朝廷是故意以真為偽，要保住弘光的帝位，加害於東宮太子[21]。弘光帝和瞭解真相的朝臣們竟然是有理說不清，只得把那王之明關在獄中，等著慢慢解釋。

但時間卻已經不容弘光君臣慢慢解釋了。就在南京太子案鬧得沸沸揚揚的時候，清豫親王多鐸率領大軍開始進軍征討南明，僅一個多月的時間就攻到了長江北岸。與此同時，駐紮在武昌的大軍閥左良玉也以救護在南京的太子為藉口，自稱奉了太子的密詔，率軍順江東下。他在公布的討逆檄文中宣稱：「率師遠來，原為討彼賊臣，救我嗣主，以申一念癡忠，用彰千古大義。」[22]一副大義凜然的樣子，要攻入南京誅殺奸臣以清君側。北面、東面兩路大軍的同時進攻使得防禦力量本來就十分薄弱的弘光政權根本無法支應，到了五月初八日夜，清軍在鎮江附近渡江，南明守軍潰敗。初十日，弘光帝逃離南京，跑到蕪湖黃得功的營中，不久終於被清軍俘獲，後被處死。皇帝逃跑，南京城裡一片大亂，百姓們從獄中搶出王之明，擁著他到宮內武英殿即位，亂哄了一番，到十五日清軍入南京，王之明也成了俘虜，不久被殺。

弘光政權從建立之日起，廷臣紛爭門戶，君主昏庸蒙昧，內亂不息，毫無建樹，覆滅本屬在劫難逃。但如果不是有個假太子事件，沒有左良玉的東征，或許弘光政權還能再多支應幾天。一個浮浪子弟，只是冒了一下已死皇帝嗣子的名字，就足以在朝野間引起巨大的政治風波，甚至加速了一個王朝的滅亡。專制君主的亡魂在一個專制社會中的巨大能量，真是危險已極。

南北兩個太子都死於非命，不論是把北太子當成真太子的，還是把南太子當成真太子的，都不再對太子的復出抱什麼期望。但崇禎帝還有兩個兒子定王和永王沒有下落，崇禎帝的亡靈也就依然還時時要顯現一下。在清初的順治和康熙兩代，民間一直在盛傳著關於「朱三太子」的傳說，大體是說，崇禎帝尚有一個「三太子」活在人間，並且似乎還一直在進行著「反清復明」的活動。這個朱三太子到底是指定王朱慈燦還是永王朱慈煥一時也弄不清楚，因為按正式排行，定王行三，而以崇禎末年活著的諸子排序，則永王又是排在第三的位置。民間同樣弄不清這朱三太子的名字，只知道總而言之是個朱慈什麼，因而傳說中有叫朱慈英的，有叫朱慈璊的，不一而足。儘管朱三太子的面貌如此不清晰，一時蓄意要反清復明的志士和趁亂揭竿而起的草莽英雄卻都把他當作懷思故國的寄託和號召天下的旗幟，甚至一些奸邪棍徒也喜歡用這個名義去招搖撞騙。

順治八年（1651年），有人在江南出首，一名自稱是定王朱慈煥的青年被都督馬國柱抓獲。據其口供說：曾隨大順軍至荊襄，大順軍兵敗後流落四方[23]。這個「朱三太子」下落不明，大約是被清朝當局殺掉了。

順治十二年（1655年），有個叫朱周的人自稱「朱三公子」，在蘇北組織反清活動，在揚州被捕，處死。

順治十三年（1656年），直隸真定（今河北正定）有自稱是崇禎帝之子朱慈焞的，謀舉大事，事發在平山被抓獲，處死。

順治十六年（1659年），有一個江湖無賴以崇禎帝之子朱慈英的名義在河南詐騙，事發被逮入北京，經審訊得知，此人已經用這個名義在全國各地行騙多年。這個騙子後來被清朝處死。

康熙十二年（1673年）末，吳三桂叛清，京師人情洶洶，有人自稱朱三太子朱慈璊，密謀在北京起事，甚至祕密改元為廣德元年。這一次由於事機不密，還沒有真正動起手來就被破獲，所謂的朱三太子卻逃脫掉了。審訊得知，那假冒的朱三太子原名楊起隆，後來楊起隆不知所終。

此後在平定「三藩」之亂的幾年間，以朱三太子名義起事造反的竟在天南地北各處屢屢發生。康熙十九年（1680年），大將軍圖海在漢中抓到了一個據說是楊起隆的人，正在陝西借朱三太子之名造反，審訊後發現不但不是什麼故明太子，而且也不是真的楊起隆，而是一個旗下逃奴，後來被凌遲處死。

在各式各樣的朱三太子中，有一個看起來比較像是真的。那是清朝的定遠大將軍安親王岳樂在康熙十八年（1679年）在湖南抓獲的。當時清軍在對吳三桂的戰爭中已經取得了巨大優勢，吳三桂在前一年倉促登基後死了，部將逃散的逃散，降清的降清。岳樂統兵在湘中一帶，抓到了幾個趁著亂世招兵買馬的草頭王，為首的是歷來倡教作亂的白蓮教支派無為教的首領，姚文明和戴必顯。兩人招供出參加活動的還有一個還俗的和尚，自稱是崇禎帝的太子。岳樂乃派兵到新化縣的一個寺廟裡把那還俗和尚捉拿歸案。據後來他書轉述的口供來看，那人自稱叫朱慈燦，說是十二歲遭難逃出京城，在南京被福王監禁過，後出獄為民，先在河南隨朽木和尚為僧，後流落江西、湖廣二十餘年，因病還俗。「三藩」之亂起，他不能再安分，才夥同姚、戴等人招兵散劄，聲稱要討伐吳三桂云云[24]。

這位朱三太子用的名字慈燦是正確的，而在當時，許多明朝遺臣對這個名字都並不太清楚，一個游方江湖的和尚是不大可能知道的。其他那些假朱三太子，所用的就多是慈璊、慈英一類不著邊際的名字。他的供詞也有不少疑點。如說是十二歲遭難，與當時慣用的虛歲差了一歲；說被福王監禁過，於史無證。但清廷對於故明皇子的事情向來多有忌諱，在官書上轉錄的口供，並不完全可信。因而這個朱三太子很可能就是真的定王朱慈燦。

這朱慈燦在第二年岳樂班師回朝的時候被帶回北京，清廷經過法司審問，還與原北京楊起隆「朱三太子案」中的案犯對質，互相都不認識，最後決定，以謀亂罪同姚、戴等俱處斬。朱慈燦不認識楊起隆的黨羽，是情理之中的事，說明不了任何問題。對於他皇子身分的真偽，康熙帝也只是很輕率地說了一句：「彼時朱慈燦年甚小，必不能逸出，今安得尚存？大約是假。」[25]就算是否定了。比起當年處理北太子案時像是更加漫不經心，實際上卻是更為處心積慮。因為越是真正的崇禎帝的子孫，清朝統治者越是要斬草除根，同時又要盡量不留痕跡，表面漫不經心地含混過去，實為上策。

經過多少年的滄桑巨變和數不清的兵荒馬亂，崇禎帝的三個兒子中只有最小的永王朱慈煥竟奇跡般地倖存下來，而且娶妻生子，形成了一個很大的家庭。只是到了康熙四十七年（1708 年），距離甲申之變已經六十多年了，一場飛來橫禍終於還是把這個家庭澈底毀滅了。

年齡最小的永王朱慈煥在大順軍潰敗的時候由一個開小差的毛將軍攜帶著逃到河南，在河南種了一年地。後來清政府清查「流賊」，姓毛的害怕出事，拋下朱慈煥一個人跑了。年僅十三歲的朱慈煥只好一個人流浪，在鳳陽遇到了一位姓王的明朝給事中，說明瞭自己的真實身分。王給事老於世故，對外人絕不透露此事，讓朱慈煥改姓了自己的王姓，當成自己的兒子養著，讓他與自己的兒子一塊讀書。這段時間，他的生活相當安定，也受到了良好的教育，成了一個標準的青年學士。到十八、九歲上，王給事病逝，他無法在王家繼續住下去，就出走江南。因為沒有謀生的手段，他一度削髮為僧，到處雲遊化緣。後來他在浙江遇到一位姓胡的故明官員，大概又一次透露了自己的真實身分。胡某同樣是出於對故國的感情，在家裡收留了他，讓他蓄髮還俗，並且把自己的女兒嫁給他做妻子。從此他冒籍浙江余姚，以余姚王先生的身分娶妻生子，大體以教書為生，成了一個清朝的順民。

歲月悠悠，一晃就是幾十年過去。這期間「王先生」生了六個兒子、三個女兒，還娶了妾，子又生孫，有了一個很龐大的家庭。為了養家糊口，「王先生」常常或是單獨一人或是攜家帶口到各地為人做西席教書先生，也認識了不少清朝的官員士紳。在大多數情況下，他對自己的身世守口如瓶，身在外地的時候甚至還再次改名換姓，或說姓王，或說姓張，名和字、號也時有改變。這一方面說明這位故明皇子相當謹慎，深知暴露真實身分的極大危險性；但另一方面也表明他把自己的真實身分這一點始終看得極重，並沒有從心底裡放下出身高貴的架子，徹頭徹尾地變為一介普通平民。因為有著這種意識，他的皇子身分在家庭內部是並不保密的，妻妾子女大概都知道自己的家庭有著非同尋常的血統。「王先生」還嚴格按照明代宗室家譜的排輩順序給兒子們起了標準的龍子龍孫的佳名，諸子排「和」字輩，名中後一個字均為土部的怪字。對於一些最親密的朋友，他也忍不住要透露出自己的真實身世。這大約是一種難以割捨的「高貴意識」，在一個帝王具有絕對權威的君主專制社會裡也許是無法避免的。但正是這種意識最終害了他和他的全家。

忍不住要透露出的帝王血統慢慢被一個極小的圈子中的人瞭解了，而且在更大的範圍內被當作模糊不清的傳聞流傳開。直到康熙後期，各地的豪傑會黨仍舊在打著「反清復明」的旗號造反起事。在浙東地區有個張念一又稱念一和尚的，聚集部眾在大嵐山起事，在嵊縣、慈溪、上虞等地抗拒官兵，一時頗有聲勢。張念一的部下中就有知道一些有關「王老先生」（即朱慈煥）的資訊者，但顯然並不十分清楚。因而張念一在造反的文告中就仍按民間慣例，號稱自己擁戴著「朱三太子」，也就是崇禎帝之子定王，用來爭取民心。可見張念一等人也沒有弄清楚，現在活在浙江的「朱三太子」其實是永王朱慈煥，而非定王朱慈燦。

造反活動引起清朝統治者的重視，通過明察暗訪和對俘獲人員的審訊，他們得知，所謂「朱三」就是余姚的王老先生王士元。「王老先生」本人也聽到了一些風聲，當時他一家人正寄居在寧波的一個監生家裡，為了避免牽連，就舉家遷到了湖州府的長興縣。但「王老先生」怕全家搬遷，動靜太大，還是不安全，就領著長子和四子北上到山東，找到一個過去的老朋友家裡住下。官府果真根據線索找到了「王士元」一家，立即捕捉。朱慈煥的妻、妾、三個女兒和一個兒媳按照崇禎帝一家的老傳統，全部自縊而死，男性成員除了一子早已故去，三個兒子和一個孫子都被抓住。這是康熙四十五年（1706年）的事情。

至康熙四十七年（1708年）初，大嵐山的造反活動被清軍徹底鎮壓下去，張念一等人被抓獲，對於「朱三」的追捕也更加緊迫起來。這年四月，清官府的軍役到山東汶上縣逮捕了朱慈煥和他的兩個兒子，先押解到省城濟南，不久又押送到杭州去與大嵐山的叛亂分子對質。張念一等首犯其實都並不認識朱慈煥，朱慈煥在審訊時也一口否認參與了謀反。他對主審的官員說：「今上（康熙帝）有三大恩於前朝：流賊亂我國家，今上誅滅流賊，與我家報仇，一也；凡我先朝子孫，從不殺害，二也；吾家祖宗墳墓，今上躬行祭奠命人灑掃，三也。況吾今七十五歲，血氣已衰，鬢髮皆白，乃不作反於『三藩』叛亂之時，而反於清寧無事之日乎？且所謂謀反者，必占據城池，積草屯糧，招買軍馬，打造盔甲，吾曾有一於此乎？」說得既哀婉可憐，又合情合理[26]。

但對於康熙帝和他的王朝來說，既不想造反又沒有造反能力的朱慈煥和他的兒孫們仍然是一種潛在的巨大危險，因而只有徹底剪除才能徹底放心。困難在於，從順治帝到康熙帝，一直都在假仁假義地高唱舉逸興絕，善待前朝帝裔，以示自己的寬仁大度和守禮好古。直到朱慈煥案發的前十年，康熙帝在南巡的時候祭奠了明孝陵，見到毀圮得很嚴重，還向身邊的大臣表示：「朕意欲訪察明代後裔，授以職銜，俾其世守祀事。」[27]這一次明代的後裔真被「訪察」到了，而且是最正宗的崇禎帝的親生兒子，一向胸懷廣闊的康熙帝卻沒有公開其身分，授予其職銜的膽量。為了不食前言，唯一的辦法就是拒不承認朱慈煥的真實身分。

康熙四十七年（1708年）九月，朱慈煥父子六人又被從杭州押解到北京（他的孫子鈺寶本來也到了杭州，在當年六月的上諭中還提到要將他一起帶來京城，但後來好像並沒有到北京，可能已死於杭州獄中）。清廷九卿在審訊之後奏報：「朱三供伊系崇禎第四子。查崇禎第四子，已於崇禎十四年身故。又遵旨傳喚明代年老太監，俱不認識。朱三明係假冒，朱三父子應凌遲處死。」崇禎帝的第四子根本沒有在崇禎十四年身故，這是明末和清初各式各樣的史籍中有明確記載的；而明朝亡國已六十多年，就算真有當年的小太監還留在清宮，又怎麼可能認識當年的皇子呢？而這些毫無道理的判斷竟然也就成了定案的根據。康熙帝開恩，只將「王世元」即朱慈煥一人凌遲處死，他的五個兒子都被判為斬立決[28]。

至此，崇禎帝的全體兒孫們都被殺了個精光，再也不能讓人奉為造反的旗幟了。

蒼茫大地，真是乾淨。

1 見《甲申紀事》，第9頁。
2《甲申核真略》，第16頁。
3 見《罪惟錄》，志卷之十六，第一冊，第809頁。
4 見溫睿臨，《南疆逸史》，卷四七，下冊，中華書局1959年11月版，第362頁。

5《清世祖章皇帝實錄》，中華書局《清實錄》本，卷四，第三冊，第 55 頁。

6 見《明季北略》，卷二十，下冊，第 497 頁。

7 李天根，《爝火錄》，卷四，上冊，浙江古籍出版社 1986 年 4 月版，第 206 頁。

8《三垣筆記》，第 87 頁。

9《烈皇小識》，卷八，第 239 頁。

10 屈大鈞，《翁山詩外》，卷三。

11 見《甲申核真略》，第 16 頁；《北遊錄》紀聞上，第 324 頁。

12《定思小紀》，第 72 頁。

13《甲申核真略》，第 33 頁。

14《明季北略》，卷二十，下冊，第 374 頁。

15 見《國榷》，卷一〇一，第六冊，第 6077 頁。

16 見《石匱書後集》，卷三，第 45 頁。

17 轉引自孟森，《明清史論著集刊》，上冊，第 37-38 頁。

18 見《甲申傳信錄》，卷九，第 148-154 頁。

19 見黃宗羲，《弘光實錄鈔》，上海書店《甲申傳信錄》本，卷四，第 249-252 頁。

20 見婁東梅村野史，《鹿樵紀聞》，「兩太子篇」。

21 見《三垣筆記》，第 124-127 頁。

22《爝火錄》，卷九，上冊，第 432 頁。

23 見陸圻，《讖言》，上海書店 1982 年 4 月《三湘從事錄》本，中，第 33 頁。

24 見鄂爾泰等編，《八旗通志》（初集），卷一三二。

25《清聖祖仁皇帝實錄》，中華書局《清實錄》本，卷八六，第四冊，第 1101 頁。

26 見魏聲和，《雞林舊聞錄》，轉引自孟森《明清史論著集刊》上冊，第 44-50 頁。

27《清聖祖仁皇帝實錄》，卷一九三，第五冊，第 1042 頁。

28 見《清聖祖仁皇帝實錄》，卷二三五，第六冊，第 347-348 頁。

崇禎帝大事年表

十二月二十四日，生於紫禁城慈慶宮。父朱常洛（明光宗），生母劉氏。

■ **萬曆四十二年**（1614年），**五歲**

生母劉氏卒，由李選侍（康妃）監護。

■ **萬曆四十三年**（1615年），**六歲**

五月，「梃擊案」發，陪同祖父朱翊鈞（明神宗）及父、兄召見朝臣。

■ **萬曆四十四年**（1616年），**七歲**

努爾哈赤在赫圖阿拉建立「後金」，稱大汗。

■ **萬曆四十六年**（1618年），**九歲**

後金以「七大恨」伐明，占領撫順。

■ **萬曆四十七年**（1619年），**十歲**

明金薩爾滸之戰，明軍大敗。

■ **萬曆四十八年（1620 年），十一歲**

七月，神宗病逝，父常洛繼位為皇帝。

九月，光宗病逝，兄朱由校（明熹宗）繼位，以當年八月以後為泰昌元年。

接連發生「紅丸案」和「移宮案」，改由東李選侍（莊妃）監護。

■ **天啟元年（1621 年），十二歲**

後金軍分八路進攻遼東，占領遼陽、瀋陽等主要城市，遼東大部淪陷。

天啟帝信用乳母客氏及太監魏忠賢，委以大權。

■ **天啟二年（1622 年），十三歲**

九月，受封為信王。

■ **天啟四年（1624 年），十五歲**

秋，東林黨人發起對魏忠賢的攻擊，失敗，魏忠賢開始專權。

■ **天啟六年（1626 年），十七歲**

正月，努爾哈赤率軍攻甯遠，袁崇煥固守，後金軍不克而歸。

八月，努爾哈赤病故，八子皇太極繼位。

十一月，離開紫禁城，搬入信王邸。

■天啟七年（1627年），十八歲

二月，娶王妃周氏，即周皇后，及庶妃田氏、袁氏。

八月，明熹宗病逝，遺詔以皇五弟繼位。二十四日，即皇帝位，改元崇禎。

九月，冊周氏為皇后。

十一月，籍沒宦官魏忠賢及熹宗乳母客氏，魏忠賢自殺。

裁撤各處監軍太監，並禁太監擅自出京，干預政務。

十二月，會推閣臣，以枚卜方式選任錢龍錫等六人為內閣大學士。

■崇禎元年（1628年），十九歲

五月，焚毀《三朝要典》。

七月，召對袁崇煥於平臺，袁崇煥提出五年復遼。

八月，定制，每日在文華殿與輔臣共同處理朝政。

十一月，會推閣臣，溫體仁、周延儒與東林黨人發生激烈衝突。

是年陝西等地大災，此後災害頻仍，出現全國性大饑饉。陝西爆發大規模農民起義。

■崇禎二年（1629年），二十歲

二月，長子朱慈烺生，明年冊封太子。

批准裁整驛站。

三月，定立「逆案」，入案者二百五十五人，分別懲處。

五月，徐光啟主持用「西法」修訂曆書，至崇禎八年修成《崇禎曆書》一百三十七卷。

六月，袁崇煥擅殺東江總兵毛文龍。

十月，後金軍第一次入塞，威脅北京。袁崇煥入衛京師，被逮，明年被殺。

十二月，周延儒入閣。

是年江南學人團體「復社」在吳江尹山召集第一次大會。

■ **崇禎三年**（1630**年**），**二十一歲**

春，陝西三邊總督楊鶴對農民軍剿撫並用，部分農民軍流動至山西。

五月，後金軍返遼東。

六月，溫體仁入閣。

十二月，加派「遼餉」一百五十三萬餘兩，合原加派「遼餉」共計六百八十萬餘兩。

是年東林黨人與反對派為爭奪權力紛爭不已，東林派輔臣韓爌等相繼罷去，錢龍錫被逮治，後遣戍。

御馬監太監龐天壽等受洗加入天主教，天主教開始進入宮廷活動。

■ **崇禎四年**（1631**年**），**二十二歲**

正月，賑濟陝西災民，定議對農民軍實行以撫為主的政策。

八月，後金軍圍攻遼東前線重鎮大凌河，十月城降。

九月，楊鶴以招撫不效被逮治，招撫政策失敗，陝西、山西農民起義更熾。

復遣太監出京監軍，並以太監張彝憲總理戶、工兩部錢糧。

閏十一月，登州遊擊孔有德等叛亂，騷擾山東各地。

■崇禎五年（1632年），二十三歲

八月，皇三子朱慈燦生，後封定王。

■崇禎六年（1633年），二十四歲

六月，皇四子朱慈煥生，後封永王。

周延儒罷，溫體仁遂為首輔。

十一月，農民軍大批渡過黃河，進入河南地區。

■崇禎七年（1634年），二十五歲

正月，以陳奇瑜為五省總督，主持圍剿河南、陝西等處農民軍。

七月，後金軍第二次入塞，蹂躪宣府、大同一帶。

八月，撤內監監軍、監部，此後旋撤旋復。

十一月，陳奇瑜以剿撫無效罷職逮治，改任洪承疇為五省總督。

■崇禎八年（1635年），二十六歲

正月，農民軍克鳳陽，掘皇陵。明廷調集各省精兵七萬餘在中原進行會剿。

八月，以盧象升為總理，與洪承疇分責東南、西北的剿除農民軍戰事。

十月，下詔罪己。

十一月，鄭鄤案起。

■ **崇禎九年**（1636 **年**），**二十七歲**

年初，農民軍主力高迎祥等部縱橫於豫、皖、川、陝各省。

三月，工部侍郎劉宗周上《痛憤時艱疏》，對崇禎帝治國政策進行系統批判。

四月，皇太極即皇帝位，建國號大清，改元崇德。

七月，清軍第三次入塞，攻掠京畿地區。九月返回。

高迎祥在陝西作戰失利，被俘。

■ **崇禎十年**（1637 **年**），**二十八歲**

年初，相繼發生訐告復社「敗壞風俗」、「以亂天下」的事件。

三月，楊嗣昌出任兵部尚書，提出「十面張網」的對農民軍作戰計畫。

閏四月，加派「剿餉」二百八十萬兩。

以熊文燦為總理，主持「十面張網」會戰。

六月，溫體仁罷。

八月，閱城。

■崇禎十一年（1638年），二十九歲

六月，以程國祥、楊嗣昌等五人入閣，楊嗣昌仍兼兵部尚書。

七月，召對，理學大師黃宗周與崇禎帝亢直辯論。

復社諸公子發表《留都防亂公揭》，討伐閹黨分子阮大鋮。

九月，清軍第四次入塞，掃蕩畿南、山東。盧象升於十二月戰死。

是年，農民軍張獻忠等部相繼受撫；李自成部在陝西接連失利，此後潛伏於川、陝、楚交界山區。農民起義一度陷入低潮。

■崇禎十二年（1639年），三十歲

正月，清軍克濟南，擄德王。

三月，清軍班師。明廷以「五大法案」殺各級失事官員三十六人。

五月，張獻忠、羅汝才在谷城、房縣再度起義。

六月，加派「練餉」七百三十多萬兩。

七月，農民軍在羅猴山大敗明軍左良玉等部。

八月，以楊嗣昌為督師，主持圍剿農民軍。

是年催逼勳戚李國瑞等捐助，因皇五子朱慈煩死亡而停止。

■崇禎十三年（1640年），三十一歲

二月，張獻忠部在瑪瑙山受到重創。
六月，首輔薛國觀罷，明年八月被殺。
秋，張獻忠、羅汝才部進入四川，攻克大批州、縣。

■ **崇禎十四年（1641年），三十二歲**

正月，李自成部復振，攻克洛陽，殺福王。
張獻忠部出川，二月克襄陽，殺襄王。
二月，李自成部圍攻開封。
再召周延儒入閣，九月至。
三月，楊嗣昌悸怖死，丁啟睿繼任督師。
春，清軍對錦州實行包圍，明廷調集十三萬大軍出山海關救援。
八月，明清松錦決戰，明軍大敗，主力部隊大部被殲，薊遼總督洪承疇等被迫困守於松山、錦州等四城中。
九月，李自成部於項城聚殲明軍數萬人，殺陝西總督傅宗龍。
十二月，李自成部再圍開封。
是年周延儒主持閣務，東林勢力復興。

■ **崇禎十五年（1642年），三十三歲**

新年，揖拜閣臣，再圖振興。

正月，以馬紹愉為特使，與清朝進行談判。
二月，李自成部在襄城大敗明軍，殺陝西總督汪喬年。
三月、四月，松山等城相繼破，洪承疇被俘，降清。
五月，李自成部三圍開封。
七月，皇貴妃田氏病故。
對清和談機密洩露，兵部尚書陳新甲為此被殺。和談澈底中斷。
九月，黃河堤潰，開封被水沖毀。
十月，李自成在郟縣大敗明陝西總督孫傳庭部。
十一月，清軍第五次入塞，深入山東，俘獲人口三十六萬多。
閏十一月，第二次下詔罪己。

■ 崇禎十六年（1643 年），三十四歲

年初，李自成在襄陽建立政權。
二月起，京師瘟疫流行。
三月，左良玉部變亂。
四月，清軍出塞去。
五月，張獻忠部克武昌，殺楚王，正式建立「大西」政權。
周延儒罷。

六月，第三次下詔罪己。

七月，吳昌時等案起，牽連原任大學士周延儒、吳甡。

八月，清太宗皇太極病故，幼子福臨繼位，改明年為順治元年。

九月，李自成再敗明督師孫傳庭於郟縣。

十月，李自成攻克潼關，孫傳庭戰死。農民軍相繼攻戰西安及陝西全省。

十二月，賜周延儒自盡。

崇禎十七年（1644年），三十五歲

正月初一日，李自成在西安稱帝，建國號「大順」。隨即分兵兩路向北京進軍。

正月，以大學士李建泰為督師，出京抵禦大順軍。行「遣將禮」。

二月，大順軍克太原，發布《永昌元年詔書》。

第四次下詔罪己。

三月，李自成部兵臨北京城下。

十八日，下詔罪己，下詔「親征」。當夜在宮中屠殺妻妾、女兒。

十九日凌晨，自縊於禁苑煤山。

主要參考書目

1. 劉若愚，《酌中志》，商務印書館「叢書集成初編」本。
2. 文秉，《先撥志始》，上海書店1982年12月版。
3. 黃宗羲，《明儒學案》，中華書局1985年10月版。
4. 顧秉謙等撰，《三朝要典》，臺灣偉文圖書出版社1972年版。
5. 夏燮，《明通鑒》，中華書局1959年4月版。
6. 李遜之，《三朝野記》，上海書店1982年5月版。
7. 王譽昌，《崇禎宮詞》，北京古籍出版社1987年5月《明宮詞》本。
8. 張廷玉等撰，《明史》，中華書局1974年4月版。
9. 李清，《三垣筆記》，中華書局1982年5月版。
10. 沈國元，《兩朝從信錄》。
11. 朱長祚，《玉鏡新譚》，中華書局1989年9月版。
12. 陳子龍等選輯，《明經世文編》，中華書局1962年6月版。
13. 《明熹宗實錄》，臺灣「中央研究院歷史語言研究所」1962年5月《明實錄》本。
14. 孫承澤，《思陵典禮紀》，商務印書館《叢書集成初編》本。
15. 汪楫，《崇禎長編》，臺灣「中央研究院歷史語言研究所」《明實錄》本。
16. 《禮記》，中華書局1980年9月《十三經注疏》本。
17. 黃宗羲，《明夷待訪錄》，臺灣金楓出版社1987年5月版。
18. 文秉，《烈皇小識》，上海書店1982年10月版。
19. 傅維麟，《明書》，商務印書館《叢書集成初編》本。
20. 《明□宗□皇帝實錄》，臺灣「中央研究院歷史語言研究所」《明實錄》本。
21. 商衍鎏，《清代科舉考試述錄》，三聯書店 1958 年 5 月版。
22. 吳應箕，《兩朝剝復錄》。
23. 計六奇，《明季北略》，中華書局 1984 年 6 月版。
24. 佚名，《崇禎新政紀略》。
25. 孫承澤，《崇禎勤政紀》，商務印書館《叢書集成初編》本。
26. 談遷，《國榷》，中華書局 1958 年 12 月版。
27. 餘繼登，《典故紀聞》，中華書局 1987 年 7 月版。
28. 谷應泰，《明史紀事本末》，中華書局 1977 年 2 月版。
29. 徐鼒，《小腆紀年》。
30. 黃宗羲編，《明文海》，中華書局 1987 年 2 月版。
31. 孫承澤，《春明夢餘錄》，江蘇廣陵古籍刻印社 1990 年 9 月版。
32. 《欽定逆案》，上海書店《先撥志始》本。
33. 夏允彝，《倖存錄》，上海書店 1988 年 11 月《明季稗史初編》本。
34. 查繼佐，《罪惟錄》，浙江古籍出版社 1986 年 5 月版。
35. 吳晗，《朱元璋傳》，三聯書店 1965 年 2 月版。
36. 孫承澤，《山書》，浙江古籍出版社 1989 年 9 月版。
37. 周文鬱，《邊事小紀》。
38. 《清太祖高皇帝實錄》，中華書局 1986 年 11 月《清實錄》本。
39. 張岱，《石匱書後集》，中華書局 1959 年 4 月版。
40. 《明清史料》（甲編），中央研究院歷史語言研究所 1931 年鉛印本。
41. 昭槤，《嘯亭雜錄》，中華書局 1980 年 12 月版。
42. 蔣良騏，《東華錄》，中華書局 1980 年 4 月版。
43. 葛劍雄，《中國人口發展史》，福建人民出版社 1991 年 6 月版。

44. 中國科學院《中國自然地理》編委會，《中國自然地理·歷史自然地理》，科學出版社 1982 年版。
45. 吳偉業，《綏寇紀略》，上海古籍出版社 1992 年 7 月版。
46. 戴笠，《懷陵流寇始終錄》，臺灣廣文書局 1969 年 7 月版。
47. 朱朝瑛，《壘庵雜述》。
48. 孫承澤，《天府廣記》，北京古籍出版社 1982 年 1 月版。
49. 金光宸，《金雙岩中丞集》。
50. 鄭天挺等編，《明末農民起義史料》，中華書局 1954 年版。
51. 彭孫貽，《流寇志》，浙江古籍出版社 1983 年 8 月版。
52. 楊嗣昌，《楊文弱先生集》。
53. 陸世儀，《復社紀略》，上海書店 1982 年 3 月《東林始末》本。
54. 王鴻緒，《明史稿》。
55. 楊士聰，《玉堂薈記》。
56. 談遷，《北遊錄》，中華書局 1960 年 4 月版。
57. 蔣平階，《東林始末》，上海書店 1982 年 3 月版。
58. 談遷，《棗林雜俎》，江蘇廣陵古籍刻印社 1983 年 12 月《筆記小說大觀》本。
59. 楊士聰，《甲申核真略》，浙江古籍出版社 1985 年 2 月版。
60. 《崇禎實錄》，臺灣「中央研究院歷史語言研究所」《明實錄》本。
61. 顧公燮，《消夏閑記摘抄》。
62. 費密，《荒書》，浙江人民出版社 1983 年 10 月版。
63. 鄭廉，《豫變紀略》，浙江古籍出版社 1984 年 6 月版。
64. 彭孫貽，《平寇志》，上海古籍出版社 1984 年 1 月版。
65. 張鳳翼，《樞政錄》。
66. 周同谷，《霜猿集》。

67. 鎖綠山人，《明亡述略》，上海書店 1982 年 3 月《崇禎長編》本。
68. 于敏中等編纂，《日下舊聞考》，北京古籍出版社 1983 年 5 月版。
69. 《盧象升疏牘》，浙江古籍出版社 1985 年 2 月版。
70. 溫璜，《溫寶忠先生遺稿》。
71. 楊光先，《野獲》。
72. 《孫傳庭疏牘》，浙江古籍出版社 1983 年 10 月版。
73. 楊松山，《孤兒籲天錄》。
74. 《清太宗文皇帝實錄》，中華書局《清實錄》本。
75. 《孟子》，中華書局《十三經注疏》本。
76. 邵廷寀，《東南紀事》，上海書店 1982 年 9 月版。
77. 鐃智元，《明宮雜詠》，北京古籍出版社《明宮詞》本。
78. 史夢蘭，《全史宮詞》，北京古籍出版社《明宮詞》本。
79. 孟森，《明清史論著集刊》，中華書局 1959 年 11 月版。
80. 何其敏，《中國明代宗教史》，人民出版社 1994 年 4 月版。
81. 梁家勉編著，《徐光啟年譜》，上海古籍出版社 1981 年 4 月版。
82. 李馥榮，《灩滪囊》。
83. 顧誠，《明末農民戰爭史》，中國社會科學出版社 1984 年 10 月版。
84. 抱陽生編，《甲申朝事小紀》，書目文獻出版社 1987 年 3 月版。
85. 呂維祺，《明德先生文集》。
86. 徐樹丕，《小識錄》。
87. 程嗣章，《明宮詞一百首》，北京古籍出版社《明宮詞》本。
88. 陳去病，《五石脂》。
89. 王應奎，《柳南隨筆》，中華書局 1983 年 10 月版。
90. 萬斯同，《明史稿》。

91. 楊彝，《復社事實》。
92. 陳子龍，《陳忠裕公年譜》。
93. 夏完淳，《續倖存錄》，上海書店《明季稗史初編》本。
94. 吳應箕、陳貞慧，《南都防亂公揭》。
95. 吳翌鳳，《鐙窗叢錄》。
96. 陳貞慧，《書事七則》。
97. 杜登春，《社事始末》。
98. 葉夢珠，《閱世編》，上海古籍出版社 1981 年 6 月版。
99. 《明清史料》（乙編），中央研究院歷史語言研究所 1935 年鉛印本。
100. 計六奇，《明季南略》，中華書局 1984 年 12 月版。
101. 趙爾巽等撰，《清史稿》，中華書局 1977 年 12 月版。
102. 邊大綬，《虎口餘生紀》，上海書店 1982 年 4 月版。
103. 白愚，《汴圍濕襟錄》，上海書店《虎口餘生紀》本。
104. 吳偉業，《吳梅村全集》，上海古籍出版社 1990 年 12 月版。
105. 熊開元，《熊魚山先生文集》。
106. 孫之騄，《二申野錄》。
107. 佚名，《崇禎長編》，上海書店 1982 年 3 月版。
108. 錢䎖，《甲申傳信錄》，上海書店 1982 年 1 月版。
109. 顧宗泰，《勝國宮闈詞》，北京古籍出版社《明宮詞》本。
110. 蔣德璟，《慤書》。
111. 劉健，《庭聞錄》，上海書店 1985 年 7 月版。
112. 李邦華，《皇明李忠文先生集》。
113. 李長祥，《天問閣集》。
114. 劉尚友，《定思小記》，浙江古籍出版社《甲申核真略》本。
115. 張正聲，《二素紀事》。
116. 趙世錦，《甲申紀事》，中華書局 1959 年 12 月版。
117. 戴名世，《弘光朝偽東宮偽後及黨禍紀略》，上海書店《東林始末》本。

118. 溫睿臨，《南疆逸史》，中華書局 1959 年 11 月版。
119. 《清世祖章皇帝實錄》，中華書局《清實錄》本。
120. 李天根，《爝火錄》，浙江古籍出版社 1986 年 4 月版。
121. 屈大鈞，《翁山詩外》。
122. 黃宗羲，《弘光實錄鈔》，上海書店《甲申傳信錄》本。
123. 婁東梅村野史，《鹿樵紀聞》。
124. 陸圻，《識言》上海書店 1982 年 4 月《三湘從事錄》本。
125. 鄂爾泰等編，《八旗通志》（初集）。
126. 《清聖祖仁皇帝實錄》，中華書局《清實錄》本。

大明亡國史：崇禎皇帝傳

作　　者　苗　棣

發 行 人　林敬彬
主　　編　楊安瑜
編　　輯　王艾維
內頁編排　王艾維
封面設計　陳膺正（膺正設計工作室）
編輯協力　陳于雯・曾國堯

出　　版　大旗出版社
發　　行　大都會文化事業有限公司
11051 台北市信義區基隆路一段 432 號 4 樓之 9
讀者服務專線：（02）27235216
讀者服務傳真：（02）27235220
電子郵件信箱：metro@ms21.hinet.net
網　　　址：www.metrobook.com.tw

郵政劃撥　14050529 大都會文化事業有限公司
出版日期　2015 年 5 月初版一刷
定　　價　380 元
I S B N　978-986-6234-79-8
書　　號　History-62

◎本書由遼寧人民出版社授權繁體字版之出版發行。
◎本書如有缺頁、破損、裝訂錯誤，請寄回本公司更換。

Cover Photography:
WIKIMEDIA COMMONS/
Golden Crown Replica of King Wanli(modified) © Yan Li.

大旗出版 BANNER PUBLISHING　大都會文化

國家圖書館出版品預行編目 (CIP) 資料

大明亡國史：崇禎皇帝傳 / 苗棣 作.
-- 初版. -- 臺北市：大旗出版：大都會文化發行, 2015.05
400 面；17×23 公分

ISBN 978-986-6234-79-8（平裝）
1. 明思宗 2. 傳記

626.8　　　　104003781

大都會文化

大都會文化　讀者服務卡

書名：**大明亡國史：崇禎皇帝傳**

謝謝您選擇了這本書！期待您的支持與建議，讓我們能有更多聯繫與互動的機會。

A. 您在何時購得本書：______年______月______日

B. 您在何處購得本書：___________書店，位於___________(市、縣)

C. 您從哪裡得知本書的消息：

1.□書店　2.□報章雜誌　3.□電台活動　4.□網路資訊

5.□書籤宣傳品等　6.□親友介紹　7.□書評　8.□其他

D. 您購買本書的動機：（可複選）

1.□對主題或內容感興趣　2.□工作需要　3.□生活需要

4.□自我進修　5.□內容為流行熱門話題　6.□其他

E. 您最喜歡本書的：（可複選）

1.□內容題材　2.□字體大小　3.□翻譯文筆　4.□封面　5.□編排方式　6.□其他

F. 您認為本書的封面：1.□非常出色　2.□普通　3.□毫不起眼　4.□其他

G. 您認為本書的編排：1.□非常出色　2.□普通　3.□毫不起眼　4.□其他

H. 您通常以哪些方式購書：(可複選)

1.□逛書店　2.□書展　3.□劃撥郵購　4.□團體訂購　5.□網路購書　6.□其他

I. 您希望我們出版哪類書籍：（可複選）

1.□旅遊　2.□流行文化　3.□生活休閒　4.□美容保養　5.□散文小品

6.□科學新知　7.□藝術音樂　8.□致富理財　9.□工商企管　10.□科幻推理

11.□史地類　12.□勵志傳記　13.□電影小說　14.□語言學習（_____語）

15.□幽默諧趣　16.□其他

J. 您對本書（系）的建議：

____

K. 您對本出版社的建議：

____

讀者小檔案

姓名：______________ 性別：□男　□女　生日：____年____月____日

年齡：□20歲以下 □21～30歲 □31～40歲 □41～50歲 □51歲以上

職業：1.□學生 2.□軍公教 3.□大眾傳播 4.□服務業 5.□金融業 6.□製造業

7.□資訊業 8.□自由業 9.□家管 10.□退休 11.□其他

學歷：□國小或以下 □國中 □高中／高職 □大學／大專 □研究所以上

通訊地址：________________________________

電話：（H）______________（O）______________ 傳真：______________

行動電話：__________________E-Mail：__________________

◎謝謝您購買本書，歡迎您上大都會文化網站 （www.metrobook.com.tw）登錄會員，或至Facebook（www.facebook.com/metrobook2）為我們按個讚，您將不定期收到最新的圖書訊息與電子報。

大明亡國史

崇禎皇帝傳

北區郵政管理局
登記證北台字第9125號
免貼郵票

大都會文化事業有限公司
讀者服務部 收

11051台北市基隆路一段432號4樓之9

寄回這張服務卡〔免貼郵票〕
您可以：
◎不定期收到最新出版訊息
◎參加各項回饋優惠活動